# PROCESSUS D'ÉCRITURE

## Première étape — PLANIFIER L'ÉCRITURE DU TEXTE

### 1 Répondre aux trois questions suivantes :

**A** *POURQUOI écrire ?*

- Pour le plaisir ?
- Pour accomplir une tâche ?
- Pour apprendre à écrire ?

**B** *QUOI écrire ?*

- Dans le cas d'un texte narratif, préciser les composantes de l'histoire à l'aide de la formule **QQOQC** (*Qui ?*, *Quoi ?*, *Où ?*, *Quand ?*, *Comment ?*) et les actualiser en respectant le schéma d'un texte narratif.
- Dans le cas d'un texte descriptif, préciser les éléments de la description à l'aide de la formule **QAR** (*Qui* ou *Quoi ?* [sujet du texte], **A**spects du sujet, **R**enseignements sur le sujet et les aspects) et les actualiser en respectant le schéma d'un texte descriptif.
- Tenir compte des contraintes liées au sujet et à la longueur du texte.

**C** *À QUI écrire ?*

S'il y a lieu, repérer dans la consigne le, la ou les destinataires du texte.

### 2 Adopter un point de vue.

- Dans le cas d'un texte narratif, décider si le narrateur ou la narratrice jouera un rôle dans l'histoire et décider de l'utilisation des pronoms en conséquence.
- Dans le cas d'un texte descriptif, adopter un point de vue (favorable, défavorable ou neutre) sur le sujet du texte.

### 3 Élaborer un plan.

Organiser ses idées et faire un plan en prévoyant une introduction, un développement et une conclusion à l'aide des formules **QAR** ou **QQOQC**.

## Deuxième étape — ÉCRIRE LE TEXTE, LE RELIRE ET LE MODIFIER AU FIL DE LA RÉDACTION

Rédiger le brouillon du texte en respectant le plan élaboré et se relire au fur et à mesure pour vérifier :

- si le texte est cohérent et tient compte du point de vue adopté ;
- si les phrases sont bien construites ;
- si les mots sont bien orthographiés.

## Troisième étape — RÉVISER LE TEXTE EN VUE DE L'AMÉLIORER

Une fois la rédaction du texte terminée, le relire pour vérifier le contenu, l'améliorer et le corriger, puis le transcrire au propre.

## Quatrième étape — ÉVALUER SA DÉMARCHE D'ÉCRITURE

Identifier ses forces et ses faiblesses, les difficultés éprouvées et les moyens trouvés pour les surmonter, et vérifier si ces moyens étaient les bons.

James Rousselle
Louise Roy
Emanuele Setticasi

# MODES D'EMPLOI

**FRANÇAIS
DEUXIÈME
SECONDAIRE**

LES ÉDITIONS CEC INC.

8101, boul. Métropolitain Est, Anjou, Qc, Canada. H1J 1J9
Téléphone: (514) 351-6010     Télécopie: (514) 351-3534

**Directrice de l'édition**
Emmanuelle Bruno

**Directrice de la production**
Lucie Plante-Audy

**Chargée de projet**
Monique Labrosse

**Réviseure linguistique**
Suzanne Delisle

**Correctrice d'épreuves**
Jacinthe Caron

**Conception graphique
et réalisation technique**

LE GROUPE
FLEXIDÉE

**Illlustrations**
*Sébastien Bordeleau:* pages 11, 13, 29, 41 et 349.
*Pierre-Paul Pariseau:* pages 51-52, 131-132, 241-242, 333, 336, 338 et 343-344.
*Philippe Germain:* pages 133, 134, 231, 233 et 235.

Les photos de notre jeune photographe sont de Daniel Roussel.

Remerciements à Rita Doucet-Dore, Louise Labissonnière, Clément Lussier, Maxime Mongeon, Nicole Plouffe, Karine Pouliot, Bernard Reid et Nancy Savage.

Merci aussi à Lucie Blouin, Michel Brochu, Guy Gougeon, Suzanne Gourd, Patrick Lutzy et Ghislaine Roy pour leurs judicieux conseils tout au long de l'élaboration du manuscrit.

Dans cet ouvrage, la féminisation des titres de fonction et des textes s'appuie sur les règles d'écriture proposées par l'Office de la langue française dans le guide *Au féminin*, Les Publications du Québec, 1991.

**Références photographiques**
[1-2] © Radio-Canada, Archives.
[43-45-47] Photographies tirées de *At Home with Books* de Estelle Ellis et Caroline Seebohm, © 1995 Estelle Ellis et Caroline Seebohm. Photos © 1995 Christopher Sykes. Reproduites avec l'autorisation de Carole Southern Books, une division de Crown Publishers inc.
[55] Photos ①, ②, ③, ④ et «Kim»: © Picture Perfect / Réflexion. Photo ⑤: Camerique / Réflexion.
[118] *Alfred DesRochers:* Michel Gravel / La Presse. *Clémence DesRochers:* Robert Fournier.
[121] (Bas) Daniel Roussel.
[122] (Haut) Paul Henri Talbot / La Presse. (Bas) Ghislain Des Rosiers. [193] (Gauche) Isabelle Langevin. (Droite) Rémy Simard. [231-233-235] Photos Michel Dubreuil. [244] John Springer / Corbis-Bettmann.

Les panoramas photographiques des pages 4-5, 66-67, 160-161 et 266-267 ont été réalisés par Michel Dubreuil.

Les textes qui accompagnent les reprises des panoramas dans les séquences sont de Geneviève Letarte.

# EN GUISE
## DE DÉDICACE...

À Kevin, Maria, Michel, Sylvianne, Juliette, Steve, Roxanne, Claudia, Vanessa, Shixiang, Étienne, Alexandra, Sébastien, Melissa, Maude M., Maude B., Jacob, Maxim, Félix, Vladimir, Salem, Clara, Thomas, David, Pierre-Paul, Bushra, Charles, Carlos, Jason, Barbara, Pier, Élisabeth, Catherine, Natacha, Samuel, Amélie, Khaled, Patricia...

ET à tous les autres qui parcoureront les pages des livres de la collection *Pour lire et pour écrire*, nous souhaitons que vous constatiez tous les efforts que nous avons déployés pour faire de ces ouvrages des manuels stimulants, et surtout pour vous permettre de réussir et d'aimer vos cours de français.

Nous espérons aussi qu'en juin prochain, vous découvrirez que vous avez fait de grands progrès.

**Les auteurs et les auteures,** *James, Louise, Emanuele, Dominique, Karine, Denise, Geneviève*

# Table des matières

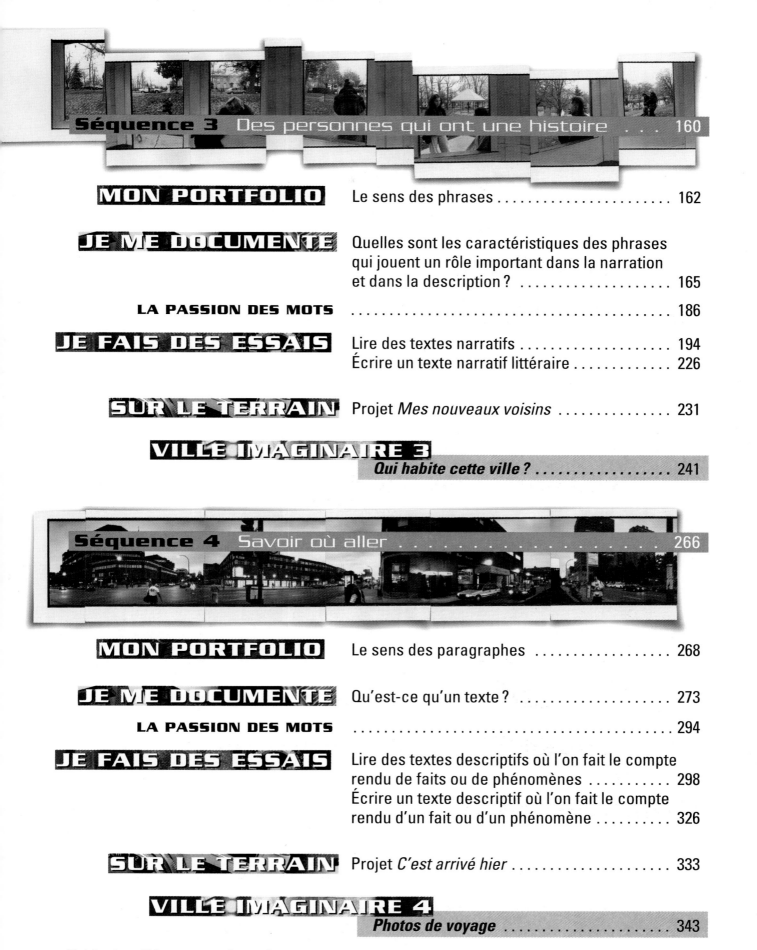

# Pour t'aider à découvrir ton manuel

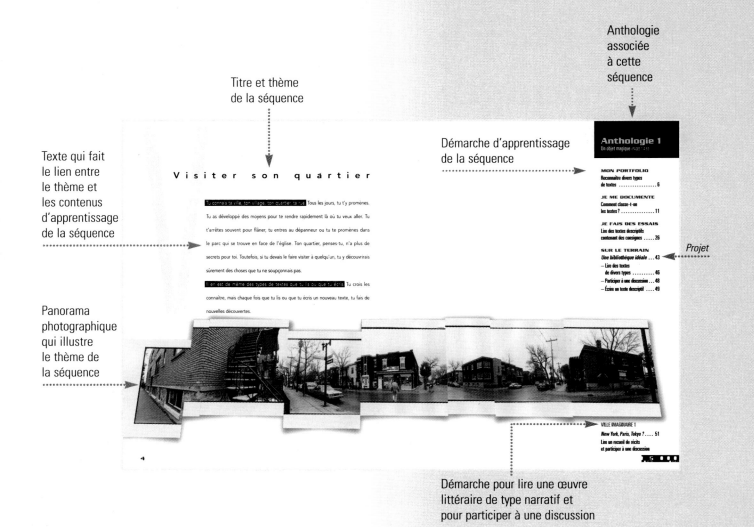

Titre et thème de la séquence

Anthologie associée à cette séquence

Démarche d'apprentissage de la séquence

Texte qui fait le lien entre le thème et les contenus d'apprentissage de la séquence

Panorama photographique qui illustre le thème de la séquence

Projet

Démarche pour lire une œuvre littéraire de type narratif et pour participer à une discussion

## À FAIRE!

Repère et note les pages d'ouverture de chaque séquence, puis fais les activités qui suivent.

**1** Explique le titre de chaque séquence.

**2** En deux phrases, décris le panorama qui illustre chacune des pages.

**3** Associe chaque séquence à une anthologie de ton manuel *Anthologies*.

**4** **A** Repère, dans la table des matières de ton manuel *Modes d'emploi*, le projet de chaque séquence et la page où il se trouve.

**B** En consultant ces pages, décris brièvement chacun des projets.

**5** Dans ton manuel *Modes d'emploi*, repère l'itinéraire de chaque *ville imaginaire* et, en quelques mots, décris ce que tu y apprendras.

**6** Après avoir pris connaissance de ces différents éléments, comment envisages-tu ton année scolaire en français ?

# 1, 2, 3...

Hang, Ho et Tang, les enfants photographes de Hanoi.

L'émission de télévision *La Course Destination Monde*, diffusée par la Société Radio-Canada, a permis à de jeunes Québécois et Québécoises de parcourir le monde pendant près d'une année et de faire des reportages sur des sujets qui les impressionnaient, les émouvaient, les bouleversaient. Pendant la saison 1996-1997, un des participants, Pascal Sanchez, a réalisé un reportage intitulé *1, 2, 3...*, portant sur des enfants photographes à Hanoi, au Viêtnam.

L'expérience rapportée par Sanchez commence avec Pierre et Valentine, qui ont voulu mettre un projet sur pied pour aider quelques-uns des milliers d'enfants de la rue à Hanoi. Ils se sont rendus dans un centre d'accueil et ont proposé aux trente jeunes pensionnaires de faire de la photo. Comme ils ne pouvaient en accepter que sept, ils ont choisi les sept premiers volontaires. Parmi eux, quatre ont abandonné le projet. Toutefois, Ho, une orpheline qui habitait avec son grand-père, Tang, vendeur de journaux, et Hang, qui travaillait dans un atelier de

réparation de vélos, ont vécu l'expérience du début à la fin. «Balayer la peur sans tout comprendre et foncer en aveugle[1]», voilà le défi qu'on leur a posé et qu'ils ont relevé.

## «La lumière est leur complice»

Ces enfants pauvres, vivant dans la rue le jour et dormant au centre d'accueil, ont d'abord suivi des cours de photo. Ils sont retournés à l'école et travaillent maintenant à mi-temps dans un laboratoire. Ils en sont à leur deuxième exposition de photos. Maintenant que la lumière est leur complice, ils sont plus heureux et voient l'avenir avec plus d'optimisme.

Dans le reportage, Ho dit qu'elle photographie des scènes de la vie quotidienne et d'autres enfants pauvres. Hang déclare qu'il adore s'exprimer par la photo et qu'il veut devenir photographe. Tang, l'autre garçon, trouve qu'en ce moment sa vie est merveilleuse.

---

1. Pascal Sanchez, dans le reportage *1, 2, 3...* Tous les commentaires cités dans ce texte sont de Pascal Sanchez.

# Sur le terrain...

**L**a lecture et l'écriture sont aussi des moyens de comprendre le monde dans lequel on vit, de se comparer à ce monde, de mieux se comprendre soi-même et de se faire mieux comprendre des autres. Cette année, ton enseignant ou ton enseignante te proposera des activités qui te permettront de vivre une expérience aussi enrichissante que celle de Ho, Tang et Hang. Comme eux, tu réaliseras des projets, mais au lieu de la photographie tu te serviras de la lecture, de l'écriture et de la communication orale.

La lecture de différents types de textes te permettra de découvrir d'autres univers que le tien et de voir le monde à travers les yeux des autres. Cela te permettra aussi de réagir à la vision du monde de plusieurs auteurs et auteures, de partager leur point de vue ou non et d'enrichir ainsi ta propre manière de voir et d'interpréter le monde qui t'entoure.

Par l'écriture, tu arriveras à témoigner, à exister, à être toi-même et à exposer aux autres ta vision du monde.

Tu pourras aussi partager tes découvertes dans des activités de communication orale.

Voilà le grand défi qui t'est lancé cette année. Comme Ho, Tang et Hang, tu recevras de l'aide. Cette aide prendra la forme d'une démarche d'apprentissage dont les étapes sont présentées à la page suivante. Tu trouveras cette démarche dans chaque séquence d'apprentissage de ton manuel *Modes d'emploi*. ■

▶ **«L'exclusion est brisée, l'avenir est possible!»**

Pourquoi ces jeunes sont-ils passés d'une vie difficile à une vie remplie d'espoir et de bonheur? Est-ce parce qu'ils comprennent mieux le monde dans lequel ils vivent? Est-ce parce qu'ils ont trouvé un moyen de s'exprimer qui leur convient, qui leur donne une certaine fierté et qui leur permet de voir ce monde autrement? Pascal Sanchez, dans le commentaire de son reportage, fournit l'explication suivante: «La lumière est leur complice. Ils marchent avec cette petite machine qui force à un autre regard. À voir la beauté dans la laideur, la grandeur dans les petits gestes, à voir, à comprendre, à protéger les infimes parties de la vie. Ils marchent. Au début, c'est dur, ce n'est pas normal de faire ça. Ensuite, ils oublient. Le corps et la tête disparaissent; restent les yeux, un rectangle à remplir et le monde entier. Disponible! Il faut absolument disparaître, transformer en humilité la frayeur d'affronter le monde, croire en la nécessité de témoigner. La récompense? Le sentiment d'exister, d'être soi-même.»

Et Pascal Sanchez d'ajouter: «Un petit projet, un beau projet!» ■

# Démarche d'apprentissage

## MON PORTFOLIO

▶ Comme les photographes qui conservent leurs meilleures photos dans un portfolio pour pouvoir les montrer au besoin, les activités proposées dans la première étape de chaque séquence te permettront de montrer ce que tu sais déjà.

RÉVISION DES CONNAISSANCES ET DES STRATÉGIES **acquises en première secondaire.**

## JE ME DOCUMENTE

▶ Les photographes travaillent souvent par projets. Avant d'entreprendre leur travail, ils et elles doivent se documenter. De même, tu auras à réaliser des projets pour lesquels tu devras te documenter.

Tu pourras y arriver en réalisant des activités qui te permettront d'acquérir de nouvelles connaissances et des stratégies utiles à tes projets.

ACQUISITION DE CONNAISSANCES ET DE STRATÉGIES **sur:**
– **les mots;**
– **les phrases;**
– **les textes.**

## JE FAIS DES ESSAIS

▶ Avant de réaliser un projet, les photographes font des essais afin de pouvoir affronter les problèmes qui risquent de se poser sur le terrain. De même, tu feras des essais qui te permettront de développer les compétences en lecture, en écriture et en communication orale que tu devras mettre en pratique lors de la réalisation de ton projet.

DÉVELOPPEMENT DES COMPÉTENCES à:
– **lire divers types de textes;**
– **écrire divers types de textes;**
– **communiquer oralement.**

## SUR LE TERRAIN

▶ Sur le terrain, les photographes, armés de leurs appareils, ont bien en mémoire tous les éléments dont ils et elles doivent tenir compte pour réussir leur projet. À la fin de chaque séquence, tu réaliseras aussi un projet de communication qui te permettra de prouver que tu sais mieux lire, écrire ou communiquer oralement et que tu peux réinvestir les connaissances et les stratégies acquises dans les étapes *Je me documente* et *Je fais des essais*.

ACTIVITÉS DE LECTURE, D'ÉCRITURE ET DE COMMUNICATION ORALE.

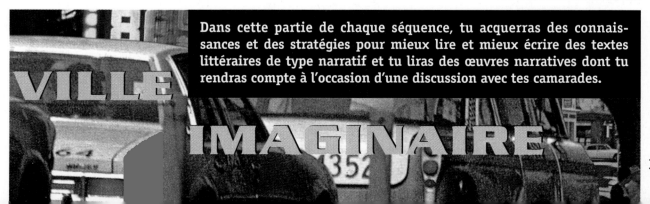

## VILLE IMAGINAIRE

**Dans cette partie de chaque séquence, tu acquerras des connaissances et des stratégies pour mieux lire et mieux écrire des textes littéraires de type narratif et tu liras des œuvres narratives dont tu rendras compte à l'occasion d'une discussion avec tes camarades.**

# Visiter son quartier

Tu connais ta ville, ton village, ton quartier, ta rue. Tous les jours, tu t'y promènes. Tu as développé des moyens pour te rendre rapidement là où tu veux aller. Tu t'arrêtes souvent pour flâner, tu entres au dépanneur ou tu te promènes dans le parc qui se trouve en face de l'église. Ton quartier, penses-tu, n'a plus de secrets pour toi. Toutefois, si tu devais le faire visiter à quelqu'un, tu y découvrirais sûrement des choses que tu ne soupçonnais pas.

Il en est de même des types de textes que tu lis ou que tu écris. Tu crois les connaître, mais chaque fois que tu lis ou que tu écris un nouveau texte, tu fais de nouvelles découvertes.

Dans cette étape, tu auras l'occasion de te rappeler les apprentissages liés aux **types de textes** que tu as faits en première secondaire.

**Tu vérifieras si tu sais déjà:**

– reconnaître un texte de **type descriptif**;

– reconnaître un texte de **type narratif**;

– reconnaître un texte **poétique**.

**À FAIRE!**

**1** Lis le ***Mode d'emploi*** ci-dessous et les textes annotés (pages 7 à 9), puis transcris et complète le **TEXTE SUR TEXTE** (page 10).

*MODE D'EMPLOI*

## RECONNAÎTRE LES TEXTES DE TYPE DESCRIPTIF
### ET DE TYPE NARRATIF, ET LES TEXTES POÉTIQUES

| CE QU'IL FAUT FAIRE... | COMMENT LE FAIRE |
|---|---|
| **1** Faire un **survol** du texte afin de découvrir s'il s'agit d'un texte de type descriptif, de type narratif, ou d'un texte poétique. | **1** Vérifier la disposition du texte, le titre, la source et, s'il y a lieu, les intertitres, les mises en évidence et les illustrations. |
| **2** Lire le **premier paragraphe** ou les **premières lignes** du texte. | **2** Vérifier si l'on peut rendre compte du texte à l'aide de l'un des énoncés suivants: <br> – *Dans ce texte, on va raconter...* (texte de type narratif); <br> – *Dans ce texte, on va décrire...* (texte de type descriptif); <br> – *Dans ce texte, on va communiquer principalement des émotions...* (texte poétique). |
| **3** Lire **le texte en entier**. | **3** Déterminer lequel des modèles suivants peut représenter le texte: <br> – **sujet + aspects du sujet** (texte de type descriptif); <br> – **C'est l'histoire de → Au début → Puis → Alors → Enfin** (texte de type narratif); <br> – **expérience communiquée + émotions suscitées** (texte poétique). |

## L'écolier

J'écrirai le jeudi j'écrirai le dimanche

quand je n'irai pas à l'école

j'écrirai des nouvelles j'écrirai des romans

et même des paraboles ❶

je parlerai de mon village je parlerai de mes parents

de mes aïeux ❷ de mes aïeules

je décrirai les prés je décrirai les champs

les broutilles ③ et les bestioles

puis je voyagerai j'irai jusqu'en Iran ④

au Tibet ④ ou bien au Népal ④

et ce qui est beaucoup plus intéressant

du côté de Sirius ⑤ ou d'Algol ❻

où tout me paraîtra tellement étonnant

que revenu dans mon école

je mettrai l'orthographe mélancoliquement

Raymond Queneau, *Battre la campagne*,
Éditions Gallimard, 1968.

**ATTENTION !**
Au fil de la lecture des textes annotés, tu rencontreras peut-être des mots dont tu ne connais pas le sens. Les interventions en marge des textes devraient t'aider à le découvrir.

❶
Choisis le sens du mot *paraboles* qui convient dans ce contexte.
– Courbes planes.
– Récits à caractère religieux.

❷
Trouve un synonyme du mot *aïeux*.

③
Objets sans importance.

④
Pays d'Asie.

⑤
Nom d'une étoile.

❻
À ton avis, que désigne le mot *Algol* ? Cherche des indices dans le contexte.

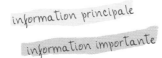

*information principale*

*information importante*

*Sujet*

# La plupart des **livres** sont «documentaires❶»

Si l'on y regarde de près, la grande majorité des livres sont documentaires. Il a fallu, pour les écrire, se renseigner dans d'autres livres ou sur le terrain❷ !

*1er aspect: manuel de géographie*

Les auteurs d'un **manuel de géographie** ont dû, pour rassembler son contenu, lire une multitude d'autres ouvrages sur les pays concernés, consulter des dossiers, réunir des statistiques, des cartes, des photos...

*2e aspect: guide touristiaue*

L'auteur d'un **guide touristique** sur la Grèce fait lui-même le voyage afin de dresser la liste des sites, des monuments, des musées, des hôtels.

*3e aspect: bandes dessinées*

Certains auteurs de **bandes dessinées** vont prendre des photos de l'endroit où ils veulent situer leur histoire. Grâce à elles, ils dessinent un décor réaliste. Hergé, le père de *Tintin*, rassemblait pour chaque album des centaines de photos, de maquettes, d'objets, de croquis, afin de reconstituer avec exactitude les décors où il pensait faire évoluer❸ ses héros... même quand il s'agissait de l'imaginaire Syldavie !

*4e aspect: romans*

Pour les **romans**, aussi, il est fréquent que l'auteur se documente d'une façon très approfondie. Balzac, au XIX$^e$ siècle, s'est rendu dans toutes les villes où il souhaitait planter son décor④. Pour écrire *Germinal* et *Au bonheur des dames*, Émile Zola est allé, carnet à la main, comme un journaliste, visiter les mines du Nord ou les grands magasins et interroger les gens qui y travaillaient.

G. Finel et D. Sassier, *Un Livre, des hommes*, Hachette, Belin, Hatier, Magnard, Nathan, 1988.

❶
Remplace l'expression *sont documentaires* par l'énoncé qui convient.
– contiennent des textes courants
– contiennent des textes littéraires

❷
Trouve une expression synonyme de *sur le terrain* qui commence par *sur les*.

❸
Trouve une expression synonyme de *faire évoluer*.

④
Installer son décor.

# Le buveur d'encre

*C'est l'histoire de*

*Qui?*

*Où?*

*Qui?*

*Quoi?*

*Au début*

J'ai vu de mes yeux vu, le client inconnu boire un livre. Non, je n'ai pas la berlue. Pendant cinq minutes, il s'est promené dans les rayonnages. Les yeux fermés, il se déplaçait en silence, les bras tendus droit devant lui. On aurait dit qu'il écoutait le bruit des livres.

*Puis*

Subitement, il a saisi un p'tit bouquin et tout est devenu encore plus fou.

*Alors*

Il ne l'a pas ouvert. Il a seulement écarté les pages du milieu et là, dans la fente ainsi pratiquée①, il a planté une paille tout juste sortie de sa poche. Sa bouche s'est mise à aspirer. Sur son visage, il y avait du plaisir comme si le livre contenait du jus d'orange et des glaçons. Il faut dire qu'il faisait très chaud; un temps à ne pas s'aventurer❷ dans une librairie.

J'ai poussé un cri de stupéfaction. Je sais, je n'aurais pas dû.

Aïe ! Je crois qu'il m'a entendu. Il a remis le livre à sa place, a rangé sa paille et s'est dirigé vers la sortie.

Aussitôt, j'ai bondi de ma cachette pour examiner le livre dans lequel la paille s'était plantée. Je n'ai pas eu de mal à le retrouver. Il était moins épais que les autres et avait une consistance caoutchouteuse❸. En le soulevant, je l'ai trouvé d'une légèreté extraordinaire. S'il y avait eu un coup de vent dans la boutique, il se serait envolé.

*Enfin*

Mais quand je l'ai ouvert, j'ai failli m'évanouir. Il était vide. Sur les pages, il ne restait pas le plus petit mot.

L'étrange client avait bu toute l'encre du livre...

Éric Sanvoisin et Martin Matje, *Le buveur d'encre*,
© Éditions Nathan, coll. «Demi-lune», 1996.

①
Ainsi faite.

❷
Donne trois mots de la même famille que *aventurer*.

❸
À l'aide du suffixe *-euse*, forme des mots avec *pulpe, terre, boue, craie, cire* et *vitre*.

## TEXTE SUR TEXTE

- Le texte *L'écolier* est un texte de type ① parce que ② . Dans ce texte, l'auteur raconte l'expérience de ③ qui ④ . Il partage avec les lecteurs et les lectrices son ⑤ .

- Le texte *La plupart des livres sont «documentaires»* est un texte de type ⑥ parce que ⑦ . Le sujet du texte et les aspects traités sont ⑧ .

- Le texte *Le buveur d'encre* est un texte de type ⑨ parce que ⑩ .
  Je peux le résumer de la manière suivante :
  **C'est l'histoire de ➜** ⑪ **. Au début ➜** ⑫ **. Puis ➜** ⑬ **. Alors ➜** ⑭ **. Enfin ➜** ⑮ **.**

**JE FAIS LE POINT**

**Tu devrais avoir réussi au moins les numéros 1, 2, 6, 7, 9 et 10.**

**Si tel n'est pas le cas, repère les stratégies du *Mode d'emploi* (page 6) qui auraient pu t'aider à le faire.**

Le quartier où j'habite est plutôt tranquille, même s'il se trouve en plein cœur de la ville. J'aime m'y promener tôt le matin, quand les rues sont désertes, l'après-midi, quand le soleil fait tout resplendir, et aussi la nuit, quand tous les chats sont gris.

Dans cette étape, tu acquerras des connaissances et des stratégies sur les **différentes manières de classer les textes**. Tu découvriras les réponses aux questions suivantes :

COMMENT CLASSE-T-ON LES TEXTES ?

– Quelles sont les grandes **catégories de textes** ?

– Quels sont les principaux **types de textes** ?

## COMMENT CLASSE-T-ON LES TEXTES ?

**T**ous les jours, on lit ! On peut lire des journaux, des magazines, des panneaux publicitaires, l'arrière d'une boîte de céréales, mais le livre demeure l'objet de prédilection pour la lecture.

On trouve des livres partout ! Dans de vieilles boîtes de carton entreposées dans les greniers, dans les dépanneurs, sur les étagères d'un garage, dans les bureaux, dans les magasins à grande surface, sur un voilier... Partout où il y a des humains, il y a des livres, car les humains en ont besoin pour apprendre, pour se divertir, pour satisfaire leur besoin d'imaginaire. Les humains ont besoin de livres pour vivre.

Les livres sont si importants que des lieux leur sont consacrés. On pense évidemment aux librairies, mais également aux bibliothèques, qui sont de véritables temples érigés à la gloire des livres.

Peut-on imaginer une bibliothèque où les livres ne seraient pas classés, une bibliothèque où il n'y aurait ni fichiers, ni ordinateurs ? On entrerait dans une grande salle où les livres seraient tout simplement empilés sur les tables et les étagères.

Dans une pile, on trouverait à la fois un annuaire téléphonique de Rimouski, un recueil de poésie, un roman policier, un guide de voyages... Dans cette bibliothèque étrange, chercher un livre reviendrait à chercher une aiguille dans une balle de foin. Il y en aurait des milliers, classés au gré de la fantaisie des bibliothécaires. Évidemment, on ne peut imaginer un pareil endroit. Les lectrices et les lecteurs ont besoin d'une bibliothèque organisée pour pouvoir s'y retrouver et répondre à leurs besoins de lecture.

*La direction ne se tient pas responsable des livres qui peuvent vous tomber sur la tête.*

# Quelles sont les grandes catégories de textes ?

Chaque bibliothèque a son propre système de classement. Toutefois, il est possible de dégager certaines généralités. Les livres sont classés en fonction du besoin auquel ils répondent. Grosso modo, il existe des livres qu'on lit pour apprendre et d'autres qu'on lit pour satisfaire un besoin d'imaginaire.

On peut donc classer les livres en deux grandes catégories correspondant à chacun de ces besoins : les livres qui contiennent des textes courants et ceux qui contiennent des textes littéraires.

**1** Précise des situations où tu pourrais avoir besoin de lire des textes pour apprendre quelque chose.

**2** Précise des situations où tu pourrais avoir besoin de lire pour te divertir, pour satisfaire un besoin d'imaginaire.

**3** Dresse une liste des sortes de livres dans lesquels tu pourrais trouver :

**A** des textes courants ;

**B** des textes littéraires.

## LES TEXTES COURANTS

Les livres composés de textes courants sont ceux que tu lis lorsque tu veux apprendre quelque chose, lorsque tu veux connaître les opinions de quelqu'un ou lorsque tu veux te faire expliquer un fait, un phénomène. Tu lis ces livres lorsque tu cherches de l'information. Ils te permettent d'approfondir tes connaissances sur un sujet de ton choix, de te faire une opinion et de comprendre le monde dans lequel tu vis.

Les gens qui écrivent des textes courants veulent partager leurs connaissances ou leurs opinions.

**4** Généralement, le titre et la table des matières d'un livre signalent que celui-ci contient des textes courants. Choisis, à l'école ou à la maison, un livre contenant des textes courants. Note le titre du livre, le nom de l'auteur ou de l'auteure et de l'éditeur, et le nombre de pages. Transcris les principaux éléments de la table des matières qui t'informent sur le contenu du livre.

**5** Décris, dans une courte phrase, une situation où tu pourrais avoir besoin de consulter ce livre.

**6** Formule deux questions auxquelles tu pourrais trouver des réponses dans ce livre.

## LES TEXTES LITTÉRAIRES

Les livres consacrés aux textes littéraires sont ceux que tu lis pour t'évader, pour connaître une histoire, pour te laisser bercer par les mots, pour satisfaire ton besoin d'imaginaire.

Les gens qui écrivent des textes littéraires aiment les mots; ils aiment aussi inventer des histoires qui plongent les lectrices et les lecteurs dans des rêves éveillés. Ils prennent plaisir à faire semblant que ce qu'ils écrivent est vrai.

**À FAIRE**

**7** Dresse une liste de livres que tu as lus qui contiennent des textes littéraires.

Dans une bibliothèque, on pourrait donc ranger les livres dans deux grandes catégories: les textes courants et les textes littéraires.

Cette bibliothèque serait déjà mieux organisée que celle où il n'y aurait pas de système de classement. Toutefois, elle pourrait être améliorée.

# Quels sont les principaux types de textes ?

En te rendant à la bibliothèque, tu remarqueras que d'autres critères permettent de classer les livres. Ainsi, les livres traitant d'un même sujet sont généralement regroupés, les livres d'un même auteur ou d'une même auteure également. De plus, les livres provenant d'une même collection s'alignent sur les rayons. Chose certaine, les textes d'une même catégorie (courants ou littéraires) sont généralement classés dans une même section.

## LES TYPES DE TEXTES COURANTS

Tout au long de tes études secondaires, tu découvriras qu'il existe quatre principaux types de textes courants: le type descriptif, le type narratif, le type explicatif et le type argumentatif. En deuxième secondaire, tu étudieras plus particulièrement des textes courants de type descriptif. Il existe aussi différents genres de textes de type descriptif: les articles d'encyclopédie, de dictionnaire et de grammaire, les guides pratiques, les guides de voyages, etc.

## LES TYPES DE TEXTES LITTÉRAIRES

Tu apprendras aussi que les textes littéraires peuvent être groupés en différents types: le type narratif et le type dramatique.

Les textes littéraires de type narratif sont appelés ainsi car on y raconte (on y «narre») des histoires. Il existe différents genres de textes littéraires de type narratif: les récits, les nouvelles, les contes, les romans et les bandes dessinées.

Les poèmes sont aussi des textes littéraires. Toutefois, ils peuvent être écrits selon le mode d'organisation des textes de type descriptif ou des textes de type narratif.

**8** Trouve un titre de livre qui correspond à chacun des genres suivants. Pour chacun, donne le nom de l'auteur ou de l'auteure et explique pourquoi tu aurais ou n'aurais pas envie de lire ce livre.

**A** un roman

**B** un recueil de poèmes

**C** un recueil de contes

**D** un recueil de nouvelles

**E** une pièce de théâtre

## LES SÉQUENCES DANS UN TEXTE

Il arrive rarement qu'un texte soit entièrement de type narratif ou entièrement de type descriptif.

Ainsi, dans un roman, qui est un texte littéraire de type narratif, il est fréquent de rencontrer des passages qui décrivent des personnages, des lieux ou des objets et d'autres qui rapportent les paroles des personnages. Ces insertions s'appellent, selon le cas, des séquences descriptives ou des séquences dialoguées.

Il peut aussi arriver que l'on trouve dans un article de journal, qui est un texte courant de type descriptif, des passages qui expliquent un fait ou un phénomène; on appelle ces passages des séquences explicatives. L'article pourrait également contenir des passages dans lesquels le ou la journaliste présente et défend son opinion; il s'agirait alors de séquences argumentatives.

**À FAIRE!**

9  Dans le roman que tu es en train de lire ou dans un roman que tu as déjà lu, repère :

   **A**  deux insertions de séquences descriptives;

   **B**  deux insertions de séquences dialoguées.

10  Trouve deux situations de la vie courante où tu pourrais avoir besoin :

   **A**  d'un texte de type explicatif;

   **B**  d'un texte de type argumentatif.

**T**out au long de ta vie, tu liras des textes: des livres, des journaux, des revues, des textes sur site Internet ou encore des banques de données informatisées. Un premier survol du texte peut te permettre de reconnaître la catégorie à laquelle il appartient, le type de texte dont il s'agit et, peut-être, le genre du texte. Tu pourras ainsi déterminer si ce texte répond à tes besoins.

## LES CATÉGORIES, LES TYPES ET LES GENRES DE TEXTES

| CATÉGORIES DE TEXTES | TYPES DE TEXTES | GENRES DE TEXTES |
|---|---|---|
| **LITTÉRAIRES** | narratif | récits – contes – nouvelles – romans – bandes dessinées – poèmes |
| | dramatique | pièces de théâtre – téléromans – poèmes |
| **COURANTS** | descriptif | comptes rendus – articles de revues, de journaux – articles de dictionnaire – articles d'encyclopédie – guides pratiques – guides de voyages |
| | narratif | récits de vie – journaux intimes – biographies – autobiographies |
| | explicatif | articles de revues, de journaux – ouvrages didactiques – ouvrages scientifiques – textes documentaires – reportages |
| | argumentatif | éditoriaux – critiques – chroniques – textes d'opinion |

# COMMENT FAIRE

Les activités qui suivent te permettront de découvrir et de mettre en pratique des stratégies de lecture qui te serviront tout au long de tes études.

## POUR savoir d'OÙ provient le texte

**1** Consulte les textes de ton manuel *Anthologies* énumérés ci-dessous et indique s'ils sont extraits d'un livre, d'un magazine ou d'un journal.

**A** *Des romans qu'on chantait...* (page 3)

**B** *Littérature – Prix records* (page 30)

**C** *Toutes les roses et tous les livres du monde !* (page 31)

**D** *Au vol !* (page 32)

**E** *Les livres* (page 42)

### STRATÉGIES

*Quelles stratégies peut-on utiliser pour savoir d'où provient un texte ?*

## POUR reconnaître rapidement la CATÉGORIE à laquelle appartient un texte

**2** Quel **moyen** a choisi l'auteur de ton manuel *Anthologies* pour t'indiquer que certains textes sont des textes littéraires ?

**3** Les phrases dans l'encadré sont extraites de textes de ton manuel *Anthologies*.

① *Chez les Amérindiens, on pouvait scander la récitation des légendes par des danses.*

② *Il sortit de ses pages jaunies, emmenant bien entendu avec lui tous ses personnages : un roi, un berger, un troupeau de moutons et un loup.*

③ *Son père était à son travail et sa mère partait jouer au loto dans une ville située à une dizaine de kilomètres de là.*

④ *Une copie du* Cosmographia *de Ptolémée a été adjugée pour 1 925 000 $, chez Sotheby's, à New York, le 31 janvier 1990.*

⑤ *Mais tu viens de tuer le rayon de ton âme !*

**A** À première vue, à quelle **catégorie de textes** (littéraires ou courants) penses-tu que chaque phrase appartient ?

**B** Pour chaque phrase que tu as classée dans les textes courants, détermine quel pourrait être le **sujet** du texte dont elle est tirée.

**C** Parmi les phrases que tu as classées dans les textes littéraires, relève celle qui présente le **personnage principal** et une **action** accomplie par ce personnage.

**4** Dans les phrases du numéro 3, repère celle qui semble extraite de chacun des textes suivants de ton manuel *Anthologies* :

Ⓐ *Des romans qu'on chantait...* (page 3)

Ⓑ *À qui la faute ?* (page 22)

Ⓒ *Littérature – Prix records* (page 30)

Ⓓ *Les mésaventures d'un vieux conte* (page 39)

Ⓔ *Les lectures de Matilda* (page 45)

**5** Certains textes littéraires sont de type narratif, d'autres sont des textes poétiques.

Ⓐ En feuilletant rapidement l'anthologie *Un objet magique* (pages 1 à 53), relève **deux textes poétiques** et indique le **titre** et le **numéro de page** de chacun.

Ⓑ Quel **indice** t'a permis de repérer rapidement les textes poétiques ?

**STRATÉGIES**

*Quelles stratégies peut-on utiliser pour reconnaître rapidement la catégorie à laquelle appartient un texte ?*

# POUR reconnaître le TYPE d'un texte

**6** Le texte *La virgule*, présenté dans ton manuel *Anthologies* (page 40), raconte l'histoire d'un signe de ponctuation qui s'évade d'une phrase.

Ⓐ Lis les 1er, 2e et 3e paragraphes (lignes 1 à 13). De quelle **phrase** la virgule s'évade-t-elle ?

Ⓑ De quel **type de texte** cette phrase est-elle tirée ?

**7** Imagine que la virgule se soit évadée d'un texte courant de type descriptif portant sur les éléphants. Invente une **phrase** qui pourrait se trouver dans ce type de texte et dont la virgule pourrait s'évader.

**8** Ouvre ton manuel *Anthologies* à la page 30 et lis le texte *Littérature – Prix records.*

Ⓐ Parmi les livres imprimés les plus chers, à ton avis, **lequel** est composé de textes courants de type descriptif ?

Ⓑ Quel est le **sujet** des textes présentés dans ce livre ?

Ⓒ Charles Baudelaire est l'auteur d'un des livres qui s'est vendu le plus cher aux enchères. Cherche dans ton dictionnaire qui était Baudelaire et précise la **catégorie** et le **genre de textes** que contient son œuvre *Les Fleurs du mal.*

**STRATÉGIES**

*Quelles stratégies peut-on utiliser pour reconnaître à quel type appartient un texte ?*

# POUR vérifier si je sais LIRE un TEXTE COURANT DE TYPE DESCRIPTIF

**9** En consultant, dans la table des matières de ton manuel *Anthologies*, les textes contenus dans l'anthologie *Un objet magique*, détermine le **texte** que tu devrais lire si tu voulais en savoir plus :

Ⓐ sur des suggestions de livres à lire ;

Ⓑ sur les livres les plus vendus ;

Ⓒ sur l'histoire du livre à travers les siècles.

**10** Lis le titre, les intertitres et les premières phrases du texte *Les chemins des livres* (*Anthologies*, page 5, lignes 1 à 40) et détermine quel est le **sujet** du texte.

**11** Les intertitres révèlent les aspects du sujet qui sont traités dans le texte *Les chemins des livres* (*Anthologies,* page 5).

**A** Dresse la **liste des neuf aspects** qui sont traités dans ce texte.

**B** Choisis **trois sortes de livres** dont il est question dans le texte et relève les **passages** qui les décrivent le mieux. Précise à **quelles lignes** se trouvent les passages que tu as choisis.

### STRATÉGIES

*Quelles stratégies peut-on utiliser pour vérifier si on sait lire un texte courant de type descriptif ?*

## POUR vérifier si je sais LIRE un TEXTE LITTÉRAIRE DE TYPE NARRATIF

**12** Lis le texte *Les mésaventures d'un vieux conte* (*Anthologies*, page 39) et **résume l'histoire** à l'aide de la formule suivante :

**C'est l'histoire de → Au début → Puis → Alors → Enfin**

**13** Rédige **un court paragraphe** d'environ 40 mots (quatre lignes) dans lequel tu décriras le personnage principal du texte *Les mésaventures d'un vieux conte*. **Caractérise** le personnage pour qu'on puisse imaginer sa taille, son poids, sa couleur, etc.

**14** Dans le texte *Les mésaventures d'un vieux conte*, un personnage lit un texte littéraire pour s'évader. **Repère** cet extrait et **résume-le**.

**15** Le texte *Les livres* de Gilles Vigneault (*Anthologies*, page 42) présente un personnage à qui la lecture permet de s'évader. Lis le texte et réponds aux questions ci-dessous.

**A** Qui est ce personnage ?

**B** Quelle **catégorie** et quel **type** de texte lit-il ?

**C** Relève le **passage** qui décrit ses réactions.

## 16 *ON EN DISCUTE !*

Dans le texte *Les livres* (*Anthologies*, page 42), on peut lire la phrase suivante : *Elle fit de longues études dans de gros livres qui n'avaient pas la moindre image.*

En équipes de trois élèves, discutez et trouvez **la meilleure réponse** à la question suivante :

Les gros livres dans lesquels Julie a étudié présentaient-ils des textes littéraires ou des textes courants ? Comment pouvez-vous l'affirmer ?

Rédigez votre réponse en **une ou deux phrases**.

### STRATÉGIES

*Quelles stratégies peut-on utiliser pour vérifier si on sait lire un texte littéraire de type narratif ?*

Parfois, quand je vais acheter du pain au coin de la rue, je m'efforce de faire un petit détour, car j'ai peur qu'à faire toujours le même chemin, mes pas finissent par user le trottoir.

# POUR vérifier si je sais LIRE un TEXTE POÉTIQUE

**17** Lis le texte *À peine ouvert le livre...* (*Anthologies*, page 43).

**A** Quelles **caractéristiques** te permettent d'affirmer qu'il s'agit d'un poème ?

**B** Les textes littéraires sont écrits et lus pour satisfaire un besoin d'imaginaire. En tenant compte de cette affirmation, quel **rapprochement** peux-tu faire entre le texte *À peine ouvert le livre...* et celui de Gilles Vigneault, *Les livres*, que tu as lu pour réaliser les activités 15 et 16.

**STRATÉGIES**

*Quelles stratégies peut-on utiliser pour vérifier si on sait lire un texte littéraire poétique ?*

# POUR reconnaître les insertions de SÉQUENCES dans un texte de type narratif

**18** Le texte *Le cahier noir* de Jacques Poulin (*Anthologies,* page 16) est un texte littéraire de type narratif.

**A** Dans le premier paragraphe (lignes 1 à 4), relève les **deux actions** accomplies par le personnage principal. Précise le **temps des verbes** qui traduisent ces actions.

**B** Le premier paragraphe est suivi d'une séquence descriptive. Détermine **ce qui est décrit** dans cette séquence et indique à **quel temps** sont conjugués la plupart des verbes de cette séquence.

**C** Dans le troisième paragraphe (lignes 11 à 18), relève les **actions** accomplies par le personnage principal. Précise le **temps des verbes** qui traduisent ces actions.

**D** Dans les 4ᵉ, 5ᵉ, 6ᵉ et 7ᵉ paragraphes (lignes 19 à 57), repère un autre paragraphe qui constitue une séquence descriptive. Détermine **ce qui est décrit** dans cette séquence et indique à **quel temps** sont conjugués la plupart des verbes de cette séquence.

**19** Dans les lignes 77 à 90 du texte *Le cahier noir*, relève une séquence descriptive où l'on décrit un personnage.

**A** De quel personnage s'agit-il ?

**B** Quel **aspect** du personnage est décrit ?

**C** Indique à **quel temps** sont conjugués les verbes de cette séquence.

**D** Trouve dans la suite du texte la **séquence** qui décrit Simone et relève les **indices** qui te permettent de l'affirmer.

**20** Les lignes 77 à 114 du texte *Le cahier noir* contiennent deux séquences dialoguées.

**A** Précise **QUI parle À QUI** dans chacune de ces séquences.

**B** Ces séquences dialoguées sont-elles essentielles ? Relis le texte en enlevant ces séquences et détermine si le sens du texte est changé.

**C** Les lignes 127 à 161 du texte contiennent une séquence dialoguée plus longue qui est essentielle au texte. Relis cette séquence et dis **ce qu'on y apprend d'important**.

**STRATÉGIES**

*Quelles stratégies peut-on utiliser pour reconnaître les insertions de séquences dans un texte de type narratif ?*

## DE LA LECTURE À L'ÉCRITURE

## *Anthologies*

**ÉCRIRE un texte descriptif
sur ton manuel *Anthologies***

### Pour:

– **réinvestir** les connaissances acquises sur les types de textes et les stratégies apprises à l'étape *Je me documente* (pages 11 à 19);

– **mettre en pratique** les règles de syntaxe et d'orthographe apprises en première secondaire:

- la construction et la ponctuation des phrases;

- l'accord du verbe avec son sujet;

- les accords dans le groupe du nom;

- les accords des participes passés employés sans auxiliaire, avec l'auxiliaire *être* ou un verbe attributif et avec l'auxiliaire *avoir*.

### Consignes d'écriture

Ton texte devra contenir quatre paragraphes d'environ 50 mots (5 lignes) chacun.

Introduction

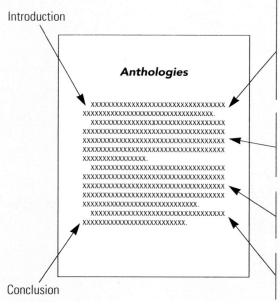

Conclusion

**Dans le premier paragraphe,** tu pourrais présenter ton sujet (le manuel *Anthologies*) et les aspects du sujet (les grandes divisions du manuel). Dans ce paragraphe, tu dois rédiger une phrase qui contient l'information principale de ton texte.

**Dans le deuxième paragraphe,** tu pourrais démontrer que ce manuel contient des textes courants et des textes littéraires et citer des titres de textes en exemple.

**Dans le troisième paragraphe,** tu pourrais choisir une ou plusieurs pages que tu aimes beaucoup et dire pourquoi en les décrivant.

**Dans le dernier paragraphe,** tu pourrais dire ce que tu penses de ton manuel et expliquer pourquoi en une phrase.

## MES CONNAISSANCES EN BREF

### Objectif

Rendre compte des connaissances sur les types de textes acquises à l'étape *Je me documente*.

### Fonctionnement

En équipes de deux, les participants et les participantes font leur présentation à tour de rôle.

### Durée suggérée

**1.** Préparation à la maison.
**2.** En classe, de 15 à 20 minutes.

### Contenu de la présentation

Pendant le déroulement de la discussion, chaque élève, à tour de rôle, présente :

**1.** son point de vue sur les connaissances acquises sur les types de textes : leur utilité, leur degré de difficulté et les difficultés à les comprendre ;

**2.** un compte rendu des moyens pris pour sélectionner et résumer les notions acquises sur les types de textes ;

**3.** un résumé personnel et original (schéma, tableau, illustrations, exemples, organisateur graphique, textes annotés, etc.) de ses nouvelles connaissances sur les types de textes.

**ATTENTION !** Pendant la discussion, chaque participant ou participante peut poser des questions d'éclaircissement, faire des commentaires, des observations, discuter de la pertinence des choix de l'élève qui intervient, faire part de son appréciation, etc.

### Pistes d'observation

Vérifier :

**1.** l'originalité de la présentation et faire des suggestions pour la prochaine fois ;

**2.** si le vocabulaire utilisé correspond à celui appris dans les activités de l'étape *Je me documente* ;

**3.** si l'élève a utilisé un registre de langue approprié ;

**4.** si l'élève a utilisé des phrases construites correctement ;

**5.** le degré de participation de chacun et de chacune (commentaires, questions et réponses, échanges verbaux et non verbaux, etc.).

# LA PASSION DES MOTS

LA PASSION DES MOTS LA **PASSION** DES MOTS LA PASSION **DES** MOTS LA PASSION DES MOTS **MOTS** LA PASSION DES MOTS **LA PA**
LA PASSION DES MOTS LA **PASSION** DES MOTS LA PASSION **DES** MOTS LA PASSION I
LA PASSION DES MOTS LA **PASSION** DES MOTS LA PASSION DES MOTS LA PASSION I

# Le sens des mots

### Les chemins des livres (Anthologies, page 5)

**En première secondaire, tu as appris comment trouver le sens d'un mot en cours de lecture. Vérifie si tu peux mettre en pratique les stratégies apprises à l'aide des activités qui suivent. Lis le texte *Les chemins des livres*, puis réalise les activités au fur et à mesure que tu rencontres les mots.**

Parmi les mots entre parenthèses, choisis le synonyme qui pourrait remplacer le mot *spécifiques* dans le texte (lignes 19 et 20).

[...] *avec des matériaux* (inconnus / typiques / généraux) *à chaque région.*

Dans le contexte, relève un passage qui révèle le sens du mot *papyrus*.

Dans ton dictionnaire, trouve trois mots de la même famille que le mot *végétal*.

**A** Trouve un antonyme du mot *amont* (ligne 74).

**B** Rédige une phrase dans laquelle tu utiliseras le mot *amont* et son antonyme.

Le mot *couche* (ligne 75) est un mot polysémique (qui a plusieurs sens).

**A** Dans ton dictionnaire, trouve le sens de ce mot dans le texte.

**B** Rédige une courte phrase dans laquelle tu utiliseras le mot *couche* dans un sens différent.

**A** Sépare les deux éléments qui forment le mot *pictogramme* (ligne 75).

**B** Explique le sens de ce mot en cherchant dans ton dictionnaire ou dans un tableau des préfixes et des suffixes le sens des deux éléments qui le composent.

Parmi les mots entre parenthèses, choisis le synonyme qui pourrait remplacer le mot *étranges* (ligne 85).

[...] *Comment ces signes étranges* (étrangers / compliqués / bizarres) [...]

**A** Cherche dans ton dictionnaire le mot latin qui est à l'origine du mot *scribe* (ligne 100).

**B** Trouve trois autres mots qui commencent par les lettres *scri-* et qui ont la même origine.

Donne un autre nom et un verbe de la même famille que le mot *gravure* (ligne 103).

Trouve le sens des expressions et des mots ci-contre dans le contexte en utilisant l'une ou l'autre des stratégies de l'encadré et indique pour chacun le numéro de la stratégie que tu as utilisée.

① Essayer de trouver un autre mot à l'intérieur du mot pour en découvrir le sens à l'aide de sa formation.

② Chercher des mots de la même famille.

③ Chercher un synonyme ou un antonyme.

④ Si ce mot est un nom, déterminer s'il désigne un objet, une personne, un lieu, un animal ou une idée et le confirmer à l'aide du contexte.

⑤ Si le mot ne désigne pas un objet, une personne, un lieu, un animal ou une idée, déterminer s'il introduit une caractéristique favorable ou défavorable.

⑥ Revoir le contexte dans lequel le mot est utilisé et vérifier si les autres mots peuvent aider à en comprendre le sens.

⑦ Chercher le mot dans un dictionnaire.

a) vestiges (ligne 111)

b) déchiffrer (ligne 117)

c) outre (ligne 124)

d) mythologiques (ligne 124)

e) monarque (ligne 153)

f) exportation (ligne 154)

g) rivalité (ligne 162)

h) enluminures (ligne 172)

i) cocotiers (ligne 179)

j) caractères (ligne 192)

k) scellé (ligne 203)

l) sous la pression de la nécessité (ligne 219)

m) chutes (ligne 237)

n) tamisés (ligne 242)

o) propagea (ligne 250)

p) Route de la Soie (ligne 259)

q) révolue (ligne 268)

r) soûtras (ligne 287)

s) matrice (ligne 309)

t) intervalle (ligne 319)

# Le sens des expressions

Les textes *L'avenir du livre* et *Mes librairies* contiennent plusieurs expressions dont tu ne connais peut-être pas le sens. À l'aide de ton dictionnaire ou d'un dictionnaire des expressions, cherche le sens de chaque expression. Si tu ne les trouves pas dans les dictionnaires, demande l'aide de quelqu'un. Prouve ensuite que tu en comprends le sens en rédigeant une phrase dans laquelle tu utiliseras chacune des expressions indiquées.

## L'avenir du livre
(*Anthologies*, page 10)

a) [...] *les jours du livre étaient comptés.* (ligne 11)

b) [...] *l'un des innombrables prêtres* [...] (ligne 20)

c) *Qui plus est* [...] (ligne 29)

d) *En un mot comme en cent* [...] (ligne 64)

e) [...] *le livre a encore un bel avenir* [...] (ligne 73)

## Mes librairies
(*Anthologies*, page 12)

a) [...] *son chemin de Damas.* (ligne 1)

b) *Des romans de cape et d'épée.* (ligne 37)

# Banques de mots

## POUR PARLER DES LIVRES

Dans l'extrait du livre *Les Mots* de Jean-Paul Sartre (*Anthologies*, pages 14 et 15), relève tous les mots qui forment le champ lexical du mot *livre* et classe-les dans un tableau composé de trois colonnes dont les en-têtes seraient:

| Catégories ou genres de livres | Éléments qui constituent un livre | Autres |
|---|---|---|
| Ex.: *grammaire* | Ex.: *mots* | Ex.: *bibliothèque* |

## POUR PARLER DES PERSONNES

Dans le texte *Portrait en raccourci du livre québécois* (*Anthologies*, pages 35 à 38), relève tous les mots et toutes les expressions qui forment un champ lexical du mot *livre* et regroupe-les selon:

– qu'ils sont des substituts du mot *livre* (ex.: *manuel*);

– qu'ils désignent une catégorie, un genre ou un titre de livre (ex.: *religion*);

– qu'ils désignent une personne qui travaille dans le milieu du livre (ex.: *éditeur*).

Dans les textes *Mes librairies* (*Anthologies*, page 12) et *Elle avait formé le projet de lire tous les livres* (*Anthologies*, page 25), trouve le nom de deux professions importantes dans le domaine du livre.

# Des mots à la culture

Dans les textes que tu as lus jusqu'à maintenant et dans d'autres textes du manuel *Anthologies*, on trouve le nom de nombreux personnages célèbres. En découvrant qui sont ces personnages, tu découvriras tout un monde.

**A** Relève les noms propres de personnes mentionnés dans les textes suivants:

a) *Les Mots* (pages 14 et 15)

b) *À qui la faute?* (pages 22 et 23)

c) *Un coup de foudre* (pages 49 et 50)

**B** Raye les noms qui représentent des personnages fictifs ou qui font partie du titre d'une œuvre littéraire.

**C** Cherche le nom des autres personnes dans ton dictionnaire ou dans une banque de données et inscris chacune de ces personnes dans un tableau semblable au suivant. Dans la première colonne, inscris les sept professions suivantes: écrivain ou écrivaine, explorateur ou exploratrice, peintre, philosophe, musicien ou musicienne, homme ou femme politique, personnage biblique. Ajoute une rangée «Autres professions».

| Profession | Nom de la personne (Années de la naissance et de la mort) | Nationalité |
|---|---|---|
| Ex.: *Écrivain* | Ex.: *Rabelais* *(1494-1553)* | Ex.: *Français* |

**D** Observe le tableau que tu as construit et réponds aux questions suivantes:

a) À la fin du XV$^e$ siècle et au début du XVI$^e$, de quel pays les grands explorateurs venaient-ils?

b) Connais-tu des explorateurs qui vivent au XX$^e$ siècle?

c) À la fin du XVI$^e$ siècle et au début du XVII$^e$, dans quels pays d'Europe vivaient plusieurs peintres célèbres?

d) Nomme d'autres peintres célèbres que tu connais.

e) Ajoute le nom de trois musiciens ou musiciennes célèbres.

Dans le texte *Les lectures de Matilda* (*Anthologies,* page 47), aux lignes 162 à 179, on trouve des titres de romans et des noms d'auteurs et d'auteures.

**A** Relève le nom de chaque auteur ou auteure et indique:

– sa nationalité;

– le siècle où il ou elle a vécu;

– l'œuvre ou les œuvres importantes qu'il ou qu'elle a écrites (autres que celles qui sont citées à la page 47).

**B** As-tu déjà lu un de ces livres? Si oui, lequel?

Dans le texte *Le cahier noir* (*Anthologies,* page 18), aux lignes 195 à 203, l'auteur mentionne plusieurs titres et certains auteurs et auteures de livres.

**A** Relève ces titres.

**B** Donne le nom de l'auteur ou de l'auteure de chaque livre, indique sa nationalité et précise à quel siècle il ou elle a vécu. Si le nom de la personne qui a écrit le livre n'est pas donné dans le texte, associe le titre à un auteur ou à une auteure de l'encadré.

J. D. Salinger – Réjean Ducharme – Jack Kerouac – John Irving – Ernest Hemingway – Jacques Godbout – Boris Vian – Alain Fournier – Yves Thériault – Françoise Sagan – Rainer Maria Rilke

**C** Pour chaque auteur ou auteure, indique le titre d'une autre œuvre importante qu'il ou qu'elle a écrite.

**D** As-tu déjà lu un de ces livres? Si oui, lequel?

## DES MOTS À L'ÉCRITURE

# Tout sur le livre

**ÉCRIRE un texte courant de type descriptif sous la forme d'une lettre à une ou à un camarade**

## Pour :

– **lui faire part** de ce que tu as découvert sur le livre en lisant les textes de l'anthologie *Un objet magique*;

– **réinvestir** les expressions nouvelles et les mots nouveaux appris dans les activités de la rubrique *La passion des mots* (pages 22 à 24);

– **mettre en pratique** les règles de syntaxe apprises dans l'atelier de grammaire:

• *La phrase I* (atelier 1).

### Consignes d'écriture

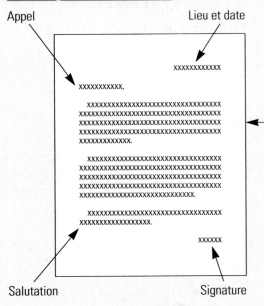

Appel — Lieu et date

Salutation — Signature

Dans la lettre que tu écriras, tu devras afficher ton savoir, faire part à la personne à laquelle tu écris de ce que tu as appris sur cet objet magique qu'est le livre et que tu as trouvé particulièrement intéressant. Tu dois l'impressionner en introduisant dans ton texte tes nouvelles connaissances, mais aussi en utilisant un maximum de mots qui sont nouveaux pour toi et que tu marqueras d'un astérisque (*).

Présente ton texte en le disposant comme une lettre.

# JE FAIS DES ESSAIS

Dans cette étape, tu développeras ta compétence à **lire** des **textes descriptifs contenant des consignes**.

**Tu apprendras:**

— ce qu'est un **texte descriptif contenant des consignes;**

— comment faire pour **lire** un **texte descriptif contenant des consignes.**

# Qu'est-ce qu'un texte descriptif contenant des consignes ?

## LE SUJET D'UN TEXTE DESCRIPTIF CONTENANT DES CONSIGNES

**1** Parmi les phrases présentées dans l'encadré, lesquelles t'incitent à agir ?

① Le trépied sert à stabiliser l'appareil photo.

② Ajustez le trépied de manière à cadrer le visage du sujet.

③ L'ajustement du trépied nécessite une certaine habileté.

④ Pour ajuster le trépied, tourner la molette noire.

**2** Parmi les livres énumérés dans l'encadré, lesquels sont susceptibles de présenter des consignes pour inciter le lecteur ou la lectrice à agir ?

① *Recettes pour cocotte d'argile*

② le roman *La Deuxième Vie*

③ l'atlas *Le Monde contemporain*

④ le manuel de mathématiques *Carrousel mathématiques*

⑤ l'*Encyclopédie des bandes dessinées*

⑥ le manuel *Anthologies* de la collection «Pour lire et pour écrire»

**3** Imagine à quoi pourraient servir les consignes que tu trouverais dans chacun des livres que tu as choisis au numéro 2 en complétant l'énoncé suivant:

• *Dans le livre* ✎ *, je pense trouver des consignes pour* ✎ *.*

**4** Parmi les consignes suivantes, lesquelles proposent des stratégies durables que tu pourrais réutiliser dans tes activités de lecture et d'écriture ?

① La prochaine fois que tu liras un texte littéraire de type narratif, situe les actions dans le temps.

② Relève trois objets qui sont absolument essentiels au héros dans ce conte.

③ Pour découvrir l'aspect abordé dans un paragraphe, relève les principaux champs lexicaux.

④ Quel est le sujet du texte de la page 23 ?

⑤ Lorsque tu écris un texte, repère chacun des verbes afin d'appliquer la stratégie de révision de texte présentée à la fin de ce manuel.

**5** Associe chaque type de consigne dans l'encadré à l'énoncé qui convient.

conseil – directive – procédure – interdiction

Ⓐ Ce qu'on doit faire pour...

Ⓑ Ce qu'on doit faire, dans l'ordre, pour...

Ⓒ Ce qu'on ne peut pas faire...

Ⓓ Ce qu'on peut faire...

## LES VERBES DANS LES CONSIGNES

**6** Lis les trois extraits suivants.

### EXTRAIT 1

Tu devrais rire plus souvent... Les bandes dessinées et les comédies sont de bons moyens d'éliminer le stress de la vie quotidienne. On dit qu'un éclat de rire tous les jours permet d'éviter l'hôpital pour toujours.

### EXTRAIT 2

1. Retirer d'abord le dard.
2. Nettoyer ensuite la blessure avec un désinfectant.
3. Panser la blessure avec une pièce de coton propre.
4. Consulter un médecin dans les plus brefs délais.

### EXTRAIT 3

Si vous entendez le signal d'alarme, agissez. Sortez calmement de la classe sans courir. Dirigez-vous ensuite vers la cour de récréation et rejoignez votre enseignant ou votre enseignante.

Ⓐ Dans chaque extrait, à quel temps et à quel mode sont les verbes qui désignent des consignes ?

Ⓑ Récris le premier extrait en donnant les consignes à l'impératif.

Ⓒ Récris les verbes du deuxième extrait en donnant les consignes à l'impératif.

Ⓓ Récris le troisième extrait en donnant les consignes à l'infinitif.

**7** Les consignes suivantes sont des règles de jeu. Relève dans chacune les verbes et les compléments qui décrivent l'essentiel de la consigne.

Ⓐ Si le palet tombe sur un carré, on y inscrit son nom.

Ⓑ Le premier joueur ou la première joueuse lance cinq osselets.

Ⓒ Après avoir ramassé dix billes, le joueur ou la joueuse s'arrête à la case rouge.

Ⓓ Chaque joueur ou chaque joueuse compose un message secret.

Ⓔ Tous les joueurs et toutes les joueuses doivent fermer les yeux.

## L'ORGANISATION GLOBALE D'UN TEXTE DESCRIPTIF CONTENANT DES CONSIGNES

**8** Les illustrations de la recette de soupe à l'oignon gratinée sont présentées dans l'ordre.

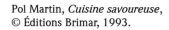

Pol Martin, *Cuisine savoureuse*,
© Éditions Brimar, 1993.

**A** Associe les illustrations aux consignes qui, elles, sont présentées dans le désordre.

a) Ajouter bouillon de bœuf, bouquet garni et poivre de Cayenne. Saler, poivrer et continuer la cuisson.

b) Mettre les oignons dans le beurre chaud.

c) Verser la soupe dans les bols.

d) Faire dorer les oignons 35 minutes, sans les laisser brûler.

e) Placer du fromage râpé au fond de chaque bol.

f) Incorporer le vin et cuire 6 minutes, à feu vif.

**B** À quel mode sont les verbes qui incitent à agir?

**C** Maintenant que tu as rétabli l'ordre des consignes, insère dans chacune un complément de phrase qui en précisera le déroulement.

**D** Comment les consignes de cette recette sont-elles organisées: par étapes ou par aspects? Explique ta réponse.

Cela ne paraît pas sur la photo, mais plusieurs fois par jour, ce coin de rue devient très animé. C'est là que les enfants traversent au retour de l'école, là que les voisins s'arrêtent pour jaser un brin, là aussi que, malheureusement, les voitures font trop de bruit en démarrant.

**9** Le texte qui suit est descriptif et contient des consignes organisées par aspects.

## Comment combattre le cerveau primitif?

Savoir se concentrer

Connais-tu le cerveau primitif? Lorsqu'on doit accomplir une tâche qui ne nous semble pas plaisante, le cerveau primitif bloque l'information, nous empêchant ainsi d'accomplir la tâche. Il faut combattre cet ennemi par la concentration.

Comment arriver, alors, à se concentrer? Il faut se mettre au travail et se convaincre que la tâche à accomplir est plaisante, agréable, même si on la déteste. Par exemple, il faut croire fermement que corriger les fautes de français dans un travail ou mémoriser le nom de toutes les chaînes de montagnes de l'Asie nous procurera un plaisir extraordinaire (de bonnes notes!).

Il faut aussi travailler avec attention et faire le silence autour de soi: éteindre la radio, la chaîne stéréo ou le téléviseur et offrir du dessert à son petit frère ou à sa petite sœur pour ne plus entendre ses cris. Quant aux bruits qui viennent de l'extérieur (le bébé de la voisine, le chien du voisin, la souffleuse de la ville, la sirène des pompiers, la guitare électrique du voisin du dessus, etc.), il faut que la tâche à accomplir les fasse taire, nous permette de les oublier...

Si, en cours de travail, le cerveau primitif fait une nouvelle tentative de corruption, il faut tout arrêter, faire une pause et prendre toutes les mesures pour retrouver son équilibre et se remettre à la tâche le plus tôt possible.

**A** Les consignes données dans ce texte sont-elles des conseils, des directives ou des interdictions?

Réponds en complétant l'énoncé suivant:

• *Le texte* Comment combattre le cerveau primitif? *contient des* (conseils / directives / interdictions) 🖉 *parce qu'on y trouve des consignes qui expriment ce qu'on* (doit faire / doit faire dans l'ordre / ne peut pas faire / peut faire) 🖉 .

**B** Explique pourquoi ce texte de consignes est organisé par aspects plutôt que par étapes.

**C** Chaque paragraphe de ce texte correspond à un aspect d'un texte descriptif contenant des consignes dont le sujet serait «Savoir se concentrer». Formule une consigne qui résumera chaque paragraphe de manière à compléter l'énoncé suivant:

• *Pour pouvoir se concentrer, il faut:*

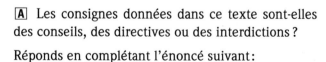

## LE POINT DE VUE DANS UN TEXTE DESCRIPTIF CONTENANT DES CONSIGNES

**10** **A** Parmi les consignes reproduites aux numéros 8 et 9, lesquelles sont présentées d'un point de vue humoristique? Lesquelles sont présentées d'un point de vue neutre? Justifie ta réponse.

**B** En règle générale, quel est le point de vue (neutre, favorable, défavorable) adopté pour présenter une consigne?

# LE TEXTE DESCRIPTIF CONTENANT DES CONSIGNES

| CONNAISSANCES | EXEMPLES |
|---|---|

### LA SITUATION DE COMMUNICATION

Le texte descriptif contenant des consignes est un texte écrit par quelqu'un **pour inciter quelqu'un d'autre à agir**.

- texte contenant les conseils d'une mère à une gardienne d'enfants
- texte contenant les consignes d'une enseignante à ses élèves pour une épreuve d'écriture

### LE SUJET

Le sujet d'un texte descriptif contenant des consignes, c'est **la raison pour laquelle on doit faire quelque chose**. Généralement, le titre ou l'introduction présente le sujet du texte.

- *Comment installer votre lave-vaisselle*
- *Vivre longtemps et en santé*

La formule **pour + verbe à l'infinitif + le ou les compléments du verbe** annonce souvent le sujet.

- *pour éteindre un feu*
- *pour changer un pneu crevé*
- *pour trouver le groupe du nom sujet*

Le sujet du texte peut être :

- un **conseil** (ce qu'on *peut faire* pour...) ;

- *Essayez de ne pas oublier vos devoirs.*

- une **directive** ou un ordre (ce qu'on *doit faire* pour...) ;

- *N'oubliez pas vos devoirs.*

- une **procédure** (ce qu'on doit faire, *dans l'ordre*, pour...) ;

- ***Pour faire vos devoirs :***
  1. *Choisissez un endroit tranquille.*
  2. *Ouvrez votre agenda scolaire.*
  3. *Déterminez le devoir le plus long à faire et commencez par celui-ci ;*
  4. *Ensuite, faites les autres.*

- une **interdiction** (ce qu'on *ne peut pas faire*...).

- *Il est interdit de tricher aux examens.*
- *Ne pas stationner.*

### LES ÉLÉMENTS DE LA DESCRIPTION ET L'ORGANISATION GLOBALE DU TEXTE

Comme dans tous les textes descriptifs, les éléments de la description dans un texte contenant des consignes sont divisés afin d'exprimer clairement les étapes ou les aspects de la consigne.

| CONNAISSANCES | EXEMPLES |
|---|---|

### Organisation par étapes

- Si le texte descriptif contenant des consignes présente une **procédure**, il est divisé en **étapes**. Dans ce cas, on peut trouver des **marqueurs de relation** tels que *d'abord, puis, ensuite, enfin,* etc.

- Dans certains cas, les étapes sont **numérotées** pour permettre au lecteur ou à la lectrice de suivre les consignes pas à pas.

- *Lisez **d'abord** le texte, **puis** répondez aux questions. Relisez **ensuite** vos réponses et vérifiez si elles sont bien rédigées. **Enfin**, faites lire votre travail par un ou une camarade.*

- ***Pour calculer la distance entre deux villes :***
  1. *Repérez d'abord les deux villes sur une carte routière.*
  2. *Mesurez combien de centimètres séparent les deux villes.*
  3. *Consultez l'échelle sur la carte.*
  4. *Multipliez enfin le nombre de centimètres par le nombre de kilomètres par centimètre.*

### Organisation par aspects

Le texte descriptif contenant des consignes peut aussi être divisé en **aspects**. C'est souvent le cas lorsqu'il s'agit de **conseils** ou d'**interdictions**. Les consignes ne sont pas données dans l'ordre de réalisation et peuvent être groupées par aspects.

*CONSEILS POUR GARDER LA FORME*
*Pour garder la forme, <u>**il faut bien s'alimenter**</u>. **Il faut manger des aliments des quatre groupes alimentaires**. Il ne faut pas manger tout ce que la restauration rapide nous propose.* — 1er aspect

*<u>**Il est aussi essentiel de faire de l'exercice**</u>. On peut, par exemple, **se lever de notre table** de travail et **faire quelques exercices d'étirement**. **Marcher** pour aller faire ses courses au lieu de prendre la voiture est aussi un bon exercice.* — 2e aspect

## LES MOTS

Dans un texte descriptif contenant des consignes, les mots doivent être **précis**. La polysémie n'est pas de mise. Le vocabulaire doit être **neutre**, c'est-à-dire qu'il ne laisse place à aucune interprétation, car le texte doit être **compris de la même manière par tout le monde**.

### Les noms et les adjectifs

Dans un texte descriptif contenant des consignes, **les noms et les adjectifs sont plutôt neutres**.

*Pour jouer, il faut une **craie bleue**, des **petits carrés** de 8 cm et un **crayon noir**.*

| CONNAISSANCES | EXEMPLES |
|---|---|

### Les déterminants

Souvent, par souci de précision, on trouve **des déterminants à valeur quantifiante.**

*Les **trois** premières billes qui entrent dans le trou du centre donnent **cinq** points au joueur ou à la joueuse.*

### Les verbes

- Certains verbes, accompagnés d'une ou de plusieurs expansions, prennent beaucoup d'importance dans le texte, car ils indiquent clairement **ce qu'il faut faire.**

- Les verbes sont très souvent à l'**impératif**, parfois à l'**infinitif**. Toutefois, les consignes peuvent aussi être énoncées au présent, au futur, au conditionnel, etc.

- *<u>**Prendre**</u> un seul carton et le <u>**plier**</u> en <u>deux</u>.*
- *Le deuxième joueur <u>**répète**</u> le message <u>au suivant</u>.*

- **Verbe à l'impératif**
  *<u>**Faites**</u> vos devoirs tous les soirs.*

- **Verbe à l'infinitif**
  *<u>**Faire**</u> ses devoirs tous les soirs.*

- **Verbe au futur**
  *Vous <u>**ferez**</u> vos devoirs tous les soirs.*

### Les mots invariables

On trouve aussi certains mots ou groupes de mots qui précisent **comment** respecter la consigne. Souvent, ce sont des **adverbes**. On trouve aussi des **conjonctions de formes simples ou complexes** qui introduisent des compléments de phrase.

**Adverbe**
*Brassez **lentement** afin d'éviter que la sauce ne tourne.*

**Conjonction de forme complexe**
*Il faut bien suivre la recette **parce que** le soufflé pourrait ne pas lever.*

### LES PHRASES

Dans un texte descriptif contenant des consignes, les phrases présentent **les gestes à poser ou à éviter.**

- Comme il s'agit de consignes, on trouve **des groupes compléments de phrase qui expriment le but.**

- Lorsqu'on présente des **interdictions**, on utilise généralement des phrases à la **forme négative.**

- ***Afin de ne pas prendre de retard,** faites vos devoirs tous les soirs.*

- *Il **ne** faut **pas** commencer à boire ou à manger avant le maître ou la maîtresse de maison.*

### LE POINT DE VUE

Dans un texte descriptif, le point de vue adopté est généralement **neutre**. Toutefois, on peut sentir de la part de la personne qui écrit **une insistance** plus ou moins forte.

- *Il est recommandé de...* (faible insistance)
- *Il faut absolument...* (forte insistance)
- *Il faut éviter à tout prix...* (forte insistance)

## POUR LIRE un TEXTE DESCRIPTIF CONTENANT DES CONSIGNES

**PREMIER ESSAI**

# RECHERCHE EN BIBLIOTHÈQUE

*Anthologies*, page 26

QUOI lire ?

Toute l'année, tu réaliseras des projets qui t'amèneront à faire des recherches en bibliothèque. Pour connaître les données essentielles qui t'aideront à trouver ce que tu cherches, tu liras le texte *Recherche en bibliothèque* dans ton manuel *Anthologies*.

Comme ce texte n'a pas été écrit expressément pour des élèves de niveau secondaire, tu le trouveras peut-être difficile. Toutefois, il est certain que tu y découvriras des renseignements sur la bibliothèque qui te surprendront et qui te serviront tout au long de tes études. Note ces renseignements au fil de ta lecture, car tu en auras besoin à l'étape *Réagir au texte* (page 37).

POURQUOI lire ?

Pour t'aider à relever ce défi de lecture, tu découvriras le sens du texte au fil des activités qui l'accompagnent. Ces activités touchent des questions qu'un bon lecteur ou une bonne lectrice devrait se poser au fil de sa lecture. En plus des activités liées au sens du texte, tu réaliseras dans ce premier essai des activités qui t'amèneront à réfléchir sur ta manière de lire et qui te permettront de réagir au texte. Ces activités sont reproduites en bleu.

COMMENT lire ?

AVANT

## ◀ ■ ▶ Avant la lecture

**1** Sans lire le texte, détermine le sujet qui y est abordé. Quels indices t'ont permis de répondre à cette question ?

**2** **A** Pourquoi penses-tu que les élèves de niveau secondaire et les élèves qui poursuivent leurs études collégiales devraient lire ce texte ?

**B** Crois-tu que la lecture de ce texte pourrait t'aider dans d'autres cours ? Explique brièvement ta réponse.

## Lis le premier paragraphe du texte (lignes 1 à 10).

**3** Résume ce paragraphe à l'aide du modèle suivant:

**consignes pour + verbe à l'infinitif + le ou les compléments du verbe**

**4** En jetant un simple coup d'œil sur le reste du texte, pourquoi peut-on dire que ce paragraphe aide à en comprendre l'organisation générale?

**5** Dans le premier paragraphe, deux mots permettent de dire que les consignes présentées dans ce texte doivent être suivies dans l'ordre. Quels sont ces deux mots?

## Lis le paragraphe «Préciser le sujet de recherche» (lignes 11 à 32).

**6** **A** Que signifie, dans ce contexte, l'expression *submergé par un amoncellement de documents* (ligne 20)?

**B** Dans la première phrase, comment dit-on pourquoi il est important de préciser un sujet de recherche?

**C** Dans ce paragraphe, relève les passages dans lesquels l'auteur précise les sujets *le travail, la famille* et *les jeunes.*

## Lis le paragraphe «Trouver une liste de mots clés» (lignes 33 à 55).

**7** **A** Dans ce paragraphe, quelle expression pourrait remplacer *vedettes-matières* (ligne 37)?

**B** Pourquoi est-il important de trouver des mots clés? Tu trouveras une raison au début du paragraphe et une autre à la fin.

**C** Dans ce paragraphe, on trouve le mot *thésaurus*. À l'aide du contexte, complète la définition suivante:

• *Un dictionnaire thésaurus est un dictionnaire qui permet* ✎ *.*

**D** Montre que tu as compris ce paragraphe en complétant l'énoncé suivant:

• *Pour trouver des mots clés, on peut* ✎ *.*

**Lis les deux premières phrases de la partie «Connaître le système de classement d'une bibliothèque»** (lignes 61 à 66).

**8** **A** Que désigne le pronom *ils* dans la première phrase ?

**B** Relève le groupe complément de phrase (Gcompl. P) qui indique pourquoi on élabore un catalogue général dans les bibliothèques et les centres de documentation.

**C** Récris le début de la deuxième phrase en remplaçant le pronom *y* par ce qu'il désigne.

**D** Selon ta compréhension de la deuxième phrase, rédige trois consignes qui aideraient les élèves à faire des recherches dans les différents fichiers d'une bibliothèque.

**Survole la partie intitulée «Connaître le système de classement»** (page 27).

**9** Explique dans tes mots sur quoi repose le classement d'une bibliothèque.

**Survole la partie intitulée «Consulter des ouvrages à la bibliothèque»** (lignes 70 à 119).

**10** Quels sont les verbes utilisés dans les deux intertitres ? À quel mode sont-ils employés ?

**Lis le premier paragraphe de la section intitulée «Utiliser les ouvrages de référence générale»** (lignes 72 à 85).

**11** **A** Le nom *avenues* (ligne 72) n'est pas employé dans son sens usuel. Que signifie-t-il dans cette phrase ?

**B** Dans la deuxième phrase, quel synonyme du nom *avenue* l'auteur a-t-il utilisé ?

## Lis le deuxième paragraphe de la section intitulée «Utiliser les ouvrages de référence générale» (lignes 86 à 92).

**12** La première phrase du paragraphe est difficile. Relis-la attentivement et résume-la en quelques mots.

Un indice: les mots *au-delà* et *définition* sont très importants. Utilise-les pour résumer la phrase.

**13** De QUOI parle-t-on dans la section «Utiliser les ouvrages de référence générale»? Quels sont les aspects et les sous-aspects traités? Réponds en complétant l'organisateur graphique suivant:

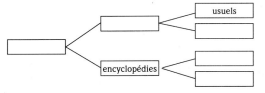

## Prépare-toi à lire la partie «Consulter l'index des périodiques».

**14** Si tu ignores ce qu'est un périodique, tu auras du mal à comprendre les paragraphes qui suivent. Consulte ton dictionnaire et explique en tes mots ce qu'est un périodique.

## Lis le premier paragraphe de la section «Consulter l'index des périodiques» (lignes 93 à 106).

**15** Dans ce paragraphe, on parle de *seconde voie* (ligne 95) pour consulter l'index des périodiques. Trouve dans les sections précédentes du texte quelle était la première voie.

**16** **A** Dans la deuxième phrase de ce paragraphe, par quel mot ou quelle expression pourrais-tu remplacer l'adverbe *là*, qui désigne quelque chose dont l'auteur a déjà parlé dans le texte?

**B** Dans cette phrase, relève un mot qui indique l'ordre à suivre.

**C** Insère un autre mot pour indiquer l'ordre à suivre dans l'extrait suivant:

[...] *on peut s'orienter vers des revues qui* [...]

---

**Lis le deuxième paragraphe de la section intitulée «Consulter l'index des périodiques» (lignes 107 à 119).**

**17** **A** Quels sont les deux aspects traités dans ce paragraphe?

**B** Relève dans ce paragraphe l'expression que l'auteur a employée pour introduire chacun de ces aspects.

---

**Lis le paragraphe intitulé «Sélectionner les documents à lire» (lignes 120 à 130).**

**18** Ce paragraphe est écrit comme un texte courant de type descriptif contenant des consignes. À l'aide de verbes à l'infinitif, formule trois consignes qui résumeront ce paragraphe et qui compléteront l'énoncé suivant:

• *Pour sélectionner l'information, il faut:*

  – 🖉 ; – 🖉 ; – 🖉 .

---

### Réagir au texte

Maintenant que tu connais le contenu du texte *Recherche en bibliothèque*, trace un organisateur graphique qui mettra en évidence:

– le titre du texte;

– les intertitres;

– les renseignements qui sont donnés dans chaque partie et que tu aimerais utiliser toi-même.

> **SOUVIENS-TOI!** *Un organisateur graphique est un moyen visuel, personnel, qui permet de rendre compte de sa compréhension d'un texte.*

---

### Évaluer ma démarche de lecture

Rédige un court texte pour évaluer ta démarche de lecture.

**Dans la première phrase,** tu pourrais dire si tu as trouvé le texte facile ou difficile à comprendre et expliquer pourquoi.

**Dans la deuxième phrase,** tu pourrais énumérer les mots que tu ne connaissais pas et dire quels moyens tu as utilisés pour en comprendre le sens.

**Dans la troisième phrase,** tu pourrais citer un passage que tu as trouvé particulièrement difficile et préciser ce qui le rend difficile.

**Dans la quatrième phrase,** tu pourrais dresser la liste des ressources que tu as utilisées pour comprendre le texte (dictionnaire, camarade, enseignant ou enseignante, *Modes d'emploi*, etc.).

# LIRE UN TEXTE DESCRIPTIF CONTENANT DES CONSIGNES

## CE QU'IL FAUT FAIRE...

## COMMENT LE FAIRE

**1 Planifier** la lecture du texte.

**1** Préciser son besoin de lecture en fonction de la tâche à réaliser, par exemple en répondant à la question *Qu'ai-je besoin de savoir pour remplir la tâche?*

### En lisant le texte

**2**

**a)** Trouver le **sens des mots** qu'on ne connaît pas.

**2**

**a)** Observer les éléments de formation du mot, remplacer le mot par un synonyme, étudier le contexte ou utiliser un dictionnaire.

**b)** Trouver le **sujet** du texte.

**b)** – Déterminer à quoi servent les consignes à l'aide du modèle suivant:
**consignes pour + verbe à l'infinitif + le ou les compléments du verbe**
– Préciser si le texte présente des procédures, des directives, des conseils ou des interdictions.

*Ce texte fournit* (des procédures / des directives / des conseils) *pour...*

**c)** Déterminer l'**organisation** du texte: s'agit-il d'étapes ou d'aspects?

**c)** – Vérifier si les paragraphes sont numérotés; il s'agit alors d'étapes.
– Relever les indices (intertitres, marqueurs, etc.) qui révèlent des aspects.

**d)** Vérifier si les consignes doivent être suivies dans l'**ordre** où elles sont présentées.

**d)** – Vérifier si les paragraphes sont numérotés.
– Relever, s'il y a lieu, les marqueurs qui indiquent un ordre à respecter, tels que *d'abord, ensuite, puis, alors, enfin,* etc.

**e)** Dégager l'**essentiel** des consignes.

**e)** – Relever les verbes à l'infinitif ou à l'impératif qui indiquent des gestes à faire.
– Repérer les expansions du verbe qui font partie de la consigne.

**f)** Relever les mots ou les groupes de mots qui indiquent **comment** suivre la consigne.

**f)** Repérer les adverbes et les autres mots invariables (*en t'assurant que, simultanément, lentement,* etc.) qui répondent à la question COMMENT?

**g)** Dégager le **point de vue** de l'auteure ou de l'auteur.

**g)** Relever les passages qui révèlent la présence de la personne qui écrit: humour, insistance, etc.

**3 Réagir** au texte.

**3** – Évaluer la pertinence des consignes.
– Relever celles qui apparaissent essentielles.

L'activité de lecture suivante te permettra de mettre en pratique les stratégies du *Mode d'emploi* «Lire un texte descriptif contenant des consignes». De plus, elle te préparera à une éventuelle épreuve d'évaluation.

Les textes que tu dois lire sont présentés aux pages 51 et 52 de ton manuel *Anthologies*.

# QUE FAIRE AVEC UN **LIVRE** QU'ON A LU

# **LIRE** EN ACCÉLÉRÉ

# LE **LIVRE** À LA CAFÉTÉRIA

AVANT

PAGE 38

## 1 *MODE D'EMPLOI* numéro 1

**A** Pour quelle raison dois-tu lire ces textes et faire les activités qui les accompagnent ?

**B** Quel indice te révèle qu'il s'agit de textes humoristiques ?

## 2 *MODE D'EMPLOI* numéro 2a)

Certains mots dans ces textes pourraient nuire à ta compréhension. Les activités suivantes te permettront d'éviter ces difficultés.

**A** Cherche dans ton dictionnaire le sens du mot *pavé,* qui pourrait servir de synonyme au nom *brique* (ligne 6) dans le texte *Que faire avec un livre qu'on a lu.*

**B** Dans le texte *Lire en accéléré*, à la ligne 4, on pourrait remplacer le groupe du nom *cette lecture à deux* par *cette lecture en duo*.

Par quelle expression pourrais-tu remplacer :

a) une lecture à trois ?

b) une lecture à quatre ?

**C** Dans ce même texte, trouve un synonyme du verbe *savoure* (ligne 40).

**D** Dans le texte *Le livre à la cafétéria*, à la consigne 3, par quels synonymes pourrais-tu remplacer le nom *pellicule* et l'adjectif *pointilleuses* ?

**E** Dans le même texte, trouve le sens du verbe *marginaliser* (consigne 6) et donne deux mots de la même famille.

## 3 MODE D'EMPLOI numéro 2b)

Les trois textes que tu as lus ne contiennent pas tous le même type de consignes. Rédige pour chaque texte un énoncé semblable au suivant :

- *Le texte* **(titre du texte)** ✎ *fournit des* (procédures / directives / conseils) ✎ *pour* (verbe à l'infinitif + le ou les compléments du verbe) ✎ .

## 4 MODE D'EMPLOI numéro 2e)

Dans le texte *Le livre à la cafétéria*, à quel temps et à quel mode sont les verbes qui expriment des consignes ?

## 5 MODE D'EMPLOI numéro 2c)

Indique, pour chacun des textes, s'il est organisé par étapes ou par aspects et explique pourquoi.

## 6 MODE D'EMPLOI numéro 2d)

Dans quel texte les consignes doivent-elles être suivies dans l'ordre où elles sont données ?

## 7 MODE D'EMPLOI numéro 2e)

**A** Formule trois consignes qui résument le texte *Que faire avec un livre qu'on a lu.*

**B** Formule trois consignes qui résument le deuxième paragraphe (lignes 20 à 36) du texte *Lire en accéléré.*

**C** Dans le texte *Le livre à la cafétéria*, relève les éléments essentiels des consignes 2, 5 et 6.

## 8 MODE D'EMPLOI numéro 2f)

**A** Dans la consigne 5 du texte *Le livre à la cafétéria*, relève le groupe complément de phrase (Gcompl. P) qui indique comment suivre la consigne.

**B** Dans la consigne 6 du texte *Le livre à la cafétéria*, relève les groupes compléments de phrase (Gcompl. P) qui indiquent les conditions dans lesquelles les consignes pourraient se réaliser.

**C** Formule une nouvelle consigne pour résumer la consigne 7 du texte *Le livre à la cafétéria*. Ta consigne doit respecter le modèle suivant :

**verbe à l'infinitif + verbe + complément du verbe + groupe complément de phrase**

## 9 MODE D'EMPLOI numéro 2g)

Quel est le point de vue de l'auteur de ces consignes ? Explique ta réponse en une ou deux phrases.

## 10 MODE D'EMPLOI numéro 3

Parmi ces trois textes, lequel trouves-tu le plus amusant ? Explique pourquoi en quelques phrases.

*Un quartier sans arbres serait bien triste, n'est-ce pas? J'espère que ceux-ci continueront longtemps à me saluer le matin, à me dire le temps qu'il fait, en quelle saison nous sommes.*

Tu devras lire un texte descriptif contenant des consignes pour réaliser un projet à la prochaine étape. Tu devras aussi en lire toute l'année, dans toutes les matières au programme de deuxième secondaire.

**Fais le point sur tes apprentissages.**

**1.** Les activités de cette étape t'ont-elles permis de développer ta compétence à lire un texte descriptif contenant des consignes ?

Oui ✎          Non ✎

**2.** Le ***Mode d'emploi*** de la page 38 t'a-t-il été utile ?

Oui ✎          Non ✎          Pourquoi ? ✎

**3.** Si tu juges que tu dois améliorer ta compétence à lire ce type de texte, quelles stratégies du ***Mode d'emploi*** de la page 38 pourrais-tu appliquer chaque fois que l'occasion se présente ?

*Le quartier où j'habite est une ville en miniature. Ses maisons, ses arbres, ses lampadaires sont les repères qui ponctuent mon quotidien.*

# Le livre : mode d'emploi

**ÉCRIRE un texte descriptif
contenant des consignes**

## Pour :

– **réinvestir** les connaissances acquises sur les textes descriptifs contenant des consignes et les stratégies apprises à l'étape *Je fais des essais* (pages 26 à 40);

– **mettre en pratique** les règles de syntaxe et d'orthographe apprises dans les ateliers de grammaire :

  • *La phrase I* (atelier 1);

  • *Le groupe du nom* (atelier 2).

### Consignes d'écriture

**1.** Relis d'abord les textes humoristiques des pages 51 et 52 de ton manuel *Anthologies*.

**2.** En suivant le modèle utilisé dans l'un ou l'autre de ces textes, écris un nouveau texte humoristique dont le sujet pourrait être :
– *Lire dans son bain*
– *Que faire avec un livre qu'on n'a jamais lu*
– *Le livre sans texte*

Si tu le désires, tu peux choisir un autre sujet humoristique.

– *Lire au ralenti*

– *Le livre sur la chaise du dentiste*

– *Que faire
avec un livre
qu'on ne
comprend pas*

Dans cette dernière étape, tu dois réaliser un **projet** qui te permettra de mettre en pratique les compétences suivantes :

– lire un **texte descriptif contenant des consignes** ;

– écrire un **texte descriptif**.

# Une bibliothèque idéale

**T**out le monde s'accorde pour dire que, dans une maison, on devrait trouver des livres. Y a-t-il des livres là où tu vis ? Sont-ils regroupés dans une seule pièce ou envahissent-ils tout l'espace ? Trouve-t-on seulement l'annuaire téléphonique chez toi ou des livres traînent-ils dans chaque pièce de la maison ?

Toi, quels livres penses-tu qu'on devrait trouver dans une maison idéale ? Quelles sont les caractéristiques d'une bibliothèque idéale qui pourrait satisfaire non seulement la curiosité des gens qui habitent cette maison, mais aussi celle des visiteurs ?

LA
BIBLIOTHÈQUE
IDÉALE

# Écrire un texte sur une bibliothèque idéale

**Le projet que tu réaliseras en classe consiste à écrire un texte d'environ 250 mots (25 lignes) dans lequel tu décriras ce que serait pour toi la bibliothèque idéale qu'on trouverait dans une «maison idéale».**

**À FAIRE !**

MODE D'EMPLOI
PAGE 38

**1** Au fil de la lecture de la suite du texte *Écrire un texte sur une bibliothèque idéale* (pages 44 et 45), remplis une fiche **Notes de lecture** semblable à celle qui suit.

---

**Notes de lecture**

- *Sujet du texte à écrire:*

- *Les quatre aspects du sujet à traiter:*

- *Documentation nécessaire:*

- *Démarche pour l'écriture du texte:*

---

## Planifier l'écriture du texte

Pour écrire ce texte, tu devras respecter une démarche comportant quatre étapes.

**1.** Dresser d'abord une liste des livres que devrait contenir cette bibliothèque idéale.

**2.** Puis déterminer LE LIVRE qui devrait absolument faire partie de cette bibliothèque idéale et dire pourquoi.

**3.** Décrire ensuite le lieu où devraient se trouver les livres dans la maison et la façon de les ranger.

**4.** Enfin, faire le compte rendu de la démarche suivie pour décrire la bibliothèque idéale.

Tu pourrais, si tu en as envie, présenter ton texte sous la forme d'un livre semblable à celui suggéré à la page 50.

En écrivant ton texte, tu devras porter une attention particulière aux notions grammaticales apprises dans les ateliers de grammaire suivants:

– *La phrase I* (atelier 1);

– *Le groupe du nom* (atelier 2).

## Se documenter

Pour te documenter, tu pourrais d'abord lire des extraits de plusieurs textes de ton manuel *Anthologies* dans lesquels on parle de livres, de bibliothèques, de lecteurs et de lectrices. Tu pourrais ensuite mener une mini-enquête auprès de quelques personnes de ton choix pour savoir à quoi ressemblerait leur bibliothèque idéale. Enfin, tu pourrais sélectionner les renseignements que tu veux conserver en vue de l'écriture de ton texte.

## Écrire le texte et le réviser

Avant d'écrire ton texte, tu feras un plan afin de déterminer l'organisation du contenu que tu as défini dans les étapes précédentes.

Lorsque tu écriras ton texte, tu devras le relire pour le corriger et l'améliorer à l'aide de la fiche ***Réviser le contenu et la langue de mon texte***.

Si tu as décidé de présenter ton texte sous forme de livre, tu pourras le faire en suivant les instructions présentées à la page 50.

# *Me documenter*

## ■ *LIRE ET RÉAGIR* ■

**2** Lis les textes de ton manuel *Anthologies* proposés dans la fiche ci-dessous et, au fil de tes lectures, remplis une fiche semblable.

### RÉAGIR AUX TEXTES

**Titre du projet :** ✎

| Dans les extraits suivants, relève **DES TITRES OU DES CATÉGORIES DE LIVRES** qui pourraient faire partie d'une bibliothèque idéale. | Dans les extraits suivants, relève **DES MOTS OU DES EXPRESSIONS** qui pourraient t'aider à décrire le lieu où seraient rangés les livres d'une bibliothèque idéale. |
|---|---|
| *Mes librairies,* sixième paragraphe (page 12, lignes 35 à 45) | *Mes librairies,* sixième paragraphe (page 12, lignes 35 à 45) |
| *Les Mots*, deuxième paragraphe (page 15, lignes 31 à 55) | *Les Mots,* premier paragraphe (page 14, lignes 1 à 30) |
|  | *Ben adorait la bibliothèque,* du premier au quatrième paragraphe (page 20, lignes 1 à 45) |
| *Elle avait formé le projet de lire tous les livres,* deuxième paragraphe (page 25, lignes 9 à 25) |  |
| *Recherche en bibliothèque* (tableaux, page 27) |  |
| *Les best-sellers de tous les temps* (tout le texte, page 29) |  |
| *Bibliothèque idéale, lectures rêvées,* tout le texte (page 34) |  |
| *Les lectures de Matilda,* huitième paragraphe (page 46, lignes 87 à 105) et treizième paragraphe (page 47, lignes 159 à 179) |  |

## ■ MENER UNE MINI-ENQUÊTE ■

**3** Rencontre trois personnes de ton entourage (tes parents, un ou une camarade, un ou une bibliothécaire, un ou une libraire) et pose-leur les trois questions suivantes :

**A** Quelles catégories de livres choisiriez-vous pour constituer une bibliothèque idéale dans votre maison ?

**B** Si cette bibliothèque ne devait contenir qu'un seul livre, quel serait-il ?

**C** Si vous élaboriez les plans d'une nouvelle maison et que vous désiriez y construire une bibliothèque idéale, quelle pièce de la maison choisiriez-vous et comment l'aménageriez-vous ?

Note les réponses de chaque personne sur une fiche semblable à celle qui suit.

### Mini-enquête sur la bibliothèque idéale

*Personne rencontrée :* ✎    *Occupation :* ✎

• *Catégories de livres :* ✎

• *Un seul livre :* ✎

• *Lieu :* ✎

## ■ ÉVALUER MA DOCUMENTATION ■

**4** Choisis maintenant les caractéristiques de la bibliothèque idéale que tu veux décrire parmi celles relevées dans les textes que tu as lus et dans les réponses des personnes que tu as rencontrées, et remplis une fiche semblable à celle qui suit.

### Ma bibliothèque idéale

• *Catégories de livres :* ✎

• *Un seul livre :* ✎

• *Lieu :* ✎

# Planifier l'écriture de mon texte

## PARLER D'UN TEXTE QU'ON SE PROPOSE D'ÉCRIRE

**Objectif**
Planifier l'écriture d'un texte décrivant une bibliothèque idéale.

**Fonctionnement**
En équipes de deux élèves.

**Durée suggérée**
De 10 à 15 minutes.

**Déroulement de l'activité**
1. Remplis la fiche **Planifier l'écriture de mon texte** en consultant le texte de la page 44.
2. Élabore, à l'aide de la fiche **Plan de mon texte** qui suit, un plan détaillé de ton texte.
3. Présente ton plan à un ou à une camarade en vue d'en discuter et de l'améliorer.

**Matériel à votre disposition**
Les fiches suivantes sont à votre disposition :
– **Réagir aux textes** (page 46)
– **Mini-enquête sur la bibliothèque idéale** (page 47)
– **Ma bibliothèque idéale** (page 47)
– **Planifier l'écriture de mon texte**
– **Plan de mon texte**

**Pistes d'observation**
Vérifier :
1. si le plan du texte a été élaboré;
2. si on a tenu compte des commentaires de son interlocuteur ou de son interlocutrice;
3. la qualité de la langue utilisée au cours des échanges.

---

### Planifier l'écriture de mon texte

1. Pourquoi écrirai-je un texte ? ✎

2. À quelle catégorie le texte que je dois écrire appartiendra-t-il ? ✎

3. Combien de parties y aura-t-il dans mon texte ? ✎

4. À quelles notions grammaticales faudra-t-il surtout porter attention ? ✎

---

### Plan de mon texte

1. **Introduction** ✎

2. **Développement**

   Premier aspect: ✎

   Deuxième aspect: ✎

   Troisième aspect: ✎

   Quatrième aspect: ✎

3. **Conclusion** ✎

## *Écrire mon texte et en réviser le contenu et la langue*

**À FAIRE !**

**5** Tu peux maintenant écrire ton texte. Au fil de l'écriture, prévois des arrêts pour le relire et le corriger. Pour t'aider, utilise la fiche **Réviser le contenu et la langue de mon texte** et les stratégies apprises dans l'atelier 1 (*La phrase I*) et l'atelier 2 (*Le groupe du nom*).

### Réviser le contenu et la langue de mon texte

**1.** *Ai-je effectué correctement la tâche demandée ?*

**2.** *Mes phrases sont-elles construites correctement ?*

**3.** *Les mots que j'ai utilisés sont-ils bien choisis et bien orthographiés ?*

**4.** *Ai-je bien fait les accords dans tous les groupes du nom ?*

## *Écrire mon texte au propre*

**À FAIRE !**

**6** Transcris ton texte au propre et remets-le à ton enseignant ou à ton enseignante, qui le corrigera à l'aide des critères décrits ci-dessous.

### ☑ Critères d'évaluation

**1.** L'élève a présenté son sujet et énuméré les aspects dès le début de son texte.

**2.** Dans son texte, l'élève :
   – a décrit les livres d'une bibliothèque idéale ;
   – a décrit LE LIVRE que devrait contenir absolument sa bibliothèque idéale ;
   – a décrit un lieu ;
   – a fait le compte rendu de sa démarche.

**3.** L'élève a utilisé des mots et des expressions qui ont enrichi ses descriptions.

**4.** L'élève a respecté les règles de syntaxe et d'orthographe.

## Si tu as décidé de fabriquer un livre

Ton livre pourrait contenir huit pages. Il suffit de prendre deux feuilles blanches de format standard, de les poser l'une sur l'autre et de les plier en deux. Inspire-toi du modèle ci-dessous.

**PAGE 1** Cette page constitue la première de couverture de ton livre. Il faudrait donc y trouver le titre, le nom de l'auteur ou de l'auteure et peut-être une illustration.

**PAGE 2** Sur cette page, tu pourrais écrire des remerciements ou une dédicace.

**PAGE 3** Sur cette page, tu pourrais mettre la table des matières de ton livre. Pour la construire, tu pourrais insérer des intertitres dans ton manuscrit.

**PAGES 4 ET 5** Dans ces pages, tu pourrais décrire le contenu de ta bibliothèque idéale et présenter le livre qu'il faut absolument y trouver. Tu pourrais même reproduire la première de couverture de ce livre.

**PAGE 6** Tu pourrais inclure ici la liste des ouvrages dont tu as parlé à la page 4.

**PAGE 7** Tu pourrais placer dans cette page le compte rendu de ta démarche pour constituer ta bibliothèque idéale.

**PAGE 8** Cette page constitue la quatrième de couverture. Tu pourrais y écrire un texte qui inciterait à lire ton livre.

## Évaluer ma démarche

 Rédige un court texte qui rendra compte de la démarche que tu as suivie pour réaliser ce projet.

### ☑ J'évalue ma démarche

**Titre du projet:**                     **Date de réalisation:**

**Dans la première phrase,** tu pourrais dire si tu as trouvé ce projet intéressant et expliquer pourquoi.

**Dans la deuxième phrase,** tu pourrais dire si la démarche proposée t'a été utile pour réaliser le projet et expliquer pourquoi.

**Dans la troisième phrase,** tu pourrais dire si tu es satisfait ou satisfaite du texte que tu as écrit et préciser pourquoi.

**Dans la quatrième phrase,** tu pourrais décrire les difficultés que tu as éprouvées et mentionner les moyens que tu as utilisés pour les surmonter.

**Dans la cinquième phrase,** tu pourrais dire ce que tu ferais autrement la prochaine fois.

## New York, Paris, Tokyo?

**S**i tu avais la possibilité de passer une semaine dans une ville de ton choix, où irais-tu?

Chaque ville, qu'il s'agisse de New York, de Paris ou de Tokyo, possède ses propres caractéristiques. Dans chacune, on peut faire des découvertes et relever des défis.

Il en est ainsi des récits qu'on lit. Chacun peut être comparé à une ville imaginaire avec ses quartiers, ses habitants, son climat. Lire un récit, qu'il s'agisse d'un conte, d'une nouvelle ou d'un roman, c'est un peu comme se promener dans les rues d'une ville; c'est rencontrer des personnes qui, le temps de notre visite, vivent des événements, font partie d'une histoire.

L'itinéraire qui suit te permettra de découvrir les villes imaginaires que sont les récits.

# VILLE IMAGINAIRE 1

Cette année, tu visiteras quatre villes imaginaires, c'est-à-dire que tu liras quatre œuvres littéraires de type narratif. Tu rendras compte de ta lecture d'une manière différente chaque fois.

Pour bien te préparer, tu suivras une démarche pour acquérir des connaissances et des stratégies en vue de la lecture et de l'écriture d'un texte de type narratif. Par la suite, les étapes à suivre pour élaborer ton compte rendu de lecture te seront décrites.

# Itinéraire

# Pour qui ces récits sont-ils écrits ?

Les récits que tu lis sont-ils spécialement écrits pour toi ?

Contrairement à une lettre personnelle qui s'adresse à un seul individu, les contes, les nouvelles, les romans et les récits sont écrits pour être lus par un grand nombre de lecteurs et de lectrices.

Peut-on alors imaginer qu'il existe des genres de récits destinés à certains genres particuliers de lecteurs et de lectrices ?

Observe les bandes dessinées qui suivent. Quelle conclusion peux-tu tirer sur les rapports qui existent entre les textes et les lecteurs et les lectrices ?

Charles M. Schulz, © 1997, United Feature Syndicate, Inc.

Quino, *Mafalda revient*, © Éditions Glénat, 1981.

Philippe Geluck, *Le Chat*, © Casterman, 1986.

Tout au long de cette *Ville imaginaire*, tu feras des observations sur les divers genres de récits et sur les types de personnes qui les lisent. **Une bonne discussion** sur un certain nombre de sujets reliés à ce thème permettra de t'y préparer.

## DES RÉCITS ET DES PERSONNES

### Objectif

Découvrir les rapports qui existent entre les genres de récits et les personnes qui les lisent.

### Fonctionnement

1. La discussion peut se faire à deux ou en équipes de trois ou cinq participants ou participantes. Dans ce cas, il serait important de désigner un modérateur ou une modératrice au sein de l'équipe.
2. Chaque équipe choisit un sujet de discussion.
3. Une personne de l'équipe est chargée de noter les observations et de faire le compte rendu.

### Durée suggérée

Environ 20 minutes.

### Sujets de discussion

1. Que penser d'une personne qui lit des romans ou des récits d'un seul genre: bandes dessinées, romans policiers, romans de science-fiction, romans pour la jeunesse ou romans d'amour?
2. Pourquoi certaines personnes n'apprécient-elles pas la lecture des romans? Devrait-on obliger les enfants à lire des romans? Si oui, à partir de quel âge?
3. Devrait-on, comme au cinéma et maintenant à la télévision, attribuer des cotes aux romans (pour tous, 13 ans et plus, interdit aux moins de 18 ans) de manière à éclairer les parents sur ce que leurs enfants lisent?
4. Les romans peuvent-ils influencer les personnes qui les lisent?
5. Quelles seraient les caractéristiques du roman idéal?

### Pistes d'observation

Vérifier:

1. si, au cours de la discussion, les élèves ont abordé plusieurs aspects et ont cité des exemples;
2. si les élèves ont utilisé un registre de langue approprié;
3. si les élèves ont utilisé des phrases construites correctement;
4. le degré de participation de chacun et de chacune (commentaires, questions et réponses, échanges verbaux et non verbaux, etc.).

# À la découverte des types de lecteurs et de lectrices

**1** Observe les photos qui suivent en essayant d'imaginer de quel type de lecteur ou de lectrice il s'agit.

③ *Philippe*

① *Ho*

Nord
Gai →

⑤ *Georges*

② *Arthur*

④ *Madame Dupuis*

Rédige un court texte sur chacune de ces personnes selon le modèle suivant:

**Rapport avec la lecture :** <u>Kim</u> n'aime pas lire. Il lui arrive parfois de parcourir des bandes dessinées, mais elle n'en a jamais lu une en entier.

**Suggestion :** <u>À mon avis</u>, Kim pourrait lire un roman dont elle aurait vu une adaptation au cinéma ou encore des biographies de personnes qui l'intéressent ou qu'elle admire.

*Kim*

VILLE IMAGINAIRE

**2** Lis les témoignages qui suivent.

Dans chaque cas, indique si le lecteur ou la lectrice a lu un roman d'action ou un roman psychologique. Relève les mots et les expressions qui le révèlent dans le titre ou dans le commentaire.

**TÉMOIGNAGE 1**

J'ai littéralement dévoré ce livre car je voulais savoir ce qui se passerait les pages suivantes et ainsi de suite. Je l'ai terminé en un temps record.

Thomas Torres,
dans *Lectures inoubliables*,
de Claude Gutman,
Éditions du Seuil, 1997.

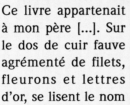

**TÉMOIGNAGE 2**

Ce livre appartenait à mon père [...]. Sur le dos de cuir fauve agrémenté de filets, fleurons et lettres d'or, se lisent le nom de l'auteur et le titre: Rudyard Kipling, *Le Livre de la jungle*. J'avais douze ou treize ans quand il me fut montré, et prêté.

Aucune lecture, auparavant, n'avait provoqué en moi de rêverie si profonde. Je m'enfonçai dans le cœur noir de la jungle, où j'étais tantôt la compagne, tantôt le sosie féminin de Mowgli. Je faillis perdre mille fois la vie. Mais l'ours Baloo et Bagheera, la panthère noire, veillaient sur moi.

Michèle Kahn,
dans *Lectures inoubliables*,
de Claude Gutman,
Éditions du Seuil, 1997.

**TÉMOIGNAGE 3**

Le livre qui m'a le plus intéressé est un livre que j'ai lu au début de mon année de 3e* pour faire une fiche de lecture. Le titre de ce roman est *Dix petits nègres* (Agatha Christie). J'aime cette œuvre car tout au long de la lecture, plusieurs mystères planent, le suspense est conservé jusqu'aux dernières pages [...]

Guillaume Lecuret, dans *Lectures inoubliables*,
de Claude Gutman, Éditions du Seuil, 1997.

_____
* 4e secondaire

**TÉMOIGNAGE 4**

J'avais toujours cru que les mots s'enfilaient les uns après les autres, comme des perles sur un fil de nylon, pour conduire le lecteur, à son rythme, jusqu'au bout de l'histoire.

J'aurais dû me méfier.

Oh, certes, il y avait bien une histoire qui se frayait tranquillement son petit bonhomme de chemin au son des cigales dans le parfum des jours d'été. Mais il y avait aussi Pascalet, qui aurait pu être moi; ou l'inverse. Ou plutôt non. Je savais bien que non. Car ce Pascalet avait une nette supériorité sur moi: il était nourri de toute la connaissance, de la maturité, du savoir, de l'imaginaire, des émotions, des sentiments de son auteur.

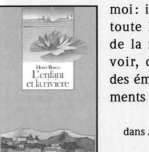

Hélène Montardre,
dans *Lectures inoubliables*,
de Claude Gutman,
Éditions du Seuil, 1997.

Ça a été la plus belle lecture de toute ma vie. Cette histoire magique m'a fait rêver et m'a rappelé les contes de Noël de mon enfance. Ces contes où le héros connaît toujours une vie heureuse. J'aime Noël, ce jour magique où tout peut arriver, y compris l'impossible. Ces contes m'ont toujours charmée et ce conte-là plus particulièrement. Il m'a permis de voyager dans l'imaginaire, m'a permis de rêver. J'adore tellement les histoires de fantômes, d'esprits et de spectres que mes yeux n'arrivaient plus à se décoller de l'histoire. Le suspense était trop fort pour que je m'arrête et remette la lecture à plus tard. Rien n'avait plus d'intérêt que ce livre. Je l'ai lu jusqu'au dernier mot et il m'a tellement passionnée que sa lecture à peine terminée, j'étais revenue au début pour le relire.

Rachida Akki, dans *Lectures inoubliables,* de Claude Gutman, Éditions du Seuil, 1997.

**3** Associe chaque affirmation à un témoignage du numéro 2.

A Lire des récits, c'est aller à la rencontre de personnages attachants auxquels on peut s'identifier.

B Lire des récits, c'est accepter de voir le monde autrement.

C Lire des récits, c'est aller à la rencontre d'émotions fortes.

D Lire des récits, c'est nourrir son imaginaire.

E Lire des récits, c'est oublier, le temps de la lecture, ses problèmes personnels.

# À la découverte des genres de récits

**4** Il existe divers genres de récits. Tu ne connais peut-être pas les caractéristiques de chacun, mais tu connais des expressions qui servent à les désigner.

> récit d'aventures – roman policier – roman de science-fiction –
> récit mythologique – roman pour la jeunesse – roman psychologique

Essaie de deviner à quel genre de récit correspond chacun des titres suivants. Choisis parmi les genres énumérés dans l'encadré et précise chaque fois les raisons de ton choix.

A *L'Assassin habite au 21*

B *L'Enfant et la Rivière*

C *Le Cœur en bataille*

D *Chroniques martiennes*

E *L'Île au trésor*

F *Arsène Lupin, gentleman-cambrioleur*

G *Je n'ai besoin de personne*

H *Compartiment tueurs*

I *L'Expédition du Kon-Tiki*

J *Typhon*

K *Baby-sitter blues*

L *Élémentaire mon cher Holmes*

M *Le Livre de la jungle*

N *Dans les mers du Sud*

O *À la poursuite des slans*

P *J'ai quinze ans et je ne veux pas mourir*

## VRAISEMBLABLE OU INVRAISEMBLABLE ?

**5** Lis les extraits suivants.

**A** Précise si l'univers présenté dans chacun des extraits te paraît vraisemblable ou invraisemblable. Dans ce dernier cas, indique les éléments invraisemblables.

**B** En te basant sur les genres de récits présentés au numéro 4, détermine à quel genre pourrait appartenir chacun des extraits.

---

### EXTRAIT 1

J'étais plutôt vaseux quand Nora me réveilla. Elle me tendit une tasse de café et un journal.

«Lis ça», dit-elle...

Dashiel Hammett, *L'Introuvable,*
Gallimard, 1988.

---

### EXTRAIT 2

Tout d'abord, Slake était petit et n'importe qui pouvait le rosser pour n'importe quelle raison ou sans raison du tout...

Felice Holman, *Le Robinson du métro,*
Casterman, 1997.

---

### EXTRAIT 3

Nos villes sont bâties à deux mille mètres sous terre, à l'abri d'un accident imprévisible.

René Barjavel, *Le Prince blessé,* Flammarion, 1974.

---

### EXTRAIT 4

Gémissements de sirènes. Hurlements de voitures de police qui se ruent vers le nord. Ambulances qui foncent dans leur sillage. En avant, la toile d'araignée grise de Queensboro Bridge. Sur l'autre rive, zébrées comme des sucres d'orge, les cheminées de l'usine Con Ed de Ravenswood, qui vomissent leurs fumées vers le ciel.

Herbert Lieberman, *Necropolis,* Seuil, 1991.

---

### EXTRAIT 5

L'année où je regagnai Karoussa, mon certificat d'aptitude professionnelle dans ma poche et, j'en fais l'aveu, un peu bien gonflé de mon succès, je fus évidemment reçu à bras ouverts; reçu comme je l'étais à chaque fin d'année scolaire à vrai dire: avec les mêmes transports, la même chaleureuse affection...

Camara Laye, *L'Enfant noir,* Hatier, 1992.

# RÉCIT D'ACTION – RÉCIT PSYCHOLOGIQUE

**6** **A** À ton avis, parmi les histoires dont sont tirés les extraits du numéro 5, lesquelles mettent en évidence un personnage qui vit des aventures et lesquelles mettent plutôt l'accent sur un personnage qui doit résoudre des problèmes qui le feront évoluer psychologiquement ?

**B** Choisis l'extrait qui te donne envie de lire l'histoire en entier et celui qui ne présente aucun intérêt à tes yeux. Explique en quelques phrases les raisons de tes choix.

**ATTENTION !** Pour réaliser les activités qui suivent, tu dois avoir lu les récits présentés dans l'anthologie *Des récits inoubliables,* dans ton manuel *Anthologies* (pages 102 à 159).

**7** L'anthologie *Des récits inoubliables* contient plusieurs récits de divers genres.

**A** Reproduis le schéma suivant et complète-le en indiquant, dans la deuxième colonne, pour chacun des genres de récits, le titre d'un texte tiré de l'anthologie *Des récits inoubliables* (*Anthologies,* pages 102 à 159).

**B** Lis les premiers paragraphes de chaque récit retenu et précise les raisons de ton classement dans la troisième colonne.

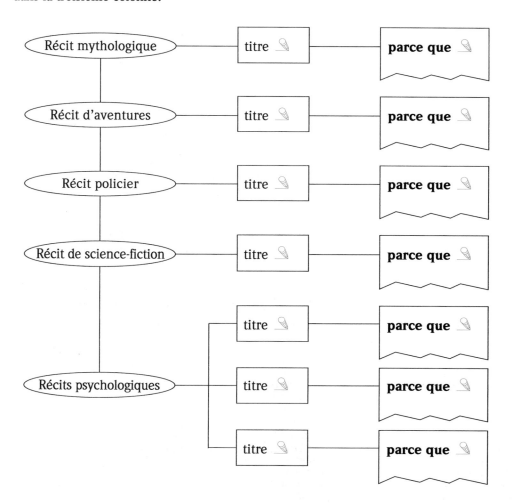

**8** Relis les cinq affirmations présentées au numéro 3 et trouve pour chacune le récit tiré de l'anthologie *Des récits inoubliables* (pages 102 à 159) qui l'illustre le mieux.

**9** Choisis pour chacune des personnes suivantes le titre d'un récit dans l'anthologie *Des récits inoubliables* qui pourrait l'intéresser.

[A] ton père

[B] ta mère

[C] ton enseignant ou ton enseignante de mathématiques

[D] ton meilleur ami ou ta meilleure amie

[E] une personne qui n'aime pas lire

[F] le ou la propriétaire du dépanneur de ton quartier

[G] le ou la ministre de l'Éducation

**10** Tu sais maintenant qu'on peut classer les récits. Ainsi, il serait possible de regrouper, selon leurs caractéristiques, les récits tirés de l'anthologie *Des récits inoubliables* dans les genres suivants:

– les récits psychologiques;

– les récits policiers;

– les récits de science-fiction;

– les récits mythologiques;

– les récits d'aventures.

On pourrait aussi créer d'autres regroupements. Par exemple, on pourrait regrouper les récits vraisemblables et les récits invraisemblables, les récits dont le personnage principal est un enfant, un adolescent, un homme, une femme, etc. Imagine trois autres manières de regrouper les récits et indique quels récits tirés de l'anthologie *Des récits inoubliables* appartiendraient à chaque regroupement.

**11** Certains textes tirés de l'anthologie *Des récits inoubliables* ne correspondent probablement pas à l'image que tu te fais d'un récit, par exemple *La conscience* (page 106) et *Le roi des Aunes* (page 142). Relève dans chacun de ces textes les éléments qui te permettent d'affirmer qu'il s'agit d'un récit.

**12** [A] Parmi tous les récits de l'anthologie que tu as lus, lequel as-tu préféré ?

[B] Imagine que tu enseignes le français et que le récit que tu as préféré a été écrit par un ou une de tes élèves. Pour lui faire connaître ton appréciation, tu lui attribues une note en remplissant une fiche d'évaluation semblable à celle qui suit et tu lui fais des commentaires.

| Titre du récit: ✎ | Commentaires |
|---|---|
| • *Originalité:* ✎ /10 | ✎ |
| • *Écriture:* ✎ /10 | ✎ |
| • *Intérêt:* ✎ /20 | ✎ |

# DES CONNAISSANCES SUR LES RÉCITS

**DÉFINITION**

Un récit est **un texte qui relate des faits réels ou imaginaires** organisés pour développer une intrigue en vue d'un dénouement.

**Le récit de faits réels**

Un récit de faits réels met en scène **des personnes qui existent réellement**. On peut vérifier la véracité des faits puisqu'ils se déroulent dans des lieux réels, à des moments précis. Un récit de faits réels est habituellement produit pour informer.

**Le récit imaginaire (fictif)**

Le récit imaginaire est une histoire fictive créée par un auteur ou une auteure. **Les faits, les lieux et les personnes sont inventés ou réinventés** par l'auteur ou l'auteure. Le récit imaginaire est produit pour divertir, émouvoir, proposer une vision du monde.

Le récit imaginaire est habituellement construit de manière à mettre le dénouement en évidence.

action → La (dame) attendait l'autobus.　　Personnages

action → Le (monsieur) attendait l'autobus.　imaginaires

action → Passe un (chien) noir qui boitait.

action → La dame regarde le chien.　　Objet imaginé

action → Le monsieur regarde le chien.

action → Et pendant ce temps-là (l'autobus) passe.

Dénouement

Raymond Queneau, «Il faut faire signe au machiniste», Gallimard, 1967.

**LES GENRES DE RÉCITS**

L'analyse des caractéristiques des récits permet donc de les classer en deux genres : **les récits de faits réels et les récits imaginaires**.

Ces deux grands genres englobent d'autres genres, comme l'illustrent les tableaux suivants.

**Récits**

| **de faits réels** | **imaginaires** |
|---|---|
| – récits de vie | – récits mythologiques |
| – biographies | – contes |
| | – nouvelles |
| | – fables |
| | – poèmes narratifs |
| | – romans : |
| | • policiers |
| | • d'aventures |
| | • de science-fiction |
| | • psychologiques |

## LES CARACTÉRISTIQUES DES RÉCITS D'ACTION

| | VRAISEMBLABLES | | INVRAISEMBLABLES | |
|---|---|---|---|---|
| | **Récits d'aventures** | **Récits policiers** | **Récits mythologiques** | **Récits de science-fiction** |
| **Personnages** | Homme ou femme de type aventurier: – explorateur; – exploratrice. | Criminels et policiers. | Héros ou héroïnes qui sont des divinités. | Robots, machines, personnages dotés de pouvoirs surnaturels, extra-terrestres. |
| **Lieux** | Lieux propices à l'aventure (déserts, montagnes, forêts, mers) et pouvant présenter des éléments menaçants. | Réalistes, familiers (châteaux, quartiers louches, mégalopoles, etc.). | Imaginaires, lieux symboliques qui correspondent à la représentation que l'on se fait du monde des dieux. | Imaginaires (laboratoires, planètes, lieux interdits, etc.). |
| **Action** | L'action repose sur des éléments qui menacent la vie du héros ou de l'héroïne. Le récit s'articule autour des péripéties. | L'action repose sur un méfait ou un crime. On trouve deux histoires: celle du crime et celle de l'enquête. | L'action repose sur des comportements qui s'apparentent à ceux des êtres humains: conflit, quête, conquête amoureuse, transgression, etc. | L'action s'apparente à celle des romans d'aventures. |
| **Écriture** | – La priorité est donnée aux séquences narratives et aux séquences dialoguées. – Mise en évidence des verbes désignant des actions. – Les séquences descriptives sont fonctionnelles; elles servent l'action. | – La priorité est donnée aux séquences narratives et aux séquences dialoguées. – L'information n'est pas toute divulguée. – Présence de séquences explicatives. – Tout contribue à créer un suspense. | – L'écriture est poétique, épique. – L'écriture privilégie les images. – Les mots sont choisis pour créer de la musicalité. | – Importance des séquences descriptives pour évoquer un univers imaginaire. – Importance aussi des séquences narratives et des séquences dialoguées. |
| **Narration** | La narration peut se faire en *je*, en *il* ou en *elle*. | La narration peut se faire en *je*, en *il* ou en *elle*. | La narration se fait généralement en *il* ou en *elle*. | La narration se fait parfois en *je* et parfois en *il* ou en *elle*. |
| **Auteurs et auteures** | Jack London R. L. Stevenson Joseph Conrad Jules Verne Robert Soulières etc. | Agatha Christie Boileau-Narcejac Mary Higgins-Clark Chrystine Brouillet etc. | Homère Sophocle Euripide Virgile Tradition orale etc. | Ray Bradbury Isaac Asimov H.G. Wells Daniel Sernine Esther Rochon etc. |
| **Thèmes** | Le courage, l'honnêteté, le dépassement de soi, etc. | La justice, l'intelligence, etc. | Le sens de la vie. | La présence de la science dans nos vies, les questions sur le sens de la vie, ce que nous réserve l'avenir, etc. |

| | VRAISEMBLABLES | |
|---|---|---|
| **LES CARACTÉRISTIQUES DES RÉCITS PSYCHOLOGIQUES** | | |
| | À caractère individuel | À caractère social |
| **Personnages** | Personnages réalistes qui ressemblent à des personnes. | Personnages réalistes qui vivent dans des contextes sociaux difficiles : familles perturbées, gangs, prisons, etc. |
| **Lieux** | Les personnages évoluent dans un environnement réaliste, familier. | Environnement réaliste où existent de grands problèmes sociaux : pauvreté, drogue, prostitution, violence, racisme, etc. |
| **Action** | Le récit est caractérisé par un enchaînement d'actions qui transforment le personnage principal. | L'action se traduit souvent par des agressions physiques ou morales qui menacent l'équilibre ou la survie du personnage principal. |
| **Écriture** | – La priorité est donnée aux séquences narratives et dialoguées.<br>– Les nombreuses séquences descriptives servent à présenter :<br>  • les personnages du point de vue physique et psychologique ;<br>  • les lieux, particulièrement ceux qui révèlent l'état psychologique des personnages. | – La priorité est donnée aux séquences narratives et dialoguées.<br>– Les nombreuses séquences descriptives servent à présenter :<br>  • les personnages du point de vue physique et psychologique ;<br>  • les lieux, particulièrement ceux qui révèlent l'état psychologique des personnages.<br>– L'attitude de l'auteure ou de l'auteur est plus évidente, plus engagée. Elle ou il manifeste un engagement social en émettant des jugements, des commentaires, des critiques et autres messages révélant ses opinions. |
| **Narration** | Dans les deux cas, la narration peut se faire soit en *je*, soit en *il* ou en *elle*. | |
| **Auteurs et auteures** | Raymond Plante<br>Michèle Marineau<br>Jacques Poulin<br>Jacques Savoie<br>etc. | John Steinbeck<br>Victor Hugo<br>Gabrielle Roy<br>Dominique Demers<br>etc. |
| **Thèmes** | L'amour, l'amitié, la liberté, la communication entre les personnes, etc. | La justice, la souffrance humaine, le racisme, la violence, etc. |

# Passeport
## lecture

## Destination

Le moment est venu de mettre en pratique ce que tu as appris sur les genres de récits et sur les personnes qui les lisent. Pour ce faire, tu liras une première œuvre littéraire de type narratif, un recueil de récits.

## Itinéraire

**1** En équipes de trois, déterminez le genre de recueil de récits que vous avez envie de lire.

**2** À la bibliothèque, à la maison ou à la librairie, choisissez un **recueil** de récits (pas un roman).

**3** Chaque élève doit:

– lire le recueil et, au fil de la lecture:

• noter les passages qui révèlent à quel genre les récits appartiennent,

• noter ses impressions après chaque étape de lecture;

– concevoir et tracer un croquis qui pourrait servir d'affiche publicitaire pour le recueil de récits;

– rédiger un texte pour faire connaître son appréciation du recueil, préciser à qui il ou elle aimerait en proposer la lecture et expliquer pourquoi.

**4** Les équipes doivent ensuite participer à une discussion pour faire part de leurs découvertes.

## VIENT DE PARAÎTRE

### Sujet de discussion

Un recueil de récits lu par tous les élèves d'une même équipe de discussion.

### Objectifs

1. Préparer une page publicitaire pour faire la promotion d'un recueil de récits.
2. Écrire un court texte pour présenter un recueil de récits et donner ses impressions sur le recueil.

### Fonctionnement

En équipes de trois.

### Durée suggérée

1. Environ 60 minutes.
2. Rédaction du texte: à la maison.
3. Conception et rédaction de la page publicitaire: à la maison.
4. Relecture et amélioration du texte et de la page publicitaire: 15 minutes.

### Déroulement de l'activité

1. Prendre connaissance des extraits relevés par chaque élève du groupe, choisir et améliorer ceux qui seront retenus et charger un membre de l'équipe de les prendre en note.
2. Prendre connaissance des impressions notées par chaque élève au fil de la lecture, choisir et améliorer celles qui seront retenues et charger un membre de l'équipe de les prendre en note.
3. Choisir un texte et l'améliorer.
4. Prendre connaissance des phrases publicitaires rédigées par chaque élève, choisir et améliorer celle qui sera retenue pour l'affiche publicitaire.
5. Concevoir l'affiche publicitaire et charger un membre de l'équipe de la réaliser.
6. Relire et améliorer, s'il y a lieu, le texte et la page publicitaire.

 ## Critères d'évaluation

Au cours de la discussion,

1. les élèves ont discuté du sujet et ont réalisé les deux tâches demandées;

2. les élèves ont cité des exemples;

3. tous les élèves ont participé à la discussion et ont parlé à tour de rôle;

4. les élèves ont utilisé un registre de langue approprié;

5. les phrases des élèves étaient bien construites;

6. les élèves ont tenu compte des propos des interlocuteurs et des interlocutrices, des demandes d'éclaircissement et des commentaires.

*Chaque page d'un livre est une ville,*
*chaque ligne est une rue.*
*Chaque mot est une demeure.*

Réjean Ducharme

# Des maisons où j'aimerais vivre

Il y a des maisons qui renferment des souvenirs impérissables,

des maisons auxquelles on rêve,

des maisons qui nous réconfortent,

des maisons où nous n'avons pas de place.

Les mots sont comme des maisons.

Depuis que tu sais parler, lire et écrire, tu as découvert de nombreux

mots auxquels tu peux associer des souvenirs, des émotions, comme

tu peux le faire avec les maisons que tu as habitées.

Les mots sont comme des maisons :

on les habite,

mais parfois ils nous habitent.

Il suffit d'apprendre

à les connaître et à les aimer.

**VILLE IMAGINAIRE 2**

Dans cette étape, tu auras l'occasion de te rappeler les apprentissages liés aux **mots** que tu as faits en première secondaire.

**Tu vérifieras si tu sais déjà:**

— reconnaître l'**origine des mots** et leurs **procédés de formation**;

— trouver le **sens des mots** dans un texte.

## À FAIRE

**1** Lis le *Mode d'emploi* ci-dessous et le texte annoté (pages 70 et 71), puis complète le **TEXTE SUR TEXTE** (page 72).

### MODE D'EMPLOI

## COMPRENDRE LE SENS DES MOTS DANS UN TEXTE

### STRATÉGIES

| CE QU'IL FAUT FAIRE... | COMMENT LE FAIRE |
|---|---|
| **En lisant le texte** | |
| **1** S'assurer qu'on comprend le **sens de tous les mots**. | **1** Lorsqu'on rencontre un mot qui peut avoir plusieurs sens, prendre le temps d'évoquer ces divers sens. |
| **2** Trouver le sens des **mots inconnus**. | **2** – Observer la formation du mot: essayer de trouver un autre mot à l'intérieur du mot inconnu.<br>– Chercher des mots de la même famille.<br>– Chercher un synonyme ou un antonyme en tenant compte du contexte.<br>– Si le mot est un nom, déterminer, à l'aide du contexte, s'il désigne une personne, un objet, un animal, un lieu ou une idée.<br>– Si le mot ne désigne pas une personne, un objet, un animal, un lieu ou une idée, déterminer s'il introduit une caractéristique: si oui, vérifier s'il s'agit d'une caractéristique favorable ou défavorable.<br>– Revoir le contexte dans lequel ce mot est utilisé et vérifier dans quelle mesure les autres mots peuvent aider à en comprendre le sens.<br>– Chercher le mot dans un dictionnaire. |

## CE QU'IL FAUT FAIRE...

### COMMENT LE FAIRE

**3** Trouver le sens des **mots employés au sens figuré**.

**3** – S'attarder sur les mots dont on connaît le sens, mais dont l'utilisation paraît surprenante.
– Chercher les différents sens du mot dans un dictionnaire.
– Essayer de remplacer le mot par un synonyme en tenant compte du contexte.

**4** Repérer les mots et les groupes de mots qui révèlent le **point de vue** (neutre, favorable ou défavorable) de la personne qui écrit.

**4** Repérer les mots ou les groupes de mots (groupe de l'adjectif, groupe de l'adverbe, verbes expressifs comme *aimer, détester*, etc.) qui permettent de dire si la personne qui écrit aime ou n'aime pas ce dont elle parle.

J'ai vécu dans cette maison jusqu'à l'âge de dix ans. Il n'y a pas longtemps, j'ai rêvé que j'y retournais alors que j'étais vieux, et les mots «Chez nous» étaient écrits en grosses lettres sur le gazon.

*bruits*

*véhicules*

# Sur le grand boulevard

Sur le grand boulevard, ça défile, Volkswagen, taxis, transports en commun, camions de livraison, quatre de front, flot compact. Les coups de klaxons❶ s'en échappent comme des cris de mouettes. Le déferlement❷ s'arrête au feu rouge. La brume qui monte du troupeau immobile brûle l'air de son tremblement. Un pierrot③ se faufile entre les voitures, fait face à la masse piaffante❹. Il commence à jongler sans perdre de temps. Trois balles de tennis. Le laveur de pare-brise, tenant son seau d'une main, un chiffon de

*Feu rouge*

l'autre, bondit. Évitant les regards des conducteurs, il s'attelle à la tâche. Plus loin, entre les colonnes de véhicules rongeant leur frein, une vieille femme s'avance, les épaules enveloppées d'un châle, l'air hagard à travers les gaz d'échappement. Elle brandit⑤ les marionnettes bariolées qu'elle a elle-même fabriquées. Dans la rangée voisine, un homme dans la trentaine vante, à coups de mimiques éloquentes⑥, une panoplie❼ de couteaux de cuisine à manche de caoutchouc vulcanisé. Deux gamines dont la tête arrive à peine à la hauteur des portières courent entre les autos. Elles se livrent au trafic de gomme Chiclets emballée par paquets de deux. Choix de couleurs: rouge, verte ou jaune. Sur la plate-bande couverte d'une herbe rachitique⑧, jalonnée de loin en loin par un platane⑨ ou un palmier, un soldat unijambiste❿ coiffé d'un képi tourne la manivelle d'un orgue de Barbarie. Son camarade, manchot, un peu bancal⑪ lui aussi, passe le chapeau, tout sourire sous la moustache aux pointes effilées.

❶
Trouve dans le texte cinq autres expressions liées au bruit de la circulation.

❷
– Trouve un verbe de la même famille.
– Cherche dans ton dictionnaire le sens de ce verbe en tenant compte du contexte.

③
Personnage de comédie.

❹
Trouve un antonyme du mot *piaffante* en tenant compte du contexte.

⑤
Agite en l'air.

⑥
Gestes convaincants.

❼
Trouve un synonyme du mot *panoplie* en tenant compte du contexte.

⑧
Mal développé.

⑨
Arbre.

❿
Sépare le mot *unijambiste* en trois parties et donnes-en le sens.

⑪
Boiteux.

*Point de vue*

La nappe métallique a frémi. Sans raison apparente, le concert d'avertisseurs redouble. Réfugié derrière sa tristesse, le pierrot maîtrise tant bien que mal une balle après l'autre. Renversé sur le capot, le laveur de pare-brise assèche son ouvrage avec des gestes mécaniques et précis. La vieille artisane, perdue dans ses pensées, doit songer à retraiter[12] vers la plate-bande. La silhouette de l'homme aux couteaux s'estompe dans la vapeur bleutée qui monte de la mer d'acier un instant étale[13]. Un chauffeur vient d'introduire deux morceaux de Chiclets dans sa bouche. Une onde d'impatience parcourt le long monstre au repos. Les fillettes tentent de séduire un dernier client. Un grondement fend l'air, repris plus loin. La musique des klaxons devient frénétique[14]. Le vendeur de couteaux essuie ses yeux pleins de larmes. Le jongleur a laissé tomber une balle. Le laveur de pare-brise reçoit son peso[15] et s'éclipse, souple comme un chat. Les fillettes rattrapent puis dépassent la vieille qui a déjà presque atteint la zone de sécurité. D'un seul coup, la vague réfrénée[16] bondit, anticipant le feu vert.

Toute la scène a duré trois minutes. La routine est parfaite[17]. Feu vert, feu rouge.

Louis Hamelin, *Le Soleil des gouffres*, Les Éditions du Boréal, 1996.

Feu vert

[12]
Action de se retirer, de reculer.

[13]
Au repos, immobile.

[14]
Choisis le mot qui **ne** convient **pas** dans le contexte : *furieuse, douce, violente.*

[15]
Monnaie d'Amérique latine.

[16]
Cherche dans un dictionnaire un nom de la même famille que *réfrénée.*

[17]
Quel est le point de vue de la personne qui observe la scène décrite ?

Le texte *Sur le grand boulevard* est un texte de type  parce que  .

L'auteur s'attarde plus particulièrement aux faits et gestes des huit personnes suivantes :  .

L'auteur fait une utilisation particulièrement imagée des mots et des groupes de mots pour désigner les bruits (ex. :  ) et les véhicules (ex. :  ).

De plus, l'auteur développe un champ lexical lié à l'automobile ; on y trouve les mots  .

En lisant ce texte, j'ai appris le sens des quatre mots suivants que je pourrais réutiliser dans mes textes :  .

**Tu devrais avoir réussi au moins les numéros 6 et 7.**

**Si tel n'est pas le cas, repère les stratégies du *Mode d'emploi* (pages 68 et 69) qui auraient pu t'aider à le faire.**

# JE ME DOCUMENTE

**Dans cette étape, tu acquerras des connaissances et des stratégies sur le fonctionnement des mots. Tu découvriras les réponses aux questions suivantes:**

**COMMENT FONCTIONNENT LES MOTS?**

— Comment découvre-t-on le **sens** des mots?

— Quelles **relations de sens** existe-t-il entre les mots?

— Quels sont les **procédés de formation** des mots?

## COMMENT FONCTIONNENT LES MOTS?

Nous utilisons les mots tous les jours. Les mots nous appartiennent. Ils servent à désigner et à caractériser des personnes, des objets, des lieux, à transmettre nos idées, à communiquer nos besoins et à exprimer nos émotions. Lorsque nous lisons un texte, nous déchiffrons rapidement les mots. Nous ne réfléchissons pas longtemps au sens de chacun. Nous sommes tous et toutes des spécialistes des mots.

**1** Les mots sont ta spécialité! Prouve-le en faisant un bref inventaire de mots que tu connais bien.

**A** Énumère cinq mots que tu utilises tous les jours.

**B** Énumère cinq mots difficiles que tu écrirais sans fautes dans une dictée.

**C** Énumère cinq mots que tu utilises, mais que peu d'adultes utilisent.

Parfois le sens des mots nous échappe. Il arrive qu'un mot nouveau se glisse dans un texte. Il arrive aussi qu'un mot familier prenne un sens particulier. Finalement, même si l'on pense bien connaître les mots, on se rend vite à l'évidence qu'il faudra toute une vie pour les maîtriser.

**2** **A** Quels sont les deux derniers mots que tu as cherchés dans le dictionnaire?

**B** Il y a sûrement un texte ou un livre particulièrement intéressant qui t'a donné bien du mal parce que tu ignorais le sens de certains mots. Résume ton expérience en quelques phrases.

Les mots sont codés. Il faut parfois les lire comme si l'on était une ou un détective à la recherche d'indices cachés. Chaque mot possède son code plus ou moins secret, plus ou moins connu, plus ou moins facile à déchiffrer.

# Comment découvre-t-on le sens des mots?

## LA POLYSÉMIE

**3** Sans recourir au dictionnaire, écris deux définitions pour chacun des mots suivants:

**A** feuille **B** maison **C** cœur

**4** Cherche le nom *maison* dans ton dictionnaire.

**A** Combien de sens attribue-t-on au nom *maison*?

**B** Dans cet article de dictionnaire, quel indice te permet de repérer rapidement les différents sens de ce mot?

**C** Choisis trois sens du nom *maison* et rédige une phrase mettant en évidence chacun de ces sens.

Voici la maison de mon oncle. J'aimais beaucoup y aller, enfant, car j'allais me cacher dans la tour avec mon cousin, et on se faisait des peurs. Jusqu'au jour où une chauve-souris est entrée par la fenêtre, et alors là, nous avons eu vraiment peur!

Certains mots n'ont qu'un sens. C'est le cas du mot *télécopieur*, par exemple. Toutefois, d'autres mots peuvent avoir plus d'un sens. Ainsi, le mot *bureau* peut désigner un meuble mais aussi le lieu où l'on travaille. Les mots ayant plus d'un sens sont des mots polysémiques. Un bon dictionnaire présente les différents sens des mots.

## LA DÉNOTATION ET LA CONNOTATION

Certains mots, lorsqu'ils sont employés dans un texte, devraient avoir la même signification pour tout le monde. Ainsi, si quelqu'un utilise dans un texte les mots *téléphone, aspirateur* ou *disque compact*, la personne qui lit devrait comprendre immédiatement de quel objet il est question. Les linguistes appellent ce phénomène la dénotation et parlent du sens dénotatif des mots.

Les mots ont aussi une valeur expressive; certains mots, lorsqu'ils sont écrits ou prononcés, prennent un sens différent selon la personne qui les emploie, qui les lit ou qui les entend. Par exemple, les mots *amour, amitié, paix, guerre, argent* et *bonheur* ont une signification que tout le monde connaît, mais ils évoquent des réalités différentes pour chaque personne. À ces mots s'ajoute souvent un sens supplémentaire selon l'âge de la personne, selon qu'elle est pauvre ou riche, ou selon sa culture. Le mot *guerre*, par exemple, ne signifie certainement pas la même chose pour toi que ce qu'il signifie pour un adolescent dont le pays est en guerre. Les linguistes appellent ce phénomène la connotation et parlent du sens connotatif des mots.

À FAIRE !

**5** **A** Dans l'encadré, repère trois mots qui suscitent en toi des émotions ou des images et précise lesquelles.

> noirceur – château – Bosnie – ping-pong –
> bâtisse – commutateur – vitesse – bête

**B** Dresse la liste des mots de l'encadré qui n'ont aucun pouvoir évocateur sur toi.

**6** Prouve que certains mots ont un sens particulier selon la personne qui les emploie en complétant les énoncés suivants :

**A** Pour un ou une élève, le mot ✎ a un sens connotatif parce qu'il lui fait habituellement penser à ✎ .

**B** Pour une enseignante ou un enseignant, le mot ✎ a un sens connotatif parce qu'il lui fait habituellement penser à ✎ .

**C** Pour un prisonnier, le mot ✎ a un sens connotatif parce qu'il lui fait habituellement penser à ✎ .

**ATTENTION!** La connotation est liée à la personne qui lit ou qui entend le mot. Le mot *escalier*, par exemple, est en apparence neutre, mais il peut avoir une connotation particulière pour une personne en fauteuil roulant; le mot *seringue* peut avoir une connotation inquiétante pour une personne en bonne santé.

En règle générale, la connotation est exploitée surtout dans les textes littéraires. Les écrivains et les écrivaines choisissent minutieusement les mots de leurs poèmes ou de leurs récits, voulant ainsi susciter une émotion chez les lecteurs et les lectrices et même, parfois, les surprendre. Ils et elles choisissent donc des mots évocateurs susceptibles de déclencher des images, des émotions. Les connotations ainsi créées leur permettent d'atteindre leur but.

Dans les textes courants, la personne qui écrit veut généralement que son message soit compris de la même façon par tout le monde. Par conséquent, elle choisit habituellement des termes dénotatifs. Un chat est un chat et pas autre chose.

# Quelles relations de sens existe-t-il entre les mots ?

Les mots entretiennent des liens de sens entre eux. Maîtriser les mots signifie connaître ces liens sémantiques afin de varier sa façon de lire ou d'écrire, et de s'exprimer dans une langue riche et nuancée.

## LA SYNONYMIE

Dans certains contextes, deux mots peuvent avoir le même sens. On dit alors que ces mots sont synonymes.

Toutefois, deux mots ne sont jamais parfaitement synonymes.

**7** En cherchant dans un dictionnaire des synonymes le nom *maison*, on peut trouver tous les mots de l'encadré.

> appartement – demeure – domicile – habitacle – résidence – mansarde – nid – cabane

Dans toutes les phrases qui suivent, tu pourrais employer le nom *maison*, mais, pour varier, choisis dans l'encadré le synonyme qui convient. Fais les accords qui s'imposent.

**A** Les enfants s'amusent souvent à construire des ✎ .

**B** Je me rends à mon ✎ . J'habite le 23ᵉ étage.

**C** La dentiste réside dans une somptueuse ✎ de la rue Des Merles.

**D** Les astronautes sont retournés dans leur ✎ .

## L'ANTONYMIE

**8** Trouve un antonyme du mot *grand* qui convient dans chaque phrase.

**A** Mon père est *grand* et ma mère est plutôt  .

**B** Il avait fondé de *grands* espoirs sur ce joueur qui l'a déçu par ses  résultats.

**9** Trouve un antonyme pour chacun des mots suivants et rédige une phrase dans laquelle tu utiliseras cet antonyme.

Au besoin, consulte ton dictionnaire.

**A** beauté     **D** parfait

**B** tolérant     **E** énervé

**C** stable     **F** estiver

**10** À quels mots as-tu ajouté un préfixe pour créer ton antonyme ?

L'antonyme d'un mot (on dit aussi «son contraire») a donc un sens opposé.

– *Cette maison est bien **éclairée**. Elle n'est donc pas **sombre**.*

– *Cette enseignante est **satisfaite**. Elle n'est donc pas **insatisfaite**.*

Évidemment, si un mot a plusieurs sens, il aura également plusieurs antonymes.

## LES MOTS GÉNÉRIQUES ET LES MOTS SPÉCIFIQUES

**11** Complète les trois énoncés suivants :

**A** Si le texte descriptif que je lis parle de choléra, de tuberculose, de peste et de cancer, je peux résumer en disant que ce texte parle de  .

**B** Si le texte descriptif que je veux écrire doit contenir des paragraphes portant respectivement sur la mouche, le papillon, le maringouin et la libellule, je peux supposer que l'introduction comportera une phrase annonçant que je parlerai des  .

**C** Si j'écris un texte descriptif sur les catastrophes naturelles, je peux traiter les aspects suivants :  ,  et  .

**D** Associe chacun des mots que tu as ajoutés aux énoncés A), B) et C) à l'une des définitions suivantes :

a) mots qui résument d'autres mots ;

b) mots qui précisent un mot.

Un mot qui possède un sens très large, qui en résume d'autres, est un mot générique. Le mot générique représente de nombreuses réalités à la fois. Le nom *bâtiments*, par exemple, est un mot générique qui englobe le sens des noms *maison, église, usine, entrepôt*.

Un mot qui a un sens plus précis, qui en explicite un autre, est un mot spécifique. Les mots *maison, église, usine, entrepôt* sont des mots spécifiques par rapport au mot *bâtiments*.

Le mot *maison* peut devenir à son tour un mot générique, car il peut englober le sens des mots *duplex, triplex, villa, chalet*, etc. Bref, un mot générique englobe le sens d'une série de mots d'une même catégorie. Par contre, si l'on désire fournir beaucoup de détails sur ce dont on parle, les mots spécifiques nous aident à le faire.

Pour résumer un texte, les mots génériques sont donc très utiles. Lorsqu'on rédige un texte, on peut bien sûr utiliser des mots génériques, mais si l'on désire être plus précis, il faut employer des mots spécifiques.

## LE CHAMP LEXICAL

Un champ lexical est un ensemble de mots associés à un même sujet, à une même idée. Les champs lexicaux peuvent se complexifier à l'infini. Souvent, on élabore un schéma pour représenter les liens entre les mots d'un même champ lexical.

**12** Reproduis le schéma ci-dessous représentant un champ lexical du mot *maison* et complète-le.

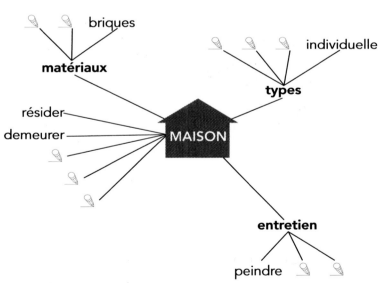

**13** Élabore un champ lexical du mot *douceur* et classe tes mots ou tes expressions dans cinq catégories : les sons liés à la douceur, les couleurs douces, les matériaux doux au toucher, les gestes doux et les saveurs douces.

Dans un texte descriptif, l'identification d'un champ lexical permet de trouver le sujet et les aspects traités. Quand on écrit un texte, l'utilisation d'un *Dictionnaire Thésaurus* (un dictionnaire présentant des champs lexicaux comme dans l'exemple de la page 78) permet d'enrichir le vocabulaire et aide à trouver de nouvelles idées pour la rédaction.

Dans un texte poétique, les champs lexicaux contribuent à susciter des émotions, à étoffer des images ou des comparaisons, à créer un climat, une atmosphère.

## LES COMBINAISONS DE MOTS

Certains mots vont bien ensemble. Le mot *maison*, par exemple, est souvent accompagné des adjectifs *cossue, confortable, délabrée*, etc. De plus, il est souvent employé avec le déterminant *ma*. L'usage de la langue crée des liens entre certains mots.

Ces expressions s'appellent des suites lexicales. Voici d'autres exemples de suites lexicales. Celles-ci sont formées avec le mot *école*.

SUITES LEXICALES AVEC UN ADJECTIF
- école primaire
- école secondaire
- école publique
- école privée
- école alternative
- école buissonnière

SUITES LEXICALES AVEC UN VERBE
- aller à l'école
- fréquenter l'école
- aimer l'école
- détester l'école
- abandonner l'école

Parfois les liens entre les mots sont si forts et si fréquents qu'ils donnent naissance à des expressions courantes telles que *tenir maison, maison à vendre, la maison du Bon Dieu*, etc.

**14** Trouve des suites lexicales dans lesquelles sont utilisés chacun des mots ci-dessous. Au besoin, consulte un dictionnaire.

**A** cheval   **B** blanc   **C** jeu

**15** Dans le champ lexical du numéro 12, relève des suites lexicales formées du mot *maison* et d'un verbe.

Ma mère est née dans cette maison ancestrale. Avant elle, sa mère et sa grand-mère y sont nées aussi. Imaginez tous les souvenirs que contient cette maison!

# Quels sont les procédés de formation des mots ?

## LA DÉRIVATION, LA COMPOSITION, L'EMPRUNT

En première secondaire, tu as appris qu'on peut créer des mots par dérivation (*maison, maisonnette, maisonnée*) ou par composition (*tournevis, procès-verbal*). On peut aussi emprunter des mots à une langue étrangère pour enrichir le lexique de la langue française.

Beaucoup de mots de la langue française proviennent de l'anglais (*clown, record, sandwich,* etc.), mais aussi de l'espagnol (*salsa, tango, tortillas,* etc.), de l'arabe (*alcool, carafe, chiffre,* etc.) et de nombreuses autres langues. Le dictionnaire indique généralement l'origine des mots. Certains dictionnaires précisent même l'année où le mot est entré dans le vocabulaire français.

## L'ABRÈGEMENT

Certains mots fréquemment employés dans la langue familière sont abrégés. C'est le cas du mot *prof*, utilisé pour désigner un professeur ou une professeure, du mot *télé*, utilisé pour désigner un téléviseur. Dans la vie de tous les jours, tu abrèges sûrement le prénom de tes camarades en les appelant *Méli, Stef, Fred, Manu, Max...* Ce procédé s'appelle la troncation.

On peut aussi abréger des groupes de mots en créant des sigles. Un sigle est constitué des premières lettres d'un groupe de mots. Par exemple, le sigle HLM a été créé à partir du groupe de mots **h**abitations à **l**oyer **m**odique.

**16** Parmi les mots de l'encadré, lesquels ont été formés :

- **A** par dérivation ?
- **B** par composition ?
- **C** par emprunt à une langue étrangère ?
- **D** par la création d'un sigle ?
- **E** par troncation ?

> kayak – maisonnette – Maison Blanche – taco – ovni – écolo – CEQ

**17** Abrège les mots ou les groupes de mots suivants en employant la troncation ou en recourant à un sigle.

- **A** Collège d'enseignement général et professionnel
- **B** Centrale de l'enseignement du Québec
- **C** exposition
- **D** chiropraticienne
- **E** Orchestre symphonique de Québec
- **F** Organisation des Nations Unies

**18** Certaines réponses du numéro 17 sont des sigles. Y en a-t-il qui se lisent comme un mot et non lettre par lettre ? Si oui, lesquels ?

**19** Les élèves du secondaire ont l'habitude d'abréger le nom des matières scolaires. Prouve-le en citant trois exemples.

# LE FONCTIONNEMENT DES MOTS

| CONNAISSANCES | EXEMPLES |
|---|---|

## LE SENS DES MOTS

### Le sens dénotatif

Le sens dénotatif des mots correspond généralement au **sens premier de ces mots donné dans le dictionnaire**.

*Les **voyageurs** déposèrent leurs **valises** à la consigne avant de se rendre au point de départ de l'avion. Ils étaient au nombre de **cinquante-trois**, **vingt-sept femmes**, **quinze hommes** et **onze enfants**.*

### Le sens connotatif

Le sens connotatif des mots est un **sens supplémentaire** qui leur est attribué par les personnes qui les utilisent et qui n'est pas nécessairement donné dans le dictionnaire. Ce sens est lié à l'expérience personnelle de chacun et de chacune.

*Faire la **tournée** c'est se faire voyageur et j'allais dire c'est devenir soi-même le **voyage**, le **départ**, l'**arrivée**, le **retour** et toutes les **escales**. Trois **voitures**, dix **valises**, vingt **hôtels** et des visages qui passent avec un œil sur le village et l'autre en réverbère, qui reconnaissent la chanson et la chanson les reconnaît.*

Gilles Vigneault, *Bois de marée*, Les Nouvelles Éditions de l'Arc, 1992.

## LES RELATIONS DE SENS ENTRE LES MOTS

### La synonymie

Deux mots sont synonymes lorsqu'ils ont le **même sens** dans le contexte.

*Faire la tournée c'est se faire voyageur et j'allais dire c'est devenir soi-même le **voyage** [le **périple**], le départ, l'**arrivée**, le **retour** et toutes les **escales** [tous les **arrêts**].*

*Ibid.*

### L'antonymie

Deux mots sont antonymes lorsqu'ils ont un **sens opposé**.

*– «Pour la **nuit** seulement, on repartira de bonne heure demain **matin**, merci bien, bonsoir !»*

*– Le difficile est d'être **nulle part** et **partout** à la fois.*

*Ibid.*

### Les mots génériques et les mots spécifiques

Les mots ou termes génériques sont des mots dont le **sens englobe celui de plusieurs autres mots** qui sont qualifiés de mots ou de termes spécifiques.

Mot générique ➜

*La tournée... c'est le plus souvent l'interminable conférence au sommet où vers trois heures du matin tout le monde est* Mots spécifiques

**spécialiste :** *sociologue, économiste, démographe, démagogue, démocrate et fatigué.*

*Ibid.*

| CONNAISSANCES | EXEMPLES |
|---|---|

**Le champ lexical**
Un champ lexical est un **ensemble de mots associés à un même sujet, à une même idée.**

**Champ lexical: l'alimentation**
*La tournée... non plus n'est pas le Carême: le **hareng mariné** chez Renaud Cyr à Montmagny, le **six-pâtes** chez Mme Simard, les **toasts dorés** de Mme Gravel au Belle Plage à une heure du matin, les **crêpes** à Shippagan comme ma mère savait les faire. Le **bœuf «de l'est»** au Doyen, à Alma.*

Gilles Vigneault, *Bois de marée*,
Les Nouvelles Éditions de l'Arc, 1992.

**Les combinaisons de mots**
L'usage de la langue crée des **liens entre certains mots.** C'est ainsi que des adjectifs et des verbes sont souvent utilisés avec un même nom, formant des **suites lexicales.**

**Suites lexicales avec un nom et un adjectif**
– *une tournée **saisonnière***
– *une tournée **spectaculaire***
– *une tournée **profitable***
– *une tournée **sans intérêt***

**Suites lexicales avec un verbe et un nom**
– ***préparer** une tournée*
– ***planifier** une tournée*
– ***entreprendre** une tournée*
– ***poursuivre** une tournée*
– ***mettre fin à** une tournée*
– ***terminer** une tournée*

## LA FORMATION DES MOTS

**La dérivation**
Un mot est formé par dérivation lorsqu'on **ajoute un préfixe ou un suffixe au radical.**

*voyag**eur** – **re**connaît – verd**âtre** – **re**partira – **inter**min**able** – socio**logue** – économ**iste***

**La composition**
Un mot est formé par composition lorsqu'il **réunit deux mots déjà existants.**

*demi-heure – Îles-de-la-Madeleine – partie de cartes – six-pâtes – feu d'artifice – après-midi – loup-marin*

**L'emprunt**
Un mot de la langue française peut être **emprunté à une langue étrangère.**

*toasts dorés*

**L'abrègement**
On peut abréger un mot **en supprimant une ou plusieurs syllabes.** On dit alors que le mot est **tronqué.**

*Le mot **vélocipède** s'abrège en **vélo**.*

On peut abréger un groupe de mots en **créant un sigle.**

***CSN** (Confédération des syndicats nationaux)*

# COMMENT FAIRE

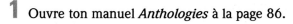

**1** Ouvre ton manuel *Anthologies* à la page 86.

**A** Qu'ont **en commun** les textes présentés aux pages 86 à 89?

**B** À première vue, qu'est-ce qui **distingue** ces textes?

## POUR **comprendre les MOTS dans un TEXTE COURANT**

**TEXTE DE RÉFÉRENCE** **ACTIVITÉS 2 À 15**

### *Le Bas-Saint-Laurent*
(*Anthologies,* page 86)

**2** **A** De quoi parle-t-on dans cette page?

**B** Quels sont les **aspects** traités? Quel **indice** t'a permis de découvrir ces aspects?

**3** Dans le paragraphe qui commence à la ligne 1, repère **un mot générique** suivi de **deux mots spécifiques** et transcris-les de façon à mettre en évidence le rapport entre le mot générique et les mots spécifiques.

**4** L'une des phrases du paragraphe qui porte sur l'Île-Verte (lignes 10 à 26) nous entraîne dans un voyage dans le temps.

**A** À **quelle ligne** cette phrase commence-t-elle?

**B** Dans cette phrase, relève les **mots** qui nous **situent dans le temps**.

**5** Le mot *Amérindiens* (ligne 29) est un mot formé par composition.

**A** Quels sont les **deux mots** qui ont servi à le former?

**B** Le mot *Amérindiens* est un mot générique. Dans un contexte donné, quels **mots spécifiques** pourrais-tu utiliser à la place du mot *Amérindiens*?

**6** Dans la partie du texte qui porte sur l'Île-aux-Basques (lignes 27 à 36), l'expression *Société Provancher d'histoire naturelle du Canada* a été remplacée par un mot substitut.

**A** Quel est le **mot substitut**?

**B** On aurait pu aussi abréger le groupe de mots par un **sigle**. Invente un sigle qui aurait convenu.

**7** Dans la première phrase du texte sur Trois-Pistoles (lignes 37 à 45), on trouve les groupes du nom *son nom* et *cet endroit* qui contiennent les déterminants référents *son* et *cet*. À **quoi** ces groupes du nom (GN) font-ils référence?

# COMMENT FAIRE...

**8** **A** Pourrais-tu remplacer le mot *cœur* (ligne 41) par le mot *centre*?

**B** Pourrais-tu remplacer le mot *centre* (ligne 41) par le mot *cœur*?

**9** Comme tu l'as vu au numéro 8, les mots *centre* et *cœur* ne sont pas parfaitement synonymes. Écris **une définition** dans laquelle ces deux mots sont synonymes.

**10** Trouve le **sigle** employé dans le texte sur Trois-Pistoles (lignes 37 à 45) et détermine ce qu'il signifie.

**11** Récris la phrase *On y trouve ses manuscrits* (ligne 43) en remplaçant **le pronom** *y* par ce qu'il désigne dans le texte.

**12** Pour prouver que tu es spécialiste des mots, **définis** les mots suivants en tenant compte du contexte et détermine la **classe grammaticale** à laquelle ils appartiennent.

**A** manuscrits (ligne 43)

**B** monographies (ligne 43)

**C** téléromans (ligne 44)

**D** audiovisuelle (ligne 45)

**13** Dans le texte sur Le Bic (lignes 46 à 51), quel **terme générique** englobe les mots *plages sauvages, hauts caps, récifs* et *cayes*?

**14** Dans la partie sur Le Bic, **quel adjectif** révèle le **point de vue favorable** des auteurs sur ce lieu?

**15** Quel **terme générique** fournit un indice sur le sens du mot *complainte* (ligne 62)?

TEXTE DE RÉFÉRENCE ACTIVITÉS 16 À 19

### *Au pays de VLB...*
(*Anthologies,* page 87)

**16** Dans le deuxième paragraphe (lignes 10 à 18), l'auteure révèle son point de vue sur cette région.

**A** Son **point de vue** est-il neutre, favorable ou défavorable?

**B** Relève **quatre mots** qui l'indiquent.

**17** Dans le quatrième paragraphe (lignes 24 à 31), l'auteure utilise deux mots qui, dans un autre contexte, pourraient être des antonymes.

**A** Relève ce **passage**.

**B** Récris-le en remplaçant chacun de ces deux mots par un **synonyme** qui convient dans le contexte.

**18** **A** Dans le huitième paragraphe de ce texte (lignes 49 à 59), **quel mot** est emprunté à la langue espagnole?

**B** Comment l'as-tu reconnu?

**C** Qu'est-ce que ce mot semble signifier **dans l'esprit de l'auteure**?

**D** Qu'est-ce que ce mot évoque **pour toi**?

**19** Dans l'avant-dernier paragraphe de ce texte (lignes 93 à 97), quels sont les **deux synonymes** que l'auteure emploie dans la même phrase pour insister sur une idée ?

### STRATÉGIES

*Quelles stratégies peut-on utiliser pour comprendre le sens des mots dans un texte courant ?*

# POUR comprendre les MOTS dans un TEXTE LITTÉRAIRE

**TEXTE DE RÉFÉRENCE** ACTIVITÉS 20 À 25

### Trois-Pistoles
(*Anthologies,* page 88)

**20** Dans le poème *Trois-Pistoles*, le mot *parlement* (ligne 1) est employé de façon imagée. Cherche le **sens propre** de ce mot dans ton dictionnaire.

**A** Explique l'**image** que voulait créer l'auteur en parlant d'un *parlement des loups-marins*.

**B** Détermine un **genre de texte** où le mot *parlement* pourrait être employé dans un **sens dénotatif**.

**21** Rédige **une phrase** dans laquelle tu emploieras le mot *parlement* dans un **sens dénotatif**.

**22** **A** Qu'est-ce qu'un *borborygme* ?

**B** Explique l'**image** que voulait créer le poète en parlant de *borborygmes des océans*.

**23** Rédige **une phrase** dans laquelle tu emploieras le mot *borborygme* dans un **sens dénotatif**.

**24** Les mots suivants, extraits du poème de Gérald Godin, font partie d'un champ lexical lié à la faune.

*loups-marins* (ligne 1) – *cormorans* (ligne 4) – *moucherolles* (ligne 5) – *huards* (ligne 7) – *maubèches* (ligne 7) – *canards* (ligne 8) – *sangsues* (ligne 10)

**A** Tu ne connais peut-être pas le sens du mot *maubèche* (ligne 7), mais à l'aide d'un mot qui le précède dans le texte et d'un mot qui le suit, **explique ce que pourrait être une *maubèche*.**

**B** Tu ne trouveras pas le mot *moucherolles* dans un dictionnaire, à moins de posséder le *Dictionnaire général de la langue française au Canada* publié par Bélisle Éditeur en 1954. Néanmoins, **donne une définition** en considérant le contexte et la formation de ce mot.

**C** **Quel effet** le champ lexical lié à la faune crée-t-il dans le poème ?

**25** **A** Dans le texte, relève **quatre mots** qui font partie d'un champ lexical lié au repos.

**B** Lequel de ces mots ne s'emploie que dans la **langue populaire** ?

**C** Par **quel synonyme** ce mot pourrait-il être remplacé dans le texte ?

**Le Saint-Laurent**
(*Anthologies*, pages 88 et 89)

**26** [A] Dans le poème *Le Saint-Laurent*, deux **champs lexicaux** s'opposent par le sens, c'est-à-dire qu'ils sont contraires. Trouve les mots faisant partie des champs lexicaux de la *dureté* et de la *douceur*.

[B] Relève **deux mots formés par dérivation** qui ont permis de faire une rime dans ce poème.

**27** Dans le poème d'Eulalie Boissonnault, relève **un mot** dont tu peux déterminer le sens:

[A] à l'aide du **radical** dont il est dérivé;

[B] à l'aide des **éléments dont il est composé**;

[C] à l'aide du **contexte**.

**28** Dans ce même poème, relève **deux mots** qui ont un **sens particulièrement conno-tatif** pour toi et exprime ce qu'ils évoquent dans ton esprit.

**STRATÉGIES**

*Quelles stratégies peut-on utiliser pour comprendre le sens des mots dans un texte littéraire ?*

## POUR comparer le SENS des mots dans DIFFÉRENTS TYPES DE TEXTES

**29** Pense à tous les textes que tu as lus dans la section *Une région à la loupe* (pages 86 à 89).

[A] Donne le **titre des textes** dans lesquels les mots sont le plus susceptibles d'évoquer des réalités différentes selon les personnes qui les lisent. Cite **quelques exemples**.

[B] Donne le **titre des textes** dans lesquels les mots sont le plus susceptibles d'évoquer la même réalité pour toutes les personnes qui les lisent. Cite **quelques exemples**.

[C] Dans **quels textes** la personne qui écrit exprime-t-elle un point de vue très expressif? Relève **quel-ques mots** pour appuyer tes affirmations.

[D] Parmi les mots étudiés dans les activités précédentes, quels sont **tes trois mots préférés**, ceux que tu aimerais dorénavant utiliser dans tes textes?

Voici la «maison de mes rêves». Non pas qu'elle soit particulièrement chic ou belle, mais elle me permettrait d'être toujours en mouvement, d'un bout à l'autre du pays, ou même du continent, pourquoi pas?

# Une légende de mon cru

**ÉCRIRE un texte littéraire de type narratif:**
**une légende sur un lieu que tu connais**

## Pour:

– **réinvestir** les connaissances acquises sur les mots et les stratégies apprises à l'étape *Je me documente* (pages 73 à 86);

– **mettre en pratique** les règles de syntaxe et d'orthographe apprises dans l'atelier de grammaire:

  • *Le groupe du verbe* (atelier 3).

## Consignes d'écriture

**1.** Lis la partie du texte qui porte sur Le Bic (lignes 46 à 51) à la page 86 de ton manuel *Anthologies* et repère la légende qui y est racontée.

**2.** Choisis un **lieu géographique** ou un **phénomène naturel** que tu trouves particulièrement intrigant.

**3.** Écris une **courte légende** de ton cru comportant trois paragraphes de 40 à 50 mots (4 à 5 lignes) chacun qui pourrait expliquer ce phénomène ou la création de ce lieu.

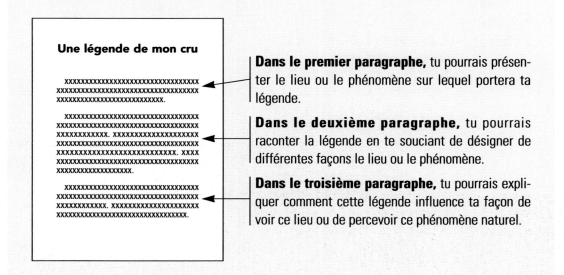

**Une légende de mon cru**

**Dans le premier paragraphe,** tu pourrais présenter le lieu ou le phénomène sur lequel portera ta légende.

**Dans le deuxième paragraphe,** tu pourrais raconter la légende en te souciant de désigner de différentes façons le lieu ou le phénomène.

**Dans le troisième paragraphe,** tu pourrais expliquer comment cette légende influence ta façon de voir ce lieu ou de percevoir ce phénomène naturel.

# MES CONNAISSANCES EN BREF

**Objectif**

Rendre compte des connaissances sur les mots acquises à l'étape *Je me documente*.

**Fonctionnement**

En équipes de deux, les participants et les participantes font leur présentation à tour de rôle.

**Durée suggérée**

1. Préparation à la maison.
2. En classe, de 15 à 20 minutes.

**Contenu de la présentation**

Pendant le déroulement de la discussion, chaque élève, à tour de rôle, présente :

1. son point de vue sur les connaissances acquises sur les mots : leur utilité, leur degré de difficulté et les difficultés à les comprendre ;
2. un compte rendu des moyens pris pour sélectionner et résumer les notions acquises sur les mots ;
3. un résumé personnel et original (schéma, tableau, illustrations, exemples, organisateur graphique, textes annotés, etc.) de ses nouvelles connaissances sur les mots.

**ATTENTION !** Pendant la discussion, chaque participant ou participante peut poser des questions d'éclaircissement, faire des commentaires, des observations, discuter de la pertinence des choix de l'élève qui intervient, faire part de son appréciation, etc.

**Pistes d'observation**

Vérifier :

1. l'originalité de la présentation et faire des suggestions pour la prochaine fois ;
2. si le vocabulaire utilisé correspond à celui appris dans les activités de l'étape *Je me documente* ;
3. la pertinence du choix des connaissances présentées en fonction de leur importance ;
4. si les élèves ont utilisé des phrases construites correctement ;
5. le degré de participation de chacun et de chacune (commentaires, questions, réponses, échanges verbaux et non verbaux, etc.).

# Le sens des mots

> À CE RYTHME-LÀ TU NE SAURAS JAMAIS COMMENT ÇA FINIT !

Quino, *Mafalda*, © Éditions Glénat, 1981.

## C'est dans les dictionnaires...

Complète le titre de cette série d'activités en écrivant cinq énoncés qui commenceront ainsi : *C'est dans les dictionnaires qu'on...* Surprends ton enseignante ou ton enseignant par l'originalité de tes phrases.

## Extrait du *Thésaurus*

**A** Relève cinq adjectifs qui peuvent compléter le nom *poésie* et donne le sens de chacun.

**B** Dans un poème, les paragraphes s'appellent des strophes. Relève cinq sortes de strophes qu'on peut trouver dans un poème et, à l'aide de la formation des mots, donne les caractéristiques de chacune.

**C** Dans l'entrée *13 (Mètre, vers)*, plusieurs mots contiennent le mot *syllabe*. Choisis-en cinq, isole le préfixe et donne sa signification.

**D** Relève cinq adjectifs qui peuvent qualifier le mot *rime*. Consulte ton dictionnaire pour connaître le sens de chacun et cite une rime en exemple.

*Thésaurus Larousse des mots aux idées, des idées aux mots*, © Larousse, 1991.

---

### 789 POÉSIE

N. 1 **Poésie** ; vers *(les vers)* ; gaie science ou gai savoir [vx]. – Métrique *(la métrique),* prosodie, **versification.**

2 Poésie épique, poésie lyrique, poésie dramatique. – Poésie didactique ; **haute poésie** ou grande poésie ; poésie pure. – Poésie champêtre ; poésie érotique, poésie ionique ou sotadique, poésie légère ; poésie satirique. – Poésie macaronique. – Lettrisme.

3 Rimaillerie [péj.].

4 Poétisation [litt.].

5 **Poème,** poésie ; pièce de vers. – Poème à forme fixe ; poème en prose. – Calligramme.

6 Poésie champêtre : églogue, idylle. – Poésie courtoise et galante : minnesang [all.] ; bergerie, madrigal. – Poésie lyrique : épinicies ; **hymne** ; épithalame ; copla [esp.]. – Ode héroïque. – Poésie satirique : priapée, vers ou poèmes fescennins ; blason, épigramme, épître, sirventès (ou : sirvente, serventois) [Provence]. – Poésie sur des sujets familiers : ode anacréontique ; congé, dit ; impromptu.

7 Poésie de forme fixe. – **Élégie.** – Cantilène, épopée, rhapsodie ; héroïde, ode héroïque. – Palinodie. – Centon.

8 Poésie de forme fixe. – Lai ; triolet ; rondeau, rondel ; virelai. – Ode, odelette ; rotrouenge ou rotruenge. – Ballade, chantefable. – Acrostiche.

9 Poésie de forme fixe. – Canzone [ital.], monostiche, sextine, **sonnet,** terza rima ou tierce rime. – Pantum [emprunté par les romantiques à la poésie malaise]. – Jap. : haiku, **haïkaï.**

10 Poésie chantée. – Villanelle. – Comptine, *lied* [all.], romance. – **Cantique** 784.

11 Poésie dialoguée, théâtre en vers. – Jeu ; jeu parti ou partimen ; tenson. – Poème dramatique. – Renga [jap.]. – Hain-teny [malgache].

12 **Strophe** ; couplet, laisse. – Distique, tercet, quatrain, quintain ou quintil, sizain ou sixain, septain, huitain, neuvain, dizain, onzain, douzain ; triade (strophe, antistrophe, épode). – Strophe carrée, strophe horizontale, strophe verticale. – Envoi ; **refrain.**

13 Mètre, **vers** ; trimètre, tétramètre, pentamètre, **hexamètre** ; sénaire, septénaire, octonaire. – Monosyllabe, dissyllabe, trisyllabe, tétrasyllabe, pentasyllabe, hexasyllabe, heptasyllabe, octosyllabe, ennéasyllabe, décasyllabe, hendécasyllabe, dodécasyllabe ou **alexandrin.** – Anapeste, dactyle, ïambe, spondée, trochée ; hexamètre dactylique. – Vers blancs ; vers libres ; **verset.** – Vers intercalaire.

14 Pied, **syllabe** ; **dodécasyllabe.** – Quantité ; syllabe courte, syllabe longue.

15 Assonance, **rime** ; alliteration. – Rime pauvre, rime riche ; rime féminine, rime masculine ; rime redoublée, rime dominante ; rimes croisées, rimes embrassées, rimes plates, rimes mêlées ; rime consonante, rime léonine ou double, rime équivoquée, rime milliardaire, vers holorimes ; rime complexe, rime brisée, rime batelée, rime annexée, rime fratrisée, rime enchaînée ; rime couronnée, rime à double couronne, rime emperière, rime couronnée-annexée, rime senée, rime en écho, rime rétrograde.

16 Figures, tropes 752. – **Césure,** coupe ; hémistiche ; enjambement, rejet. – Diérèse, synérèse ; **hiatus.** – Cadence, rythme. – Cheville ; licence poétique.

17 **Anthologie,** florilège, silves, spicilège. – Chansonnier, romancero ; recueil. – Divan.

18 **Art poétique,** rhétorique *(une rhétorique)* 753 ; poétique *(la poétique).*

19 Hermétisme, imagisme, ossianisme, pétrarquisme, préciosité, école romane française, symbolisme.

20 **Poète** ; artisan du verbe [litt.], nourrisson des Muses, nourrisson du Parnasse [vx et litt.]. – Aède, rhapsode ; barde, chantre, **troubadour,** trouvère ; fabuliste ; bucoliaste. – Amoriste, félibre, **parnassien,** poète crépusculaire, vers-libriste. – Poète maudit.

21 Rimeur, versificateur ; métromane [vx]. – Fam. : faiseur de vers, métromane, poétereau ou poétriau ; rimailleur [péj.]. – Vx : mâche-laurier, poétastre.

[...]

## Extrait du *Nouveau Petit Robert de la langue française*

▶

**A** Lis la définition du mot *poème*. Explique dans tes mots le sens de l'expression *poème en prose*.

**B** Rédige une phrase pour illustrer le sens de l'expression *C'est tout un poème* que l'on donne dans ce dictionnaire (numéro 4).

**POÈME** [pɔɛm] n. m. — 1213 ; lat. *poema*, du gr. *poiema*. **1.** Ouvrage de poésie en vers. ⇒ **poésie**. *Faire, composer un poème. Poème à forme\** (I, 4°) *fixe, à forme libre.* ⇒ **ballade, élégie, épigramme, épopée, fable** ; **hymne**, 2. **lai, madrigal, ode, sonnet, stance.** *Strophes, stances, distiques, quatrains d'un poème. Recueil de poèmes. Le haïku, bref poème japonais.* « *Les poètes sont ainsi. Leur plus beau poème est celui qu'ils n'ont pas écrit* » (Gaut.). **2.** *Poème en prose, ne revêtant pas la forme versifiée.* **3.** FIG. et LITTÉR. *Ce qui a de la poésie* (I, 4°). «*Les œuvres de Delacroix sont de grands poèmes*» (Baud.). «*Que ta vie soit un poème aussi beau que ceux qu'a rêvés ton intelligence*» (Sand). *Poème symphonique\*.* **4.** LOC. FAM. *C'est tout un poème, se dit de qqn, d'une réalité humaine qui semble extraordinaire ou bizarre.* «*Ce vieux-là, mon cher, est tout un poème* » (Balz.).

*Le Nouveau Petit Robert de la langue française* (édition 1997), p. 1708.

**Poète :** → Écrivain. Celui qui s'adonne à la poésie. *Poète* suppose le don de communiquer aux autres une connaissance des êtres et des choses qui ne saurait être ramenée aux idées claires de la raison, par les vers, ou grâce à une prose qui par ses sons, ses rythmes, ses images, se rapproche de la poésie, ou simplement par sa façon de penser, de parler qui révèle des facultés poétiques : [Les Grecs] *un peuple poète* (P.-L. Cour.); mais désigne parfois simplement celui qui, inspiré ou non, écrit en vers. En ce sens, **Versificateur,** qui s'est dit du poète considéré comme aux prises avec la technique du vers (*L'art du versificateur est d'une difficulté prodigieuse.* Volt.), désigne, de nos jours, celui qui fait facilement des vers, mais sans véritable don poétique : *Avec un peu de rime, on va vous fabriquer Cent versificateurs* (L. F.). **Rimeur,** qui se dit parfois d'un bon versificateur qui trouve des rimes riches, était au XVIIᵉ s. syn. de *poète*, mais ne se dit plus, avec ironie, que d'un mauvais poète : *Un froid rimeur* (Boil.). **Chantre,** dans le style relevé, grand poète lyrique ou épique : *Le chantre d'Ionie, Homère.* **Barde,** poète héroïque chez les Celtes, par ext. poète héroïque ou lyrique vénérable, qui souvent chante de vieilles légendes de son pays, de sa région. **Aède,** poète religieux, puis épique, dans la Grèce primitive, parfois par ext. poète héroïque. **Rhapsode,** chez les Grecs, poète qui allait de ville en ville récitant des morceaux épiques, se dit parfois, dans le style recherché, d'un poète épique qui récite ses vers. **Nourrisson du Pinde,** ironique de nos jours, *poète* ; **Maître, Héros du Pinde,** grand poète, dans le style recherché; on dit aussi pour désigner avec ironie un poète : **Amant, Favori, Nourrisson des Muses,** ou **Nourrisson du Parnasse; Mâche-laurier,** péj., poète un peu fou, imbu de sa supériorité, **Poètereau,** mauvais petit poète, **Rimailleur,** très mauvais poète : *Détestable rimailleur* (Volt.); **Métromane,** celui qui a la manie de faire des vers. **Cigale,** syn. péj. de *poète*, faisait autrefois penser au manque d'harmonie des vers, mais évoque plutôt, fam., de nos jours, à cause de la fable de La Fontaine, la légendaire imprévoyance des poètes : → **Troubadour.**

◀ ## Extrait du *Dictionnaire des synonymes*

Trouve deux synonymes du mot *poète* ayant un sens péjoratif (défavorable).

Il existe des dictionnaires de rimes qui pourraient t'être utiles pour réaliser la prochaine activité.

Dans l'étape **Sur le terrain**, tu rédigeras un texte poétique dans lequel tu évoqueras un lieu. Cette activité te permettra de créer des rimes avec des mots que tu pourras utiliser dans ce texte poétique.

Trouve un mot qui rime avec chacun des mots suivants en imaginant qu'il est utilisé dans un texte évoquant un lieu et les personnes qui y habitent.

| | | |
|---|---|---|
| a) plateau | g) passerelle | m) carrefour |
| b) route | h) campanile | n) impasse |
| c) avenue | i) pont | o) forêt |
| d) baie | j) mer | p) paysage |
| e) cul-de-sac | k) côte | q) montagne |
| f) jardin | l) rang | |

*Dictionnaire des synonymes,*
© Librairie Hachette, 1982.

# Banques de mots

## POUR DÉSIGNER DES LIEUX

Lis le texte de Jean O'Neil sur Sainte-Rose-du-Nord et celui d'Arthur Buies sur la Gaspésie (*Anthologies,* page 83). Au fil de ta lecture, fais les activités suivantes :

**A** Relève tous les noms qui désignent des lieux ou des éléments d'un paysage et classe-les en deux catégories : les noms propres et les noms communs.

**B** Reprends tous les noms propres relevés en A) et accole à chacun l'élément qu'il désigne (ex.: la *rivière* Saguenay, la *baie* de Gaspé). Attention à l'emploi des majuscules !

**C** Parmi les mots relevés en A), détermine ceux qui servent à désigner des éléments d'un paysage associés à l'eau.

**D** Parmi les mots relevés en A), détermine ceux qui servent à désigner des éléments d'un paysage de montagnes.

Dans ton manuel *Anthologies*, lis le texte intitulé *Pourquoi rester là ?* (page 70), qui est un extrait du roman *Maria Chapdelaine.*

**A** Relève des passages du texte qui révèlent que les mots ont une influence sur les personnes. Réponds en indiquant à quelles lignes se trouvent ces passages.

**B** Nomme des lieux que tu connais et que tu trouves amusants.

**C** Nomme des lieux que tu connais et qui évoquent pour toi des événements heureux.

**D** Nomme des lieux que tu connais et qui évoquent pour toi des événements malheureux.

Lis le texte *Huit lacs Sans Nom* de Pierre Morency (*Anthologies,* page 94).

**A** Invente des noms pour des lieux qui n'en ont pas ou pour des lieux dont tu ne connais pas le nom.

**B** Il existe sûrement des lieux que tu trouves mal nommés. Donne le nom de ces lieux et invente-leur de nouveaux noms.

Lis la section *Nommer les lieux* (*Anthologies,* pages 76 et 77).

La lecture de ces pages t'a sûrement fait découvrir que des noms de lieux mis les uns à la suite des autres peuvent créer un rythme, des sonorités et même de la poésie.

Choisis un des regroupements de noms dans ces pages et, à l'aide de noms de lieux que tu connais, imite ce regroupement.

## POUR CARACTÉRISER DES LIEUX

Les adjectifs constituent d'importantes ressources linguistiques pour caractériser un lieu.

Lis le texte de Bernard Clavel sur le Témiscamingue (*Anthologies*, page 82) et relève les adjectifs ou les groupes de l'adjectif qui servent à caractériser :

a) la crête (ligne 3)

b) la terre (ligne 4)

c) les eaux (ligne 6)

d) la vallée (ligne 7)

e) les côtes (ligne 8)

f) les buées (ligne 10)

g) le chemin (ligne 13)

h) les saules (ligne 16)

i) les racines (ligne 17)

j) l'humus (ligne 17)

# Images en tête

## POUR ANIMER DES PAYSAGES

Dans presque tous les textes de la section *Décrire des lieux d'ici avec des mots d'ici* (*Anthologies,* pages 80 à 83), les auteurs ont créé des images pour présenter le lieu dont ils parlent.

Lis le texte de Faucher de Saint-Maurice (*Anthologies,* page 81).

Dans ce texte, à quoi l'auteur compare-t-il la Gaspésie ? Relève tous les mots et les groupes de mots qui le prouvent.

Lis le texte de Réjean Ducharme (page 81).

Relève tous les groupes du verbe que l'auteur a utilisés pour animer le fleuve qu'il décrit. Chaque groupe de mots doit contenir un verbe.

Lis le texte de Pierre Morency (page 82).

À quoi l'auteur compare-t-il son regard ? Relève tous les verbes qui justifient ta réponse.

Lis le texte de Jean O'Neil sur Sainte-Rose-du-Nord (page 83).

À quoi l'auteur compare-t-il la rivière dans le dernier paragraphe ? Relève le passage qui le prouve.

**A** Parmi les images que tu as découvertes dans les activités 1 à 4, laquelle t'a semblé la plus belle ?

**B** Lequel de ces textes aurais-tu aimé avoir écrit ? Pourquoi ?

# Des mots à la culture

*Félix Leclerc triomphe à Paris.*

*Gabrielle Roy a reçu le prix Fémina.*

*On porte à l'écran le roman «Un homme et son péché».*

La radio diffuse régulièrement des nouvelles concernant des auteures et des auteurs du Québec.

Les élèves de ta classe sont chargés d'écrire un bulletin de nouvelles sur des auteures et des auteurs québécois. Ce bulletin sera diffusé par une station radiophonique fictive. Chaque élève doit rédiger une nouvelle.

Pour choisir l'auteur ou l'auteure dont il sera question dans ta nouvelle, consulte la carte *Ces lieux qui les ont vus naître* dans le manuel *Anthologies* (pages 78 et 79).

Consulte la table des matières au début de ton manuel *Anthologies.* Si le nom de la personne que tu as choisie est mentionné, il se peut qu'une note biographique accompagne son texte. Si tel est le cas, lis cette note biographique.

Pour t'aider à rédiger ta nouvelle, cherche, à la bibliothèque ou ailleurs, des renseignements sur la personne choisie qui pourraient être utilisés dans une nouvelle radiophonique.

Rédige deux ou trois phrases dans lesquelles tu feras part de ta nouvelle.

Échange ton texte avec un ou une camarade et tiens compte de ses commentaires pour l'améliorer.

En classe, fais la lecture de ta nouvelle comme s'il s'agissait d'une émission de radio.

# DES MOTS À L'ÉCRITURE

# Paysages animés

**ÉCRIRE un court texte descriptif
très évocateur sur un paysage**

## Pour:

- **réinvestir** les expressions nouvelles et les mots nouveaux appris dans les activités de la rubrique ***La passion des mots*** (pages 89 à 92);

- **utiliser** les procédés appris dans la rubrique ***La passion des mots*** pour **décrire** et **animer un paysage** à l'aide de noms, d'adjectifs et de verbes imagés;

- **mettre en pratique** les règles de syntaxe et d'orthographe apprises dans l'atelier de grammaire:

  - *Le groupe du verbe* (atelier 3).

### Consignes d'écriture

**1.** Survole l'anthologie *Je vis ici* (pages 54 à 101).

**2.** Choisis **une photographie** ou **une toile** représentant un lieu qui te plaît particulièrement.

**3.** À qui ou à quoi pourrais-tu comparer ce paysage pour mieux le décrire?

**4.** Écris **un paragraphe** de 80 à 100 mots (8 à 10 lignes) pour décrire ce paysage.

**Dans la première phrase,** tu pourrais faire part de l'impression générale qui se dégage de ce paysage.

**Dans la deuxième phrase,** tu pourrais dire à quoi tu compares ce paysage.

**Dans les phrases suivantes,** à la manière des textes lus pour réaliser les activités de la rubrique ***Images en tête***, tu pourrais décrire le paysage de gauche à droite, ou de haut en bas, ou de bas en haut, etc., en illustrant ta comparaison et en expliquant les rapports entre les différents éléments du paysage. Évite l'utilisation abusive des verbes *être* et *avoir*; remplace-les par des verbes vivants.

**Dans la dernière phrase,** tu pourrais exprimer ce que tu ressens à la vue de ce paysage.

**Paysages animés**

xxxxxxxxxxxxxxxxxxxxxxxxxxxxx
xxxxxxxxxxxxxxxx. xxxxxxxxxxxxx
xxxxxxxxxxxxxxxxxxxxxxxxxxxxxxx
xxxxxxxxxxxxxxxxxxxxxxx. xxxxxx
xxxxxxxxxxxxxxxxxxxxxxxxxxxxxx
xxxxxxxxxxxxxxxxxx. xxxxxxxxxxx
xxxxxxxxxxxxx. xxxxxxxxxxxxxxx
xxxxxxxxxxxxxxxxxxxxxxxxxxxxxx
xxxxx. xxxxxxxxxxxxxxxxxxxxxxxx
xxxxxxxxxxxxxxxxxxxxxxxxxxxxxx
xxxxxxxxxxxxxxxxxxxxxxxx. xxx
xxxxxxxxxxxxxxxxxxxxxxxxxxxxxx
xxxxxxxxxxxxxxxxx. xxxxxxxxxxxx
xxxxxxxxxxxx. xxxxxxxxxxxxxxxxx
xxxxxxxxxxxxxxxxxxxxxxxxxxxxxx
xxxxxxxxxxxxxx.

Dans cette étape, tu développeras ta compétence à lire et à écrire des **textes poétiques**.

**Tu apprendras:**

— ce qu'est un **texte poétique**;

— comment faire pour **lire** un **texte poétique**;

— comment faire pour **écrire** un **texte poétique**.

# Qu'est-ce qu'un texte poétique ?

## LE SUJET ET LE THÈME D'UN TEXTE POÉTIQUE

**1** Tu sais que pour connaître le sujet d'un texte, il faut répondre à la question *DE QUI ou DE QUOI parle-t-on dans le texte?* Dis de quelle saison il est question dans chacun des extraits suivants et relève les mots et les groupes de mots qui te permettent de l'affirmer.

> ① Comme un vieux râteau oublié
> Sous la neige je vais hiverner
> Photos d'enfants qui courent dans les champs
> Seront mes seules joies pour passer le temps
>
> Félix Leclerc, *Hymne au printemps*,
> © 1951, Éditions Raoul Breton.

> ② Quand mon amie viendra par la rivière
> Au mois de mai, après le dur hiver
> Je sortirai, bras nus, dans la lumière
> Et lui dirai le salut de la terre
>
> Félix Leclerc, *Hymne au printemps*,
> © 1951, Éditions Raoul Breton.

**2** Les poètes écrivent des textes pour partager des émotions intenses.

À partir de chacun des extraits présentés:

**A** précise l'expérience qui semble être à la source de l'émotion;

**B** nomme l'émotion que cette expérience a suscitée;

**C** relève les mots et les groupes de mots qui révèlent cette émotion.

> ① Quand je le quittai enfin, je courus sur tout le chemin du retour. Je riais, je parlais tout seul, j'avais envie de crier, de chanter et je trouvais très difficile de ne pas dire à mes parents combien j'étais heureux, que toute ma vie avait changé et que je n'étais plus un mendiant mais riche comme Crésus.
>
> Fred Uhlman, *L'Ami retrouvé*, Éditions Gallimard, 1997.

② Je revis soudain, comme dans la lumière d'un éclair, la sombre salle des assises, le fer à cheval des juges chargé de haillons ensanglantés, les trois rangs de témoins aux faces stupides, les deux gendarmes aux deux bouts de mon banc, et les robes noires s'agiter, et les têtes de la foule fourmiller au fond de l'ombre, et s'arrêter sur moi le regard fixe de ces douze jurés, qui avaient veillé pendant que je dormais! Je me levai; mes dents claquaient, mes mains tremblaient et ne savaient où trouver mes vêtements, mes jambes étaient faibles...

Victor Hugo, *Le Dernier Jour d'un condamné* (1829).

③ Mais dès que j'entendais mon oncle se racler la gorge à deux reprises, une joie intense me submergeait. Je secouais les jambes, respirais profondément, écarquillais les yeux comme si je voulais de tout mon être traverser la pénombre pour rejoindre, à sa source lumineuse, la parole du conteur.

Rabah Belamri, *Mémoire en archipel*, Hatier.

④ «Levez-vous, dit le professeur, et dites-moi votre nom.»
Le nouveau articula, d'une voix bredouillante, un nom inintelligible.
«Répétez.»
Le même bredouillement de syllabes se fit entendre, couvert par les huées de la classe.

Gustave Flaubert, *Madame Bovary* (1857).

3 La chanson *Hymne au printemps* de Félix Leclerc porte sur les saisons (sujet). Le dernier couplet permet de constater que le poète a surtout voulu nous faire partager son émerveillement à l'arrivée du printemps, qui est pour lui un signe de renouveau (thème). Relève les mots qui évoquent le renouveau dans le couplet qui suit.

Vois, les fleurs ont recommencé
Dans l'étable crient les nouveau-nés
Viens voir la vieille barrière rouillée
Endimanchée de toiles d'araignées
Les bourgeons sortent de la mort
Papillons ont des manteaux d'or
Près du ruisseau sont alignées les fées
Et les crapauds chantent la liberté.

Félix Leclerc, *Hymne au printemps*,
© 1951, Éditions Raoul Breton.

## LES MOTS

4 Dans les vers de la chanson *Hymne au printemps* reproduits ci-dessous, les mots et les groupes de mots en caractères gras créent des images.

① Les grands labours **dorment** sous la gelée

② **Comme un vieux râteau oublié**

③ Le vent **pleure** dans la cheminée

④ Viens voir la vieille barrière rouillée **Endimanchée** de toiles d'araignées

⑤ Papillons ont des **manteaux** d'or

Explique brièvement ces images en transcrivant et en complétant, pour chacune d'elles, l'énoncé suivant:

• *Dans ce passage, l'auteur compare ✎ à ✎.*

**5** **A** Dans les trois extraits de textes suivants, relève les mots et les groupes de mots qui sont particulièrement évocateurs, ceux qui éveillent immédiatement une image dans ton esprit.

**B** Rédige une phrase avec chaque mot ou groupe de mots relevé pour exprimer ce qu'il évoque pour toi.

① Moi, quand ma ville me fait du charme
J'prends l'Oldsmobile, j'fais du vacarme
Le Forum est plein à craquer
La Catherine, belle à croquer
Les ruelles s'habillent de cordes à linge
Les souffleuses mangent les bancs de neige
Les clochers sonnent l'heure du dîner

Jean et Robert Charlebois, *Ville-Marie*, Éditions Conception enr. et Éditions Hanches Neige, 1991.

② C'est l'heure où la ville se dérhume
et crache un peu de sang
pour se dégager les bronches
la lumière du jour remplace
les néons qui s'éteignent
à l'heure où la ville prend son respir
et commence une autre journée sans elle
[...]

Gérald Godin, «Orée», *Ils ne demandaient qu'à brûler,* Éditions de l'Hexagone, 1987.

③ La guerre déploie ses chemins d'épouvante, l'horreur et la mort se tiennent la main, liés par des secrets identiques, les quatre éléments bardés d'orage se lèvent pareils à des dieux sauvages offensés

Anne Hébert, «Ève», *Poèmes,* Éditions du Seuil, 1960.

**C** Dans un texte, il y a souvent un mot ou un groupe de mots qui exerce sur toi un pouvoir plus grand que les autres, qui ouvre les portes de ton imaginaire, un peu à la manière d'un mot magique. Dans chacun des extraits précédents, relève le mot magique pour toi.

## LES PHRASES

**6** Dans les textes poétiques, les phrases sont souvent construites de manière à produire des effets dans l'esprit du lecteur ou de la lectrice. Les poètes utilisent divers procédés pour créer ces effets.

Associe chacun des procédés stylistiques suivants à l'une des définitions données dans l'encadré.

**A** l'énumération       **C** l'ellipse

**B** la répétition        **D** l'inversion

① Procédé qui consiste à reprendre plusieurs fois un mot, un groupe de mots ou une phrase.

② Procédé qui consiste à inverser le GNs et le GV ou à inverser le verbe et les compléments du verbe.

③ Procédé qui consiste à omettre un des groupes obligatoires de la phrase ou un constituant d'un groupe de mots.

④ Procédé qui consiste à énoncer les parties d'un tout une à une en séparant les mots ou les groupes de mots par des virgules.

**7** **A** Associe chacun des extraits suivants à au moins un procédé stylistique présenté au numéro 6. Pour y arriver, tu devras peut-être trouver les éléments essentiels de la phrase (GNs et GV).

**B** Précise l'effet que chaque procédé produit chez toi.

① Le calme des eaux,
Le bruit des roseaux,
Le chant des oiseaux
Habitent ma tête.

Gilles Vigneault, «Les îles de l'enfance»,
*Bois de marée*, Les Nouvelles Éditions de l'Arc, 1992.

② Montrez-moi mes compagnons d'espérance
Ô mes amis de neige et de grand vent
Et ce ciel froid qui nous brûle le front
Et cette forêt vaste où s'égarent nos cris
Et ce pas aveugle des bêtes dans l'orage
Et ce signe incompréhensible des oiseaux

Gatien Lapointe, *Ode au Saint-Laurent*,
© La Succession Gatien Lapointe, 1985.

③ des plages tellement belles
qu'elles sont plus désertes
que le vent du nord

Michel Garneau, «Baie Comeau», *La plus belle île*
suivi de *Moments*, © Éditions TYPO, 1988.

④ Maisons de bois
Maisons de pierre
Clochers pointus
Et dans les fonds
Des pâturages de silence

Félix Leclerc, *Le tour de l'île*,
© Succession Félix Leclerc, 1975.

⑤ Le soir enveloppait les maisons solitaires.
Dans la brume sombraient les vaisseaux et les terres.

Blanche Lamontagne-Beauregard, *Prière du soir en Gaspésie*.

**8** La ponctuation ou l'absence de ponctuation permettent aussi aux poètes de créer des effets stylistiques.

**A** Lis l'extrait du poème *Sainte-Dorothée* où il n'y a aucune ponctuation. Transcris-le en mettant les signes de ponctuation et les majuscules qui délimiteront les phrases et qui tiendront compte du sens du texte. Pour vérifier ton travail, compare les phrases avec le modèle de la PHRASE DE BASE: ⌈GNs⌉ + ⌈GV⌉ + ⌈(Gcompl. P)⌉.

les fermiers ont vendu leurs terres
on a coulé des rues sur mes ruisseaux
on a levé des maisons sur mes sentiers
je ne me plains pas je fais un peu de bruit
en sortant de l'enfance

Michel Garneau, «Sainte-Dorothée», *La plus belle île*
suivi de *Moments*, © Éditions TYPO, 1988.

**B** Laquelle des deux versions préfères-tu? Explique ta réponse.

## LE POINT DE VUE

**9** Relis les trois extraits présentés au numéro 5 (page 96).

**A** Détermine si le point de vue de l'auteur ou de l'auteure est favorable, défavorable ou neutre.

**B** Relève les mots, les groupes de mots ou les passages qui te permettent de l'affirmer.

## L'ORGANISATION DU TEXTE

**10** On associe habituellement le texte poétique à un poème écrit en vers, mais un texte poétique peut aussi être écrit en prose.

**A** Parmi les deux extraits ci-dessous, lequel qualifierais-tu de *poème*? Explique pourquoi.

**B** Lequel qualifierais-tu de *texte poétique en prose*? Explique pourquoi.

① Nos promenades étaient sans fin et le bois ne me semblait pas avoir d'autre issue que celle du retour [...] Nous profitions des premiers jours de mai, avant la maringouinaille, quand le sous-bois fleurit le ciel du printemps, et après, des semaines et des mois du bel automne, quand l'été n'en finit plus de mourir à tous les étages. Le frêne, discret dans ses couleurs, prédominait. [...] Tous ces arbres, arbustes, arbrisseaux avaient un langage et parlaient à qui voulait les entendre. Le cornouiller menaçait de ses harts rouges les mauvais enfants. Le bouleau, ne voyant que ses branches et leurs feuilles, brunes et vertes, disait qu'il aurait préféré être blanc. Dans les coins sombres, l'aulne dénonçait l'humidité d'une voix sourde et jaune.

Jacques Ferron, *L'Amélanchier,* © Éditions TYPO, 1994.

② Étoiles, rayons d'or, mystérieux perçoirs,
Que j'aime à vous fixer dans vos courses frileuses,
Lampes de plein azur, inlassables veilleuses,
Par les trous de la nue illuminent les soirs!

François Hertel, «Les étoiles», *Les voix de mon rêve,*
Les Éditions Albert Lévesque, 1934.

**11** Les deux poèmes suivants parlent d'une maison. L'un est de type descriptif, l'autre, de type narratif.

Lis les deux poèmes.

① J'ai toute une maison de mots,
un toit de musique,
à rêver que l'arbre se promène
et saute le ruisseau.

Une maison inhabitable,
où tangue la forêt,
où tanguent les images,
entre midi et ses reflets.

Une maison qui s'appelle décembre
quand il neige,
avril, peut-être,
quand la graine s'étire
et bâille à en germer.

Une maison,
qui, pour une lettre
dévalant le pré,
devient saison,
devient l'été,
et se rendort
à la dernière fenêtre
de l'année.

Christian Da Silva, dans *Les plus beaux poèmes
pour les enfants* de Jean Orizet,
© le cherche midi éditeur, 1982.

② **La maison parfaite**
Le maçon avait oublié de construire les murs
et la maison était pleine de nuages.
On envoya les deux fenêtres au bois pour
trouver le maçon.
Elles s'en allèrent, la main dans la main,
comme des orphelines blanches: elles ne sont
plus revenues.
Quant au maçon, il restera à jamais invisible:
plus profondément caché et endormi dans un
nuage.

Paul Colinet, *Les histoires de la lampe,*
dans *Ça rime et ça rame* de Liliane Wouters,
Éditions Labor-Bruxelles, 1985.

**A** Quel texte poétique est de type narratif? Justifie ton choix en résumant le poème à l'aide de la formule **C'est l'histoire de → Au début → Puis → Alors → Enfin**.

**B** Quel texte poétique est de type descriptif? Justifie ton choix en résumant le poème à l'aide de la formule **sujet + aspects du sujet**.

# LE TEXTE POÉTIQUE

| CONNAISSANCES | EXEMPLES |
|---|---|

## LA SITUATION DE COMMUNICATION

Le texte poétique est un texte écrit pour faire connaître et partager une **expérience humaine unique**, en exploitant les **ressources de la langue** (le pouvoir évocateur des mots, les images, la musicalité).

Dans le poème ci-dessous, Émile Nelligan nous fait partager un moment de sa vie où il a éprouvé la nostalgie de son enfance.

## LE SUJET D'UN TEXTE POÉTIQUE

Le texte poétique peut évoquer un **objet**, un **lieu**, une **personne**, une **idée** ou un **événement** qui correspond au sujet. Le sujet est révélé par certains mots clés.

LE JARDIN D'ANTAN    (Mots clés)

Rien n'est plus (doux) aussi que de s'en revenir
Comme après de longs ans d'absence,
Que de s'en revenir
Par le chemin du (souvenir)
Fleuri de lys d'innocence,
Au jardin de (l'Enfance).
[...]

Émile Nelligan, *Poésies complètes*, Fides, 1952.

## LE THÈME D'UN TEXTE POÉTIQUE

La lecture d'un poème permet de dégager le **thème** développé par le ou la poète. Il s'agit en quelque sorte du **sujet du texte, auquel s'ajoute la vision personnelle** du personnage qui parle dans le poème.

**Sujet :** l'enfance.
**Thème :** la nostalgie de l'enfance.

## LES MOTS

Dans un texte poétique, comme dans un texte courant, les mots servent à **désigner** et à **caractériser** des objets, des lieux, des personnes, des idées ou des événements. Toutefois, les poètes choisissent les mots pour leur **pouvoir évocateur**, leur capacité de créer des images (comparaisons et métaphores) et leur **musicalité**. Les mots constituent la **matière première d'un poème**.

Les deux textes suivants illustrent le rôle des mots et des phrases dans un texte poétique.

### Texte poétique en prose

ÉPOQUE    (Mots clés)

Le (fleuve) n'était pas seulement magnifique.

(Magique il était), sans âge et toujours neuf,
                                    M*
**parleur et musicien.** Tout à la fois, par

sa seule présence, apaisant et tonique.

La marée baissante (le reflux), qui se fait en
                            M
face de Québec **charrieuse** de remous,
                                M
poussait vers l'estuaire la **masse mouvante**

**des reflets** et des clapotis.            Ellipse

Pierre Morency, *La Vie entière*,
Les Éditions du Boréal, 1996.

Inversion

## LES PHRASES

Dans un texte courant, les phrases servent à **communiquer des renseignements sur un sujet** le plus clairement et le plus exactement possible. Dans un texte poétique, les phrases sont plus **suggestives** que révélatrices; elles mettent en évidence certaines structures susceptibles de **produire un effet stylistique**. Ces structures révèlent un souci d'**exploiter toutes les ressources du langage pour traduire les émotions** de la personne qui écrit.

Point de vue favorable

\* M : métaphore.

## CONNAISSANCES

Un texte poétique comporte souvent des **énumérations**, des **répétitions**, des **ellipses** et des **inversions**.

Les poètes se servent aussi de la **ponctuation** ou de l'absence de ponctuation pour créer des effets.

### LE POINT DE VUE

Dans un texte courant, certains mots ou certaines expressions laissent entrevoir le point de vue de la personne qui a écrit le texte. Dans un texte poétique, **chaque mot contribue à exprimer ce point de vue**.

Le rôle premier du texte poétique est d'exprimer des émotions, des façons personnelles de voir le monde. On serait donc porté à croire que c'est toujours la voix du ou de la poète que l'on entend dans un poème.

Mais comme les romanciers et les romancières, les poètes empruntent la voix de personnages pour raconter les événements et exprimer les émotions contenues dans le poème. Parfois, ce personnage peut se confondre avec le ou la poète, parfois il peut s'en éloigner complètement. Dans les deux cas, **c'est quand même le point de vue du ou de la poète qui est véhiculé**.

### L'ORGANISATION DU TEXTE

L'organisation du texte poétique diffère selon qu'il est écrit en prose ou en vers.

#### Le texte poétique en vers

Les poèmes sont constitués des divers éléments décrits dans ce tableau. On peut les reconnaître facilement par leur **disposition particulière**, les **vers**, les **strophes** et parfois les **rimes**.

Divers éléments servent à organiser le texte poétique en vers.
- les **mots** (répétition et sonorité);
- la **syntaxe** : certaines constructions, comme les inversions, les ellipses, les énumérations et les répétitions peuvent créer des effets;
- la **versification** : les vers, les rimes, la majuscule au début des vers, etc.

## EXEMPLES

**Texte poétique en vers**

JANVIER          Mots clés

La tempête a cessé. L'éther vif et lim**pide**
M
A jeté sur le fleuve un tapis d'argent cl**air**,
Où l'ardent patineur au jarret intré**pide**
Glisse, un reflet de flamme à son soulier de f**er**.

Louis Fréchette, *Janvier* (1879).

Point de vue favorable

TOUT AU FOND          Mots clés
M
Tout au fond dedans moi les mots se sont cou**chés**
Sans parfum ni couleur la palette est sé**chée**

Dedans moi tout au fond se sont couchés les m**ots**
C*
Comme une source morte le verre n'a plus d'eau

Les mots sont étendus sans vie au fond de m**oi**
Tel un enfant blessé mon amour reste c**oi**

M
Abattus morts les mots dedans moi tout au **fond**
Je ne puis même dire la peine qu'ils me **font**

Pierre Morency, *Quand nous serons*,
Éditions de l'Hexagone, 1988.

\* C : comparaison.

**Le texte poétique en prose**
Le texte poétique en prose présente toutes les caractéristiques du texte poétique en vers, sauf qu'il est composé comme un **texte suivi**, sans vers ni rimes.

(Mots clés)

Et les (mots ?) Je sentais en moi une **masse incroyable** de mots, un univers de mots qui ne demandaient qu'à **prendre** (feu), qu'à se charger de sens, dans la **solitude alchimique** du travail quotidien.

Dans la même fraction de seconde où, par exemple, mon regard suivait la course folle de trois bécassines que le busard avait fait jaillir des hautes herbes et qu'un **vol en dentelle** menait au fond de l'anse dans ce morceau d'instant je me voyais chez moi, à Québec [...]

Pierre Morency, *La Vie entière*,
Les Éditions du Boréal, 1996.

**L'ORGANISATION DU CONTENU**
**Le texte poétique de type narratif**
Dans un texte poétique, le contenu peut être organisé comme dans un texte de type narratif. On peut alors résumer le poème à l'aide de la formule suivante :

**C'est l'histoire de ➔ Au début ➔ Puis ➔ Alors ➔ Enfin**

**UN ENFANT PRENAIT LES MOTS**

Un enfant prenait les mots des hommes
et s'en faisait des larmes

une enfant prit les larmes
et en refit des mots
plus beaux et plus purs
que ceux qu'il rêvait

Géo Soetens, *Temps de la terre*, dans *Ça rime et ça rame* de Liliane Wouters, Éditions Labor-Bruxelles, 1985.

**Le texte poétique de type descriptif**
Dans un texte poétique, le contenu peut être organisé comme dans un texte de type descriptif. On peut alors résumer le poème à l'aide de la formule suivante :

**sujet + aspects du sujet**

**LES MAISONS DES DUNES**

Les petites **maisons** dans les dunes flamandes,       ⎤
Tournent toutes le dos à la mer grande;                 |
Avec leur toit de chaume et leur auvent de tuiles       |  Maison
Et leurs rideaux propres et blancs                      |
Et leurs fenêtres aux joints branlants,                 |
Elles ont l'air de gens tranquilles.                    ⎦

Leurs vieux **meubles** peints et repeints,             ⎤
En jaune, en bleu, en vert, en rouge,                   |
Sont l'armoire d'où sort le pain,                       |  Meubles
Les bancs scellés au mur,                                |
La table et le lit dur                                  |
Et puis l'horloge, où le temps bouge.                   ⎦

Émile Verhaeren, *Toute la Flandre*, dans *Ça rime et ça rame* de Liliane Wouters, Éditions Labor-Bruxelles, 1985.

# COMMENT FAIRE........

POUR **LIRE un TEXTE POÉTIQUE**

## PREMIER ESSAI

### *Le cycle des bois et des champs*

*Anthologies*, page 62

QUOI lire ?

Dans leurs textes, les poètes québécois expriment souvent leur attachement pour les lieux où ils et elles vivent. Il arrive aussi fréquemment que ces poètes décrivent des gens qui vivent au Québec ou qui y ont vécu.

La lecture du poème *Le cycle des bois et des champs* te permettra de le constater. Dans ce poème, Alfred DesRochers parle de ses ancêtres, de leur histoire, de son attachement pour son peuple. En lisant son poème, tu comprendras pourquoi on dit que la poésie est un peu l'aide-mémoire d'une collectivité, d'un peuple.

POURQUOI lire ?

Tu comprendras le sens de ce poème en réalisant les activités qui suivent. En plus des activités liées au sens du texte, tu réaliseras des activités qui t'amèneront à réfléchir sur ta manière de lire et qui te permettront de réagir au texte. Ces activités sont reproduites en bleu.

COMMENT lire ?

AVANT

## ◄ ■ ► Avant la lecture

Le poème dont tu découvriras le sens au fil des activités qui suivent a été écrit dans les années 1920. À cette époque, l'industrie des pâtes et papiers était florissante; plusieurs travailleurs passaient tout l'hiver dans les forêts pour approvisionner les usines en bois. Souvent, ces forêts étaient situées au nord des villes et des campagnes. C'est à cette époque que les expressions *aller par en haut, monter dans les chantiers, monter ou descendre à Montréal, à Québec* sont apparues. Elles sont utilisées encore aujourd'hui dans plusieurs régions du Québec.

**1** Survole le poème *Le cycle des bois et des champs* et relève les indices qui te permettent d'affirmer qu'il s'agit d'un texte poétique écrit en vers.

**2** **A** Dans le titre, à quoi les mots *cycle, bois* et *champs* te font-ils penser ?

**B** Trouve un synonyme de chaque mot et écris un nouveau titre.

**C** Cherche le mot *liminaire* dans ton dictionnaire et explique pourquoi il apparaît sous le titre du poème.

**3** Dans le poème *Le cycle des bois et des champs*, il est question de la chanson *À la claire fontaine.*

**A** Fredonne cette chanson dans ta tête et écris-en le refrain (la partie de la chanson qui revient après chaque couplet).

**B** À quelle occasion as-tu appris cette chanson ? Quand la chantait-on ? Si tu ne connais pas cette chanson, demande à quelqu'un de te dire les paroles du refrain. Demande à cette personne à quelle occasion elle a appris la chanson et quand elle était chantée.

◄ ■ ► **En lisant le texte**

## Lis la première strophe (lignes 1 à 4).

**4** Dans son poème, Alfred DesRochers emprunte la voix d'un personnage pour parler de ses ancêtres et pour exprimer ses émotions.

**A** Quel pronom l'auteur utilise-t-il pour désigner ce personnage ?

**B** Comment le personnage qui parle se décrit-il dans cette strophe ? Relève les vers qui le révèlent.

**5** **A** Dans ton dictionnaire, trouve un nom de la même famille que le mot *déchu*. Écris une phrase dans laquelle tu utiliseras un synonyme de ce nom.

**B** Dans ce poème, le mot *race* désigne l'ensemble des ascendants et des descendants d'une même famille ou un ensemble de personnes présentant des caractères communs. Relève les quatre compléments du nom que l'auteur a utilisés pour caractériser la *race* dont il est question et donne la construction de chacun (ex.: GN, GAdj., GPrép.).

**C** Dans cette strophe, on ne sait pas encore de quelle *race* et de quel *pays* il est question. En quelques mots, tente de le préciser. Tu pourras ensuite vérifier si tu as bien anticipé le contenu du poème.

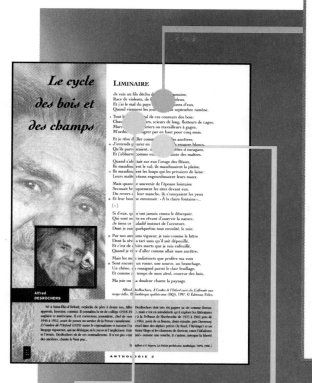

Le cycle des bois et des champs

LIMINAIRE

Alfred DESROCHERS

## Lis la deuxième strophe (lignes 5 à 8).

**6** **A** Dans la première ligne, relève un groupe du nom (GN) qui pourrait constituer un renseignement sur la race dont il est question dans la première strophe.

**B** Relève une énumération qui précise le renseignement trouvé en A).

**C** Après avoir lu cette strophe, choisis dans l'encadré un mot qui pourrait caractériser la race décrite dans le poème.

casanière – calme – inconsciente – aventurière

**7** DE QUOI parle-t-on dans cette strophe ? Pour répondre à cette question :

**A** trouve le groupe du nom sujet (GNs) et le groupe du verbe (GV) de la seule phrase contenue dans la strophe ;

**B** supprime les constituants facultatifs du groupe du nom sujet (GNs).

**C** Rends compte de ta compréhension du dernier vers de cette strophe en remplaçant les mots en caractères gras par une autre expression qui respecte le contexte.

*M'ordonne d'**émigrer par en haut** pour cinq mois.*

## Lis la troisième strophe (lignes 9 à 12).

**8** **A** Quel verbe du premier vers révèle que le personnage qui parle envie ses ancêtres ?

**B** Le mot *pleurer* (ligne 10) est-il utilisé au sens propre ou au sens figuré ? Pourquoi ?

**C** Choisis dans l'encadré un synonyme qui pourrait remplacer le mot *nimbés* dans le troisième vers de cette strophe.

remplis – enveloppés – cachés – débarrassés

**D** Dans cette strophe, à quoi fait référence le pronom *eux* (ligne 12) ?

**E** Dans cette strophe, relève deux groupes de mots qui nous renseignent sur le pays dont le personnage parle dans la première strophe.

**Lis le dernier vers de la troisième strophe** (ligne 12).

**9** [A] Cherche dans ton dictionnaire un synonyme du verbe *abhorre*.

[B] Relève le groupe du nom (GN) dans lequel figure le mot *maîtres*.

[C] Cherche un synonyme au nom noyau de ce groupe du nom.

[D] Transforme le mot *maîtres* en un mot composé sans trait d'union qui aurait le sens suivant: personne qui supervisait le travail des forestiers.

[E] À ton avis, quelles sortes de contraintes les personnes qui supervisaient le travail des forestiers pouvaient-elles imposer?

[F] Récris le dernier vers de cette strophe (ligne 12) en utilisant toutes les découvertes que tu as faites, dans cette activité, sur les mots qui la constituent.

**Relis les trois premières strophes** (lignes 1 à 12).

**10** Rends compte de ta compréhension des trois premières strophes du poème en complétant l'énoncé qui suit. **Conserve** cet énoncé, car tu le compléteras au fil de ta lecture.

① *Dans le poème* Le cycle des bois et des champs, *le personnage qui parle dit qu'il est issu d'une race* 🎤 *et d'un pays* 🎤 *.*

**Lis la cinquième strophe** (lignes 17 à 20).

**13** [A] Relève dans la deuxième strophe le vers qui explique qu'à la ligne 17, l'auteur peut utiliser l'expression *l'épouse lointaine.*

[B] Quel effet le souvenir de l'épouse lointaine produisait-il? Explique ta réponse en citant un passage de la strophe.

[C] Trouve un synonyme du nom *sites* (ligne 18) et un synonyme du verbe *entonnait* (ligne 20).

**14** Rends compte de ta compréhension de la cinquième strophe du poème en poursuivant l'énoncé commencé aux activités 10 et 12.

③ *... que seul le souvenir de* 🎤 *pouvait apaiser.*

**Lis la quatrième strophe** (lignes 13 à 16).

**11** [A] Récris le premier vers de cette strophe en remplaçant le pronom *eux* par le groupe de mots qu'il remplace.

[B] Dans le premier vers (ligne 13), trouve les groupes qui constituent la PHRASE DE BASE, puis rétablis l'ordre de ces groupes.

[C] Dans la strophe, relève tous les autres pronoms qui servent de substituts au mot que désigne le pronom *eux*.

[D] Un *fléau* est un grand malheur. Dans cette strophe, quelle expression laisse entendre que plusieurs malheurs s'abattaient parfois sur les personnes dont on parle?

[E] Relève les autres mots de cette strophe qui pourraient faire partie d'un champ lexical lié au malheur.

**12** Rends compte de ta compréhension des quatre premières strophes en poursuivant l'énoncé commencé à l'activité 10.

② *De plus, dans ce pays, sévissaient* 🎤 *...*

**Lis la septième strophe**
(lignes 25 à 28).

**17** **A** À quoi le personnage qui parle dans cette strophe se compare-t-il ?

**B** Relève les mots de cette strophe qui appartiennent au champ lexical de l'arbre.

**C** Dans les lignes 25, 26 et 27, relève les passages qui permettent au personnage de répéter d'une autre façon qu'il est *un fils déchu*.

**Lis la huitième strophe et le dernier vers** (lignes 29 à 33).

**18** **A** Dans la huitième strophe et dans le dernier vers, relève les mots qui pourraient faire partie d'un champ lexical lié au paysage.

**B** Quel procédé stylistique l'auteur utilise-t-il dans le passage *... que profère ma voix* (ligne 29).

**C** Relève les mots et les groupes de mots qui prouvent que le personnage qui parle s'identifie à son aïeul.

**D** Le dernier vers du poème peut servir de conclusion à l'expérience que l'auteur a voulu nous faire partager. Récris ce dernier vers dans tes mots.

**19** Rends compte de ta compréhension de tout le poème en poursuivant l'énoncé commencé aux activités 10, 12, 14 et 16.

⑤ *Qu'il soit triste ou heureux, le poète trouve réconfort dans ✎ dont il chante la beauté.*

**Lis la sixième strophe**
(lignes 21 à 24).

**15** **A** Quel groupe de mots le pronom *eux* remplace-t-il dans le premier vers ?

**B** Dans cette strophe, relève trois nouvelles caractéristiques qu'on pourrait attribuer à la *race* dont il est question dans ce texte.

**C** Comment le personnage qui parle dit-il qu'il a hérité des caractéristiques de ses ancêtres ?

Réponds en supprimant toutes les subordonnées relatives de la sixième strophe.

**16** Rends compte de ta compréhension de la sixième strophe du poème en poursuivant l'énoncé commencé aux activités 10, 12 et 14.

④ *Cette personne a hérité de ses ancêtres ✎ .*

## Découvre les éléments de musicalité dans le poème.

**20** Dans chaque strophe, relève les rimes qui contribuent à créer la musicalité dans le texte.

**21** Choisis les rimes que tu trouves:

[A] les plus réussies;

[B] les plus étonnantes.

**22** [A] L'auteur utilise plusieurs fois l'énumération pour créer du rythme dans son poème. Relève au moins trois énumérations qui l'illustrent.

[B] À ton avis, laquelle contribue le mieux à donner du rythme au texte? Explique pourquoi.

**23** [A] Dans la quatrième strophe, en plus de l'énumération, à quel procédé stylistique l'auteur a-t-il recours pour produire un effet chez le lecteur ou la lectrice?

[B] Qu'as-tu ressenti à la lecture de cette strophe?

**24** Complète le texte qui rend compte de ta compréhension du poème en terminant l'énoncé commencé aux activités 10, 12, 14, 16 et 19.

⑥ *Ce poète a su créer la musicalité en* ✎ *.*

**25** [A] Combien de strophes y a-t-il dans ce poème?

[B] Dans quelles strophes est-il question des ancêtres?

[C] Dans quelles strophes le personnage qui parle se décrit-il?

**26** Combien de phrases y a-t-il dans le texte, tel qu'il est reproduit dans ton manuel *Anthologies*? Que constates-tu?

### Réagir au texte

**1** Précise ce que tu as appris sur les ancêtres dont parle Alfred DesRochers dans le texte.

**2** Que répondrais-tu à quelqu'un qui te demanderait ce que signifie l'affirmation suivante: «Les poètes sont des personnes qui chantent le paysage»?

### Évaluer ma démarche de lecture

Rédige un court texte pour évaluer ta démarche de lecture.

**Dans la première phrase,** tu pourrais dire si tu as trouvé le texte facile ou difficile à comprendre et expliquer pourquoi.

**Dans la deuxième phrase,** tu pourrais énumérer les mots que tu ne connaissais pas et dire quels moyens tu as utilisés pour en comprendre le sens.

**Dans la troisième phrase,** tu pourrais citer un passage que tu as trouvé particulièrement difficile et préciser ce qui le rend difficile.

**Dans la quatrième phrase,** tu pourrais dresser la liste des ressources que tu as utilisées pour comprendre le texte (dictionnaire, camarade, enseignant ou enseignante, etc.).

## LIRE UN TEXTE POÉTIQUE

| CE QU'IL FAUT FAIRE... | COMMENT LE FAIRE |
|---|---|
| **1** **Planifier** la lecture du texte. | **1** – Préciser son intention de lecture en se remémorant pourquoi on lit des poèmes.<br>– Répondre à la question *Que m'inspire le titre du poème ?* |
| **En lisant le texte**<br>**2**<br>**a)** Trouver le **sens des mots** qu'on ne connaît pas. | **2**<br>**a)** Observer les éléments de formation du mot, remplacer le mot par un synonyme, étudier le contexte ou utiliser un dictionnaire. |
| **b)** S'assurer de bien comprendre le **sens de toutes les phrases**. | **b)** – Lorsqu'une phrase est difficile à comprendre, trouver DE QUI ou DE QUOI on parle dans la phrase, découvrir les RENSEIGNEMENTS, relever les passages qui introduisent des circonstances et des précisions.<br>– Relever les phrases dont la construction ne correspond pas à celle de la PHRASE DE BASE ⎡GNs⎤ + ⎡GV⎤ + ⎡(Gcompl. P)⎤ et déterminer l'effet qu'elles produisent. |
| **c)** Préciser **qui parle** dans le texte et déterminer son **point de vue**. | **c)** – Relever dans la première strophe les pronoms sans antécédent (*je, nous, il,* etc.) et indiquer la ou les personnes que ces pronoms désignent.<br>– Se mettre à la place du personnage qui parle; voir avec ses yeux les personnes, les lieux, les objets et les événements décrits.<br>– Essayer de comprendre et de résumer la vision du monde de la personne qui parle. Relever les mots évocateurs, les champs lexicaux, les images, etc. utilisés pour mettre en mots sa vision du monde.<br>– Résumer l'expérience dont le texte témoigne. |
| **d)** Trouver le **sujet** du texte. | **d)** – Préciser ce que suggère le titre à la première lecture.<br>– Relever les mots clés qui révèlent DE QUI ou DE QUOI il est principalement question dans le texte. |
| **e)** Retrouver l'**émotion** exprimée dans le texte. | **e)** Relever les mots qui révèlent des sentiments de tristesse, de joie, de colère, etc. |

| CE QU'IL FAUT FAIRE... | COMMENT LE FAIRE |
|---|---|
| **f)** Trouver le **thème** du texte. | **f)** – Lire le texte à quelques reprises, lentement, à voix haute, et noter ses premières impressions.<br>– Essayer de dégager l'impression générale qui ressort du texte : tristesse, solitude, mélancolie, plaisir, joie, euphorie, etc.<br>– Formuler un énoncé du type :<br>*Dans ce texte, le ou la poète nous fait partager* (nommer une émotion) ✎ *pour* (présenter la personne, le lieu, l'objet, l'événement, etc. auquel fait référence le ou la poète.) ✎ . |
| **g)** Trouver dans le texte les **mots évocateurs** et les connotations qu'ils suscitent. | **g)** – Relever les mots qui suscitent des impressions et les regrouper selon l'impression suscitée.<br>– Parmi les mots évocateurs relevés, déterminer quel est le mot magique, celui qui produit la plus forte impression et qui ouvre les portes de l'imaginaire. |
| **h)** Chercher les **images** dans le texte. | **h)** Relever les comparaisons et les métaphores en cherchant les termes comparatifs et les mots qui sont associés entre eux de façon inhabituelle, et dire l'effet qu'elles produisent. |
| **i)** Découvrir la **musicalité** du texte. | **i)** – Déterminer s'il y a des rimes ou non.<br>– Lire le poème à voix haute pour en découvrir le rythme en prêtant une attention particulière aux répétitions et aux énumérations.<br>– Relever les mots qui contribuent à donner de la musicalité au texte et préciser l'effet qu'ils produisent. |
| **j)** Dégager l'**organisation** du texte. | **j)** – Repérer les éléments qui servent à organiser le texte (paragraphes, strophes, répétitions, rimes, etc.) :<br>  • l'utilisation de paragraphes ou de strophes ;<br>  • les divers mots utilisés pour désigner un même objet, un même lieu ou une même personne.<br>– Regrouper les mots qui constituent des champs lexicaux.<br>– Repérer les répétitions, les inversions et les énumérations.<br>– Dire s'il s'agit d'un texte de type narratif ou de type descriptif. |
| **3** **Réagir** au texte. | **3** – Nommer les émotions suscitées par la lecture du poème.<br>– Trouver une manière personnelle de rendre compte de l'effet produit par la lecture du texte.<br>– Comparer le texte avec d'autres poèmes connus.<br>– Se demander si on voudrait lire d'autres textes du ou de la même poète. |

L'activité de lecture suivante te permettra de mettre en pratique les stratégies du *Mode d'emploi* «Lire un texte poétique».

De plus, tu pourras établir des rapprochements entre le personnage dont il est question dans le texte *L'homme de ma vie* et celui dont il est question dans le poème *Le cycle des bois et des champs*.

Fais d'abord les activités 1 à 3, puis lis le texte avant de faire les activités 4 à 16.

# L'HOMME DE MA VIE

*Anthologies*, page 63

AVANT

PAGE 107

APRÈS

 **1** numéro 1

Ⓐ Pourquoi dois-tu lire ce texte?

Ⓑ Quels indices te révèlent qu'il s'agit d'un texte poétique?

 **2** numéro 1

Que sais-tu déjà sur Clémence DesRochers qui pourrait influencer ta lecture de son poème?

 **3** numéro 1

À quoi te fait penser le titre du poème *L'homme de ma vie*?

**4** numéro 2c)

Ⓐ Dans son poème, Clémence DesRochers emprunte la voix d'un personnage pour parler de l'homme qu'elle présente et pour exprimer ses émotions. Quel pronom utilise-t-elle pour désigner ce personnage?

Ⓑ D'après toi, qui est désigné par le pronom *nous* dans la première strophe (ligne 1)?

Ⓒ Dans cette même strophe, d'après toi, qui est désigné par le pronom *t'* (ligne 2)?

Ⓓ À qui renvoient les déterminants *mon* (ligne 3) et *ma* (ligne 4)?

**5**  numéro 2a)

Dans la première strophe, relève un groupe prépositionnel qui révèle que l'homme dont il est question vit dans un milieu modeste.

**6**  **numéro 2a)**

**A** À l'aide de son radical et de son préfixe, donne le sens du mot *entailler* (ligne 12).

**B** Trouve un synonyme du mot *fagots* (ligne 14).

**7**  **numéro 2d)**

À la lecture du poème, on peut déduire que la personne qui parle est une femme. Pour décrire à quoi ressemble l'homme de sa vie, elle précise ce qu'il fait habituellement lorsqu'on lui rend visite.

**A** Dans quelles strophes précise-t-elle ce qu'il FAIT ? Énumère ses gestes.

**B** Les activités de cet homme te permettent de découvrir à quoi il ressemble. Relève l'information retenue pour te parler de son physique.

**8** **numéro 2d)**

**A** Dans la cinquième strophe, un indice te permet de faire un rapprochement entre le personnage dont il est question et celui qui parle dans le poème *Le cycle des bois et des champs*. Quel est ce rapprochement ?

**B** Quel autre indice dans le texte te permet de faire ce rapprochement ?

**9** **numéro 2g)**

Relève les extraits qui démontrent que l'homme décrit dans ce texte :

**A** est accueillant ;

**B** aime la nature ;

**C** est sensible.

**10** **numéro 2f)**

**A** À ton avis, qui est l'homme de sa vie : son père, son ami, son époux, son frère ?

**B** Complète l'énoncé suivant, qui pourrait résumer le thème de ce poème, en y insérant la réponse trouvée en A).

• *L'attachement de ✎ pour ✎.*

**11** **numéro 2c)**

La description des gestes de l'homme de sa vie révèle le point de vue favorable de la personne qui parle dans le texte.

Pour rendre ce point de vue plus explicite, insère les adverbes simples et complexes suivants dans des vers du poème qui décrivent des actions.

**A** chaleureusement

**B** avec ferveur

**C** avec plaisir

**D** amoureusement

**E** mélancoliquement

**12** **numéro 2e)**

La sixième strophe est très révélatrice de l'émotion ressentie par la personne qui parle dans le poème, émotion qu'elle veut nous faire partager.

**A** Alfred DesRochers a écrit un recueil de poèmes intitulé *Élégies pour l'épouse en-allée*. Dans le dernier vers de cette strophe (ligne 24), on trouve aussi le groupe du nom *l'épouse en-allée*. Donne un synonyme qui aurait pu être utilisé pour remplacer *en-allée* dans ce vers et dans le titre du recueil d'Alfred DesRochers.

**B** Quel mot de cette strophe (lignes 21 à 24) révèle l'émotion ressentie par l'homme décrit dans le texte ?

**C** La personne qui parle dans le poème ressent beaucoup de tendresse pour l'homme qu'elle décrit. Quel vers de cette strophe le révèle ?

**13** **numéro 2g)**

Relève quelques mots évocateurs dans le poème et, parmi ceux-ci, identifie le mot magique.

**14** *MODE D'EMPLOI* numéro 2h)

**A** Dans la deuxième strophe (lignes 5 à 8), à quoi l'auteure compare-t-elle la main de l'homme? Quel terme comparatif utilise-t-elle?

**B** Dans l'avant-dernière strophe du texte, l'auteure compare l'homme qu'elle décrit à quelqu'un d'autre. Relève cette comparaison.

**15** *MODE D'EMPLOI* numéro 2j)

Transcris et complète les énoncés suivants pour rendre compte de l'organisation du texte de Clémence DesRochers.

**A** Ce poème contient ✎ strophes.

**B** Chaque strophe contient ✎ vers.

**C** Le poème contient des rimes, dont voici quelques exemples: ✎ .

**D** Deux strophes sont presque identiques; il s'agit ✎ .

**16** *MODE D'EMPLOI* numéro 3

Écris une courte lettre à Clémence DesRochers pour lui dire que tu penses que l'homme qui est décrit dans son poème *L'homme de ma vie* pourrait être son père et pour vérifier si, effectivement, il s'agit de son père.

Ta lettre pourrait commencer ainsi:

> Chère Clémence,
>
> Je viens de terminer la lecture de ton poème *L'homme de ma vie* et ✎ .
>
> J'ai aussi lu le poème *Le cycle des bois et des champs* et j'ai découvert ✎ .

**Tu devras lire des textes poétiques pour réaliser le projet de cette séquence.**

**1.** Les activités de cette étape t'ont-elles permis de développer ta compétence à lire un texte poétique?

Oui ✎     Non ✎

**2.** Le *Mode d'emploi* de la page 107 t'a-t-il été utile?

Oui ✎     Non ✎     Pourquoi? ✎

**3.** Si tu juges que tu dois améliorer ta compétence à lire des textes poétiques, quelles stratégies du *Mode d'emploi* de la page 107 pourrais-tu appliquer chaque fois que l'occasion se présente?

# COMMENT FAIRE...

## POUR ÉCRIRE UN TEXTE POÉTIQUE

**À FAIRE !**

**1**

### ON EN DISCUTE !

**Lire** les textes *Ma maison* (page 113) et *La ville au soleil* (page 114).

**A** En équipes de deux ou de trois élèves, **répondez à une** des questions suivantes :

  ① Ces poèmes décrivent des lieux. Quels sont ces **lieux** et quelles sont leurs **principales caractéristiques** ?

  ② Quels sont les **sentiments** associés au lieu décrit dans chaque texte et quels passages les suscitent ?

  ③ **Résumez** en quelques phrases les séquences narratives contenues dans ces textes poétiques.

  ④ Quelles **caractéristiques** permettent de dire qu'il s'agit de **textes poétiques** ?

**B** Lequel des deux textes préférez-vous ? Pourquoi ?

**C** Que faut-il pour écrire des textes poétiques comme ceux-ci ? Dressez la liste des **qualités** et des **talents** nécessaires pour écrire un bon texte poétique.

**Répétitions**

# Ma maison

Point de vue favorable

**Vue d'ensemble de la maison**

Viens chez moi. J'habite une maison extraordinaire. Toutes les pièces sont vides, mais en un clin d'œil les meubles apparaissent. Les murs sont tapissés avec les pages d'un dictionnaire géant. Les portes sont fenêtres et les fenêtres, portes-fenêtres. Les courants d'air me racontent des histoires avant de m'endormir. Cette maison est très mal isolée. Tout le monde y entre et tout le monde vient occuper ma solitude.

**Ce qu'on y fait**

Viens chez moi. J'habite une maison extraordinaire. Hier soir, dans la cuisine, j'ai organisé une fête et on a bu de grands verres de lumière. J'ai fait cuire un rhinocéros. Puisqu'il m'en reste, j'en ferai des sandwichs pour le reste de la semaine.

Viens chez moi. Aujourd'hui, je redécore la cabane. Je mets l'écran de télé face au mur, j'écrase des mouches sur le comptoir, j'installe des écrevisses dans la baignoire et j'écris un roman sur le canapé.

Viens chez moi. J'habite une maison extraordinaire. Tous les jours, je change mon décor, car j'habite la maison *poésie*.

Je trouve que cette maison a quelque chose de mystérieux. On pourrait imaginer que c'est un personnage de roman qui y vit, ou alors un écrivain en train d'écrire un roman !

**Répétitions**
**Énumérations**

# La ville au soleil

Ma grande ville, ma forêt de tours et d'antennes au soleil,

j'ai si longtemps travaillé à ton plan, j'ai pensé à tout:　　　　— C'est l'histoire de

j'ai vu les larges boulevards couronnés de ramures épaisses,

les places avec les fontaines et les vols de pigeons,

les boutiques grandes ouvertes sans vendeurs et sans caissières

j'ai vu les tables à l'ombre des arbres,

disposées pour un festin où tous les hommes sont conviés.

J'ai vu aussi les larges murs,　　　　— Au début

où chacun pourra

écrire ce qu'il voudra, exprimer ses désirs,

face à la terre et face aux cieux.

J'ai tout prévu, mais serrures, cadenas, barreaux,

tout cela je l'ai frappé d'interdiction: que tout soit ouvert!

Que l'on entre et sorte comme on veut, que les portes

s'ouvrent d'elles-mêmes devant quiconque


J'avais tout prévu, mais pas une banque

n'a voulu me faire crédit pour cette ville,

pas un entrepreneur assumer la tâche　◄— **Ellipse**　　— Puis

de construire des maisons sans clé.

Et voilà pourquoi ma grande ville restera lointaine et inconnue.　— Alors


Et moi voilà que tous les soirs, accablé, anxieux,

je rentre chez moi par une rue malpropre,

je m'arrête aux vitrines des brocanteurs,

je traîne mon angoisse dans des escaliers sombres　— Enfin

où je trébuche, moi qui porte dans ma poche les plans déjà usés

d'une grande ville ensoleillée.

Nikola Milicevic, *La poésie croate*, Seghers.

## PLANIFIER L'ÉCRITURE DE MON TEXTE

### Préciser le sujet du texte

Le sujet du texte est déjà précisé. Tu parleras d'une maison imaginaire, une maison associée à une émotion : tendresse, solitude, amour, etc.

### Préciser le thème du texte

**2** Détermine le thème de ton texte en choisissant une émotion que tu associeras à ta maison. Pour ce faire, complète l'énoncé suivant :

- *J'habite dans la maison* (une émotion)  .

### Imaginer

Les gens qui sont des poètes marchent beaucoup, observent le monde, voient ce que nul autre ne voit. Ils prennent des notes dans des calepins. Ils griffonnent des mots, tracent des dessins, dessinent des plans, refont le monde.

**3** Sur une feuille, note des mots, des titres de chansons qui t'inspirent, dessine des pièces de ta maison imaginaire, bref, remplis ta feuille d'idées. À ce stade-ci, l'organisation de tes idées importe peu. Il s'agit encore d'une ébauche.

### Déterminer l'organisation du texte

Le texte littéraire poétique que tu dois écrire peut être en vers ou en prose, de type descriptif ou de type narratif. Tu peux imiter la structure de l'un des textes présentés aux pages 113 et 114.

Si tu écris un texte en prose, il pourrait ressembler au texte *Ma maison*. Il pourrait être de type descriptif et comprendre le même nombre de mots, de lignes et de paragraphes. De plus, certaines phrases pourraient être identiques (*Viens chez moi... J'habite une maison...*).

Si tu écris un texte en vers, il pourrait ressembler au texte *La ville au soleil*. Il pourrait être de type narratif et comprendre le même nombre de mots, de strophes et de vers. De plus, certains vers pourraient être identiques (*J'ai vu... J'ai pensé à tout...*).

Mon frère habite au 22ᵉ étage de cette tour. Chaque fois que je lui rends visite, j'admire la vue superbe qu'il a sur la ville et sur le fleuve, mais tout de même, je préfère vivre sur le plancher des vaches.

# COMMENT FAIRE...

**À FAIRE !**

**4** Parmi les deux modèles qui suivent, choisis celui que te convient.

**5** À partir des modèles proposés, élabore le plan de ton texte et transcris les mots à l'endroit approprié de ton plan.

En t'inspirant de *Ma maison*

### Ma maison

Viens chez moi. J'habite une maison extraordinaire. Toutes les pièces sont vides, mais en un clin d'œil les meubles apparaissent. Les murs sont tapissés avec les pages d'un dictionnaire géant. Les portes sont fenêtres et les fenêtres, portes-fenêtres. Les courants d'air me racontent des histoires avant de m'endormir. Cette maison est très mal isolée. Tout le monde y entre et tout le monde vient occuper ma solitude.

— Vue d'ensemble de la maison

Viens chez moi. J'habite une maison extraordinaire. Hier soir, dans la cuisine, j'ai organisé une fête et on a bu de grands verres de lumière. J'ai fait cuire un rhinocéros. Puisqu'il m'en reste, j'en ferai des sandwichs pour le reste de la semaine.

Viens chez moi. Aujourd'hui, je redécore la cabane. Je mets l'écran de télé face au mur, j'écrase des mouches sur le comptoir, j'installe des écrevisses dans la baignoire et j'écris un roman sur le canapé.

— Ce qu'on y fait

Viens chez moi. J'habite une maison extraordinaire. Tous les jours, je change mon décor, car j'habite la maison *poésie*.

En t'inspirant de *La ville au soleil*

### La ville au soleil

Ma grande ville, ma forêt de tours et d'antennes au soleil,  j'ai si longtemps travaillé à ton plan, j'ai pensé à tout :

— C'est l'histoire de

j'ai vu les larges boulevards couronnés de ramures épaisses,
les places avec les fontaines et les vols de pigeons,
les boutiques grandes ouvertes sans vendeurs et sans caissières
j'ai vu les tables à l'ombre des arbres,
disposées pour un festin où tous les hommes sont conviés.
J'ai vu aussi les larges murs,
où chacun pourra
écrire ce qu'il voudra, exprimer ses désirs,
face à la terre et face aux cieux.
J'ai tout prévu, mais serrures, cadenas, barreaux,
tout cela je l'ai frappé d'interdiction : que tout soit ouvert !
Que l'on entre et sorte comme on veut, que les portes
s'ouvrent d'elles-mêmes devant quiconque

— Au début

J'avais tout prévu, mais pas une banque
n'a voulu me faire crédit pour cette ville,
pas un entrepreneur assumer la tâche
de construire des maisons sans clé.
Et voilà pourquoi ma grande ville restera lointaine et inconnue.

— Puis

— Alors

Et moi voilà que tous les soirs, accablé, anxieux,
je rentre chez moi par une rue malpropre,
je m'arrête aux vitrines des brocanteurs,
je traîne mon angoisse dans des escaliers sombres
où je trébuche, moi qui porte dans ma poche les plans déjà usés
d'une grande ville ensoleillée.

— Enfin

Nikola Milicevic, *La poésie croate*, Seghers.

PENDANT
◀ ■ ▶

**À FAIRE !**

## ÉCRIRE MON TEXTE

**6** La préparation est terminée. Tu peux maintenant écrire ton texte poétique.

Cependant, en cours d'écriture, il se peut que tu manques d'inspiration ou que ton travail te semble insatisfaisant. Lis les conseils qui suivent. Ils t'aideront à impressionner tes lecteurs et tes lectrices.

# Pour t'inspirer

### Panne de mots ?

→ Ta page de calepin ne contenait sans doute pas tous les mots dont tu avais besoin. Au fil de l'écriture, penche-toi sur tous les mots, comme le font les poètes.

→ Utilise des synonymes, des mots amusants, des mots à forte connotation.

→ Utilise des verbes variés; évite les verbes *être* et *avoir*.

→ Utilise des adjectifs évocateurs autres que *petit, grand, beau, laid.*

### Pense aux images !

→ En écrivant, pense à des images fortes, des rapprochements de mots inhabituels, inattendus.

→ Pour surprendre les gens, exagère un peu:
  – *des tables disposées pour un festin où tous les hommes sont conviés...*
  – *J'ai fait cuire un rhinocéros.*

→ Imagine des situations impossibles:
  – *les portes s'ouvrent d'elles-mêmes devant quiconque...*
  – *Je traîne mon angoisse dans des escaliers sombres...*
  – *J'écris un roman sur le canapé.*

### La musique

→ Écriras-tu un texte avec des rimes ? Si tel est le cas, compose des rimes surprenantes. Évite les rimes faciles comme *amour* et *toujours*.

→ Que ton texte soit en vers ou en prose, répète les sons comme le font les poètes.

  – *Je mets l'**écr**an de télé face au mur, j'**écr**ase des mouches sur le comptoir, j'installe des **écr**evisses dans la baignoire et j'**écr**is un roman sur le canapé.*

### Le style

Pourquoi faut-il que tes vers soient des phrases complètes ?

→ Si tu écris un texte en vers, étale une même phrase sur plusieurs vers.
  – *J'ai vu aussi les larges murs,*
    *où chacun pourra*
    *écrire ce qu'il voudra, exprimer ses désirs,*
    *face à la terre et face aux cieux.*

→ Inverse des groupes du verbe (GV) et des groupes du nom sujet (GNs).
  – *Tout à coup s'éleva la tempête.*

→ Crée des effets spéciaux en répétant une structure syntaxique:
  – *j'ai vu* + complément du verbe
    Complément du verbe
    Complément du verbe
  – *mais serrures, cadenas, barreaux...*
  – *Viens chez moi... Viens chez moi...*

# COMMENT FAIRE...

APRÈS

◀ ■ ▶

## RÉVISER MON TEXTE

Avant d'écrire ton texte au propre, il faut le retravailler. Avec un crayon de couleur, rature des mots, récris des passages, change certains éléments. Si tu voyais la première version des textes des personnes qui écrivent, tu verrais l'importance qu'elles accordent à la révision.

Pour t'aider à faire ce travail, imagine qu'Alfred et Clémence DesRochers lisent ton texte et te fassent des commentaires.

> *Ton texte est intéressant, mais il n'est pas assez imagé.*

**7** Corrige quelques phrases afin de rendre ton texte plus imagé. N'aie pas peur d'écrire des phrases complètement farfelues afin d'y introduire des images.

> *Tu as de bonnes idées, mais les mots choisis ne sont pas assez forts, pas assez évocateurs.*

> *Tu as du talent, mais il faudrait améliorer le style...*

**8** Cherche dans ton texte les mots banals (ordinaires) et remplace-les par des mots plus originaux, ayant un sens connotatif. Fais cet exercice avec trois ou quatre mots.

> *Rappelle-toi que la poésie est aussi un travail sur la maîtrise de la langue. Il faut montrer que tu contrôles les mots et les phrases.*

**9** Récris une ou deux phrases de ton poème en utilisant les procédés stylistiques que tu connais: l'ellipse, la répétition, l'inversion ou l'énumération.

**10** Assure-toi d'avoir orthographié correctement tous les mots de ton texte. Comme ton texte poétique n'est pas très long, il est plus facile de vérifier la syntaxe et l'orthographe. Porte une attention particulière aux notions grammaticales suivantes que tu as apprises dans les ateliers de grammaire:

– *Le groupe du verbe* (atelier 3);

– *Le groupe de l'adjectif, le groupe prépositionnel et le groupe de l'adverbe* (atelier 4).

## ÉVALUER MA DÉMARCHE D'ÉCRITURE

**11** **A** Lis le **Mode d'emploi** «Écrire un texte poétique» (pages 119 et 120). Cela te permettra d'évaluer le texte que tu as écrit et t'aidera à rédiger un texte poétique dans l'étape **Sur le terrain**.

**B** Relève les stratégies que tu maîtrises bien.

**C** Relève aussi les stratégies qui te donnent du mal, puis complète l'énoncé suivant:

• *La prochaine fois que j'écrirai un texte poétique, je ferai un effort particulier pour* ✎ .

# ÉCRIRE UN TEXTE POÉTIQUE

## CE QU'IL FAUT FAIRE...

## COMMENT LE FAIRE

### Planifier l'écriture du texte

**1** Préciser le **sujet** du texte.

**1** Après avoir déterminé le sujet, noter tous les éléments liés à ce sujet qui pourraient déclencher des émotions.

**2** Préciser le **thème** du texte.

**2** Écrire un énoncé qui résume ce que l'on aimerait que les gens comprennent et éprouvent en lisant le texte.

**3** Déterminer l'**organisation** du texte.

**3** – Préciser si le texte sera organisé en paragraphes (texte en prose) ou en strophes (poème).
– Si l'on choisit d'écrire un texte en vers, utiliser un procédé stylistique qui en facilitera l'organisation : l'énumération ou la répétition.
– Si l'on choisit d'écrire un texte en prose, préciser quel aspect sera traité dans chacun des paragraphes.
– Déterminer si les renseignements seront organisés comme dans un texte de type descriptif ou comme dans un texte de type narratif.

### Écrire le texte

**4** Choisir des **mots** pour **rendre compte** du **sujet** et du **thème**.

**4** – Penser à l'événement, à l'objet, à la personne, au lieu ou à l'idée dont on veut parler dans le texte et noter les mots qui révèlent l'état d'esprit au moment où l'expérience évoquée a été vécue.
– Essayer de préciser l'impression générale qui se dégage de cette réflexion : tristesse, solitude, mélancolie, plaisir, joie, euphorie, etc.

**5** Trouver des **mots évocateurs**.

**5** Trouver des mots qui pourraient faire partager cette impression au lecteur ou à la lectrice.

**6** Préciser **qui parle** dans le poème et déterminer son **point de vue**.

**6** – Choisir le pronom (*je, nous, il,* etc.) qui désigne la personne qui parle dans le texte.
– Résumer en quelques phrases l'expérience dont le texte témoigne.
– Utiliser des mots évocateurs, des champs lexicaux, des images, etc., afin que le lecteur ou la lectrice partage l'expérience vécue par la personne qui parle dans le texte.

**7** Créer des **images**.

**7** Inventer des comparaisons en utilisant des termes comparatifs et créer des métaphores en associant aux mots des adjectifs inhabituels, susceptibles de créer des émotions.

| CE QU'IL FAUT FAIRE... | COMMENT LE FAIRE |
|---|---|
| **8** Choisir des éléments susceptibles de donner de la **musicalité** au texte. | **8** Déterminer s'il y aura des rimes ou non.<br>– Choisir des mots susceptibles de donner du rythme au texte et de produire un effet chez le lecteur ou la lectrice. |
| **Réviser le texte en vue de l'améliorer**<br>**9** S'assurer que les **phrases** sont **grammaticalement correctes.** | **9** En cas de doute, s'assurer que la phrase contient au moins les groupes obligatoires de la PHRASE DE BASE et que les groupes se succèdent dans le bon ordre, sauf dans les cas où l'on a voulu créer un effet par inversion ou par ellipse. |
| **10** S'assurer que tous les **mots** sont **orthographiés correctement.** | **10** – Mettre un point d'interrogation au-dessus des mots dont l'orthographe semble douteuse.<br>– Chercher les mots dans le dictionnaire et apporter les corrections.<br>– Appliquer les stratégies de révision de texte permettant de repérer et de corriger les fautes d'accord fréquentes. |
| **Évaluer la démarche d'écriture**<br>**11** Évaluer sa **démarche d'écriture.** | **11** Préciser les difficultés éprouvées et les moyens utilisés pour les surmonter, et vérifier si ces moyens étaient les bons. |

# SUR LE TERRAIN

Dans cette dernière étape, tu dois réaliser un **projet de communication** qui te permettra de mettre en pratique les compétences suivantes :

— lire un **texte poétique** ;

— participer à une **discussion** ;

— écrire un **texte poétique**.

## À n'ouvrir que dans 30 ans...

**P**eux-tu imaginer à quoi tu ressembleras dans trente ans ? Peux-tu imaginer à quoi ressembleront ta maison et ton quartier dans trente ans ? Y vivras-tu toujours ? Quels souvenirs en auras-tu : des souvenirs heureux, tristes, réjouissants, décevants ?

Comment peux-tu t'assurer que dans trente ans tu te souviendras des sentiments que tu éprouves pour ta maison et ton quartier ? Le projet qui t'est proposé consiste à construire dès maintenant tes souvenirs d'adolescence.

*Le parc Clifford il y a trente ans...*

*... et aujourd'hui.*

1 2 3 4 5 6 7

Le quadrilatère Sainte-Catherine, Saint-Urbain, René-Lévesque et Jeanne-Mance, à Montréal, il y a trente ans...

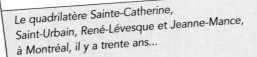

29  30

... et aujourd'hui.

> On croit qu'on peut sortir de son milieu, quitter son quartier, s'en évader : mais un coin où on a passé son enfance et son adolescence, ça vient avec nous, ça ne nous lâche jamais. On peut bien se croire libéré de tout son passé, notre âme portera toujours les marques du quartier qui nous a moulé. Je parle pour moi, bien sûr, parce que je sais déjà que j'aurais beau me travestir de mille et une façons, changer de pays, adopter d'autres mœurs, tout faire, je resterais le gars de la rue Ontario. Fatalité. Le paysage, c'est tout l'homme. Le fond.
>
> André Major, «Un déménagement»,
> dans *Parti pris*, «Montréal, la ville des autres», vol. 11, n° 4, 1964.

# Écrire un texte poétique

**Le projet consiste à écrire un texte poétique d'au moins 150 mots (15 lignes) dans lequel tu parleras de ta maison, de ta rue, de ton quartier, de ton lac ou de ta rivière comme tu aimerais t'en souvenir dans trente ans, en recourant aux procédés que tu as appris au cours de cette séquence. La démarche qui suit t'aidera à réaliser ton projet.**

**À FAIRE !**

1 Pour bien comprendre ce qu'on te demande, lis le texte *Les rues* de Dany Laferrière (*Anthologies*, page 99), puis fais les activités qui suivent.

   **A** De quel lieu l'auteur parle-t-il ?

   **B** Relève un passage qui révèle que l'auteur revient dans ce lieu après de nombreuses années.

   **C** Relève un passage qui révèle l'émotion que ressent l'auteur dans ce lieu.

---

| **Pour t'inspirer** | → | **Écrire mon texte** | → | **Mettre mon texte sous enveloppe** | → | **Évaluer ma démarche** |
|---|---|---|---|---|---|---|
| – Lire des textes poétiques<br>– Consulter ses proches<br>– Participer à une discussion | | – Planifier l'écriture de mon texte<br>– Écrire une première version de mon texte<br>– Écrire la version finale de mon texte | | | | |

---

## *Pour t'inspirer*

### ■ LIRE DES TEXTES POÉTIQUES ■

**À FAIRE !**

2 Lis les textes suivants dans ton manuel *Anthologies* :

   – *Cette ville (À l'abri du temps)* (page 92)

   – *Je suis d'une ruelle* (page 93)

   – *Puzzle* (page 94)

   – *Géométrie de septembre* (page 95)

   – *Aller aux «îles»* (page 97)

3 Choisis le texte qui t'inspire le plus et rends compte de ta compréhension en remplissant des fiches semblables aux fiches **Le texte en quelques mots** et **Réagir au texte** reproduites à la page 124.

## Le texte en quelques mots

*Titre du texte:*                                          *Auteur:*

**1.** *Dans la première strophe ou dans le premier paragraphe du texte, le mot* ⓵

*révèle le sujet du texte.* **MODE D'EMPLOI** numéro **2d)**

**2.** *On y trouve aussi le passage* ⓶ *, qui révèle l'émotion ressentie*

*par l'auteur.* **MODE D'EMPLOI** numéro **2e)**

**3.** *Je pense que l'expérience qui a donné envie à l'auteur d'écrire ce texte*

*est la suivante:* ⓷ . **MODE D'EMPLOI** numéro **2c)**

**4.** *Je trouve les cinq mots* ⓸ *particulièrement évocateurs pour moi;*

*ils évoquent* ⓹ . **MODE D'EMPLOI** numéro **2g)**

**5.** *L'auteur a su créer plusieurs images et la suivante me plaît particulièrement:* ⓺ *;*

*l'auteur y compare* ⓻ *à* ⓼ . **MODE D'EMPLOI** numéro **2h)**

**6.** *Dans ce texte, la musicalité est assurée par* ⓽ . **MODE D'EMPLOI** numéro **2i)**

**7.** *Ce texte est organisé de la façon suivante:* ⓾ . **MODE D'EMPLOI** numéro **2j)**

## Réagir au texte

*Titre du texte retenu:*

- *S'il y a lieu, procédés qui sont utilisés pour créer*

  *la musicalité du texte et que je pourrais utiliser dans le mien:*

- *Mots qui pourraient m'aider à parler du lieu que*

  *que je me propose d'évoquer dans mon texte:*

- *Phrases qui pourraient m'aider à parler du lieu*

  *que je me propose d'évoquer dans mon texte:*

## ■ CONSULTER SES PROCHES ■

**4** **A** Choisis le lieu dont tu parleras dans ton texte.

**B** Rencontre cinq personnes de ton entourage et demande-leur:

a) de décrire le lieu que tu te proposes d'évoquer dans ton texte;

b) de te raconter une anecdote qui concerne ce lieu;

c) de décrire leur réaction si elles devaient quitter ce lieu et ne plus jamais le revoir.

Note les réponses qui pourraient te servir pour écrire ton texte.

## ■ PARTICIPER À UNE DISCUSSION ■

### Une autre source d'inspiration : la chanson

Dans les textes des chansons, une place importante est souvent accordée aux lieux. Ainsi, au Québec, les chansons décrivent souvent des lieux de manière très poétique. Qu'on pense, par exemple, à *Gens du pays* ou à *Mon pays* de Gilles Vigneault, à la chanson *Saint-Jérôme* de Réjean Ducharme chantée par Robert Charlebois ou à *La rue Principale* d'André Fortin chantée par les Colocs...

Prendre connaissance des paroles de quelques-unes de ces chansons, en rendre compte et en discuter devraient aussi contribuer à t'inspirer pour réaliser ton projet.

**5** Consulte le volet *25 chansons – 25 paysages* dans ton manuel *Anthologies* (pages 84 et 85). Dans ces pages ou ailleurs, choisis un titre de chanson québécoise qui parle d'un lieu, trouve le texte des paroles et remplis une fiche semblable à la suivante.

---

### Ma chanson en quelques mots

**Titre de la chanson:** ✎          **Auteur ou auteure des paroles:** ✎

• *Les mots* ❶ ✎ *révèlent le sujet de la chanson alors que les mots* ❷ ✎

*révèlent les émotions transmises par le personnage qui parle dans la chanson.*

• *Je pense que l'expérience qui a donné envie à l'auteur ou à l'auteure*

*d'écrire cette chanson est* ❸ ✎ *.*

• *Ce texte est poétique parce que* ❹ ✎ *.*

• *Plusieurs passages décrivent le lieu dont il est question; en voici quelques-uns:* ❺ ✎ *.*

## 25 CHANSONS – 25 PAYSAGES

**Sujet de discussion**

Les textes des chansons apportés par chaque participant et chaque participante.

**Objectif**

Choisir la ou les chansons qui pourraient vous inspirer ou vous servir de modèles pour le texte que vous écrirez.

**Fonctionnement**

En équipes de quatre.

**Durée suggérée**

Environ 60 minutes.

**Déroulement de l'activité**

*Avant la discussion*

1. Former des équipes de quatre élèves.
2. S'assurer que chaque élève a en main le texte des chansons qui feront l'objet de la discussion et la fiche *Ma chanson en quelques mots* (page 125).

*Pendant la discussion*

3. Nommer un ou une camarade qui animera la discussion.
4. Chaque membre de l'équipe transmet aux autres le contenu de sa fiche *Ma chanson en quelques mots*.
5. Les participants et les participantes discutent de la pertinence des éléments de la fiche en regard du texte de la chanson.

*Après avoir présenté toutes les chansons et évalué toutes les fiches*

6. Nommer un participant ou une participante qui prendra des notes.
7. Les membres de l'équipe choisissent parmi toutes les chansons de leur groupe la ou les chansons qui pourraient les inspirer ou leur servir de modèles.
8. Les participants et les participantes rédigent un court texte qui présente le ou les choix de l'équipe et qui en explique les raisons en citant les extraits retenus.

## ✓ Critères d'évaluation

Au cours de la discussion,

1. les élèves ont discuté du sujet et ont réalisé la tâche demandée;
2. les élèves ont cité des exemples;
3. tous les membres de l'équipe ont pris part à la discussion et ont parlé à tour de rôle;
4. les élèves ont utilisé des phrases construites correctement;
5. les élèves ont utilisé un registre de langue approprié.

## ■ PLANIFIER L'ÉCRITURE DE MON TEXTE ■

Tu as sûrement beaucoup d'idées maintenant.

Tu dois faire le point sur toutes ces idées pour avoir une vision plus précise de ton texte avant de l'écrire.

La démarche que tu as suivie à l'étape ***Comment faire pour écrire un texte poétique*** (pages 112 à 120) devrait t'aider. Dans ton texte, il faudra porter une attention particulière aux notions grammaticales apprises dans les ateliers suivants :

– *Le groupe du verbe* (atelier 3);

– *Le groupe de l'adjectif, le groupe prépositionnel et le groupe de l'adverbe* (atelier 4).

**À FAIRE !**

**6** Décide si tu écriras ton texte en prose ou en vers.

**7** Remplis une fiche ***Planifier l'écriture de mon texte*** semblable à celle ci-dessous.

**8** Prends un calepin et notes-y toutes les idées recueillies après avoir lu des textes, participé à une discussion sur les chansons et consulté tes proches.

**9** Mets de l'ordre dans tes idées afin de décider du nombre de strophes ou de paragraphes que ton texte contiendra.

**10** Selon la décision que tu as prise au numéro 6, fais le plan de ton texte en notant l'idée que tu développeras dans chaque paragraphe ou dans chaque strophe.

---

### Planifier l'écriture de mon texte

**1.** *Pourquoi écrirai-je un texte ?*

**2.** *À quelle catégorie le texte que je dois écrire appartiendra-t-il ?*

**3.** *Mon texte sera-t-il en prose ou en vers ?*

**4.** *À quelles notions grammaticales faudra-t-il surtout porter attention ?*

---

## ■ *ÉCRIRE UNE PREMIÈRE VERSION DE MON TEXTE* ■

**11** Tu peux maintenant écrire ton texte.

Au fil de l'écriture, prévois des arrêts pour relire et corriger ton texte. Pour t'aider, utilise la fiche **Réviser le contenu et la langue de mon texte** et les stratégies de révision apprises dans les ateliers de grammaire suivants:

– *Le groupe du verbe* (atelier 3);

– *Le groupe de l'adjectif, le groupe prépositionnel et le groupe de l'adverbe* (atelier 4).

---

### Réviser le contenu et la langue de mon texte

**1.** *Ai-je effectué correctement la tâche demandée?*

**2.** *Mon texte contient-il des éléments qui lui donnent un caractère littéraire*

*et poétique?*

**3.** *Mes phrases sont-elles construites correctement?*

**4.** *Les mots que j'ai utilisés sont-ils bien choisis et bien orthographiés?*

---

## ■ *ÉCRIRE LA VERSION FINALE DE MON TEXTE* ■

**12** Transcris ton texte au propre et remets-le à ton enseignant ou à ton enseignante, qui le corrigera à l'aide des critères décrits à la page suivante. Ces critères pourraient aussi te guider dans une dernière relecture.

Critères d'évaluation

1. L'élève a écrit un texte poétique pour communiquer une émotion suscitée par un lieu.

2. L'élève a utilisé des procédés propres à la langue des poètes (mots évocateurs, images, musicalité, procédés stylistiques, etc.).

3. L'élève a respecté les règles de syntaxe et d'orthographe.

**À FAIRE**

13 Lorsque ton enseignant ou ton enseignante te remettra ton texte, améliore-le en tenant compte de ses commentaires et retranscris-le avant de le mettre sous enveloppe.

*La crémerie Baie-Saint-Paul il y a trente ans...*

*... et aujourd'hui.*

## Mettre mon texte sous enveloppe

Avant de mettre ton texte sous enveloppe, tu peux le faire lire à tes parents et à tes camarades.

Ensuite, écris ton nom et la date sur l'enveloppe, et ajoute: *À n'ouvrir que dans 30 ans*. Tu peux insérer d'autres éléments dans l'enveloppe, comme des photos, des croquis, une mèche de cheveux, etc.

Cachette l'enveloppe et mets-la dans un endroit où tu pourras la récupérer dans trente ans. Attention! D'ici là, il faudra résister à la tentation de l'ouvrir!

## Évaluer ma démarche

**À FAIRE**

**14** Rédige un court texte qui rendra compte de la démarche que tu as suivie pour réaliser ce projet.

### ☑ J'évalue ma démarche

**Titre du projet:**       **Date de réalisation:** 

**Dans la première phrase,** tu pourrais dire si tu as trouvé ce projet intéressant et expliquer pourquoi.

**Dans la deuxième phrase,** tu pourrais dire si la démarche proposée t'a été utile pour réaliser le projet et expliquer pourquoi.

**Dans la troisième phrase,** tu pourrais dire si tu es satisfait ou satisfaite du texte que tu as écrit et préciser pourquoi.

**Dans la quatrième phrase,** tu pourrais décrire les difficultés que tu as éprouvées et mentionner les moyens que tu as utilisés pour les surmonter.

**Dans la cinquième phrase,** tu pourrais dire ce que tu ferais autrement la prochaine fois.

# Des villes où il se passe quelque chose

**L**es romans sont comme des villes. Il s'y passe toujours quelque chose: des rencontres, des déclarations d'amour, des poursuites, des agressions, des retrouvailles, des évasions...

Lire un roman, c'est enregistrer ces diverses actions et les relier entre elles pour reconstruire l'histoire.

L'itinéraire qui suit te permettra de découvrir comment sont organisées les actions dans un roman et comment en faire le résumé.

# VILLE IMAGINAIRE?

Tu vas maintenant entreprendre la visite d'une deuxième ville imaginaire, celle des romans où il se passe beaucoup de choses : les romans d'action.

# Itinéraire

# Que retient-on des romans qu'on lit ?

Lorsqu'on te demande de raconter l'histoire d'un roman que tu as lu ou d'un film que tu as vu, comment procèdes-tu ? Que retiens-tu pour faire comprendre l'essentiel de l'histoire et intéresser la personne à qui tu t'adresses ?

Le texte *L'histoire de toutes les histoires* pose, de façon amusante, les mêmes questions. **La lecture du texte et une bonne discussion** devraient t'amener à trouver des indices pour répondre à ces questions.

# L'histoire
## de toutes les histoires

1 Il y a mille trois fois très longtemps, le Roi des rois régnait sur toutes les terres connues. Il régnait depuis presque toujours et ses sujets le croyaient immortel. Pourtant, le Roi des rois commençait à vieillir. Et un soir d'automne, alors que tombaient les dernières feuilles dans le soleil couchant, il comprit que bientôt viendrait son tour de quitter la vie.

2 Mais, avant de mourir, il voulut s'offrir un dernier plaisir: posséder le plus grand livre qu'on ait jamais vu.

3 Le livre raconterait toutes les histoires des hommes. Il fit venir en son palais de Zanador tous ses chercheurs de contes, ses chasseurs d'épopées et ses pêcheurs de légendes.

4 Chercheurs, chasseurs et pêcheurs parcoururent le vaste Monde. Ils s'aventurèrent jusqu'aux royaumes les plus lointains: perdus au milieu des forêts et des brumes, perchés au sommet des montagnes vertigineuses ou enfouis au profond des océans de tempêtes. Ils capturèrent tous les récits, les grands et les petits. Les histoires vraies et les histoires mensonges, et tous les rêves aussi. Pas un seul ne leur échappa.

5 Lors, ils s'en revinrent et déposèrent aux pieds du Roi des rois toutes les histoires des hommes, rangées précieusement dans des coffres. Le souverain contempla ces trésors, puis il fit venir ça[1] ses historiens et ses scribouilleurs.

— Maintenant, écrivez-moi le livre.

6 Les graveurs de lettres, les ciseleurs de mots, les rimeurs et les rythmeurs se mirent à l'ouvrage. Ils travaillèrent nuit et jour pendant cent années.

7 Le livre fut enfin prêt. C'était un livre de pierre, haut comme la tour de Babel qui, disait-on, s'élevait jusqu'au ciel. Le Roi des rois promena longuement son regard sur l'immensité du livre de pierre. Puis il soupira.

— Je suis trop vieux, je n'aurai pas assez de ma vie pour parcourir tout cet ouvrage. Écrivez-moi un résumé.

_____
1. Dans cette phrase, le mot «ça» signifie «ici», «à cet endroit».

8 On appela les compagnons résumeurs et tailleurs de phrases. Ils travaillèrent nuit et jour pendant dix ans. Au bout de ces dix années, le livre fut enfin prêt, c'était un livre d'argile. Haut comme une cathédrale. (Mais le Roi ne le savait pas, car en ce temps-là, les cathédrales n'existaient pas encore.)

— Il ne me reste plus assez de vie pour lire ce livre, dit le Roi des rois. Écrivez-moi un résumé du résumé.

9 On manda les compteurs de lettres et les grignoteurs de mots. Au bout d'une année, le livre fut prêt. Il était fait d'un rouleau de papyrus, long comme le fleuve Nil qui, disait-on, n'avait nulle source sur la Terre.

— Je n'ai plus assez de vie, dit le Roi des rois. Écrivez-moi un résumé du résumé du résumé.

10 On fit venir de Chine et de Byzance la lointaine, les chipoteurs et les coupeurs en quatre des points sur les i. Ils n'avaient pas leurs pareils pour faire des histoires et se mirent aussitôt à l'ouvrage. Un mois plus tard, le livre était prêt, fait de feuilles de parchemin reliées entre elles par des anneaux d'or. Il était gros comme un dictionnaire. (Mais le roi ne le savait pas, car à cette époque les dictionnaires n'existaient pas encore.)

— Ma vie touche à sa fin, dit le Roi. Qu'on me fasse un résumé du résumé du résumé du résumé.

11 On alla quérir le Grand Résumailleur. Il n'en existait qu'un seul dans le Monde à cette époque. Il arriva avec son double sabre à couper la parole. Au bout d'une semaine, le livre était prêt. C'était un folio, une simple feuille de papier pliée en deux pour faire quatre pages.

12 Mais, dans la salle d'honneur du palais, étendu sur son lit d'or et de pierreries, le Roi des rois se mourait. Déjà ses yeux ne voyaient plus la lumière du jour.

— Je vais mourir, et je ne connaîtrai jamais l'Histoire de toutes les histoires, gémit celui qui n'était plus maintenant qu'un homme comme les autres. Un grand silence lui répondit. Car personne ne savait raconter l'Histoire de toutes les histoires.

13 Le Roi ne bougeait plus, c'est à peine si sa poitrine frémissait, soulevée par une respiration presque imperceptible. Le silence dura longtemps... Et puis, se faufilant à travers la foule des médecins, des courtisans, des historiens et des résumeurs, apparut un petit enfant. Il vint s'agenouiller au chevet du mourant, et lui chuchota quelque chose à l'oreille. Alors, tandis que son âme allait déjà s'envolant, on vit sur les lèvres du Roi se dessiner comme un sourire. Et, dans un dernier souffle, on entendit ces quatre mots :

Kerloc'h-Bruno Pilorget,
*L'histoire de toutes les histoires,*
© Éditions Milan, 1994.

## IL Y A MILLE TROIS FOIS TRÈS LONGTEMPS...

**Sujet de discussion**

Quels sont les quatre mots que l'enfant a chuchotés à l'oreille du Roi des rois ?

**Objectif**

Se familiariser avec les notions d'action et de résumé.

**Durée suggérée**

Environ 15 minutes.

**Déroulement de l'activité**

1. La discussion peut se faire deux à deux ou en équipes de trois à cinq élèves.
2. Chaque participant et participante lit le texte *L'histoire de toutes les histoires* et imagine la fin de l'histoire, c'est-à-dire les quatre mots que l'enfant chuchote à l'oreille du Roi des rois.
3. Chaque participant et participante propose sa version et l'équipe choisit la version qui recueille le consensus.

**Pistes d'observation**

Vérifier :

1. la pertinence des arguments utilisés par chaque élève pour justifier son choix ;
2. si tous les élèves ont participé à la discussion et ont parlé à tour de rôle ;
3. la qualité de la langue utilisée au cours des échanges ;
4. le degré de participation de chacun et de chacune (commentaires, demandes d'éclaircissement, échanges verbaux et non verbaux, etc.).

# À la découverte des actions dans un roman

**1** Le mot *action* peut prendre plusieurs sens. Explique ce qu'il signifie dans les phrases suivantes :

**A** J'adore les **romans d'action**.

**B** Il y a eu pas mal d'**action** à la fête de Josée hier.

**C** Il faudrait que je mette un peu d'**action dans ma vie**.

**D** Ma mère me disait que, chaque jour, elle essayait de faire une **bonne action**.

**2** **A** Dans le paragraphe 3 de l'extrait qui suit, relève toutes les actions qui sont accomplies par des personnages. Indique quelle action est accomplie et par qui elle est accomplie.

Ex.: **personnage** ➜ **action**

(verbe + complément, s'il y a lieu)

**B** Quel est l'élément commun entre tous les passages relevés en A) ?

---

1 «Tu sais, Momo, reprit l'homme qui lui avait parlé le premier, nous pensons que tu pourrais peut-être t'installer chez l'un d'entre nous. [...]

— Merci, dit Momo en souriant pour la première fois, merci beaucoup. Mais ne pourriez-vous pas me laisser tout simplement habiter ici ?» [...]

2 Les gens considérèrent longuement cette proposition et finirent par tomber d'accord. [...]

3 Ils se mirent tout de suite à l'ouvrage, essayant de ranger et de mettre en état la petite caverne à moitié écroulée où Momo s'était installée. L'un d'eux, un maçon, construisit un petit foyer avec des pierres. On dégotta même un vieux tuyau de poêle. Un menuisier fabriqua une table et deux chaises avec de vieilles caisses. Et pour finir, les femmes amenèrent encore un lit de fer un peu branlant, un matelas juste un peu déchiré et deux couvertures.

4 Cet antre pierreux, sous la scène du théâtre en ruine, était devenu une petite chambre très habitable, pleine de chaleur.

Michael Ende, *Momo,* Éditions Stock, 1980.
Traduit de l'allemand par Marianne Strauss.

---

**3** Dans un récit, il n'y a pas que les actions des personnages qui assurent le déroulement de l'histoire. Il peut aussi se passer des choses importantes (des événements) qui provoquent des réactions chez les personnages.

**A** Dans la deuxième ligne de l'extrait suivant, trouve le passage qui désigne l'événement qui pourrait servir de titre au texte.

**B** Relève les passages contenant des verbes qui décrivent les réactions du navire au typhon.

**C** Relève les passages contenant des verbes qui décrivent les réactions des personnages au typhon.

---

Il avait suffi de quelques secondes pour que le ciel devienne noir comme de l'encre. Avec des hurlements et des gémissements, le typhon s'abattit sur le navire; il le lançait en l'air, tel un jouet, puis le laissait retomber dans les profondes crevasses que formaient les vagues. C'était comme si sa fureur augmentait de minute en minute, du fait qu'il ne pouvait rien contre l'*Argo,* le navire d'acier. Le capitaine donnait des ordres d'une voix calme. Chacun était à son poste. [...]

➜ ➜ ➜

➔ Éclairs et coups de tonnerre se succédaient sans interruption, les vagues étaient hautes comme des maisons, et partout de la mousse blanche !

Ses machines lancées à toute vapeur, l'*Argo* luttait contre la violence séculaire du typhon pour avancer nœud par nœud. Les machinistes et les mécaniciens de la chaufferie déployaient un courage surhumain. Ils s'étaient attachés avec des câbles pour ne pas être précipités dans le gouffre béant des chaudières.

Michael Ende, *Momo,* Éditions Stock, 1980.
Traduit de l'allemand par Marianne Strauss.

TEXTE DE RÉFÉRENCE   ACTIVITÉS 4 À 9

### *Écho et Narcisse*
(*Anthologies,* page 108)

Lis le texte *Écho et Narcisse* en entier, puis réalise les activités qui suivent.

**4** **A** Dans le deuxième paragraphe (lignes 6 à 11), relève toutes les actions qui sont accomplies par les personnages. Réponds à l'aide de la formule suivante :

**personnage ➔**                    **action**
                    (verbe + complément, s'il y a lieu)

**B** À quel temps les verbes qui relatent les actions sont-ils conjugués ?

**5** Dans le troisième paragraphe (lignes 12 à 17), relève le verbe au passé simple qui exprime une action accomplie par Héra.

**6** Dans le paragraphe 4 (lignes 18 à 22), relève un passage dans lequel il arrive quelque chose d'important à l'un des personnages et qui ne soit pas relaté avec un verbe exprimant une action.

**ATTENTION !** Dans les récits, on considère comme action tout fait qui a une influence sur le déroulement de l'histoire.

**7** **A** Dans les paragraphes 6 à 10 (lignes 27 à 47), relève tous les verbes qui introduisent des répliques des personnages et qui constituent des actions dans le déroulement de l'histoire.

**B** À quel temps ces verbes sont-ils conjugués ?

VILLE IMAGINAIRE

**8** **A** Dans le paragraphe 9 (lignes 42 à 44), relève la locution verbale qui exprime une action accomplie par Narcisse.

**B** Trouve un verbe qui pourrait remplacer les paroles de Narcisse: «Ne me touchez pas! Je mourrais plutôt que d'être à vous!» (ligne 42) et qui désignerait l'action que ces paroles représentent.

**9** Dans le paragraphe 10 (lignes 45 à 47), relève une action accomplie par Narcisse qui confirme qu'il refuse l'amour d'Écho. Réponds à l'aide de la formule suivante:

> **personnage →** **action**
> (verbe + complément, s'il y a lieu)

## LES ACTIONS IMPORTANTES

Lorsqu'on écrit un récit dans lequel un narrateur ou une narratrice raconte l'histoire, on doit faire des choix: on ne peut pas tout dire. On relate certaines actions plutôt que d'autres. Par exemple, on peut se contenter de relater qu'un personnage a visité sa mère sans raconter son départ de chez lui, son trajet et son arrivée à la maison.

Si la personne qui écrit décide de raconter la visite en relatant toutes les actions secondaires, c'est souvent parce qu'elle veut donner plus de vraisemblance à son histoire.

**10** Dans un récit, quelle action pourrait remplacer la série d'actions énumérées dans l'encadré?

- Jasmine cherche le numéro de téléphone de Robert dans le bottin.
- Elle note le numéro de téléphone sur un bout de papier.
- Elle décroche le récepteur.
- Elle compose le numéro.
- Elle entend la sonnerie.
- Robert décroche.

**11** Imagine une série d'actions liées à l'action proposée dans l'encadré ci-dessous.

En arrivant de l'école ce lundi-là, Rashida regarda son émission de télévision préférée.

**12** Dans le texte qui suit, deux passages pourraient être enlevés sans modifier le déroulement de l'histoire.

- L'épisode du hibou (lignes 5 à 8)
- L'épisode des distractions (lignes 10 et 11)

**A** Relève toutes les actions relatées dans ces deux passages à l'aide de la formule suivante:

> **personnages →** **actions**
> (verbe + complément, s'il y a lieu)

**B** Pour ces deux passages, trouve une action qui pourrait remplacer toutes celles qui sont relatées.

> 1 Après avoir marché inlassablement jusqu'à ce que la forêt devienne noire et hostile, et qu'il soit impossible de voir devant soi, Paul dut reconnaître qu'il était perdu. Pour se protéger du froid et du vent, il s'abrita derrière un gros rocher et alluma un feu. Il mangea peu afin de conserver de la nourriture pour le lende-
> 5 main, en espérant retrouver le chemin du village. Tandis qu'il coupait un bout de fromage, un hibou le fit sursauter. Paul se mit à injurier l'animal et lança une petite pierre dans sa direction afin de le faire fuir. Le hibou revint aussitôt et continua ses hululements. La forêt produisait des bruits insolites qui n'avaient rien pour calmer Paul, lui qui n'avait jamais passé une nuit seul, en pleine forêt.
> 10 Comme il ne trouvait pas le sommeil, il tailla une branche, il mesura son adresse en lançant de petits cailloux dans un trou d'écureuil, il fit quelques pas autour du feu... Tout à coup, alors qu'il avait enfin apprivoisé la nuit et ses murmures inquiétants, il vit une bête se profiler: un renard! Paul se leva d'un bond. Il sortit son couteau suisse de sa poche et l'ouvrit. Il se tenait prêt à attaquer la bête.

**13** Si tu devais construire une histoire autour d'un personnage, Marc, qui veut acheter un billet de concert, tu pourrais relater cette histoire en utilisant la série d'actions présentées dans l'encadré.

> ① Marc fait la queue. ② Il discute avec la jeune fille devant lui. ③ Il regarde sa montre. ④ Il demande un billet pour le spectacle. ⑤ Il sort deux billets de vingt dollars. ⑥ Il paie le caissier. ⑦ Il prend le billet et le met dans sa poche. ⑧ Il remercie le caissier et quitte la billetterie.

**A** Parmi les actions présentées dans l'encadré, lesquelles pourraient être enlevées dans ton récit?

**B** Parmi les actions présentées dans l'encadré, laquelle ne pourrait être supprimée dans ton récit?

**C** Quelle action devient importante si, dans la suite de l'histoire, Marc revoit la jeune fille avec qui il a discuté dans la file d'attente et qu'ils conviennent d'assister au concert ensemble?

**14** Résume tes découvertes sur les actions importantes en complétant l'énoncé qui suit:

- *Dans un roman, les actions importantes sont celles qui* ✎ .
  *Les autres actions sont secondaires, car elles* ✎ .

VILLE IMAGINAIRE

**Écho et Narcisse**
(*Anthologies,* page 108)

**15** Cette activité te permettra de comprendre le rôle des actions importantes dans un texte et de constater comment l'histoire pourrait être différente si ces actions ne se produisaient pas.

**A** Relève le passage du texte *Écho et Narcisse* qui relate chacune des actions importantes rapportées dans la première colonne de l'encadré.

**B** Réponds aux questions qui se rattachent à chacune de ces actions.

La première question te permettra de confirmer que l'action est importante et la seconde te permettra de modifier l'histoire d'Écho et de Narcisse.

**a)  Héra jette un sort à Écho.**
(paragraphe 3, lignes 12 à 17)

① Que serait-il arrivé si la déesse Héra n'avait pas puni Écho ?

② Quel autre sort la déesse Héra aurait-elle pu jeter à Écho ?

**b)  Écho tombe amoureuse de Narcisse.**
(paragraphe 4, lignes 18 à 22)

① Que serait-il arrivé si Écho n'était pas tombée amoureuse de Narcisse ?

② Qu'aurait-il pu arriver si l'amour de Narcisse avait libéré Écho du sort jeté par Héra ?

**c)  Narcisse se sépare de ses compagnons.**
(paragraphes 5 et 6, lignes 23 à 30)

① Que serait-il arrivé si Narcisse était resté avec ses compagnons ?

② Qu'aurait-il pu arriver si Narcisse avait rencontré Écho avec tous ses compagnons ?

**16** Dans le paragraphe 12 (lignes 54 à 60), relève une action qui aura une grande importance dans la suite de l'histoire de Narcisse. Réponds à l'aide de la formule suivante :

**personnage ➔**                    **action**
(verbe + complément, s'il y a lieu)

**17** Dans le paragraphe 15 (lignes 69 à 71), relève une série d'actions que l'auteur relate pour détailler l'action suivante : *Narcisse voit* ➤ *son image dans l'eau.*

Utilise la même formule qu'au numéro 16.

**L'histoire de toutes les histoires**
(*Modes d'emploi,* page 133)

**18** **A** Dans les trois premiers paragraphes du texte *L'histoire de toutes les histoires,* relève deux actions du Roi des rois qui ont une influence sur la suite de l'histoire.

**B** Quelle action pourrait remplacer la série d'actions relatées dans le paragraphe 4 ?

**C** Relève deux actions importantes dans le paragraphe 5.

**D** Dans le paragraphe 7, relève dans les paroles du roi un passage qui constitue une action importante pour la suite de l'histoire.

# À la découverte
# du schéma narratif

Tous les récits sont structurés de manière à établir une relation entre les actions pour développer une intrigue en vue d'un dénouement. Ces actions peuvent être représentées à l'aide d'un schéma appelé *schéma narratif*.

Jean Roba, *Billets de Bill*, © SPRL JEAN ROBA, © DARGAUD-BENELUX SA.

**19** Les bandes dessinées sont des récits où l'on trouve les mêmes composantes que dans les romans. En observant la première case de la bande dessinée reproduite à la page 141, réponds aux questions *QUI ?* (personnages), *QUOI ?* (action), *OÙ ?* (lieux) et *QUAND ?* (temps).

**20** S'il fallait diviser la bande dessinée de la page 141 en trois parties (*avant, pendant* et *après*), quelles cases associerais-tu à chacune ?

**21** Quelles cases associerais-tu aux titres suivants :

A En route vers le lieu de torture     E Le troisième supplice

B Le bourreau     F Le quatrième supplice

C Le premier supplice     G Une lueur d'espoir

D Le deuxième supplice     H La délivrance

**22** A Si l'auteur de la bande dessinée avait omis les cases 6, 7 et 8, la suite de l'histoire aurait-elle été la même ?

B Selon toi, pourquoi l'auteur a-t-il inséré les cases 6, 7 et 8 ?

**23** En première secondaire, tu as appris que la plupart des récits sont organisés à partir du schéma narratif. Quelles cases de la bande dessinée associerais-tu aux éléments suivants ?

A la situation initiale     D le dénouement

B l'élément déclencheur     E la situation finale

C l'action (les péripéties)

**24** Lis le texte *Mission impossible,* puis fais les activités qui s'y rattachent.

## Mission impossible

1 Voici l'histoire d'un jeune homme brave mais surtout téméraire qui n'oubliera pas de sitôt sa terrible aventure dans le Grand Nord.

2 Pressé de rejoindre ses camarades qui prospectaient à Cherry Creek et qui, disait-on, avaient trouvé un filon important, Tom Vincent – c'est le nom du jeune homme – partit en direction de Cherry Creek par une très froide matinée de janvier.

3 Malheureusement, Tom tomba dans un torrent. Ce qui devait arriver arriva : les pieds du jeune homme se transformèrent immédiatement en glaçons.

4 Notre explorateur n'était pas au bout de ses peines : après s'être gelé les pieds, voilà que la neige éteignit le feu qu'il avait allumé pour se réchauffer. Il tenta de le rallumer plusieurs fois, sans succès. Finalement, il y arriva, mais il se brûla les mains.

5 Après bien des péripéties, Tom Vincent parvint à destination. Il garda de nombreuses cicatrices aux mains et aux pieds. Il affirme aujourd'hui qu'il n'oubliera jamais cette aventure.

Inspiré du récit *Construire un feu* de Jack London.

**A** S'il fallait diviser ce texte en trois parties (*avant*, *pendant* et *après*), quels paragraphes associerais-tu à chacune ?

**B** Voici le schéma narratif du texte *Mission impossible.* Le déroulement de l'action est présenté dans le désordre. Rétablis l'ordre dans lequel les événements se succèdent dans le texte.

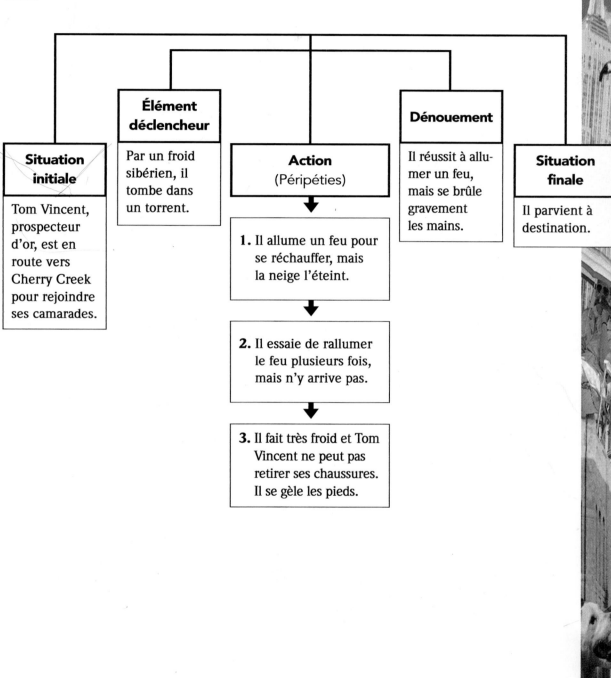

**Situation initiale**

Tom Vincent, prospecteur d'or, est en route vers Cherry Creek pour rejoindre ses camarades.

**Élément déclencheur**

Par un froid sibérien, il tombe dans un torrent.

**Action**
(Péripéties)

**1.** Il allume un feu pour se réchauffer, mais la neige l'éteint.

**2.** Il essaie de rallumer le feu plusieurs fois, mais n'y arrive pas.

**3.** Il fait très froid et Tom Vincent ne peut pas retirer ses chaussures. Il se gèle les pieds.

**Dénouement**

Il réussit à allumer un feu, mais se brûle gravement les mains.

**Situation finale**

Il parvient à destination.

### *Le chien bleu*
(*Anthologies*, page 124)

Lis le texte *Le chien bleu,* puis fais l'activité qui s'y rattache.

**25** Reproduis le schéma narratif suivant et ajoute les énoncés de l'encadré aux bons endroits. Indique aussi les lignes du texte qui correspondent aux différentes composantes du schéma.

① Le chien découvre qu'il est blanc. ② Le chien gratte à des portes. ③ Le chien meurt. ④ Il était une fois un chien bleu. ⑤ Une petite fille passe. ⑥ Le chien se tapit au coin d'une rue. ⑦ Le chien est heureux et blanc. ⑧ Un jour, il se met à neiger.

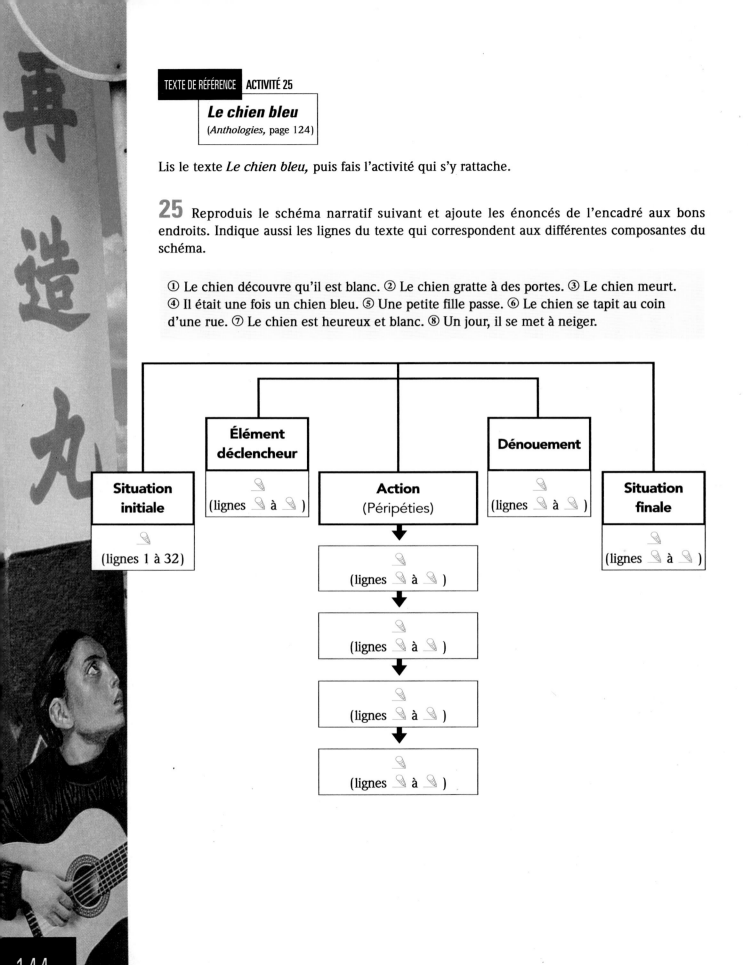

# À la découverte
# des séquences narratives

TEXTE DE RÉFÉRENCE **ACTIVITÉS 26 À 29**

### *Jacques le Cristal*
(*Anthologies,* page 129)

Lis le texte *Jacques le Cristal,* puis fais les activités qui s'y rattachent.

**26** Un jour, un producteur mit la main sur le texte *Jacques le Cristal* et décida d'en faire un film. Devant l'intérêt que pouvait susciter un tel sujet, une réalisatrice lui proposa d'en faire plutôt une télésérie de six épisodes.

Détermine à quelles lignes du texte pourraient correspondre les six épisodes.

**A** Premier épisode : La naissance de Jacques le Cristal

**B** Deuxième épisode : Le premier mensonge

**C** Troisième épisode : Le secret

**D** Quatrième épisode : L'arrivée du dictateur

**E** Cinquième épisode : L'arrestation de Jacques le Cristal

**F** Sixième épisode : L'emprisonnement de Jacques le Cristal

**27** Malheureusement, à cause des restrictions budgétaires, la réalisatrice n'a pu réaliser que trois épisodes. Il a fallu redécouper l'histoire. Parmi les découpages proposés, lequel choisirais-tu pour garder les actions importantes du récit ?

|  | **Premier découpage** | **Deuxième découpage** | **Troisième découpage** |
|---|---|---|---|
| **Premier épisode** | Lignes 1 à 11 | Lignes 1 à 20 | Lignes 1 à 7 |
| **Deuxième épisode** | Lignes 12 à 27 | Lignes 21 à 32 | Lignes 8 à 32 |
| **Troisième épisode** | Lignes 28 à 47 | Lignes 33 à 47 | Lignes 33 à 47 |

**28** Chaque épisode constitue une petite histoire qui s'inscrit dans la grande histoire racontée dans la télésérie.

Dans le récit, chaque épisode correspond à une séquence narrative qui fait partie de la longue séquence narrative du texte complet. Dans chacune de ces courtes séquences narratives, on peut trouver les composantes d'une histoire.

**A** Rédige des énoncés qui résumeront l'action importante de chacun des trois épisodes que tu as choisis au numéro 27. Le nom de Jacques le Cristal doit apparaître dans chacun des énoncés.

**B** Reproduis un tableau semblable au suivant et remplis-le pour guider la réalisatrice.

| Épisodes (lignes du texte) | Qui ? (personnages) | Quoi ? (actions importantes) | Où ? (lieux) | Quand ? (durée) |
|---|---|---|---|---|
| (Lignes ✎ à ✎ ) | | | | |
| (Lignes ✎ à ✎ ) | | | | |
| (Lignes ✎ à ✎ ) | | | | |

**29** Tu dois maintenant expliquer ce qui se passera dans chaque épisode. Pour y arriver, élabore le schéma narratif de chaque épisode selon le modèle des activités 24 et 25. Tu peux t'inspirer du texte pour préciser les péripéties de chaque épisode.

TEXTE DE RÉFÉRENCE  ACTIVITÉS 30 À 52

**Gilliatt et la Pieuvre**
(*Anthologies*, page 113)

Comme tu as pu le constater en lisant le texte *Jacques le Cristal*, il est possible de subdiviser un récit en courtes séquences narratives correspondant chacune à un schéma narratif et représentant chacune une petite histoire qui s'insère dans la grande histoire.

Lis le texte *Gilliatt et la Pieuvre* en entier, puis fais les activités qui s'y rattachent.

### La situation initiale
(Paragraphe 1, lignes 1 à 11)

**30** Le premier paragraphe constitue une séquence descriptive.

**A** Qu'est-ce qui est décrit dans ce paragraphe ?

**B** Relève tous les mots et les groupes de mots que Victor Hugo a utilisés pour désigner ce qui est décrit dans ce paragraphe.

**C** Quel aspect du sujet est décrit ?

**D** Selon toi, pour quelle raison l'auteur a-t-il inséré cette séquence descriptive dans son texte ?

**E** Si l'auteur avait décidé de retrancher cette séquence, quels changements cela aurait-il dû apporter à la suite du texte, plus particulièrement dans le paragraphe qui suit la séquence ?

### L'élément déclencheur
(Paragraphes 2 à 11, lignes 12 à 46)

**31** **A** Dans le deuxième paragraphe (lignes 12 à 18), quelle expression indique qu'il va se passer quelque chose ?

**B** Trouve un titre qui résume la situation initiale du récit. Ton titre doit commencer par *Gilliatt...*

**32** **A** Dans les paragraphes 3 et 4 (lignes 19 à 26), relève une action qui pourrait représenter l'élément déclencheur du récit.

**B** Quelle réaction cette action provoque-t-elle chez Gilliatt?

**C** Formule une courte phrase qui résume cet élément déclencheur.

**33** Dans les paragraphes 4 à 11 (lignes 25 à 46),

**A** quel passage constitue une séquence descriptive? Indique les numéros des lignes et précise ce qui est décrit;

**B** relève les phrases qui relatent des actions de Gilliatt.

**C** Quelles actions considères-tu comme des actions importantes? Explique ta réponse.

➡️ *L'action* ➡️
➡️ **Séquence narrative** ➡️
(Paragraphes 12 à 16, lignes 47 à 70)

**34** **A** Dans les paragraphes 12 à 16, où commence et où se termine la séquence qui décrit ce que Gilliatt découvre sous le porche?

**B** Dans le paragraphe 16 (lignes 65 à 70), relève une action qui aura des conséquences importantes dans l'histoire.

**35** Dresse la liste des actions de Gilliatt relatées dans les paragraphes 1 à 16 (lignes 1 à 70). Fais ressortir les actions importantes et les actions secondaires.

**36** Les paragraphes 12 à 16 (lignes 47 à 70) constituent une séquence narrative. Les réponses trouvées dans les activités 34 et 35 devraient te permettre de préciser les composantes de l'histoire qui y est racontée. Réponds aux questions suivantes:

**A** *Qui?* (personnages)

**B** *Quoi?* (actions importantes)

**C** *Où?* (lieux)

**D** Dans le premier paragraphe, relève un indice qui te permettrait de répondre à la question *Quand?* (moment de l'histoire).

**37** Trouve un titre qui résume cette séquence narrative. Le titre doit commencer par *Gilliatt...*

**38** Dans un récit comportant plusieurs séquences narratives, le dénouement d'une séquence représente souvent l'élément déclencheur de la séquence suivante.

Dans les paragraphes 16 et 17 (lignes 65 à 71), relève deux actions qui le démontrent et explique pourquoi.

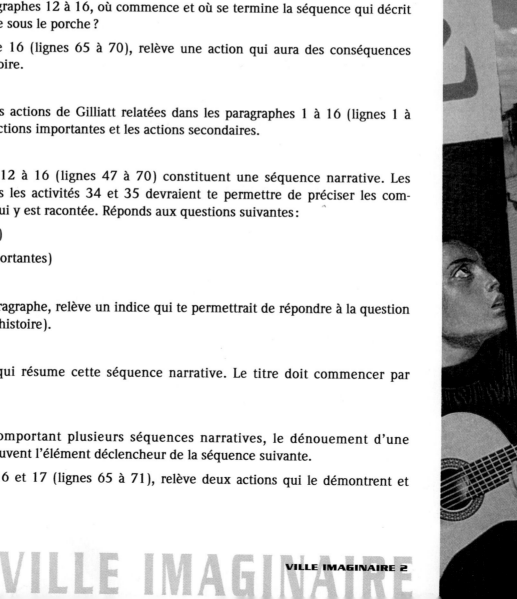

→ **Séquence narrative** →

(Paragraphes 17 à 29, lignes 71 à 140)

Dans la séquence narrative précédente, c'est surtout Gilliatt qui agit; dans celle-ci, la pieuvre prend le relais.

**39** **A** Dans les lignes 91, 103, 109 et 119 des paragraphes 21 à 25, relève des groupes du nom qui révèlent la progression de l'attaque de la pieuvre.

**B** Dans le paragraphe 19 (lignes 74 à 81), relève la phrase qui résume la première attaque de la pieuvre.

**40** Donne un titre au paragraphe 19 (lignes 74 à 81). Ce titre doit commencer par *La pieuvre...*

**41** **A** Dans le paragraphe 20 (lignes 82 à 90), relève toutes les actions de Gilliatt. Réponds par des énoncés commençant par *Gilliatt...*

**B** Trouve un titre qui résume les actions de Gilliatt dans ce paragraphe.

**C** Quelle réaction ces actions provoquent-elles chez la pieuvre ?

**42** **A** Dans le paragraphe 21 (lignes 91 à 102), relève toutes les actions de la pieuvre. Réponds par des énoncés commençant par *La pieuvre...*

**B** Trouve un titre qui résume les actions de la pieuvre.

**43** Résume les paragraphes 22 à 26 (lignes 103 à 130) en citant trois actions importantes faites par la pieuvre et les réactions qu'elles ont déclenchées chez Gilliatt.

Ex.: **actions de la pieuvre** ⟷ **réactions de Gilliatt**
*La pieuvre attaque.* ⟷ *Gilliatt se défend.*

**44** Le paragraphe 27 (lignes 131 à 138) constitue une séquence descriptive insérée dans le récit.

**A** Qu'est-ce qui est décrit dans ce paragraphe ?

**B** Relève tous les mots et les groupes de mots que Victor Hugo a utilisés pour désigner ce qui est décrit dans ce paragraphe.

**C** Quel aspect du sujet est décrit ?

**D** Selon toi, pour quelle raison l'auteur a-t-il inséré cette séquence descriptive dans son texte ?

**E** L'histoire serait-elle modifiée si l'on retranchait ce paragraphe ? Explique ta réponse.

**45** Relève la phrase qui constitue le dénouement de la séquence narrative composée des paragraphes 17 à 29 (lignes 71 à 140).

**46** Les activités 39 à 45 devraient te permettre d'élaborer le schéma narratif de cette deuxième séquence.

**A** Trouve un titre qui résume cette séquence narrative. Le titre doit commencer par *La pieuvre...*

**B** Reproduis le schéma narratif suivant et complète-le.

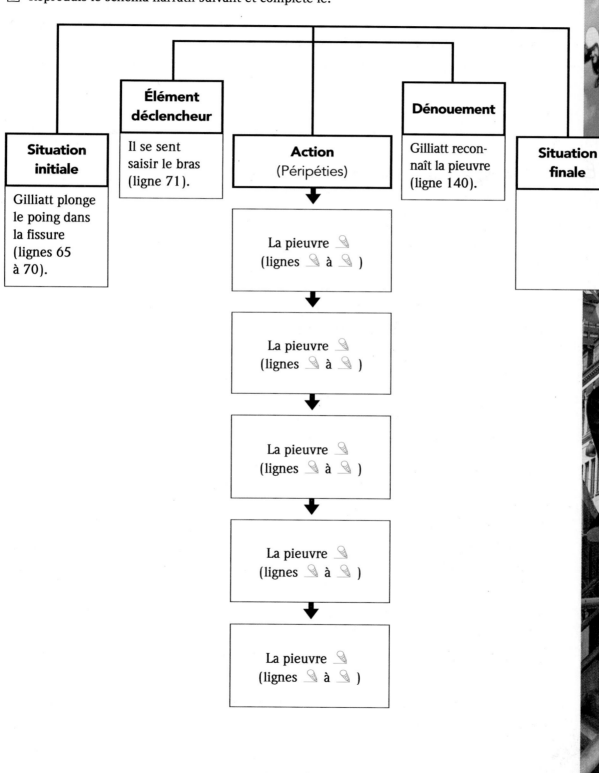

### → Séquence descriptive →

(Paragraphes 30 à 71, lignes 141 à 324)

**47** Lis la partie II du texte (lignes 141 à 241).

[A] Qu'est-ce qui est décrit dans cette partie du texte ? *La pieuvre.*

[B] Dans le paragraphe 35 (lignes 165 et 166), relève le passage où l'on présente clairement l'aspect du sujet qui est décrit dans la partie II. *Voici ce que c'est que cette rencontre, toujours possible dans les rochers du large.*

[C] Dans les paragraphes 36 à 43 (lignes 167 à 217), relève tous les verbes qui décrivent l'aspect trouvé en B). *Tout les verbes possible.*

[D] Selon toi, pour quelle raison l'auteur a-t-il inséré cette longue séquence descriptive dans son texte ? *Pour qu'on en sache plus*

[E] Dans le paragraphe 44 (lignes 218 à 239), quel procédé Victor Hugo utilise-t-il pour augmenter la tension chez le lecteur ou la lectrice ?
*Il explique comment elle attaque.*

**48** La partie III du texte (lignes 242 à 361) débute par une longue séquence (lignes 242 à 324) qui rappelle dans quelle situation se trouve Gilliatt. Cette séquence est-elle principalement narrative ou descriptive ? Justifie ta réponse en quelques mots.

### ► *Le dénouement* ━━━►

#### → **Séquence narrative** →

(Paragraphes 72 à 85, lignes 325 à 361)

**49** [A] Au début de cette troisième séquence narrative (lignes 325 à 327), quel groupe complément de phrase indique le moment où l'auteur ramène les lecteurs et les lectrices dans l'action ?

[B] Relève le passage relatant l'action de la pieuvre qui relance le récit.

[C] Comment Gilliatt réagit-il ?

[D] Trouve un titre qui résume cette séquence narrative. Ton titre doit commencer par *Gilliatt...*

**50** [A] Quelle action de Gilliatt provoque le dénouement de l'histoire ?

[B] Relève la phrase qui indique clairement qu'il s'agit du dénouement de l'histoire.

## ➤ La situation finale

**51** Relève les deux phrases qui constituent la situation finale du récit.

**52** Voici le schéma narratif du texte *Gilliatt et la Pieuvre* que l'on peut élaborer en ne retenant que les actions importantes de chaque séquence narrative.

Reproduis le schéma narratif et remplis-le en remplaçant les numéros par les réponses que tu as trouvées aux activités que tu as déjà réalisées.

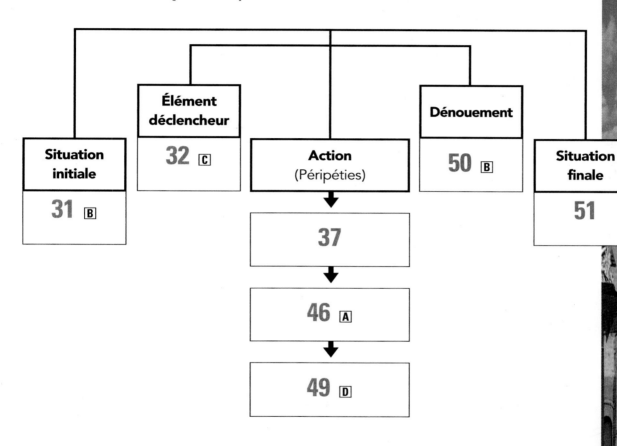

TEXTE DE RÉFÉRENCE   ACTIVITÉ 53

### *L'histoire de toutes les histoires*
(*Modes d'emploi,* page 133)

**53** Élabore maintenant le schéma narratif du texte *L'histoire de toutes les histoires*.

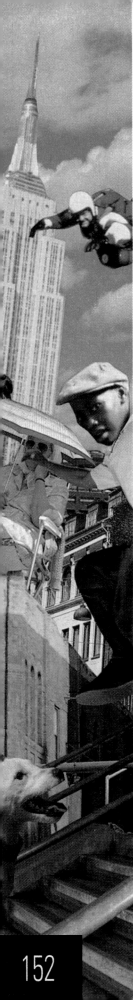

## LES SÉQUENCES NARRATIVES ET LES SÉQUENCES DESCRIPTIVES

### Objectif
Discuter de l'utilité de savoir reconnaître les séquences narratives et les séquences descriptives dans un récit.

### Fonctionnement
En équipes de quatre à cinq participants et participantes.

### Durée suggérée
Environ 20 minutes.

### Sujets de discussion
1. La reconnaissance des séquences narratives et des séquences descriptives aide-t-elle à mieux comprendre le récit ?
2. La reconnaissance des séquences narratives et des séquences descriptives aide-t-elle à prendre conscience des procédés utilisés par l'auteur ou l'auteure pour susciter et maintenir l'intérêt des lecteurs et des lectrices ?
3. Comment procéderiez-vous pour convaincre quelqu'un de lire le texte *Gilliatt et la pieuvre* ?

### Déroulement de l'activité
1. Les élèves désignent un modérateur ou une modératrice au sein de chaque équipe.
2. Chaque équipe choisit un sujet de discussion.
3. Une personne de l'équipe est chargée de noter les observations et de faire le compte rendu.

### Pistes d'observation
Vérifier :
1. si les élèves ont respecté le sujet de la discussion ;
2. si les élèves qui ont choisi le premier ou le deuxième sujet ont eu recours à des exemples pour justifier leurs propos ;
3. si les élèves qui ont choisi le troisième sujet ont trouvé des arguments convaincants ;
4. si tous les élèves ont participé à la discussion et ont parlé à tour de rôle ;
5. si les élèves ont utilisé un registre de langue approprié ;
6. si les élèves ont tenu compte des réactions de chacun et de chacune (commentaires, demandes d'éclaircissement, échanges verbaux et non verbaux, etc.).

# À la découverte du résumé

## QU'EST-CE QU'UN RÉSUMÉ ?

**54** **A** Dans quelles circonstances t'est-il arrivé de devoir faire un résumé ?

**B** À ton avis, quelles sont les qualités d'un bon résumé ?

**C** Un résumé doit-il nécessairement être neutre ou peut-il laisser voir le point de vue de la personne qui le fait ?

**D** Un résumé doit-il nécessairement être écrit ou peut-il être oral ?

## MA VIE EST COMME UN ROMAN

**55** **A** Si on te demandait de faire le résumé de ta vie, sur quels événements, parmi les suivants, t'appuierais-tu ?

① Le jour de ta naissance.

② Le jour où tu as reçu ton premier animal en peluche.

③ Le jour où tu as fait de la bicyclette pour la première fois.

④ L'événement le plus marquant de ta vie.

⑤ Le jour de ton troisième anniversaire.

⑥ Ta première visite chez le médecin.

⑦ L'événement le plus marquant de chaque étape de ta vie.

⑧ Ta première visite chez le dentiste.

⑨ Les divers lieux où tu as habité avec ta famille.

⑩ Ta première journée à la maternelle.

⑪ La note que tu as obtenue en français en quatrième année.

⑫ La première fois que tu as participé à une activité sportive.

⑬ Le décès d'êtres chers.

⑭ Ton entrée à l'école secondaire.

**B** Explique brièvement pourquoi tu as choisi ces événements plutôt que d'autres.

**56** Lis les trois résumés suivants, puis fais les activités qui s'y rattachent.

**Court résumé neutre**

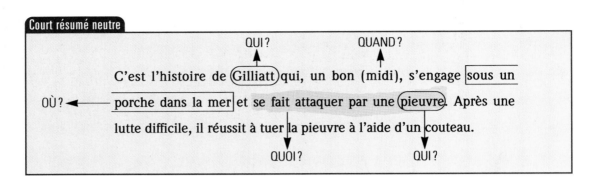

QUI?    QUAND?

C'est l'histoire de (Gilliatt) qui, un bon (midi), s'engage sous un

OÙ? ◄— porche dans la mer et se fait attaquer par une (pieuvre). Après une

lutte difficile, il réussit à tuer la pieuvre à l'aide d'un couteau.

QUOI?    QUI?

**Long résumé neutre**

QUI?

**C'est l'histoire de** ➜   Un homme, (Gilliatt), se

OÙ?

**Au début** ➜   trouve sur la plage.

**Puis** ➜   Il se lance à la poursuite d'un crabe qui l'entraîne sous une sorte de porche dans une grotte.

**Alors** ➜   Voulant attraper le crabe qui s'est sauvé dans une fissure, il y plonge le poing et (quelque chose) le saisit. Il essaie de s'échapper, mais la lanière se resserre. ↘ QUI?

Une deuxième lanière sort de la crevasse et s'enroule autour du torse de Gilliatt.

Une troisième lanière apparaît et se fixe sur ses côtes.

Une quatrième lanière s'empare de son ventre.

QUOI? ◄—   Une cinquième se superpose aux autres et se replie sur son diaphragme.

Une tête apparaît finalement et Gilliatt découvre qu'il s'agit d'une pieuvre.

Cette dernière détache du rocher sa sixième lanière et essaie de lui saisir le bras gauche. Gilliatt évite l'antenne et son poing s'abat sur la bête. À l'aide de son couteau, il lui arrache la tête.

La tête de la pieuvre tombe au fond de l'eau.

**Enfin** ➜   La pieuvre est morte. Gilliatt referme son couteau.

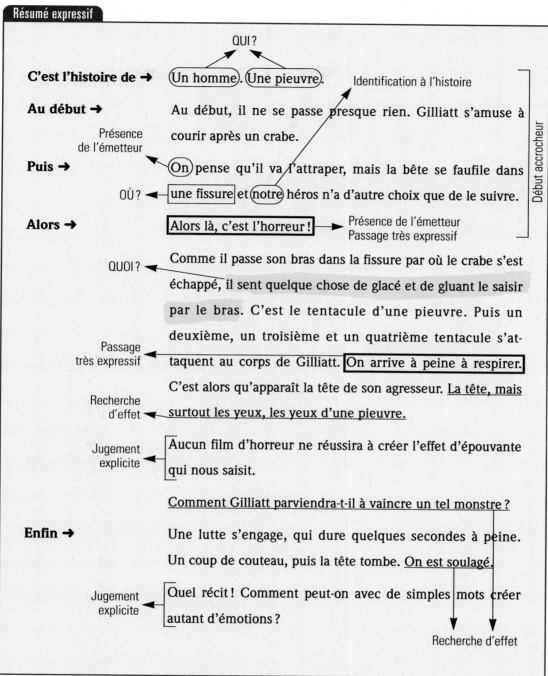

QUI?

C'est l'histoire de → (Un homme). (Une pieuvre).

Identification à l'histoire

Au début → Au début, il ne se passe presque rien. Gilliatt s'amuse à courir après un crabe.

Présence de l'émetteur

Puis → (On) pense qu'il va l'attraper, mais la bête se faufile dans

OÙ? ← une fissure et (notre) héros n'a d'autre choix que de le suivre.

Début accrocheur

Alors → Alors là, c'est l'horreur !

Présence de l'émetteur
Passage très expressif

QUOI? ← Comme il passe son bras dans la fissure par où le crabe s'est échappé, il sent quelque chose de glacé et de gluant le saisir par le bras. C'est le tentacule d'une pieuvre. Puis un deuxième, un troisième et un quatrième tentacule s'at-

Passage très expressif ← taquent au corps de Gilliatt. On arrive à peine à respirer.

Recherche d'effet ← C'est alors qu'apparaît la tête de son agresseur. La tête, mais surtout les yeux, les yeux d'une pieuvre.

Jugement explicite ← Aucun film d'horreur ne réussira à créer l'effet d'épouvante qui nous saisit.

Comment Gilliatt parviendra-t-il à vaincre un tel monstre ?

Enfin → Une lutte s'engage, qui dure quelques secondes à peine. Un coup de couteau, puis la tête tombe. On est soulagé.

Jugement explicite ← Quel récit ! Comment peut-on avec de simples mots créer autant d'émotions ?

Recherche d'effet

**57** Lequel de ces résumés te donne envie de lire le texte ?

**58** À l'aide des annotations, relève des éléments qui pourraient t'aider à formuler un mode d'emploi pour faire :

**A** un court résumé neutre ;

**B** un long résumé neutre ;

**C** un résumé expressif.

VILLE IMAGINAIRE

> ### *L'histoire de toutes les histoires*
> (*Modes d'emploi,* page 133)

**59** À la manière des résumés présentés au numéro 56, fais trois résumés du texte *L'histoire de toutes les histoires.*

Ⓐ Un court résumé neutre.     Ⓑ Un long résumé neutre.     Ⓒ Un résumé expressif.

## DES CONNAISSANCES SUR LES ACTIONS DANS UN ROMAN

**Un récit**
— Un roman est un **récit** ➜ qui présente une **intrigue** mettant en scène des **personnages** qui ➜ font des choses (**actions**) ➜ et à qui il arrive des choses (**événements**) dans des **lieux** précis, à des **moments** définis.

— Les actions des personnages et les événements relatés dans un récit constituent **la matière première de l'histoire.**

— Les actions sont reliées entre elles et forment un tout.

**Les actions importantes**
— Les **actions importantes** sont celles qui ont une **influence sur la suite de l'histoire** parce qu'elles représentent une étape dans l'**évolution** de l'histoire. Elles orientent l'histoire : elles font que celle-ci prend telle direction plutôt que telle autre.

— Une **action importante** représente habituellement un **choix.**

**Les actions secondaires**
Les **actions secondaires** sont des actions qui **développent, précisent** et **complètent** les actions importantes.

**Le schéma narratif**
Les actions et les événements racontés dans un récit correspondent généralement aux composantes du **schéma narratif** suivant :

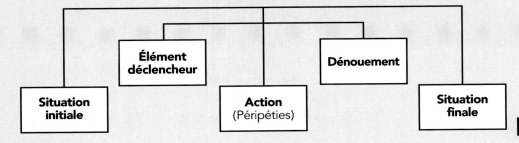

| | **Élément déclencheur** | | **Dénouement** | |
| **Situation initiale** | | **Action** (Péripéties) | | **Situation finale** |

- La **situation initiale** présente une situation d'équilibre; on y trouve habituellement les composantes de l'histoire (*Qui ?, Quoi ?, Où ?, Quand ?*).
- L'**élément déclencheur** introduit un déséquilibre.
- L'**action** donne lieu à diverses péripéties.
- Le **dénouement** met un terme à l'action.
- La **situation finale** présente une nouvelle situation d'équilibre.

|  | OÙ ? | QUI ? | QUOI ? |
|---|---|---|---|

- La situation initiale ➜ *Dans le lac d'Annecy, trois jeunes nageaient.*
- L'élément déclencheur ➜ *L'un, Janinetti, disparut.*
- L'action ➜ *Plongeon des autres.*
- Le dénouement ➜ *Ils le ramènent,*
- La situation finale ➜ *mais mort.*

J.M. Adam, *L'analyse des récits*, Seuil, 1996.

**Les séquences narratives**
- Le schéma narratif que l'on dégage d'un récit constitue une **grande séquence narrative** qui raconte une **histoire complète** avec un début, un milieu et une fin.
- À l'**intérieur de cette grande séquence** se trouve un **ensemble d'actions importantes** correspondant à de petites histoires dans lesquelles on peut trouver les composantes du schéma narratif. Ces petites histoires sont aussi des **séquences narratives**.

**Le résumé**
- Le **résumé** d'un récit peut être **très court ou très long selon le contexte dans lequel il est produit.**

Par exemple, on peut résumer une vie dans la phrase *Il naquit, vécut et mourut*, mais on peut aussi la résumer dans un texte de plusieurs pages.

- Un résumé peut être **neutre** ou **expressif** selon qu'on veut rendre compte de l'histoire de façon objective ou qu'on désire la résumer pour donner envie de la lire.
- Qu'il s'agisse d'un résumé long ou court, neutre ou expressif, il doit rendre compte des **actions importantes**. Le **schéma narratif** et le repérage des **séquences narratives** s'avèrent des moyens utiles pour rapporter ces actions.
- Pour rédiger le résumé, on peut avoir recours à la formule suivante:

**C'est l'histoire de ➜ Au début ➜ Puis ➜ Alors ➜ Enfin**

VILLE IMAGINAIRE

# Passeport

**l e c t u r e**

## Destination

C'est le moment de mettre en pratique ce que tu as appris sur les actions dans un roman et sur le résumé. Pour ce faire, tu devras lire un roman d'action et rendre compte de ta lecture dans une interview au cours de laquelle tu discuteras du roman dans le but de le faire connaître et de donner envie de le lire. Tu en feras le résumé et tu feras connaître ton appréciation.

## Itinéraire

**1** Choisir et lire un roman d'action.

**2** Construire le schéma narratif du roman.

**3** Repérer les séquences narratives afin de dégager les actions importantes du roman. Les chapitres peuvent constituer des indices pour délimiter les séquences narratives.

**4** Faire un résumé expressif qui permettrait à une autre personne de découvrir si elle a envie ou non de lire le roman.

### FAIRE LE RÉSUMÉ D'UN RÉCIT

**1** S'assurer que le lecteur ou la lectrice obtiendra des réponses aux questions *Qui?* (personnages), *Quoi?* (intrigue), *Où?* (lieux) et *Quand?* (temps).

**2** En traitant de l'intrigue (*Quoi?*), s'assurer que le lecteur ou la lectrice
– pourra suivre le déroulement des actions importantes;
– pourra trouver les composantes du schéma narratif.

**3** Insérer des passages expressifs dans le résumé.

**4** Avoir recours à la formule suivante:
**C'est l'histoire de → Au début → Puis → Alors → Enfin**

## VIENT DE PARAÎTRE

**Sujet de discussion**
Un roman d'action.

**Objectif**
Participer à une interview télévisée où des personnalités discutent d'un roman d'action avec un animateur ou une animatrice dans le but d'inciter les téléspectateurs et les téléspectatrices à lire ce roman.

**Fonctionnement**
En équipes de deux.

**Durée suggérée**
De 15 à 20 minutes.

**Déroulement de l'activité**
1. Chaque équipe de deux élèves détermine :
   – qui jouera le rôle de l'animateur ou de l'animatrice ;
   – qui sera la personnalité interviewée.
2. L'animateur ou l'animatrice présente :
   – la personnalité invitée ;
   – les renseignements bibliographiques du roman.
3. La personnalité présente un résumé expressif du roman.
4. L'animateur ou l'animatrice discute du roman avec la personnalité invitée en s'appuyant sur des exemples tirés de l'œuvre.
5. L'animateur ou l'animatrice conclut en faisant une synthèse des opinions de la personnalité invitée.

 Critères d'évaluation

Au cours de la discussion,

1. les élèves ont bien résumé le roman ;

2. les élèves ont inséré des passages expressifs pour donner envie de lire le roman ;

3. les élèves ont cité des exemples tirés du roman pour susciter l'intérêt et appuyer leurs propos ;

4. tous les élèves ont participé à la discussion et ont parlé à tour de rôle ;

5. les élèves ont utilisé un registre de langue approprié ;

6. les élèves ont tenu compte des propos de l'interlocuteur ou de l'interlocutrice (questions et réponses, demandes d'éclaircissement, échanges verbaux et non verbaux, etc.).

# Des personnes qui ont une histoire

Tous les jours, tu croises des personnes dans la rue.

Des personnes à la mine triste ou joyeuse.

Dans la vie de chacune de ces personnes, il y a un événement qui pourrait être

raconté dans un roman.

Chaque personne porte en elle une histoire.

Chaque rue, chaque village, chaque ville renferme donc des milliers d'histoires.

Les livres aussi contiennent des histoires, les histoires des personnes que tu croises

tous les jours dans la rue. Des histoires qui sont passionnantes à découvrir.

Dans cette étape, tu auras l'occasion de te rappeler les apprentissages sur les phrases que tu as faits en première secondaire.

**Tu vérifieras si tu sais déjà:**

— trouver **DE QUI** ou **DE QUOI** on parle dans une phrase;

— relever les **RENSEIGNEMENTS** contenus dans une phrase;

— isoler les groupes ou les ensembles de mots qui précisent les **circonstances** dans lesquelles se déroulent les actions relatées dans une phrase.

**À FAIRE!**

**1** Lis le *Mode d'emploi* ci-dessous et le texte annoté (page 163), puis transcris et complète le **TEXTE SUR TEXTE** (page 164).

## COMPRENDRE LE SENS DES PHRASES DANS UN TEXTE

### STRATEGIES

| CE QU'IL FAUT FAIRE... | COMMENT LE FAIRE |
|---|---|
| **En lisant le texte** | |
| **1** Pour comprendre le sens d'une phrase, il faut, **au fil de la lecture, en dégager les éléments sémantiques essentiels.** | **1** Faire un organisateur graphique permet de mettre en évidence les **éléments sémantiques essentiels** d'une phrase. <br><br> circonstances <br> *quand il a peur* ⟶ **QUI? + RENSEIGNEMENT** <br> *Mon chat + sort ses griffes* |
| **a)** Répondre à la question *DE QUI ou DE QUOI parle-t-on* **(Q)** *dans la phrase?* | **a)** Encercler dans la phrase la réponse à la question *DE QUI ou DE QUOI parle-t-on* **(Q)** *dans la phrase?* <br><br> (*Mon chat*) *sort ses griffes quand il a peur.* <br><br> La réponse à cette question correspond habituellement au groupe du nom sujet (GNs). On peut la trouver: <br> – en posant la question *Qui est-ce qui?* ou *Qu'est-ce qui?* avant le verbe; <br> **ou** <br> – en utilisant l'expression *C'est... qui* ou *Ce sont... qui.* |
| **b)** Relever le ou les **RENSEIGNEMENTS (R)** que la phrase contient. | **b)** Surligner les RENSEIGNEMENTS (R). Ceux-ci correspondent habituellement au groupe du verbe (GV: verbe conjugué et ses expansions). <br><br> (*Mon chat*) **sort ses griffes** *quand il a peur.* |
| **c)** Relever les groupes ou ensembles de mots qui indiquent des **circonstances (circ.)**, c'est-à-dire qui répondent à des questions comme *Quand?, Pourquoi?, Comment?*, etc. | **c)** Isoler à l'aide de parenthèses les groupes compléments de phrase (Gcompl. P). Les groupes compléments de phrase peuvent être déplacés en début de phrase et peuvent être supprimés. <br><br> (*Mon chat*) *sort ses griffes* (**quand il a peur**). |

*DE QUI ou DE QUOI parle-t-on ?*

*renseignements*

# Sacrée colère !

*Pourquoi ?*

(En voulant se venger,) George Crum, le chef cuisinier du

*Où ?*

restaurant de la Moon's Lake House (à Saratoga Springs, dans

l'État de New York,) créa une nouvelle spécialité culinaire❶.

*Quand ?*

Furieux contre un client qui, (un jour de 1853,) se plaignit de

*Pourquoi ?*

frites trop épaisses et trop grasses, Crum décida, (par esprit de

vengeance,) de lui préparer une nouveauté : des rondelles de

pomme de terre très fines, bien dorées et copieusement salées.

Le dîneur mécontent❷ en goûta une, retrouva le sourire et les

mangea finalement toutes. Il inaugura❸ ainsi ce qui allait

*Quand ?*

devenir un des plats nationaux américains. (Bientôt,) la spécialité

inventée par hasard par Crum reçut le nom de « chips❹ »

(« copeaux », en anglais) et figura au menu de presque tous

*Quand ?*

les restaurants du pays. (Aujourd'hui,) l'Américain moyen

*Quand ?*

consomme, (par an,) environ trois kilos de chips – une sorte de

vengeance qui ne se mange pas froide⑤ mais bien dorée.

D'après *Le Génie inventif*,
(*Library of Curious and Unusual Facts: Inventive Genius*),
© 1991, Time-Life Books inc.

## ATTENTION !

Au fil de la lecture du texte annoté, tu rencontreras peut-être des mots dont tu ne connais pas le sens. Les interventions en marge du texte devraient t'aider à le découvrir.

❶

Trouve deux mots de la même famille que *culinaire*.

❷

Donne la signification du mot *mécontent* à l'aide de sa formation.

❸

Remplace le mot *inaugura* par un synonyme.

❹

Quel mot français peut-on utiliser à la place du mot *chips* ?

⑤

Cette remarque fait allusion à l'expression *la vengeance est un plat qui se mange froid*.

## L'histoire des *chips*

| Circonstances | On parle de | | | On dit que |
|---|---|---|---|---|
| En 1853, | QUI ? | George Crum → | créa une nouveauté culinaire ← | RENSEIGNEMENT |
| | QUI ? | Un dîneur → | les goûta ← | RENSEIGNEMENT |
| | | | les mangea toutes ← | RENSEIGNEMENT |
| Bientôt, | QUOI ? | La spécialité → | reçut le nom de chips ← | RENSEIGNEMENT |
| | | | figura au menu de presque tous les restaurants ← | RENSEIGNEMENT |
| Aujourd'hui, Par an, | QUI ? | L'Américain moyen → | consomme trois kilos de chips par an ← | RENSEIGNEMENT |

Le texte *Sacrée colère!* est un texte de type  parce que  .

**Dans le premier paragraphe**, on parle de  , qui a  dans les circonstances suivantes:

**Dans le deuxième paragraphe**, on parle de  , qui a  .

**Tu devrais avoir réussi au moins les numéros 2, 3, et 6.**

**Si tel n'est pas le cas, repère les stratégies du *Mode d'emploi* (page 162) qui auraient pu t'aider à le faire.**

Marie essaie-t-elle de fuir sa mère, ou bien a-t-elle fait avec son chien le pari qu'elle ferait trois fois le tour du parc avant que sa mère ne se fâche pour de bon?

Dans cette étape, tu acquerras des connaissances et des stratégies sur **le rôle de certaines phrases** dans les textes narratifs et les textes descriptifs. Tu découvriras les réponses aux questions suivantes:

**Quelles sont les caractéristiques des phrases qui jouent un rôle important dans la narration et dans la description?**

— Comment **les phrases qui relatent des actions dans un récit** peuvent-elles être organisées?

— Comment **les phrases qui décrivent ce dont on parle dans un texte** peuvent-elles être organisées?

# QUELLES SONT LES CARACTÉRISTIQUES DES PHRASES QUI JOUENT UN RÔLE IMPORTANT DANS LA NARRATION ET DANS LA DESCRIPTION?

Toutes les phrases contenues dans un texte contribuent à son sens. Toutefois, selon que le texte est narratif ou descriptif, certaines phrases jouent un rôle plus important que d'autres, car elles permettent spécifiquement au lecteur ou à la lectrice de suivre le déroulement de l'action ou de se représenter les réalités (personnes, lieux, objets, etc.) dont on parle.

# Comment les phrases qui relatent des actions dans un récit peuvent-elles être organisées?

Dans un récit, toutes les phrases contribuent à raconter une histoire. Cependant, certaines phrases jouent un rôle plus important que d'autres, car elles relatent clairement qu'un personnage accomplit une action qui fait progresser l'histoire. Ces phrases permettent au lecteur ou à la lectrice de mieux comprendre ce qui se passe, de suivre le déroulement de l'action.

# LES CARACTÉRISTIQUES DES PHRASES
## QUI RELATENT DES ACTIONS DANS UN RÉCIT

**1**  **numéros 1a) et 1b)**

Transcris les phrases de l'encadré ci-dessous et indique les groupes obligatoires de chacune :

**A** en soulignant le verbe conjugué ;

**B** en encerclant le groupe du nom sujet (GNs) ;

**C** en surlignant le groupe du verbe (GV).

**Note :** Ces phrases sont inspirées de l'histoire racontée dans le texte *Gilliatt et la Pieuvre* de Victor Hugo.

> ① Gilliatt arrache un coquillage sous le varech.
>
> ② Le crabe courut vers le rocher.
>
> ③ Gilliatt s'empare de son couteau.
>
> ④ La lanière lécha le torse nu de Gilliatt.
>
> ⑤ Gilliatt trancha la tête de la pieuvre.

**2** Dans chacune des phrases de l'encadré,

**A** quel groupe de mots (GNs ou GV) désigne qui fait l'action ?

**B** quel groupe de mots (GNs ou GV) désigne l'action relatée dans la phrase ?

**C** à quels temps sont conjugués les verbes qui désignent les actions ?

**3** **numéro 1c)**

Les phrases de l'encadré ci-dessous sont les mêmes que celles du numéro 1 auxquelles on a ajouté les groupes de mots écrits en caractères gras.

**A** Comment nomme-t-on la construction des groupes ou des ensembles de mots écrits en caractères gras ?

**B** Détermine la fonction syntaxique de ces groupes ou de ces ensembles de mots.

**C** Explique ce que ces groupes ou ces ensembles de mots ajoutent au sens des phrases.

> ① **De temps en temps,** Gilliatt arrache un coquillage sous le varech.
>
> ② Le crabe courut **subitement** vers le rocher.
>
> ③ Gilliatt s'empare de son couteau **dès qu'il pénètre sous le porche.**
>
> ④ La lanière lécha **tout à coup** le torse nu de Gilliatt.
>
> ⑤ **D'un geste rapide mais assuré,** Gilliatt trancha la tête de la pieuvre.

**4** Résume tes découvertes sur le rôle des constituants dans les phrases qui permettent de suivre le déroulement de l'action.

> • *Très souvent, dans les phrases qui jouent un rôle important dans la narration, le groupe du nom sujet désigne*  ① *; le groupe du verbe désigne* ② *, alors que le groupe complément de phrase* ③ *. Dans les textes narratifs, les verbes qui relatent des actions peuvent, entre autres, être conjugués au* ④ *ou au* ⑤ *.*

## L'ORGANISATION DES PHRASES QUI RELATENT DES ACTIONS DANS UN RÉCIT

Selon ce que la personne qui écrit veut mettre en évidence ou selon l'effet qu'elle veut produire, il existe plusieurs façons d'organiser les phrases qui relatent des actions.

**À FAIRE!**

**5** Dans l'encadré ci-dessous, choisis la phrase qui traduit le mieux l'intention de la personne qui écrit.

**A** La personne qui écrit désire relater une seule action.

**B** La personne qui écrit veut relater une succession d'actions qui se déroulent dans l'ordre.

**C** La personne qui écrit désire relater une succession d'actions de type action/réaction.

**D** La personne qui écrit désire relater une succession d'actions en vue de préciser une autre action.

**E** La personne qui écrit veut mettre en évidence une circonstance dans laquelle se déroule l'action relatée.

> ① Les trois amis <u>courent</u>, <u>enjambent</u> les obstacles, <u>franchissent</u> le boisé, <u>traversent</u> la rivière et <u>arrivent</u> enfin à la cabane.
>
> ② Les trois amis <u>s'enfuirent</u>.
>
> ③ Dès que la nuit tombe, les amis <u>retournent</u> au campement.
>
> ④ L'ours <u>a attaqué</u> et les trois amis <u>se sont enfuis</u>.
>
> ⑤ Les trois amis <u>décidèrent</u> de retourner à la cabane prestement: ils <u>coururent</u>, <u>enjambèrent</u> les obstacles, <u>franchirent</u> le boisé à grands pas et <u>traversèrent</u> la rivière.

**6** À quels temps les verbes de l'encadré du numéro 5 sont-ils conjugués?

**7** Associe les énoncés suivants à l'une des phrases de l'encadré du numéro 5.

**A** La phrase contient des verbes qui expriment une succession d'actions de type action/réaction.

**B** La phrase contient plusieurs verbes qui expriment une succession d'actions qui se déroulent dans l'ordre.

**C** La phrase contient plusieurs verbes qui expriment une succession d'actions en vue de préciser une autre action.

**D** La phrase contient un seul verbe et rapporte une seule action.

**E** Pour mettre en évidence une circonstance dans laquelle se déroule l'action, le groupe complément de phrase est placé en début de phrase.

**8** Rédige des phrases qui seront organisées comme les phrases du numéro 5 :

– en utilisant les mêmes temps de verbes ;

– en ajoutant à chaque phrase des groupes compléments de phrase qui révéleront des circonstances.

# Comment les phrases qui décrivent ce dont on parle dans un texte peuvent-elles être organisées ?

Dans un texte de type descriptif, toutes les phrases contribuent à faire en sorte que le lecteur ou la lectrice s'imagine, se représente ce dont on parle. Toutefois, certaines phrases jouent un rôle plus important que d'autres, car elles servent spécifiquement à caractériser la personne, le lieu, l'objet, le fait ou le phénomène dont on parle.

MODE D'EMPLOI PAGE 162

## LES CARACTÉRISTIQUES DES PHRASES QUI DÉCRIVENT CE DONT ON PARLE DANS UN TEXTE

**9**  **numéros 1a) et 1b)**

Transcris les phrases de l'encadré suivant et indique les groupes obligatoires de chacune :

**A** en soulignant le verbe conjugué ;

**B** en encerclant le groupe du nom sujet ;

**C** en surlignant le groupe du verbe.

① Les galets ressemblaient à des dessus de têtes d'enfants avec des cheveux verts.

② La courroie était mince, âpre, gluante, plate et glacée.

③ Les parois du porche étaient polies et lisses.

④ Gilliatt avait les pieds crispés, le bras droit étreint par les enroulements de la pieuvre.

⑤ La tête représentait une large viscosité ronde et plate qui reliait les huit lanières.

10 **A** Dans les phrases de l'encadré du numéro 9, quel groupe de mots (GNs ou GV) désigne la personne, le lieu, l'objet, le fait ou le phénomène qui est décrit ?

**B** Dans ces phrases, quel groupe de mots (GNs ou GV) donne les caractéristiques de ce qui est décrit ?

**C** À quel temps sont conjugués les verbes des phrases du numéro 9 ?

11 **A** Dans les phrases de l'extrait qui suit, relève les verbes qui servent à introduire les éléments descriptifs écrits en caractères gras et précise à quoi sont attribuées ces caractéristiques.

**B** Précise à quel temps sont conjugués ces verbes.

---

L'unité centrale est ① **le *cerveau* de l'ordinateur**. Elle est composée :

– du microprocesseur (circuit intégré qui organise ② **la circulation des données**) ;

– d'une mémoire vive qui contient ③ **les données en cours de traitement** (elle se vide chaque fois qu'on éteint l'ordinateur) ;

– d'une mémoire morte qui contient ④ **des données qu'on ne peut ni effacer, ni modifier** (ce que le système *sait* faire).

Outre l'unité centrale, le boîtier de l'ordinateur contient ⑤ **un disque dur pour le stockage des données**. Il comporte également ⑥ **un ou deux lecteurs de disquettes**.

---

12 **A** Dans les phrases de l'encadré ci-dessous, relève les verbes qui servent à introduire les éléments descriptifs écrits en caractères gras et précise à qui ou à quoi sont attribuées ces caractéristiques.

**B** Précise à quel temps sont conjugués ces verbes.

**C** En plus du temps auquel ils sont conjugués, exception faite du verbe *avoir*, qu'ont en commun les verbes de ces phrases ?

---

① Quand j'avais **sept ans,** j'ai vu le soleil.

② Le plus vieux des deux, qui était **rond et plutôt laid** (ses chaussettes, par contre, étaient **les plus belles**), m'a adressé la parole.

③ Son style avait **quelque chose de terrestre**.

④ Ses chevaux ressemblaient **à des épis de maïs bien mûris au soleil,** ils étaient **solides et musclés**.

⑤ La selle de ces montures splendides demeurait **vide**.

⑥ Aucun chemin ne semblait **praticable**.

---

**13** L'extrait du numéro 11 et les phrases du numéro 12 proviennent de l'un ou l'autre des livres suivants:

– Esther Rochon, *L'Ombre et le Cheval*, Éditions Paulines, 1992;

– L'encyclopédie *Le Master junior*, Hachette Éducation, 1992.

**A** Selon toi, quelle catégorie de textes (littéraires ou courants) trouve-t-on:

a) dans *L'Ombre et le Cheval*?

b) dans l'encyclopédie *Le Master junior*?

**B** Selon toi, de quel livre provient l'extrait du numéro 11? À quel temps les verbes sont-ils conjugués?

**C** Selon toi, de quel livre sont extraites les phrases du numéro 12? À quel temps les verbes sont-ils conjugués?

**14** Résume tes découvertes en complétant le texte suivant:

• *Dans les phrases qui décrivent ce dont on parle dans un texte, le groupe du nom sujet désigne* ❶ *alors que le groupe du verbe introduit* ❷ *.*

*Dans les textes littéraires, les verbes qui introduisent des caractéristiques sont souvent conjugués à* ❸ *. Dans les textes courants, les verbes qui introduisent des caractéristiques peuvent être conjugués* ❹ *.*

La gardienne de Rose n'a pas l'air de bonne humeur aujourd'hui. Rose lui a-t-elle conté un mensonge, ou bien refuse-t-elle encore de mettre son foulard?

# L'ORGANISATION DES PHRASES QUI DÉCRIVENT CE DONT ON PARLE DANS UN TEXTE

**15** Reproduis et remplis le tableau ci-dessous.

**A** **Dans la première colonne**, tu dois transcrire les phrases de l'encadré ci-dessous en écrivant d'une couleur différente les passages en caractères gras.

**B** **ATTENTION !** **Dans la quatrième colonne, tu dois insérer deux réponses.**

**Premièrement**, tu dois dire si la caractéristique est constituée d'une ou de plusieurs expansions du nom ou d'un ensemble de mots exprimant la comparaison.

**Deuxièmement**, tu dois nommer les groupes ou les ensembles de mots en disant s'il s'agit :

- d'un groupe de l'adjectif ;
- d'un groupe du nom détaché ;
- d'une énumération de groupes du nom ;
- d'une énumération de groupes de l'adjectif ;
- d'une ou de plusieurs subordonnées relatives ;
- d'un groupe du verbe au participe présent ;
- d'un ensemble de mots exprimant la comparaison.

| | Ce qui est décrit (personnes, objets, lieux, etc.) | Caractéristiques attribuées à ce qui est décrit | Ressources linguistiques utilisées pour décrire |
|---|---|---|---|
| Ex.: *Tous les spectateurs,* ***les petits comme les grands****, applaudissaient aux exploits des trapézistes.* | Personnes : *les spectateurs* | *hommes, femmes et enfants* | 1. *Expansion du nom «spectateurs»* <br> 2. *Groupe du nom détaché* |

① Cet homme **qui était laid, qui était même répugnant**, mais **qui était aussi tellement gentil**, faisait courir toutes les dames de la cour.

② Dans les contes, les princes **charmants, gentils, aimables, bien mis, riches et beaux** font encore rêver les belles princesses.

③ **L'eau tombait** de ses mains **comme des perles**.

④ Ses longs cheveux, **s'échappant de son foulard**, ondulaient au vent et la rendaient encore plus belle.

⑤ Du haut des airs, ces grands lacs apparaissent **comme de minuscules taches d'encre sur du papier**.

⑥ Un meuble gigantesque, **rempli de centaines de livres**, obstruait toutes les fenêtres.

16 Rédige six nouvelles phrases construites comme celles du numéro 15 en utilisant les mêmes verbes.

17 Les extraits suivants, puisés dans des textes de ton manuel *Anthologies*, décrivent une même réalité, mais de manières différentes. Lis d'abord les extraits, puis réalise les activités qui les accompagnent.

### EXTRAIT 1

La bagnole franchit quelques montagnes russes et longea un interminable mur d'usine pour venir s'échouer dans une rue plate encaissée entre des maisons ouvrières.

Elles étaient des douzaines, de part et d'autre, qui se succédaient identiquement mornes. Neuves et fraîches, elles avaient dû être coquettes. Mais les soleils d'été avaient craquelé la peinture; les pluies et les gels d'hiver l'avaient pelée; puis la suie des manufactures prochaines avait plâtré les gerçures d'une crasse qui faisait aux angles de longues coulures fangeuses.

Ringuet, *Trente arpents,* Éditions Flammarion, 1991.

### EXTRAIT 2

Les maisons sont en planches. Les murs recouverts de bardeaux de bois, les toits de bardeaux de papier goudronné. Couleurs d'une vivacité et d'une audace ahurissante aussi bien des murs que des toitures. La pistache, le saumon, l'indigo et le sang de bœuf gueulent à l'unisson. Sur chaque maison, un couple de corneilles tranchent par leur noirceur sur les teintes métalliques et mènent grand raffut au coucher du soleil.

Michel Tournier, *Journal de voyage au Canada,* Robert Laffont, 1984.

[A] Qu'est-ce qui est décrit dans chaque extrait?

[B] Dans le premier extrait, relève le seul verbe attributif.

[C] Relève les verbes du deuxième extrait. Dans l'ensemble, ces verbes sont-ils attributifs ou non attributifs?

[D] Relève les groupes ou les ensembles de mots qui attribuent des caractéristiques à ce dont on parle dans chaque extrait.

[E] Peux-tu dire que toutes les caractéristiques attribuées à ce dont on parle sont contenues uniquement dans les groupes du verbe?

## DES PHRASES QUI CONTIENNENT DES ÉLÉMENTS NARRATIFS ET DES ÉLÉMENTS DESCRIPTIFS

Les phrases qu'on lit ou qu'on écrit ne servent pas toutes exclusivement à raconter ou à décrire. Souvent, les phrases qui relatent des actions contiennent aussi des éléments descriptifs qui permettent au lecteur et à la lectrice de se représenter le contexte dans lequel se déroule l'action décrite dans la phrase.

**18** Transcris les phrases de l'encadré ci-dessous.

**A** Souligne les passages qui relatent des actions.

**B** Explique pourquoi tu as relevé ces passages.

**C** Surligne les passages qui décrivent ce dont on parle.

**D** Explique pourquoi tu as relevé ces passages.

① *Alors on vit s'avancer sur l'estrade une petite vieille femme de maintien craintif, et qui paraissait se ratatiner dans ses pauvres vêtements.*

Gustave Flaubert, *Madame Bovary.*

② *Et la vieille Angélique, rassurée, sourit.*

Anatole France.

③ *Il donna la corde, laissa le phoque se débattre. Mais le harpon avait touché ferme et l'eau rougissait du sang de l'animal. Le phoque ne se débattit pas longtemps. Soudain, Agaguk sentit se relâcher la corde. C'en était fait, il pouvait hisser la bête sur la glace. Il banda ses muscles, s'arc-bouta et, d'un coup, il fit sauter l'animal hors de l'eau et jusqu'à ses pieds.*

Yves Thériault, *Agaguk,* © Éditions TYPO, 1993.

④ *Les pieds nus, ils remontèrent la rivière pour rentrer, préférant le chemin de l'eau au chemin des herbes...*

Émile Zola, *La Faute de l'Abbé Mouret,* Fasquelle Éditeur.

Vue de dos, avec son grand manteau, comment savoir si cette femme est heureuse ou triste. Peut-être n'est-elle ni l'un ni l'autre, tout juste occupée à manger une pomme ou à lire une lettre.

| CONNAISSANCES | EXEMPLES |
|---|---|

## LES PHRASES QUI RELATENT DES ACTIONS DANS UN RÉCIT

Dans un récit, les phrases peuvent **rapporter des actions, des faits ou des événements**. Les phrases qui jouent un rôle important dans la narration sont les phrases qui relatent une action faite par un personnage animé (personne, objet ou animal) et **qui ont un effet sur la suite de l'histoire.**

**Les caractéristiques des phrases qui relatent des actions dans un récit**

Les phrases qui relatent des actions dans un récit sont souvent construites de sorte que les groupes de mots qui les constituent traduisent :

**1.** ce qui se passe en désignant **qui fait l'action** ;

Dans les phrases qui jouent un rôle important dans la narration, le **groupe du nom sujet (GNs)** désigne habituellement qui fait l'action.

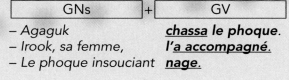

– **Agaguk** · chasse le phoque.
– **Irook, sa femme,** · l'accompagne.
– **Le phoque insouciant** nage.

**2.** ce qui se passe en exprimant l'**action qui est accomplie** ;

Dans ces phrases, le **groupe du verbe (GV)** exprime habituellement l'action qui est accomplie. Selon que le récit est écrit au présent ou au passé, le verbe peut être conjugué au **passé simple**, au **passé composé** ou au **présent de l'indicatif**.

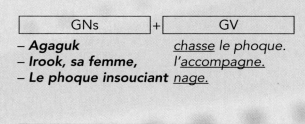

– Agaguk · **chassa le phoque.**
– Irook, sa femme, · **l'a accompagné.**
– Le phoque insouciant · **nage.**

**3.** les **circonstances** dans lesquelles se déroulent l'action ou les actions décrites ;

Dans ces phrases, le ou les **groupes compléments de phrase (Gcompl. P)** peuvent indiquer des circonstances de temps, de cause, de but, de condition, etc.

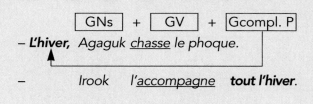

– **L'hiver,** Agaguk chasse le phoque.

– Irook l'accompagne **tout l'hiver.**

## L'organisation des phrases qui relatent des actions dans un récit

Selon ce que veut exprimer la personne qui écrit, les phrases qui relatent des actions peuvent être organisées de différentes façons. Elles peuvent contenir **un seul verbe conjugué ou plus d'un verbe conjugué**, exprimant ainsi une seule action ou plus d'une action.

**1.** La phrase peut contenir **un seul verbe** et désigner **une action unique**.

– *Elle **courut** alors, ses larges mukluks bien d'aplomb sur la neige.*

Yves Thériault, *Agaguk*, © Éditions TYPO, 1993.

**2.** La phrase peut contenir **plusieurs verbes** et désigner :

– une **succession d'actions** qui se déroulent dans l'ordre ;

– *Puis elle **fut** chercher son homme, le **porta** presque, le **glissa** dans le tunnel d'accès.*

*Ibid.*

– une **succession d'actions** du type **action/réaction** ;

– *Il **avait perçu** un autre mouvement dans l'eau et, sans s'arrêter à identifier la proie, il **lança** le harpon avec un grand cri.*

*Ibid.*

– une **succession d'actions** en vue de préciser une autre action.

– *Elle **prit** chaque quartier et, avec le couteau à lame acérée, elle **découpa** la viande en lanières et en **détacha** le suif.*

*Ibid.*

**3.** Pour mettre en évidence la circonstance dans laquelle se déroule une action, le **groupe complément de phrase** peut être placé **en début de phrase**.

***À l'aide d'une hache, cette fois, et du plus grand des couteaux de métal**, elle dépeça les deux carcasses en quatre quartiers.*

*Ibid.*

## LES PHRASES QUI DÉCRIVENT CE DONT ON PARLE DANS UN TEXTE

Dans les textes littéraires et les textes courants, les phrases qui décrivent ce dont on parle sont celles qui désignent et caractérisent des personnes, des lieux, des objets, des faits ou des phénomènes.

| CONNAISSANCES | EXEMPLES |
|---|---|

**Les caractéristiques des phrases qui décrivent ce dont on parle dans un texte**

Les phrases qui décrivent ce dont on parle sont souvent construites de sorte que les groupes de mots traduisent:

**1. ce qui est décrit;**

Dans les phrases qui décrivent, le **groupe du nom sujet (GNs)** peut désigner la personne, le lieu, l'objet, le fait ou le phénomène qui est décrit.

| GNs | + | GV |
|---|---|---|
| – **Agaguk** | | *est* un chasseur habile. |
| – **Ses vêtements** | | le *tiennent* bien au chaud. |
| – **La banquise** | | *recèle* de nombreux dangers. |

**2.** des **caractéristiques** de ce qui est décrit.

Dans ces phrases, le **groupe du verbe (GV)** introduit habituellement les caractéristiques de la personne, du lieu, de l'objet, du fait ou du phénomène dont on parle.

| GNs | + | GV |
|---|---|---|
| – *Agaguk* | | **est** un chasseur habile. |
| – *Irook* | | **porte** des vêtements de fourrure. |
| – *Agaguk* | | **aime** Irook. |

Lorsqu'une séquence descriptive est insérée dans un **texte littéraire** de type narratif, les **verbes** sont, la plupart du temps, conjugués à l'**imparfait** ou au **plus-que-parfait de l'indicatif.**

*De nouveau le silence, la marche lourde, difficile. Le soleil* **pesait** *sur eux comme une charge de plomb. La chaleur* **miroitait** *au bas horizon, celui à portée d'un cri. Paresseusement, une outarde* **planait** *très haut, obliquant dans son vol vers la rivière là-bas.*

*— Combin de temps encore?* dit *Irook. Le sais-tu?*

*Ils* **avaient bifurqué** *au matin, le demi-cercle complété pour éviter le village. Maintenant, ils* **marchaient** *franc sud-est.*

*Agaguk* s'arrêta, examina *les basselures de la toundra, le ciel, il* huma *le vent,* consulta *quelque mystérieuse boussole en lui et* se frotta *lentement les mains.*

Yves Thériault, *Agaguk*, © Éditions TYPO, 1993.

Toutefois, si les passages descriptifs font partie d'un **texte courant** de type descriptif, la plupart des **verbes** sont au **présent de l'indicatif.**

*Les Sapins* **sont** *de majestueux arbres à feuilles persistantes, à tronc droit, à cime en pyramide allongée. Les branches verticillées* **s'étalent** *horizontalement et* **portent** *des rameaux sur deux rangées.*

R.C. Hosie, *Arbres indigènes du Canada*, Éditions Fides, 1980.

Les verbes qui servent à introduire des caractéristiques sont les **verbes attributifs** (*être, sembler, paraître,* etc.), le verbe ***avoir*** ou des verbes comme *présenter, comporter, aimer, porter,* etc.

*Les Épinettes **présentent** un tronc long et droit à écorce écailleuse et une cime étroite et touffue composée d'un grand nombre de branches souples qui **vont** souvent jusqu'à terre – surtout chez les sujets isolés. En peuplement dense, les vieux arbres **sont** parfois dépourvus de branches sur plus de la moitié de leur hauteur.*

R.C. Hosie, *Arbres indigènes du Canada,* Éditions Fides, 1980.

**L'organisation des phrases qui décrivent ce dont on parle dans un texte**

Selon l'effet que veut produire la personne qui écrit et selon le degré de précision de la description, les phrases qui décrivent peuvent être organisées de différentes façons. Elles peuvent, entre autres, contenir:

– une ou plusieurs expansions du nom;

– un ensemble de mots exprimant une comparaison;

– des verbes qui expriment des actions.

*Une ou plusieurs expansions du nom*

**1.** La phrase peut contenir **plusieurs groupes de l'adjectif** permettant de mieux décrire la personne, le lieu, l'objet, le fait ou le phénomène. Les adjectifs peuvent occuper différentes places dans la phrase.

*Les danses tournoyaient en cercles **capricieux** sous les bougies **pâlissantes,** les fleurs mouraient dans l'air **rare** et **fatigué,** les sons de l'orchestre venaient s'éteindre sous la voûte de marbre, et dans la **chaude** vapeur du bal passaient et repassaient de **pâles** figures **tristes** et **belles** sous leurs habits de fête...*

George Sand, *Lélia.*

**2.** Dans la phrase, un groupe du nom peut être repris par un autre **groupe du nom détaché** afin de mieux décrire la personne, le lieu, l'objet, le fait ou le phénomène.

*C'est le donjon, **une haute tour dont la porte est à quelque vingt pieds au-dessus du sol.***

A. Rimbaud.

**3.** La phrase peut contenir une **énumération** des caractéristiques de la personne, du lieu, de l'objet, du fait ou du phénomène qui est décrit. Cette énumération peut être constituée de **groupes du nom** ou de **plusieurs expansions du nom.**

***La force générale du corps, la grosseur des membres, la carrure du dos, la largeur des pieds, tout** dénotait d'ailleurs le villageois transplanté dans Paris.*

Honoré de Balzac, *César Birotteau.*

| CONNAISSANCES | EXEMPLES |
|---|---|

**4.** La phrase peut contenir **plusieurs subordonnées relatives** qui servent à caractériser la personne, le lieu, l'objet, le fait ou le phénomène qui est décrit.

*Nous avons passé un grand quart d'heure à admirer la <u>tour</u> de gauche **qui** est superbe, **qui** est bistrée, jaune par places, noire de suie dans d'autres, **qui** a des ravenelles adorables appendues à ses créneaux et **qui** est, enfin, un de ces <u>monuments</u> parlants qui semblent vivre et **qui** vous tiennent béants et rêveurs...*

Gustave Flaubert, *Par les champs et par les grèves.*

**5.** La phrase peut contenir un ou plusieurs **groupes du verbe** dont le noyau est un **participe présent**.

*Sa <u>femme</u> le suivait, petite et maigre, pareille à une bique fatiguée, **portant à deux mains un immense parapluie vert...***

Guy de Maupassant, *La Bête à Maît'Belhomme.*

*Un ensemble de mots exprimant une comparaison*

**6.** La phrase peut contenir une **comparaison** pour mieux faire voir la personne, le lieu, l'objet, le fait ou le phénomène qui est décrit.

*Son <u>chien</u>, **comme un âne fatigué**, peinait en tirant le traîneau.*

*Des verbes qui expriment des actions*

**7.** Lorsque la personne qui écrit désire décrire de façon animée ce dont elle parle, les phrases peuvent contenir des **verbes qui expriment des actions**.

*Un peu plus tard  les bourgeons **se montraient** sur les bouleaux, les aunes et les trembles, le bois de charme **se couvrait** de fleurs roses, et après le repos forcé de l'hiver, le dur travail de la terre était presque une fête...*

Louis Hémon, *Maria Chapdelaine.*

Les phrases qui décrivent peuvent être organisées de nombreuses autres façons. Elles peuvent, entre autres, contenir plusieurs des ressources linguistiques mentionnées précédemment.

**Des phrases qui contiennent des éléments narratifs et des éléments descriptifs**

Dans un texte, plusieurs phrases relatant des actions contiennent aussi des éléments descriptifs qui permettent au lecteur et à la lectrice d'imaginer le contexte dans lequel se déroule l'action.

*Le groupe d'amis <u>se dépêcha</u> et <u>arriva</u> finalement au lieu de rendez-vous, un **grand orme solitaire qui semblait faire le guet sur toute la prairie**.*

# COMMENT FAIRE............

## POUR comprendre les PHRASES QUI RELATENT DES ACTIONS DANS UN RÉCIT

**TEXTE DE RÉFÉRENCE** **ACTIVITÉS 1 À 3**

### La virgule
(*Anthologies,* page 40)

**1** Tu as déjà lu ce texte dans la séquence 1. Relis les 2e, 3e et 4e paragraphes (lignes 5 à 18).

**A** À quel **temps** la **majorité des verbes** de ces paragraphes sont-ils conjugués ?

**B** Relève le **groupe du nom sujet** (GNs) de chacun des verbes conjugués au temps que tu as précisé en A).

**C** Observe les groupes du nom sujet relevés en B) et détermine qui est le **personnage principal** dans ce texte.

**D** Dans les phrases qui contiennent les verbes *se détacha* (ligne 7) et *réussit* (ligne 16), relève les **groupes compléments de phrase** qui révèlent les circonstances dans lesquelles se déroulent ces actions.

**2** Lis les 17e et 18e paragraphes (lignes 71 à 77).

**A** À quel **temps** la **majorité des verbes** de ces paragraphes sont-ils conjugués ?

**B** De **quel objet** est-il question dans ces paragraphes ?

**C** Relève les **groupes du verbe** qui introduisent des **caractéristiques** que tu pourrais utiliser si tu avais à dessiner cet objet.

Stéphanie et Louise ont toujours beaucoup de choses à se dire... surtout depuis que le beau Alain est dans le paysage ! Tous les jours, elles viennent au parc et passent des heures à parler de l'amour.

Photographie de deux jeunes filles dans un parc

**3** Les phrases A) à F) ci-contre sont extraites du texte *La virgule*. **Reproduis** un tableau semblable à celui qui est présenté ci-dessous et **complète**-le en insérant les phrases dans la première colonne et en répondant aux questions qui apparaissent au haut des autres colonnes.

Pour remplir la troisième colonne, **choisis** des indices parmi les procédés énumérés dans l'encadré suivant :

① Présence de verbes au passé simple.

② Présence de verbes à l'imparfait.

③ Le groupe du nom sujet (GNs) désigne qui fait l'action.

④ Le groupe du nom sujet (GNs) désigne la personne, le lieu, l'objet, le fait ou le phénomène qui est décrit.

⑤ Le groupe du verbe (GV) désigne l'action qui est accomplie.

⑥ Le groupe du verbe (GV) introduit une ou des caractéristiques de la personne, du lieu, de l'objet, du fait ou du phénomène qui est décrit.

⑦ Présence d'une expansion du nom.

⑧ Présence de plusieurs expansions du nom.

⑨ Présence de plusieurs verbes qui relatent une succession d'actions qui se déroulent dans l'ordre.

⑩ Présence de plusieurs verbes qui relatent une succession d'actions de type action/réaction.

**A** *Tout de suite, elle fit rager un point en se fourrant juste au-dessous de lui.* (ligne 30)

**B** *Elle arriva dans un ouvrage de mathématiques.* (ligne 51)

**C** *Ainsi, le professeur savait lire même l'arabe !* (ligne 79)

**D** *Elle fit de l'acrobatie après les lettres-crochets; elle glissa sur les lettres-toboggans; elle escalada les lettres-bâtons.* (ligne 84)

**E** *... M. François Guilbert devait certainement lire d'autres langues étrangères.* (ligne 88)

**F** *La maison était grande, sans doute...* (ligne 120)

### STRATÉGIES

*Quelles stratégies peut-on utiliser pour repérer et comprendre les phrases qui relatent les actions dans un récit ?*

## POUR écrire des PHRASES QUI RELATENT DES ACTIONS

**ATTENTION !** Pour réaliser les activités 4 et 5, tu auras peut-être besoin de consulter la partie *L'organisation des phrases qui relatent des actions dans un récit* dans le tableau de la page 175.

**4** Tu dois écrire un texte dans lequel tu raconteras la lutte que doit livrer une gazelle à un lion affamé qui veut la dévorer. Les activités suivantes t'amèneront à **rédiger des phrases** qui relatent des actions, comme dans un récit. Écris les verbes demandés au **passé simple**.

**A** Écris une phrase contenant **un seul verbe** qui exprime **une action** faite par la gazelle et qui pourrait apparaître au début de ton récit alors que la gazelle ignore encore le danger qui la guette.

**B** Écris une phrase contenant un **complément de phrase**. Dans cette phrase, tu dois raconter la première attaque du lion.

**C** Écris une phrase dans laquelle **un verbe** exprime une **action** accomplie par le lion et **un autre verbe**, une **réaction** de la gazelle.

| Phrases extraites du texte *La virgule* | La ou les phrases jouent-elles un rôle dans la description ou dans la narration ? | Quels indices te permettent de l'affirmer ? |
|---|---|---|
| Ex.: *Or, quand le livre toucha l'étagère, une chose incroyable se produisit : à la septième ligne de la page 138, une virgule se détacha !* (ligne 5) | *Narration.* | ①③⑤⑨ |

**D** Écris une phrase dans laquelle tu utiliseras **plusieurs verbes** exprimant une **succession d'actions faites dans l'ordre** par le lion après qu'il ait vaincu la gazelle.

**5** **A** La phrase présentée dans l'encadré ci-dessous **sert-elle principalement** à relater des actions ou à décrire ce dont on parle? Justifie ta réponse.

**B** Quels **procédés** l'auteur a-t-il utilisés pour atteindre son but?

**C** En suivant les consignes d'écriture, **écris trois nouveaux textes** selon le modèle de l'extrait.

> Il se releva, descendit le chemin escarpé, remonta le long de l'ancien fort, de nouveau s'accrocha pour passer aux piquants du garde-fou, et marcha rapidement vers un berger dont le troupeau passait au long d'une ondulation du plateau.
>
> Maurice Leblanc, *L'aiguille creuse*,
> Éditions Hachette, © Maurice Leblanc.

**Consignes d'écriture**

**1.** Raconte ce que fait un accidenté de la route pour s'éloigner de son véhicule qui risque à tout moment de s'enflammer.

**2.** Raconte ce que fait un adolescent qui rentre chez lui après avoir passé une fin de semaine chez un ami.

**3.** Raconte comment une adolescente fait le branchement de son nouveau magnétoscope.

**STRATÉGIES**

*Quelles stratégies peut-on utiliser pour écrire des phrases qui relatent des actions?*

# POUR comprendre les PHRASES QUI DÉCRIVENT CE DONT ON PARLE

**TEXTE DE RÉFÉRENCE**    *ACTIVITÉS 6 À 8*

### Des polars dans le métro
(*Anthologies*, page 33)

**6** **A** Dresse la **liste** de tous les **verbes conjugués** dans les deux premiers paragraphes (lignes 1 à 27) et classe-les selon qu'ils sont des verbes attributifs ou des verbes non attributifs.

**B** À quel **temps** la **majorité des verbes** de ce texte sont-ils conjugués?

**C** Que te révèlent ces verbes sur le type de texte dont il s'agit?

**7** Lis la dernière phrase du premier paragraphe et le deuxième paragraphe (lignes 7 à 27).

**Reproduis** le tableau suivant et **remplis**-le en relevant les éléments qui sont décrits au haut des colonnes.

Tu dois remplir une ligne par verbe conjugué.

| Verbe conjugué et temps auquel il est conjugué | Groupes du nom sujet (GNs) du verbe | Caractéristiques introduites par le verbe |
|---|---|---|
| Ex.: *coûtent* - présent | *Ils* (réfèrent à *romans underground*) | *coûtent* d'ailleurs le prix d'une tablette de chocolat : 10 francs (2,50 $...) |

**8** Lis le texte *Des polars dans le métro*. **Reproduis** l'organisateur graphique qui suit et **complète**-le à l'aide des phrases de l'encadré qui révèlent les informations importantes du texte.

- La nouveauté réside dans la méthode de commercialisation : des distributeurs automatiques.

- La collection « Métro-Police » présente un nouveau titre toutes les deux semaines.

- Des romans *underground* dans le vrai sens du mot.

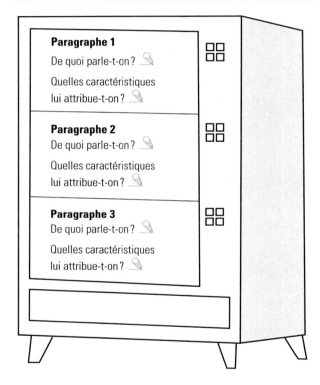

---

**TEXTE DE RÉFÉRENCE** ACTIVITÉ 9

### Les lectures de Matilda
(*Anthologies*, page 45)

**9** Lis les trois premiers paragraphes de ce texte (lignes 1 à 50).

**A** Relève tous les **verbes**, sauf ceux des séquences dialoguées, et indique à quel **temps** chaque verbe est conjugué.

**B** Parmi les verbes relevés en A), **lesquels** permettent de suivre le **déroulement** de l'action ?

**C** **Reproduis** un tableau semblable au suivant et **remplis**-le en fournissant les informations pour chacun des verbes que tu as relevés en B).

| Verbe conjugué | Groupe du nom sujet (GNs) (Personne qui fait une action) | Groupe du verbe (GV) (Action accomplie) |
|---|---|---|
| Ex.: *arriva* | *Matilda* | *arriva* tôt à la maison |

**D** **Résume** le texte que tu as lu à l'aide de seulement quelques verbes relevés dans le texte.

**E** Parmi les verbes relevés en A), **lesquels** permettent de mieux se **représenter** ce qui est décrit ?

**F** **Reproduis** un tableau semblable au suivant et **remplis**-le en fournissant les informations demandées pour chacun des verbes que tu as relevés en E).

| Verbe conjugué | Groupe du nom sujet (GNs) (Personne, objet, lieu, fait ou phénomène décrit) | Groupes du verbe qui caractérisent |
|---|---|---|
| | | |

---

### STRATÉGIES

*Quelles stratégies peut-on utiliser pour repérer et comprendre les phrases qui décrivent ce dont on parle ?*

---

**TEXTE DE RÉFÉRENCE** ACTIVITÉS 10 À 12

### Le joujou du pauvre
(*Anthologies*, page 137)

Le texte *Le joujou du pauvre* a été sélectionné pour faire partie de l'anthologie *Des récits inoubliables* (*Anthologies*, pages 102 à 159). On pourrait donc croire que c'est un texte narratif. Lis ce texte, puis fais les activités qui suivent.

**10** Les paragraphes 1 et 2 (lignes 1 à 12) servent d'introduction à ce texte. À quels **temps** sont conjugués la **plupart des verbes** de ces paragraphes ?

**11** Dans la suite du texte (lignes 13 à 36), à quel **temps** sont conjugués la **plupart des verbes** ?

**12** **A** Quel **titre** donnerais-tu à la partie du texte qui contient les lignes 13 à 23 ?

**B** Quel **titre** donnerais-tu à la partie du texte qui contient les lignes 24 à 34 ?

**C** Dirais-tu que ce texte est **principalement** narratif ou **principalement** descriptif ? Explique ta réponse.

# POUR écrire des PHRASES QUI DÉCRIVENT CE DONT ON PARLE

**ATTENTION !** Pour réaliser les activités 13 à 15, tu auras peut-être besoin de consulter la partie *L'organisation des phrases qui décrivent ce dont on parle* dans le tableau de la page 177.

**13** Tu dois écrire un texte pour **décrire un objet** que tu rêves de posséder un jour. Les activités qui suivent t'amèneront à rédiger des phrases qui pourraient t'aider à le décrire. Conjugue tes verbes au **présent de l'indicatif**.

**A** Écris une première phrase dans laquelle tu nommeras l'objet de tes rêves.

**B** Écris une phrase dans laquelle tu utiliseras **plusieurs groupes de l'adjectif** pour présenter ton objet.

**C** Écris une phrase dans laquelle tu utiliseras un **groupe du nom détaché** pour préciser le nom de l'objet que tu rêves de posséder.

**D** Écris une phrase contenant une **comparaison** que tu pourrais utiliser pour parler de ton objet à tes camarades.

**E** Écris une phrase contenant une **énumération** des principales caractéristiques de l'objet de tes rêves.

**F** Écris une phrase contenant **au moins deux subordonnées relatives** pour décrire ce que ton objet a de spécial.

**G** Écris une phrase contenant un **groupe du verbe au participe présent** pour décrire à quoi ressemble l'objet. Cette phrase pourrait être placée à la fin de ton texte.

**14** Recommence le même travail en décrivant un objet qui a joué un rôle important dans ta vie. Conjugue tes verbes à l'**imparfait de l'indicatif**.

**15** **A** L'extrait suivant pourrait-il jouer un **rôle important** dans la narration ou dans la description ?

**B** Dans cet extrait, quels **procédés** l'auteur a-t-il utilisés pour atteindre son but ?

**C** En suivant la consigne d'écriture, **écris deux nouveaux textes** selon le modèle de l'extrait.

> Le château d'Amboise, dominant toute la ville qui semble jetée à ses pieds comme un tas de petits cailloux au bas d'un rocher, a une noble et imposante figure de château-fort, avec ses grandes et grosses tours percées de longues fenêtres étroites, à plein cintre ; sa galerie arcade qui va de l'une à l'autre, et la couleur fauve de ses murs rendue plus sombre par les fleurs qui pendent d'en haut, comme un panache joyeux sur le front bronzé d'un vieux soudard.
>
> Gustave Flaubert, *Par les champs et par les grèves.*

### Consigne d'écriture

Dans la séquence 2 (pages 66 à 159), choisis deux photographies qui illustrent des maisons et décris-les.

**STRATÉGIES**

*Quelles stratégies peut-on utiliser pour écrire des phrases qui décrivent ce dont on parle ?*

## DE LA LECTURE À L'ÉCRITURE

# L'aventure, c'est l'aventure...

**ÉCRIRE un texte courant de type narratif racontant une aventure**

## Pour :

- **réinvestir** les connaissances acquises sur les phrases qui jouent un rôle important dans la description et dans la narration et les stratégies apprises à l'étape : *Je me documente* (pages 165 à 183);

- **mettre en pratique** les règles de syntaxe apprises dans les ateliers de grammaire :

  - *La subordonnée relative* (atelier 5);

  - *La subordonnée complétive* (atelier 6).

### Consignes d'écriture

Le récit de vie que tu écriras doit raconter une aventure vécue par ta famille pendant les vacances. Il devra contenir trois paragraphes d'environ 70 mots (7 lignes) chacun. Tu devras porter une attention particulière aux temps de verbes que tu utiliseras selon que tu racontes ou que tu décris. L'histoire que tu raconteras doit être vraisemblable.

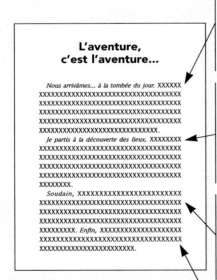

**Dans le premier paragraphe,** ta première phrase pourrait commencer par *Nous arrivâmes* (dans le parc, à la montagne, au lac, à l'aéroport, dans la ville) *à la tombée du jour* et tu pourrais poursuivre en **décrivant le projet qui vous a menés dans ce lieu**.

**Dans le deuxième paragraphe,** ta première phrase pourrait être *Je partis à la découverte des lieux* et tu pourrais poursuivre en décrivant le lieu où tu te trouves. Pour mieux décrire ce lieu, utilise les connaissances sur les phrases que tu as acquises à l'étape *Je me documente*.

**Dans le troisième paragraphe,** ta première phrase pourrait commencer par *Soudain...* et tu pourrais poursuivre en racontant une péripétie de votre aventure. Pour mieux raconter, utilise les connaissances sur les phrases que tu as acquises à l'étape *Je me documente*.

**Ta dernière phrase** pourrait commencer par le mot *Enfin*. Cette phrase pourrait conclure ton texte et décrire la fin de l'aventure.

## MES CONNAISSANCES EN BREF

### Objectif

De façon originale et personnelle, rendre compte des nouvelles connaissances sur les phrases acquises à l'étape *Je me documente*.

### Fonctionnement

En équipes de deux, les participants et les participantes font leur présentation à tour de rôle.

### Durée suggérée

1. Préparation à la maison.
2. En classe, de 15 à 20 minutes.

### Contenu de la présentation

Pendant le déroulement de la discussion, chaque élève, à tour de rôle, présente:

1. son point de vue sur les connaissances acquises sur les phrases qui racontent ou qui décrivent: leur utilité, leur degré de difficulté et les difficultés à les comprendre;
2. un compte rendu des moyens pris pour sélectionner et résumer les notions acquises sur les phrases qui racontent ou qui décrivent;
3. un résumé personnel et original (schéma, tableau, illustrations, exemples, organisateur graphique, textes annotés, etc.) de ses nouvelles connaissances sur les phrases qui racontent ou qui décrivent.

**ATTENTION !** Pendant la discussion, chaque participant ou participante peut poser des questions d'éclaircissement, faire des commentaires, des observations, discuter de la pertinence des choix de l'élève qui intervient, faire part de son appréciation, etc.

### Pistes d'observation

Vérifier:

1. l'originalité de la présentation et faire des suggestions pour la prochaine fois;
2. si le vocabulaire utilisé correspond à celui appris dans les activités de l'étape *Je me documente*;
3. si l'élève a émis son point de vue sur les nouvelles connaissances;
4. la clarté des réponses données par l'élève aux demandes d'éclaircissement;
5. le degré de participation de chacun et de chacune (commentaires, questions et réponses, échanges verbaux et non verbaux, etc.).

# LA PASSION DES MOTS

LA PASSION DES MOTS LA **PASSION** DES MOTS LA PASSION DES **MOTS** LA PASSION DES MOTS LA
LA PASSION DES MOTS LA **PASSION** DES MOTS LA PASSION DES MOTS LA PASSION DES **MOTS** LA PASSION
LA PASSION DES MOTS LA **PASSION** DES MOTS LA PASSION DES MOTS LA PASSION DES **MOTS** LA PASSION

# Le sens des mots

## C'est dans les dictionnaires...

Dans cette séquence, tu as appris comment certaines constructions de phrases peuvent t'aider à raconter des événements ou à décrire des personnes, des lieux, des objets, des faits ou des phénomènes. Les activités qui suivent te permettront de découvrir des mots que tu pourras utiliser lorsque tu écriras des textes ou que tu participeras à des discussions sur les récits que tu lis. Ces activités portent sur l'extrait du *Thésaurus* qui se trouve à la page suivante.

## Entrée *754 Récit*

Au numéro 11 (*Conteur, narrateur*), trouve des mots spécifiques qui pourraient être substitués au mot générique *auteur* pour décrire les personnes qui écrivent les genres de textes surlignés en bleu.

**A** À quel numéro de l'entrée *754 Récit* trouveras-tu des mots pour parler du sens et de l'organisation d'un texte narratif?

**B** Parmi ces mots, choisis-en cinq et utilise-les dans des phrases qui parlent du dernier roman que tu as lu.

**A** Sous l'entrée *754 Récit*, relève tous les mots de la même famille que le mot *roman* et donne une définition de chacun. Au besoin, consulte un dictionnaire.

**B** Choisis trois mots parmi ceux que tu as relevés en A) et utilise chacun de ces mots dans une phrase qui parlera d'un roman que tu as déjà lu.

Il existe plusieurs façons d'écrire un texte sur la vie de quelqu'un.

**A** Sous le numéro 15 de l'entrée *754 Récit*, relève trois mots qui désignent des textes décrivant la vie de quelqu'un.

**B** Sépare les éléments qui composent ces mots et trouve le sens de chacun de ces éléments.

**C** Trouve un nom de la même famille que chacun de ces mots.

**D** Utilise chacun des mots dans des phrases formulées de la façon suivante:

* *Un récit ✎ est un récit qui ✎ ; on appelle ce genre de récit une ✎ .*

## Entrée *755 Description*

Au numéro 1, relève les noms d'objets qui constituent une représentation de personnes, de lieux, d'objets, de faits ou de phénomènes.

Rédige cinq phrases qui parleront d'un texte que tu as déjà lu. Utilise des synonymes du mot *décrire* qui se trouvent au numéro 9 de l'entrée *755 Description*, en faisant comprendre les différences de sens de chacun.

**A** Quand on parle d'un texte, quel sens donne-t-on au mot *portrait*?

**B** Sous l'entrée *755 Description*, trouve deux mots de la même famille que le mot *portrait* et donne une définition de chacun.

## 754 RÉCIT

N. 1 **Récit** ; exposition, narration ; rapport, relation ; compte-rendu, exposé, rappel des faits. – Diégèse ou diegesis [LITTÉR.].

2 Légende, **mythe**, récit de fondation. – **Histoire 191** ; historiographie.

3 **Mensonge 729**, racontage [vx], racontar [fam.] ; conte bleu, histoire à dormir debout [fam., péj.]. – Bruit public, on-dit *(un on-dit),* **rumeur.**

4 Récit, **roman,** roman épistolaire, roman fleuve ; *monogatari* [jap., LITTÉR.] ; cycle, saga ; chanson de geste, **épopée.** – Bande dessinée ; cinéroman, photoroman ou photorécit, roman-photo.

5 **Conte,** conte de fées ; apologue, fable, parabole ; exemple, fabliau, lai. – Historiette, **nouvelle** ; anecdote, histoire ; ana [vx].

6 Belles-lettres, **littérature.** – Littérature de colportage, paralittérature. – Roman d'aventures, roman de cape et d'épée, roman de chevalerie, roman-feuilleton, roman historique, roman de mœurs, roman noir, roman pastoral, roman picaresque, roman policier ou, fam., polar, roman de science-fiction ; politique-fiction ; roman d'éducation, roman personnel, roman psychologique. – Roman à l'eau de rose ; roman de gare. – Roman à clef ; roman à thèse. – Roman didactique.

7 **Biographie,** notice nécrologique ; *jataka* [sanskr.], récit hagiographique, vie *(vie de saints).* – Annales, chronique. – **Autobiographie,** confessions, Mémoires, souvenirs ; récit ou relation de voyage ; carnets, journal ou journal intime.

8 MUS. – Récitatif ; récit [vx].

9 Action, fable [didact.] ; canevas, fil du récit, **intrigue, trame** ; argument, histoire, scénario, scénar [fam.] ; lignes de force. – Sujet ; matière. – Plan ; contexte, **structure 147.** – Chapitre, épisode, scène ; péricope [didact.] ; coup de théâtre ; description **755,** portrait ; thème.

10 Romançage [rare].

11 **Conteur, narrateur,** raconteur, récitant, récitateur [vx]. – Auteur, fabuliste, nouvelliste, **romancier** ; biographe, diariste, mémorialiste ; anecdotier, chroniqueur, journaliste **766** ; historien **191.8,** historiographe ; rapporteur.

V. 12 Conter, **dire,** narrer, **raconter,** rapporter, relater, révéler ; faire l'historique de qqch, retracer ; exposer, rendre compte. – Romancer.

13 **Décrire 755,** dépeindre, raconter qqn ou qqch.

14 **Mentir 729** ; fam. : en raconter, raconter des craques, raconter des histoires.

Adj. 15 Littéraire ; **narratif.** – Épique [didact.] ; picaresque. – Autobiographique, biographique, hagiographique, historique **191.15.** – Romancé, **romanesque.**

16 Racontable, romançable. – Ineffable, inracontable.

17 Décadent, populiste, **romantique, réaliste,** surréaliste.

Adv. 18 Narrativement.

## 755 DESCRIPTION

N. 1 **Description,** crayon [litt.], croquis, fresque, image, peinture, **tableau** ; instantané, photographie, énumération, hypotypose [RHÉT.] ; tranche de vie. – État des lieux, inventaire **827,** procès-verbal. – Aperçu, **évocation.** – Imitation **31,** représentation.

2 Analyse de contenu ; exposé. – Blason [HÉRALD.].

3 **Portrait,** portrait-robot, portraiture [vx] ; miroir [litt.], présentation, signalement. – Curriculum vitæ.

4 **Descriptif** *(un descriptif),* livret-guide, mode d'emploi ; fiche signalétique. – Antiquaire [vx].

5 Analyse, **description** ; catalogage.

6 Pittoresque *(le pittoresque),* rendu *(le rendu de la réalité).*

7 Descripteur, **peintre** [fig.], portraitiste. – Naturaliste, réaliste.

8 Naturalisme **753.12,** néoréalisme, **réalisme,** réalisme socialiste.

V. 9 **Décrire** ; brosser, croquer [litt.], **dépeindre,** esquisser, peindre, photographier ; planter ou jeter le décor. – Brosser le tableau de.

10 Portraiturer ; portraire [vx] ; camper, **figurer,** planter qqn, présenter.

11 **Imiter 31.5,** rendre, représenter. – Faire voir, mettre sous les yeux, montrer.

12 Donner un aperçu de, **évoquer.** – Détailler, énumérer, exposer ; analyser ; blasonner [HÉRALD.].

Adj. 13 **Descriptif** ; constatif [LING.]. – Bien campé, évocateur. – Descriptible.

Aff. 14 -graphie, -logie ; -graphe, -logue.

*Larousse Thésaurus «Des mots aux idées, des idées aux mots»,* coll. «Trésors du français», © Librairie Larousse, 1991.

# Banques de mots

## POUR PARLER DE L'ASPECT PHYSIQUE DES PERSONNES

Les mots de l'encadré ci-dessous sont des adjectifs qui permettent de caractériser l'aspect physique des personnes (ce que l'on voit).

vigoureux – solide – rondelet – large – costaud –
bedonnant – gringalet – athlétique – mince –
obèse – grêle – corpulent – trapu – chétif – élancé –
imposant – massif – gros – long – maigre –
énorme – squelettique – fin – démesuré – frêle –
musculeux – court – gras – épais – petit – grand –
sec – dodu – minuscule – empâté – ventru

**A** Regroupe ces adjectifs en quatre ensembles dont chacun décrit un type physique particulier.

**ATTENTION !** Certaines caractéristiques ne peuvent être combinées parce qu'elles s'opposent.

**B** Choisis un des ensembles d'adjectifs et rédige un court texte dans lequel tu décriras une personne qui possède ces caractéristiques.

Dans l'encadré suivant, choisis des adjectifs qui pourraient servir à caractériser les différentes parties du visage.

**ATTENTION !** Certains adjectifs peuvent être choisis plus d'une fois.

a) le nez    c) les cheveux    e) les yeux

b) le front    d) la bouche    f) les joues

grisonnants – vifs – carotte – pointu – bas –
bourgeonnants – rieuse – crépus – étincelants –
clairsemé – ronds – épais – noirs – épaté – dégagé –
courts – droit – ample – crochu – haut – saillant –
tendue – gris – étroite – camus – ridé – large –
proéminent – roux – pincée – bouclés – ondulés –
enfoncés – éteints – bleus – perçants – retroussé –
clairs – longs – aquilin – raides – abondants –
chatoyants – sombres – fournis – gris – lippue –
rondes – bridés – fins – creuses – pers – en amande –
fuyants – touffus – saillantes – verts – ébouriffés –
bombé – édentée

## POUR PARLER DE L'ASPECT PSYCHOLOGIQUE DES PERSONNES

Parler de l'aspect psychologique d'une personne, c'est parler de son caractère, de sa manière d'être.

Les adjectifs de l'encadré ci-dessous désignent des traits de caractère.

**A** Choisis les adjectifs que tu utiliserais pour caractériser une héroïne de récit de façon positive;

**B** Choisis les adjectifs que tu utiliserais pour caractériser une adversaire ou une ennemie de ton héroïne.

brave – téméraire – vaillante – courageuse – timide –
réservée – discrète – poltronne – rusée – méchante –
malicieuse – maligne – honnête – fidèle – courtoise –
distraite – drôle – originale – ridicule – fière –
orgueilleuse – prétentieuse – vantarde

**C** Choisis un des personnages que tu as caractérisés en A) et B), et décris-le dans un court texte.

Les adjectifs suivants servent aussi à décrire l'aspect psychologique d'une personne.

a) agité     h) joueur     o) spontané

b) patient     i) audacieux     p) paresseux

c) velléitaire     j) prudent     q) rêveur

d) généreux     k) décontracté     r) solitaire

e) économe     l) optimiste     s) moqueur

f) bavard     m) vif     t) bricoleur

g) gai     n) brouillon

**A** Transcris tous les adjectifs et donne le féminin de chacun.

Ex.: *chanceux / chanceuse*

**B** Trouve des antonymes pour chacun de ces adjectifs et écris-les au masculin et au féminin.

Ex.: *malchanceux / malchanceuse*

**C** Indique si oui ou non chacun des antonymes que tu as trouvés désigne une caractéristique que tu aimerais posséder.

### POUR ÉVITER L'USAGE ABUSIF DES VERBES *ÊTRE* ET *AVOIR*

Parfois, quand on décrit une personne, un lieu, un objet, un fait ou un phénomène, on utilise trop souvent les verbes *être* et *avoir* (*Il était..., elle avait*). Les activités suivantes te permettront de découvrir deux façons d'éviter ces répétitions.

### 5 Employer des verbes d'action à la place des verbes *être* et *avoir*

Récris le texte suivant en remplaçant les verbes *être* et *avoir* qui sont soulignés par l'un ou l'autre des verbes de l'encadré. Pour introduire ces verbes, tu devras parfois apporter des modifications dans la phrase.

> Garou était un magnifique labrador au poil noir et luisant. Sa tête était plus expressive et plus belle que maint visage d'homme. Il ① avait des yeux luisants. Lorsqu'il ouvrait la gueule, il ② avait une langue rose et ruisselante, des dents d'indestructible ivoire, une profonde gorge. Même si, à première vue, il ③ était apeurant, il ④ n'avait aucune malice. Il ⑤ était enjoué et il aimait s'amuser avec les enfants.

> ne l'habitait – luisaient – découvrait – faisait – jouait

### 6 Remplace les verbes *être* et *avoir* par des verbes d'action en apportant les modifications nécessaires.

> Il ① était vêtu comme un pauvre homme. Il ② avait un sac à dos; de temps en temps, il le mettait sur ses genoux et en tirait du papier. Il ③ avait l'air d'écrire comme s'il prenait des notes. Il ④ avait été à Québec à ce qu'il disait, mais personne ne l'avait vu.

### Avoir recours à l'énumération

On peut éviter la répétition des verbes *être* et *avoir* en les remplaçant par des énumérations. Par exemple:

> Miyax **était** d'une classique beauté inuit, avec une ossature mince et des muscles fins mais solides. Son visage **était** rond comme une perle et son nez aplati. Ses yeux noirs, légèrement obliques, **étaient** liquides et brillants.
>
> Jean Craighead George, *Julie des Loups,*
> © Éditions Rouge et Or.

↓

> Miyax **était** d'une classique beauté inuit: une ossature mince et des muscles fins mais solides, un visage rond comme une perle, un nez aplati, des yeux noirs, légèrement obliques, liquides et brillants.

Dans le texte suivant, on a inséré les verbes *être* et *avoir*. Modifie les phrases de manière à éliminer tous ceux que tu peux pour obtenir une seule phrase comprenant une longue énumération.

> C'**était** une fillette au teint doré, rosissant délicatement aux pommettes. Elle **avait** des joues pleines et **était** d'une santé campagnarde. Son nez **était** petit et un peu relevé. Elle **avait** une bouche grande, bien fendue, à demi entr'ouverte. Son menton **était** rond, très blanc. Ses yeux **étaient** tranquilles, doucement souriants. Elle **avait** le front rond, encadré d'une profusion de cheveux qui **étaient** longs et soyeux, qui descendaient, sans boucles, le long des joues, avec de légères et calmes ondulations.
>
> D'après Romain Rolland, *Jean-Christophe*, Éditions Albin Michel.

Dans les textes de l'anthologie *Des récits inoubliables* (pages 102 à 159), relève cinq phrases dans lesquelles on trouve les verbes *être* ou *avoir* et essaie de les supprimer à l'aide de l'un ou l'autre des moyens que tu viens d'apprendre.

Tu devras peut-être prendre connaissance du contexte pour y arriver.

## POUR INTRODUIRE LES PAROLES OU LES PENSÉES DES PERSONNAGES

Lorsqu'on écrit un texte et qu'on veut rapporter les paroles ou les pensées d'un personnage, on utilise souvent le verbe *dire* ou *penser* (*dit-il, dit Jeanne, pensa Jean, pensa-t-elle*). Les activités qui suivent te permettront de découvrir plusieurs autres **verbes introducteurs** que tu pourrais employer lorsque tu rapportes les paroles ou les pensées d'un personnage dans tes récits.

Si un personnage **s'exclame**, on ne lit pas les paroles comme s'il **déclarait** quelque chose. Le choix du verbe introducteur révèle la manière dont les paroles sont exprimées.

Classe les verbes de l'encadré en deux catégories:

– ceux qui indiquent que la personne prononce des paroles de façon neutre;

– ceux qui indiquent que la personne prononce des paroles de façon expressive.

> admettre – affirmer – ajouter – assurer – avertir – conclure – constater – crier – demander – décider – déclarer – dire – faire – informer – ordonner – prier – promettre – proposer – protester – raconter – réclamer – répondre – reprendre – se plaindre – s'exclamer – supplier

Dans les textes de l'anthologie *Des récits inoubliables*, relève cinq répliques ou pensées qui sont rapportées et détermine si le verbe introducteur est neutre ou expressif.

**ATTENTION!** Les guillemets ou les tirets t'aideront à repérer rapidement ces passages.

Pour rendre encore plus expressives les pensées ou les paroles des personnages, on peut compléter le verbe introducteur par des commentaires sur leur manière de penser ou de s'exprimer.

Ex.: — *Jamais je ne vous suivrai, répliqua-t-elle **en colère**.*

— *Où allons-nous? demanda-t-elle **tout doucement**.*

— ***Le cœur heureux**, il pensa: «Je la reverrai au soleil couchant.»*

Transcris les phrases suivantes en ajoutant à chacune un commentaire choisi dans l'encadré. Ces phrases sont tirées de l'anthologie *Des récits inoubliables*.

> en tendant les bras – en se redressant vivement – d'un air méprisant – en tremblant

**A** — *Je suis trop près, dit-il.*

**B** — *Reviens, mon amour, reviens! cria Orphée.*

**C** — *Comme mille maisons plus cinq! dit Pieds Nus.*

**D** — *Quoi? s'écria-t-il.*

Lis l'extrait du roman *Objectif Terre* reproduit à la page 191.

Transcris les passages dialogués qui sont en caractères gras en ajoutant des verbes introducteurs et des commentaires pour rendre les paroles prononcées plus expressives tout en respectant la personnalité du personnage qui parle.

*Klix est venu de la planète Brox pour observer la Terre et ses habitants. Il a rencontré Sylva, un homme qui vit dans la forêt. Klix a un décodeur qui lui permet de comprendre le langage des Terriens.*

Maintenant, le petit spationaute, après avoir fureté dans tous les coins, s'est assis à côté de
5 Sylva et entame une conversation très appliquée.

— **Elle est jolie, ta maison. Est-ce que tous les Terriens vivent dans les forêts ?**

— **Non... Beaucoup habitent dans les villes.**

— **C'est quoi, une ville ?**

— C'est une forêt de maisons...

10 Le front du petit spationaute se teinte de jaune, ce qui est la couleur de la perplexité chez les Broxiens. Puis il sort de sa combinaison un petit appareil à touches sur lequel il se met à pianoter.

— C'est quoi ? demande à son tour Sylva, intrigué.

— **Un téléscripteur-intersidéral. Pour envoyer des messages à ma planète.**

15 — Je connais, dit le forestier. On a à peu près la même chose chez nous.

— Ah ! fait Klix, un peu vexé.

Puis il se concentre sur son travail.

Le forestier l'observe en silence. Au bout d'un moment, il dit en se grattant la barbe :

— **C'est bizarre quand même que tu sois aussi petit. Tu ressembles à un bébé !**

20 — Tais-toi, Terrien plein de poils au menton, j'essaie de capter ma planète.

La voix de Klix, à travers le décodeur, est cassante comme du verre.

— Pourtant, insiste Sylva, les Martiens que j'ai vus dans les films étaient beaucoup plus impressionnants que toi. Des monstres velus, tentaculaires, gluants, voraces, cruels. Des pieuvres géantes, des insectes énormes, des robots indestructibles...

25 — **Si tu ne te tais pas, menace Klix, je te pistolasérise !**

Le forestier grommelle. Quel caractère !

Robert Boudet, *Objectif Terre,* Éditions Milan, 1994.

# Des mots à la culture

Diverses reproductions d'œuvres de peintres célèbres illustrent ton manuel *Anthologies*.

**1** Reproduis un tableau semblable au suivant et remplis-le en fournissant l'information demandée pour chacune de ces œuvres.

| Titre de l'œuvre (page du manuel *Anthologies*) | Nom de l'artiste | Nationalité | Appréciation personnelle |
|---|---|---|---|
|  |  |  |  |

**2** Dans l'extrait du dictionnaire *Thésaurus* (page 187), au numéro 6 de l'entrée *754 RÉCIT*,

**A** relève cinq genres de romans que tu connais;

**B** donne une brève description de chacun;

**C** donne le titre d'un roman qui correspond à chacun des genres relevés en A).

**3** Dans l'étape **Je fais des essais**, à la page 221, tu liras le texte *La chèvre de monsieur Seguin*. Ce texte est tiré d'un recueil de contes écrits par Alphonse Daudet, intitulé *Lettres de mon moulin*, dont voici la table des matières.

**A** Un des contes de ce recueil, *L'Arlésienne,* a été mis en musique par Georges Bizet et est devenu un opéra célèbre.

D'autres auteurs et auteures ont vu leurs œuvres devenir des opéras. Nomme-en au moins trois; donne le nom de l'auteur ou de l'auteure, le titre de son œuvre et le titre de l'opéra, s'il est différent.

**B** Choisis le titre d'un conte d'Alphonse Daudet et imagine l'histoire qui est racontée. Réponds à l'aide de la formule suivante:

**C'est l'histoire de → Au début →
Puis → Alors → Enfin**

**C** Si tu le peux, lis ce conte et compare ta version à l'original.

**4** Le texte *Hercule Poirot* que tu liras dans l'étape **Je fais des essais** est tiré du roman *A.B.C. contre Poirot* écrit par Agatha Christie. Plusieurs romans de cette auteure ont été adaptés pour le cinéma.

Au club vidéo, dans une revue ou sur Internet, trouve des titres de romans qui ont fait l'objet d'une adaptation cinématographique.

Visionne un de ces films et fais-en un résumé que tu présenteras en classe.

## DES MOTS À L'ÉCRITURE

# De découverte en découverte

### ÉCRIRE un texte narratif racontant les aventures d'une personne poussée par un désir de découverte

On lui avait dit que dans ces grottes se trouvaient des squelettes de dinosaures d'une espèce inconnue...

On lui avait dit que sur cette planète, elle trouverait des alliés qui l'aideraient à conquérir le monde...

## Pour:

- **réinvestir** les mots nouveaux appris dans les activités de la rubrique *La passion des mots* (pages 186 à 192);

- **utiliser** les procédés appris dans la rubrique *La passion des mots*;

- **utiliser** les constructions de phrases apprises à l'étape *Je me documente* (pages 165 à 183);

- **mettre en pratique** les règles de syntaxe apprises dans les ateliers de grammaire:
  - *La subordonnée relative* (atelier 5);
  - *La subordonnée complétive* (atelier 6).

### Consignes d'écriture

**1.** Observe les deux illustrations reproduites ci-dessus et lis la vignette qui accompagne chaque photo.

**2.** Choisis entre les deux personnages celui dont tu veux raconter les aventures.

**3.** Écris un texte de quatre paragraphes d'environ 100 mots (10 lignes) chacun pour raconter comment ton personnage a atteint son but.

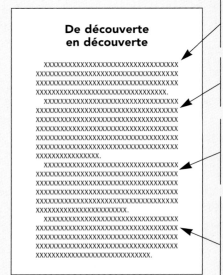

**Dans le premier paragraphe,** tu pourrais présenter ton personnage, le décrire brièvement et présenter l'objet de sa quête.

**Dans le deuxième paragraphe,** tu pourrais raconter la scène du départ de l'expédition en introduisant une séquence dialoguée expressive.

**Dans le troisième paragraphe,** tu pourrais raconter les événements qui se sont déroulés pendant l'expédition. Utilise des constructions de phrases qui servent à relater des actions (voir les pages 174 et 175).

**Dans le quatrième paragraphe,** tu pourrais décrire la découverte que ton personnage a faite. Utilise des constructions de phrases qui permettent de se représenter ce dont tu parles et utilise des verbes autres que les verbes *être* et *avoir*.

# JE FAIS DES ESSAIS

Dans cette étape, tu développeras ta compétence à lire et à écrire des **textes narratifs**.

**Tu apprendras:**

– ce qu'est un **texte narratif**;

– comment faire pour **lire** un **texte narratif**;

– comment faire pour **écrire** un **texte narratif**.

# Qu'est-ce qu'un texte narratif ?

## LA SITUATION DE COMMUNICATION

**1** Les genres littéraires qui suivent sont des récits.

> biographie – roman historique – journal intime –
> roman – conte – nouvelle – fable –
> récit mythologique – mémoires – autobiographie

Lesquels parmi eux:

**A** rapportent des faits réels ?

**B** rapportent des faits imaginaires ?

**C** lit-on simplement pour se divertir ?

**D** lit-on pour se divertir, mais aussi pour connaître une personne, une personnalité ?

**E** lit-on pour se divertir, mais aussi pour connaître une époque ?

**2** Rends-toi à la bibliothèque de l'école et trouve le titre d'un livre qui correspondrait à chacun des genres mentionnés dans l'encadré du numéro 1. Donne quelques précisions sur le contenu de chacun.

**3** Toute personne a besoin de rêve. Une foule d'histoires inventées permettent de combler ce besoin. Quels sont les moyens à ta disposition pour satisfaire ce besoin d'histoires qui font rêver?

**4** Sans recourir au dictionnaire, donne une définition des mots suivants:

**A** auteur      **B** rédactrice      **C** narrateur

**5** **A** Classe les cinq extraits suivants en deux groupes:

– ceux qui évoquent, contiennent ou relatent des faits réels;

– ceux qui évoquent, contiennent ou relatent des faits imaginaires.

**B** Quels indices t'ont permis de classer chaque extrait?

### EXTRAIT 1

> Elle avait chanté, la veille au soir, à l'Arena d'Orlando, en Floride. Elle s'était ensuite rendue en hélicoptère aux studios de Disney World, où elle avait enregistré deux chansons pour une émission produite par Radio-Canada au profit de la fibrose kystique. À 2 h du matin, l'hélicoptère la ramenait à l'aéroport d'Orlando, où l'attendait le jet de Sony, qui s'est envolé vers Chicago. Couchée à 5 h du matin, elle s'est levée à 8 h.
>
> Georges-Hébert Germain, *Céline,*
> Libre-Expression, 1997.

## EXTRAIT 2

Il était une fois un vieux et une vieille; ils avaient une fille et un garçon. «Fillette, fillette! dit la mère, nous partons travailler, nous te rapporterons un petit pain, nous te coudrons une robe, nous t'achèterons un fichu; sois sage; garde ton frère; ne sors pas dans la cour.»

Afanassiev, «Les Oies-Cygnes», *Contes russes,* Éditions G.P. Maisonneuve et Larose. Traduit par E. Sozoki.

## EXTRAIT 3

Trois mois ont passé. Je reviens à Bila en plein hiver pour une nouvelle série de reportages. Il fait très froid. La situation s'est dégradée, les habitants du village manquent de tout. Ils reçoivent un peu de nourriture des «casques bleus»: du riz et des boîtes de conserve. La maison d'Ivana est glaciale. Seul le salon est chauffé par un vieux poêle à bois.

Ce matin, Greg et moi avons décidé d'aller faire un reportage sur la ligne de front.

Heidi Rinke et Pascal Deloche, «Envoyée spéciale en Bosnie», *Je lis des histoires vraies,* Fleurus Presse, mai 1994.

## EXTRAIT 4

### LE JOURNAL DE SARAH TEMPLETON

*En 1845, la famille de Sarah est en route vers la Californie, sur la côte Ouest des États-Unis. Comme tous ceux qu'on appelait les «pionniers», la petite fille voyage dans un chariot tiré par des bœufs.*

25 août

Cela fait deux jours que nous n'avons pas bu d'eau. Pendant la marche, pour ne pas trop souffrir de la soif, tout le monde mâche de la viande de bison séchée par Jacob, à la mode indienne. Nous nous sommes arrêtés ce soir près d'une petite mare au goût salé et nous avons fait une soupe avec ce qui nous restait de haricots.

Leigh Sauerwein, *Le Journal de Sarah Templeton,* Éditions Gallimard.

## EXTRAIT 5

— Agnès! demande à Twiggy d'arrêter de marcher sur le tableau de bord. Je ne peux pas piloter sérieusement avec ce robot qui piétine les commandes.

La petite fille rousse cligna des yeux trois fois et un petit androïde vint se poser à ses pieds en cabriolant.

— Merci! lui dit Jérôme, son grand frère. Va réveiller les cousins, nous approchons de la planète bleue.

Mathias Dunant, *Mercenaires du Cosmos,* Éditions Albin Michel.

## L'UNIVERS NARRATIF

**6** **A** Quelle est la différence entre une personne et un personnage?

**B** Que veut-on dire lorsqu'on dit de quelqu'un de réel qu'il est un *personnage*?

**C** Nomme cinq personnages et précise l'origine de chacun.

**D** Nomme une personne réelle que tu pourrais qualifier de *personnage* et explique pourquoi c'est un personnage à tes yeux.

**7** Sans recourir au dictionnaire, donne une définition des mots suivants:

**A** histoire

**B** récit

**C** narration

## LA LANGUE DES RÉCITS

 **8** *ON EN DISCUTE !*

Les deux textes qui suivent racontent la même histoire, mais de façons différentes. En équipes de deux ou trois élèves, trouvez ce qui caractérise chacun des textes en faisant ressortir les différences et en portant une attention particulière aux aspects suivants :

– la personne qui raconte l'histoire ;

– le temps de la majorité des verbes ;

– les séquences descriptives ;

– les paroles des personnages.

Vous devez consigner vos observations de façon claire afin de pouvoir les transmettre à votre enseignant ou à votre enseignante, ou aux autres élèves.

---

### MON AMI L'EXTRA-TERRESTRE

J'étais dans mon salon à regarder un film de science-fiction à la télévision lorsque, tout à coup, la porte s'ouvrit. Un personnage bizarroïde apparut.

— «Où sont les toilettes, s'il vous plaît ?», me demanda-t-il d'une voix peu rassurée.

Son allure me faisait penser à Clic Clac Cloc, le personnage du film *Mon ami l'extra-terrestre* que j'étais en train de regarder. Même taille, même allure générale. Sa tête était carrée, plutôt rectangulaire mais ce qui attirait mon attention, c'était surtout ses yeux. On aurait dit deux billes toutes neuves avec lesquelles on avait envie de jouer. «Et si c'était le personnage du film ?» pensais-je.

---

### MON AMI L'EXTRA-TERRESTRE

Elle est dans son salon et regarde un film de science-fiction, *Mon ami l'extra-terrestre*. Tout à coup, la porte s'ouvre. Un personnage bizarroïde apparaît. Il lui demande où se trouvent les toilettes. C'est le personnage du film.

---

## L'INSERTION DE SÉQUENCES DESCRIPTIVES

**9** Parmi les énoncés de l'encadré, choisis la raison pour laquelle chacune des séquences descriptives qui suivent pourrait être insérée dans un récit.

① Pour situer un lieu, un objet ou un personnage de l'histoire.

② Pour mieux faire «voir» un lieu, un objet ou un personnage de l'histoire, grâce aux précisions sur les caractéristiques de ce lieu, de cet objet ou de ce personnage.

③ Pour créer une certaine atmosphère (calme, étouffement, etc.) et révéler l'état psychologique d'un personnage.

### EXTRAIT 1

Comme je l'ai déjà dit, la nuit était **froide**. La haute tour paraissait de **glace**, la lumière allait et venait, et la **Sirène** appelait, appelait à travers l'épaisseur du **brouillard**.

Ray Bradbury, *Les Pommes d'or du soleil*,
© Éditions Denoël, coll. «Présence du futur», 1956.

### EXTRAIT 2

Tout à coup, à la surface glacée de la mer, une **tête** parut, une **grosse tête sombre** avec des **yeux immenses** ; puis un **cou**. Venait ensuite – non pas un corps – mais le **cou interminable**, encore et toujours.

Ray Bradbury, *Les Pommes d'or du soleil*,
© Éditions Denoël, coll. «Présence du futur», 1956.

### EXTRAIT 3

Jay-jay adorait **Central Park, l'île verte** qui l'avait aidé à supporter les mois sombres de sa vie avec Ardis. [...] Il connaissait assez bien maintenant toute la zone paisible qui entourait le **lac de Harlem**, mais les étendues sauvages de la **Grande Colline**, de la **Falaise** et du **Blockhaus**, ainsi que la partie s'étendant **au-delà de la 97e Rue** constituaient encore pour lui des territoires mystérieux qui ne demandaient qu'à être explorés.

Evan H. Rhodes, *Le prince de Central Park*,
Éditions Jean-Claude Lattès, 1976.

**10** Lis le texte *Voyage d'une femme au Spitzberg* et réponds aux questions qui s'y rapportent.

## VOYAGE D'UNE FEMME AU SPITZBERG

*Léonie d'Aunet et les membres de l'expédition sont allés jusqu'au Spitzberg au moyen de bateaux. Au retour, afin d'étudier au plus près paysages et populations, ils entreprennent une*
5 *traversée de la Laponie à cheval.*

Le 6 septembre, en descendant du penchant d'une colline au bord d'un petit lac limpide où nous voulions faire boire nos chevaux, nous aperçûmes au loin un campement lapon; la
10 curiosité me poussant et le terrain se trouvant assez bon, je mis mon cheval au galop, et, en peu de minutes, je me trouvai près de deux tentes et entourée d'une nuée de chiens noirs me regardant avidement; me regardant n'est pas
15 très juste: regardant mon cheval serait plus exact. [...] Quelques rennes, moins hardis que les chiens, s'enfuirent à mon approche, et je pus rentrer sans obstacle dans l'une des tentes.

Les tentes lapones sont toutes construites de
20 même façon: en vous donnant la description de celle-ci, vous aurez une idée exacte de la configuration de toutes les autres. Ces tentes sont petites et peuvent loger tout au plus six ou huit personnes; elles ont la forme circulaire; leur car-
25 casse est faite avec des montants de bois de

bouleau reliés entre eux par le haut et sur lesquels est ajustée une étoffe de laine grossière, noire ou brune; l'étoffe s'arrête avant d'atteindre le sommet des montants, pour laisser passer
30 la fumée. À l'intérieur, une longue et forte traverse, placée environ à cinq pieds[1] du sol, repose sur le bois de la charpente et y prend assez de solidité pour soutenir une grosse marmite de fer qui y pend par une chaîne; au-
35 dessous de la marmite, des pierres formant un cercle circonscrivent le foyer, et la fumée s'échappe, comme je vous l'ai dit, par l'ouverture laissée au sommet de l'habitation. Autour de la tente sont rangées les peaux de rennes servant
40 de lit et les coffres de bois qui sont à la fois les tables, les sièges et les armoires du Lapon. Nulle part, je crois, les besoins de la vie ne peuvent être restreints à une plus simple expression; cette absence de superflu produit du moins l'éga-
45 lité, et la tente du Lapon le plus riche diffère à peine de celle du plus pauvre. La richesse n'a qu'une forme en ce pays-là: les rennes; un homme pauvre en a toujours bien une vingtaine; un homme riche en a quelquefois plus de mille.

Léonie d'Aunet, *Voyage d'une femme au Spitzberg*, Actes Sud, 1995.

1. Pied: Ici, mesure de longueur valant environ 33 cm.

**A** Dans le paragraphe de présentation (lignes 1 à 5), quel mot désigne la personne qui agit dans ce texte?

**B** Dans ce texte, rapporte-t-on des faits réels ou imaginaires? Quels indices te permettent de l'affirmer?

**C** Dans les lignes 1 à 5, quels sont les deux mots qui désignent le lieu où se déroule l'histoire?

**D** Relis le premier paragraphe (lignes 6 à 18), et relève tous les verbes qui font avancer l'histoire. À quel temps ces verbes sont-ils conjugués?

**E** À quel temps la majorité des verbes du deuxième paragraphe sont-ils conjugués?

**F** Relève la phrase dans laquelle l'auteure explique pourquoi elle a écrit le deuxième paragraphe.

**G** En te servant des connaissances acquises à l'étape *Je me documente* aux pages 174 à 178, définis le rôle des phrases du deuxième paragraphe. Cite quelques exemples.

**H** Dans les lignes 30 et 38, relève les mots qui servent à organiser le texte.

**I** Au début de la phrase qui commence par le mot *Ces* (ligne 22), quel mot ajouterais-tu pour marquer l'organisation du texte en tenant compte des mots que tu as trouvés en H) ?

**J** Quel est le sujet du deuxième paragraphe ?

**K** Quels aspects du sujet sont traités dans ce paragraphe ?

**L** Reproduis un organisateur graphique semblable au suivant et remplis-le pour rendre compte de la description du village faite par l'auteure.

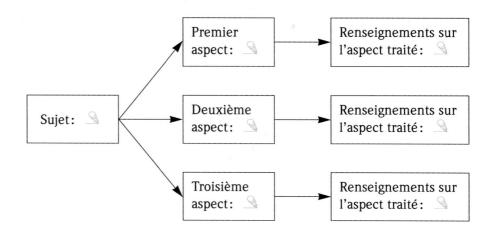

C'est dans ce parc que Walter trouve refuge quand il a le mal du pays. Bientôt, sa femme et ses enfants viendront le retrouver et alors, ses promenades ne seront plus solitaires.

## L'INSERTION DE SÉQUENCES DIALOGUÉES

**11** Parmi les énoncés de l'encadré, choisis la raison pour laquelle chacune des séquences dialoguées qui suivent pourrait être insérée dans un récit.

① Pour faire connaître un ou des personnages de l'histoire.

② Pour faire progresser ou retarder le récit.

③ Pour faire connaître les sentiments ressentis par un ou des personnages devant les événements vécus.

### EXTRAIT 1

— J'ai réfléchi à toute cette histoire. Il semble y avoir trois pistes: la croix, le poème du livre de Shakespeare et l'inscription dans la cloche de la chapelle. Mais il en existe une quatrième.

— Laquelle? demanda Bathilde en bâillant.

— **Louis Boudreau.** Il **avait la garde de la chapelle.** Il **recevait l'abbé Donnegan** quand il était de passage aux Îles. C'est peut-être lui qui a fait graver le message codé dans la cloche. Il a pu transmettre quelque chose à ses enfants.

Jean Lemieux, *Le Trésor de Brion,* coll. «Titan», Éditions Québec Amérique, 1995.

### EXTRAIT 2

— Tu viens en haut? demanda Guillaume.

— **Je n'aime pas ça.** Si quelqu'un arrive...

Manifestement, Aude ne se sentait pas à l'aise dans la maison familiale.

*Ibid.*

### EXTRAIT 3

Je te le dis: je partirai de Brion avec le trésor, pas avant.

— Tête de pioche!

— Si tu veux, **pars** en voilier avec Jean-Denis. Tu es capable de manœuvrer. Tu **reviendras** me chercher dans trois jours.

Aude ne dit rien.

— En attendant, reprit Guillaume d'un ton dur, il faut **changer de mouillage.** Le vent tourne. **Tu viens?**

*Ibid.*

**12** Observe les deux séquences rapportées dans l'encadré ci-dessous.

**A** Dans quelle séquence les paroles sont-elles prononcées par le personnage lui-même?

**B** Dans quelle séquence les paroles sont-elles rapportées par quelqu'un d'autre?

① *La voix de sa mère la ramena sur terre; elle lui ordonna de ne plus parcourir la campagne à califourchon sur sa bicyclette en compagnie de Steve et de son copain.*

② *La voix de sa mère la ramena sur terre:*

— *Je t'ordonne de ne plus parcourir la campagne à califourchon sur ta bicyclette en compagnie de Steve et de son copain.*

**13** Lis le texte qui suit et réponds aux questions qui s'y rapportent.

*Marinette et Delphine veulent impressionner leurs parents en apprenant au bœuf à lire. Réussiront-elles ?*

— Bœuf, est-ce que tu ne veux pas apprendre
5 à lire ?

D'abord, le grand bœuf roux ne répondit pas. Il croyait que c'était pour rire.

— L'instruction est une belle chose ! appuya Delphine. Il n'y a rien de plus agréable, tu
10 verras, quand tu sauras lire.

Le grand roux rumina encore un moment avant de répondre, mais au fond, il avait déjà son opinion.

— Apprendre à lire, pour quoi faire ? Est-ce
15 que la charrue en sera moins lourde à tirer ? Est-ce que j'aurai davantage à manger ? Certainement non. Je me fatiguerais donc sans résultat ! Merci bien, je ne suis pas si bête que vous croyez, petites. Non, je
20 n'apprendrai pas à lire, ma foi non !

— Voyons, bœuf, protesta Delphine, tu ne parles pas raisonnablement, et tu ne penses pas à ce que tu perds. Réfléchis un peu.

— C'est tout réfléchi, mes belles, je refuse.
25 Ah ! si encore il s'agissait d'apprendre à jouer, je ne dis pas.

Marinette, qui était un peu plus blonde que sa sœur, mais plus vive aussi, déclara que c'était tant pis pour lui, qu'on allait le laisser
30 à son ignorance et qu'il resterait toute sa vie un mauvais bœuf.

Marcel Aymé, «Les Bœufs», dans *Les Contes du Chat perché,* Éditions Gallimard, coll. «Folio Junior», 1973.

**A** Dans ce texte, rapporte-t-on des faits réels ou imaginaires ? Quels indices te permettent de l'affirmer ?

**B** Le lieu où se déroule l'histoire n'est pas mentionné dans le texte. Selon toi, où pourrait-elle se dérouler ?

**C** Dans les lignes 4 à 9, quels sont les deux mots qui désignent les personnes de qui on rapporte les paroles ?

**D** Quel signe de ponctuation l'auteur utilise-t-il pour introduire les paroles de ses personnages ?

**E** Rédige une phrase qui rapporte les pensées du bœuf et qui, sur le plan du sens, pourrait remplacer le deuxième paragraphe (lignes 6 à 10). Attention à la ponctuation !

**F** Dans les lignes 4 à 26, relève les verbes qui introduisent les paroles de Delphine et précise s'il s'agit de verbes neutres ou de verbes expressifs.

**G** Ajoute des ensembles de mots aux verbes relevés en F) afin de fournir des précisions sur la manière dont sont prononcées les paroles de Delphine.

**H** L'auteur n'a pas utilisé de verbes introducteurs pour les réponses du bœuf (lignes 14 à 20 et lignes 24 à 26). Trouve des verbes introducteurs expressifs et des commentaires qu'il aurait pu utiliser en tenant compte de l'humeur du bœuf.

**I** Dans le dernier paragraphe (lignes 27 à 31), de qui l'auteur rapporte-t-il les paroles ? Quel verbe introducteur te permet de l'affirmer ?

**J** Quelles sont les paroles rapportées ?

**K** Quelle différence y a-t-il entre la manière de rapporter les paroles dans les lignes 1 à 26 et la manière de les rapporter dans les lignes 27 à 31 ?

**L** Récris le dernier paragraphe (lignes 27 à 31) en rapportant les paroles de la même manière que celles du début du texte.

## LA SITUATION DE COMMUNICATION

Le texte narratif est un texte qui relate des faits, des actions ou des événements, réels ou imaginaires.

### Le texte narratif courant

Le texte narratif **courant** est un texte qui relate des **faits réels**. Il est produit pour faire connaître **ce qui s'est réellement passé**.

*Le magazine Time qui disait: «Cassius ne perd jamais de vue sa médaille olympique. Il dort même avec.» Ils avaient raison. Je mangeais avec et refusais de m'en séparer pour dormir quand bien même les arêtes étaient tranchantes et m'entaillaient la chair quand je me retournais sur le dos.*

Muhammad Ali et Richard Durham,
*Le Plus Grand*, Éditions Gallimard, 1976.
Traduit par M. Rambaud et F.-M. Watkins.

### Le texte narratif littéraire

Le texte narratif **littéraire** est un texte qui relate des **faits imaginaires**. Il est produit pour **satisfaire un besoin d'imaginaire**, pour **divertir** ou pour **proposer la vision du monde** de la personne qui écrit.

*La lampe décrivit un rapide arc de cercle et mille feux étincelèrent dans l'obscurité. Ce fut si inattendu que Sans Atout éteignit sa torche comme s'il avait été en danger, comme si des bêtes de l'ombre avaient été tapies, là, prêtes à l'attaquer. Mais comme rien ne bougeait, il ralluma et, partout où se posait le rayon lumineux, des étincelles brillaient. «Je rêve, se dit Sans Atout. Je ne cesse plus de rêver.»*

Boileau-Narcejac, *Sans Atout et le cheval fantôme*, Rageot-Éditeur, 1971.

### Le narrateur ou la narratrice

Le texte narratif **littéraire** met toujours en scène un **personnage imaginaire qui raconte l'histoire**: on l'appelle le **narrateur** ou la **narratrice**.

– Le personnage qui raconte l'histoire (narrateur ou narratrice) peut **raconter une histoire dans laquelle il joue un rôle. Ce rôle peut être important ou secondaire**. On parle alors de **narrateur présent**. Les pronoms de la première personne et les déterminants comme *mon, ma, mes, nos*, etc. révèlent cette présence.

– *C'est **moi** qui resterai captif des lueurs que son regard égaré a lancées dans tous les sens, et c'est **moi** qui devrai essayer de **m'**arranger avec ces éclairs-là qui sont comme la lumière au-dessus des débris après un cataclysme, après que le ciel furieux a frappé sans prévenir. **Je** ne **m'**habitue pas.*

Robert Lalonde, *Le Fou du père*, Boréal, 1988.

**CONNAISSANCES**

— Le personnage qui raconte l'histoire peut aussi **raconter une histoire dans laquelle il ne joue aucun rôle**. On parle alors de **narrateur absent**. Les noms propres, les pronoms personnels de la troisième personne et les déterminants comme *son, sa, ses, leur,* etc. indiquent cette absence.

— Dans un même récit, il arrive parfois que l'auteur ou l'auteure confie à plus d'un personnage le rôle de raconter l'histoire. Il y a alors **plusieurs narrateurs ou narratrices**.

**EXEMPLES**

— *Pour ne pas s'endormir pendant qu'**il** conduisait sur la 94, **Jack** ouvrit la radio. **Il** entendit des nouvelles: les États-Unis envoyaient des conseillers militaires en Amérique centrale [...]. **Il** tourna le bouton, cherchant une émission de musique, et à **sa** grande surprise **il** entendit tout à coup une chanson française [...]*

Jacques Poulin, *Volkswagen Blues,* Québec/Amérique, 1984.

— ***Il** toussota pour assurer sa voix; les autres se rapprochèrent de lui pour mieux l'entendre. Alors **il** commença: «Il y a plus de trente ans que cela est arrivé à Beauport, où **je** suis né, où **j'**ai passé toute mon enfance et où **j'**ai toujours demeuré.*

*Un jour comme aujourd'hui, **je** m'étais rendu à Québec.»*

*Contes et récits du Canada français.*

## L'UNIVERS NARRATIF
### Les actions
Le texte narratif sert principalement à **relater des actions et des événements**. On peut classer les diverses actions en deux grandes catégories:

— les **actions importantes** qui font progresser l'histoire;

— les **actions secondaires** qui servent à préciser les actions importantes.

On peut repérer les actions en relevant les groupes du verbe. Selon que le récit est écrit au présent ou au passé, **les verbes qui font progresser l'histoire sont conjugués au présent, au passé simple ou au passé composé de l'indicatif.**

Dans les **séquences descriptives** et dans les **séquences dialoguées**, les temps des verbes peuvent être différents.

Les **expansions** du verbe permettent de fournir des précisions sur les actions.

*Sans Atout **dévissa** l'extrémité de la torche et **retira** la pile usée. C'**était** un cylindre massif et lourd que Sans Atout **saisit** fermement. Il **attendit** le moment où le cheval **passa** au pied de la fenêtre et, de toutes ses forces, il **lança** le projectile, qui **s'écrasa** sur les pierres, et **vola** en morceaux, à l'endroit exact où **piétinaient** les sabots. Les deux garçons **se penchèrent** d'un même mouvement.*

*— Tu l'**entends**? **dit** Sans Atout. Il **est** toujours là.*

Boileau-Narcejac, *Sans Atout et le cheval fantôme,* Rageot-Éditeur, 1971.

**Les personnes et les personnages**

– Dans un texte narratif **courant,** les actions rapportées sont accomplies par des **personnes réelles.**

– *Je me souvenais de la façon dont* **Archie Moore** *avait décidé* **Marciano** *à mettre son titre en jeu et à le rencontrer, grâce à des astuces pittoresques qui avaient contraint* **Rocky** *à réagir. Il avait fait passer des annonces dans les journaux, accompagnées d'une photo qui représentait* **Marciano** *en costume de forçat et surmontée d'un gros titre :* CENT MILLE DOLLARS DE RÉCOMPENSE À QUI RÉUSSIRA À FAIRE MONTER **MARCIANO** SUR UN RING AVEC LE SHÉRIF **ARCHIE MOORE.**

Muhammad Ali et Richard Durham,
*Le Plus Grand,* Éditions Gallimard, 1976.
Traduit par M. Rambaud et F.-M. Watkins.

– Dans un texte narratif **littéraire,** les actions relatées sont accomplies par des **personnages** issus de l'imaginaire de la personne qui écrit le texte. Au début du texte, la personne qui écrit utilise générale-ment un **nom propre** pour désigner les personnes ou les personnages dont elle parle. Par la suite, afin d'éviter des répéti-tions, elle utilise des procédés de reprise de l'information (des mots substituts comme des pronoms, des groupes du nom, etc.).

– *Et* **François** *avait été aussitôt surnommé «Sans Atout». Le sobriquet lui avait plu. D'abord, il avait valeur d'excuse. «Œil de Faucon», cela signifie qu'on a une vue perçante... «Nez de cuir», qu'on a un morceau de cuir à la place du nez... Et «Sans Atout», qu'on est privé de cette qualité maîtresse, de cet atout maître, l'ordre. C'est ainsi. [...]*

*Mais attention ! Sans Atout, cela veut dire autre chose. Quand on joue aux cartes et qu'on a en main les as et les figures, quand on est par conséquent sûr de gagner, on déclare : Sans Atout.*

Boileau-Narcejac, *Sans Atout et le cheval fantôme,*
Rageot-Éditeur, 1971.

**Les lieux**

Les actions et les événements rapportés dans un récit se déroulent dans des **lieux réels ou imaginaires.**

– Dans un texte narratif **courant,** l'action se déroule dans des **lieux réels.**

– *Après ma victoire sur Liston, j'étais rentré en avion pour pouvoir accompagner ma mère à l'****église*** *méthodiste de* **Broadway Temple,** *dont elle était la doyenne et où devait se dérouler une cérémonie en son honneur. Elle était fière des tableaux de mon père et elle l'encourageait toujours. «Si tu deviens un grand artiste, tu pourras quitter le* **Sud.** *Va à* **New York, Chicago,** *où tu voudras.»*

Muhammad Ali et Richard Durham,
*Le Plus Grand,* Éditions Gallimard, 1976.
Traduit par M. Rambaud et F.-M. Watkins.

| CONNAISSANCES | EXEMPLES |
|---|---|
| – Dans un texte narratif **littéraire**, l'action se déroule dans des **lieux imaginaires**. | – *Encore un effort, un coup d'épaule et demain matin, vers six heures, ayant nettoyé à grande eau sa camionnette, Koscar prendra la* **route** *vers son petit* **chalet** *dans la* **Vallée à Noisettes**, *au bord de la* **Rivière Escalier**, *avec sa fidèle vieille Yvonne bien tassée à côté de lui, le panier à provisions sur les genoux.* |
| | Félix Leclerc, *Carcajou*, Éditions Fides. |

**Le temps**

Dans un récit, les événements et les actions relatées se déroulent à une **époque précise** et dans un **ordre** établi par la personne qui écrit. Une fois l'époque précisée et la durée établie, l'auteur ou l'auteure emploie des **indices de temps** :

| | |
|---|---|
| **1.** pour situer un **moment précis** de l'histoire ; | – *C'était l'automne... Le printemps arrivait... Un jour... La neige commençait à fondre... Ce soir-là... Ce matin-là... Quand le soleil se leva... La lune éclairait les rues... etc.* |
| **2.** pour situer les **événements** les uns par rapport aux autres ; | – *avant, la veille, quelques jours auparavant, au même instant, pendant ce temps, tandis que, après, puis, ensuite, le lendemain, plus tard, la nuit suivante, etc.* |
| **3.** pour indiquer qu'un événement s'est produit de façon **soudaine** ; | – *tout à coup, lorsque, soudain, brusquement, aussitôt, etc.* |
| **4.** pour marquer, de façon plus ou moins précise, la **durée** des événements. | – *Durant deux jours... Longtemps... Deux jours plus tard... Quelques jours après... Après un long voyage... Cela dura deux ans... Les années passèrent... etc.* |

## L'INSERTION DE SÉQUENCES DESCRIPTIVES

Lorsque la personne qui écrit un texte narratif désire représenter les lieux, les objets, les personnes ou les personnages dont elle parle dans son récit, elle a recours à la **description**. Les verbes peuvent alors être conjugués au **présent**, à l'**imparfait** ou au **plus-que-parfait de l'indicatif**.

Les personnes, les personnages, les objets ou les lieux sont décrits selon les règles des textes de type descriptif. On doit pouvoir retrouver dans la séquence la mention du **sujet**, des **aspects** et, s'il y a lieu, des **sous-aspects** de la description.

Les passages descriptifs sont utilisés pour diverses raisons.

**1.** Pour **situer** un lieu, un objet ou un personnage.

**2.** Pour **mieux faire «voir»** un lieu, un objet ou un personnage grâce à des **précisions** sur les caractéristiques de ce lieu, de cet objet ou de ce personnage.

---

[...] le **chien** loup est là; juste sous lui, qui gronde. Vu de près, il est formidable.

Sa **taille** est impressionnante, mais surtout son **visage** est féroce. Car c'est bien un visage; avec une flamme d'intelligence fanatique dans le **regard**. Il a été dressé à monter une garde silencieuse, impitoyable. Tout étranger qui n'est pas présenté par son maître est l'ennemi. Il se tient toujours sous la fenêtre, **museau** tendu, **oreilles** pointées, un peu ramassé sur l'arrière-train [...]

Boileau-Narcejac, *Sans Atout et le cheval fantôme*, Rageot-Éditeur, 1971.

Oui, **Kermoal** y était signalé. On ne l'avait jugé digne que d'une étoile. Le touriste curieux de monuments historiques apprenait que Kermoal avait été **construit en 1160**, puis à demi détruit par un incendie et **restauré un siècle plus tard**. Du Guesclin y avait passé quelques jours. Le donjon et une partie des fortifications avaient été ensuite **rasés sous l'ordre de Richelieu**. Un certain comte de Kelerden, **à la fin du XVIIᵉ siècle**, avait à son tour **fait abattre** les communs et redessiner la cour d'honneur.

*Ibid.*

Oui, **Jean-Marc** est un malin. François le revoit, en surimpression, sur la vitre, tandis que le rapide traverse en grondant le triage de Laval... Un **long garçon** maigre, avec le **visage osseux** et les **yeux tantôt gris, tantôt bleus**, des Bretons du Nord. **Lent, secret, marqué par une enfance pas très heureuse**. Mais un **compagnon de jeu idéal**, connaissant la côte comme sa poche et d'une adresse miraculeuse.

*Ibid.*

| CONNAISSANCES | EXEMPLES |
|---|---|

**3.** Pour **créer une certaine atmosphère** (calme, étouffement, joie, peur, etc.) ou à **révéler l'état psychologique** d'un personnage.

*Le cheval* se rapprochait. ***Ses fers résonnèrent. Ses naseaux devaient souffler une vapeur légère.*** *C'était le tour de maître Robion de l'imaginer, avançant de biais,* ***nerveux, l'œil brillant, un peu fou, secouant la tête...*** *et justement, le cliquetis de la gourmette se fit entendre.*

Boileau-Narcejac, *Sans Atout et le cheval fantôme,* Rageot-Éditeur, 1971.

## L'INSERTION DE SÉQUENCES DIALOGUÉES

Les personnes ou les personnages dont on parle dans les textes narratifs prennent parfois la parole. Le **compte rendu de leurs paroles** donne alors lieu à des **séquences dialoguées**. La présence de **guillemets** et de **tirets** permet habituellement de reconnaître ces séquences.

Dans les séquences dialoguées, les verbes sont conjugués aux temps requis par le rapport entre les actions (passé simple, futur, présent, imparfait de l'indicatif, etc.), mais le verbe introducteur est au même temps que le récit (présent, passé simple ou passé composé de l'indicatif).

Les séquences dialoguées sont utilisées pour diverses raisons.

**1.** Pour **faire connaître** un ou des **personnages** de l'histoire.

— *Nous avons pensé, dit* ***Marguerite,*** *que tu serais peut-être mieux si tu dormais près de nous, en attendant l'arrivée de tes parents.*

— *Jamais de la vie, proteste* ***François.*** *J'aime tellement ma chambre.*

— *Mais... tout seul... à l'autre bout du château !*

— *Je ne risque pas d'être enlevé, dit François. Et* ***je n'ai jamais eu peur, la nuit.***

*Ibid.*

**2.** Pour **faire connaître** les **sentiments** ressentis par un ou des personnages devant les événements vécus.

— *On pourrait ouvrir les persiennes, propose Jean-Marc.*

— *Non, crie Marguerite.* ***J'aurais trop peur !***

*Son mari hausse les épaules et, tout doucement, écarte les persiennes.*

*Ibid.*

**3.** Pour **faire progresser** l'action ou pour la **retarder**.

*La Bentley sembla glisser. Elle s'éloigna sans bruit et, comme elle était grise, elle s'effaça tout de suite dans la pluie.*

*— **Viens te chauffer**, dit Marguerite. Tu vas attraper du mal.*

*Ils étaient là, tous les trois, les deux vieux Jaouen et Jean-Marc, qui tenaient conciliabule.*

*Ibid.*

## Le discours direct

Si les paroles sont **citées**, comme la personne ou le personnage les a **prononcées**, on dit qu'il s'agit d'un **discours direct**.

Il existe plusieurs façons de rapporter les paroles de quelqu'un. En voici quelques-unes.

**1.** La plupart du temps, les paroles sont accompagnées d'un **verbe introducteur** à valeur neutre ou expressive. Le verbe introducteur peut précéder les paroles rapportées ou les suivre.

**Verbes neutres**
*dire, ajouter, assurer, conclure, demander, constater, déclarer, songer, penser, croire, admettre, estimer, etc.*

**Verbes expressifs**
*avertir, ordonner, protester, crier, déplorer, supplier, etc.*

**2.** Lorsque **le verbe introducteur précède les paroles** rapportées, celles-ci sont:

– le plus souvent **introduites par les deux points et placées entre guillemets** si l'on rapporte les paroles d'*un seul personnage*;

*Une petite fille passa avec sa mère. Elle **dit**: «Oh! Le beau petit chat!»*

– le plus souvent **introduites par les deux points et précédées d'un tiret** si l'on rapporte les paroles de *plusieurs personnages*.

*Une petite fille passa avec sa mère: Elle **dit**:*

*— Oh! le beau petit chat!*

*— Il semble abandonné, **observa** sa mère.*

*— Peut-on le recueillir? **supplia** la petite fille.*

**3.** Lorsque **le verbe introducteur est inclus dans les paroles** rapportées, celles-ci sont:

– le plus souvent **placées entre guillemets** si l'on rapporte les paroles d'*un seul personnage*;

*Une petite fille passa avec sa mère. «Oh! le beau petit chat, **dit**-elle.» Et elles continuèrent leur route.*

– le plus souvent **précédées d'un tiret** si l'on rapporte les paroles de *plusieurs personnages*.

*Une petite fille passa avec sa mère.*

*— Oh! **dit** la petite fille, quel beau petit chat!*

*— Il semble abandonné, **observa** sa mère.*

*— Peut-on le recueillir? **supplia** la petite fille.*

**Toutefois**, il arrive que la personne qui écrit utilise systématiquement les guillemets au début et à la fin d'une séquence dialoguée.

**4.** Si l'on rapporte les **pensées** ou les **réflexions** d'un personnage ou d'une personne, celles-ci sont:

  – **introduites par les deux points et placées entre guillemets** si le verbe introducteur **précède** le passage qui rapporte les pensées ou les réflexions;

*Pour essayer de se calmer, elle **s'est répétée** des centaines de fois: «Tu n'as qu'à baisser les yeux et à lire tes fiches sans relever la tête.»*

Carole Fréchette, *Carmen en fugue mineure*, Les éditions de la courte échelle, 1996.

  – **placées entre guillemets seulement** si le verbe introducteur **est inclus** dans le passage qui rapporte les pensées.

*«Je n'aurai qu'à fermer les yeux, **pensa**-t-elle, et à lire mes fiches sans relever la tête.»*

**5.** Dans les séquences dialoguées, le verbe introducteur peut être accompagné de mots ou d'ensembles de **mots qui précisent la manière dont sont prononcées les paroles**, les rendant ainsi plus expressives.

*Et Sans Atout raconta à son tour l'épisode de l'homme évanoui et de sa mystérieuse disparition.*

*— On a même failli prévenir les gendarmes, **dit** Jaouen.*

*— Eh bien, eh bien, il s'en est passé des choses, en notre absence, **dit** maître Robion **d'un ton qu'il s'efforçait de rendre léger**. Mais, ne dramatisons pas. Tout cela trouvera son explication en son temps.*

Boileau-Narcejac, *Sans Atout et le cheval fantôme*, Les Éditions de l'Amitié G.T. Rageot, 1971.

**Le discours indirect**
Si **les paroles sont rapportées par quelqu'un d'autre** que le personnage ou la personne qui les prononce, par exemple par le narrateur ou la narratrice, on parle de **discours indirect**.

Le lecteur ou la lectrice n'a pas l'impression d'entendre les paroles des personnages telles qu'elles ont été prononcées. C'est la voix du narrateur ou de la narratrice, ou celle d'un autre personnage qu'on entend.

*Carmen était certaine que son père **lui dirait qu'elle ne devait pas paniquer pour un simple petit exposé, qu'elle était plus forte que ça**.*

*La petite fille qui passa avec sa mère **dit que le petit chat était beau**.*

## LE POINT DE VUE

Dans les textes narratifs, on peut trouver des mots ou des ensembles de mots qui révèlent différents **points de vue**.

1. Un mot ou un ensemble de mots peut révéler le **point de vue du narrateur ou de la narratrice** sur les personnages, les objets, les lieux, les faits ou les phénomènes dont il parle.

*L'histoire qu'on va lire, exemple **d'inébranlable acharnement** à vouloir atteindre un but déterminé, au prix d'épreuves et de dangers presque incroyables, est une **histoire vraie**, car **j'ai été personnellement mêlé** à la plupart des faits qu'elle met en cause.*

Jack London, *Souvenirs et Aventures du pays de l'or*, Chardon bleu éditions, 1983, © Christian Bourgois Éditeur, coll. «10/18». Traduit par J. Parsons.

*Il avait un chien – un bull-dog. En raison de ses poils ras, **on ne pouvait plus mal choisir** pour tirer un traîneau sur cette terre glacée.*

*Ibid.*

2. Dans les **séquences descriptives**, les mots ou les ensembles de mots qui caractérisent peuvent aussi révéler le point de vue du narrateur ou de la narratrice sur les personnages, les lieux, les objets ou les événements de l'histoire.

*En fait, avec son **merveilleux** équipement de chiens et de traîneaux, la police ne réussit jamais à s'emparer de lui.*

*Ibid.*

3. Un mot ou un ensemble de mots peut révéler le **point de vue d'un personnage de l'histoire** sur un autre personnage, un objet, un lieu ou un événement de l'histoire.

*Les réfugiés regardèrent cet équipement et **se mirent à rire**.*

*Ibid.*

4. Dans les séquences dialoguées, les **paroles elles-mêmes** peuvent indiquer le **point de vue de la personne qui les prononce** sur un personnage, un lieu, un objet ou un événement de l'histoire.

*— Pourquoi me reproche-t-il d'assommer des tueurs ? Il n'a même pas l'air de se rendre compte que **ses paroles me blessent. Je trouve ça un peu curieux.***

*— C'est parce qu'il ne te connaît pas encore. Il ne sait pas **à quel point tu es sensible**.*

Janet et Isaac Asimov, *Norby, le robot fêlé*, Éditions Hachette, 1987. © Walker and Company (New York).

# COMMENT FAIRE...........

POUR **LIRE un TEXTE NARRATIF LITTÉRAIRE**

# Hercule Poirot

*Anthologies*, page 133

QUOI lire?

Dans les romans policiers, l'action repose sur une intrigue causée par la recherche de coupables de méfaits ou de crimes. Tout ce que l'auteur ou l'auteure écrit contribue à créer du suspense, à fournir des indices pour résoudre l'énigme.

Dans son roman *A.B.C. contre Poirot*, Agatha Christie utilise une lettre anonyme pour piquer la curiosité du lecteur ou de la lectrice. Lorsque tu lis un roman policier, tentes-tu de résoudre l'énigme en lisant toute l'histoire, ou lis-tu tout de suite la fin pour en connaître le dénouement? La lecture du texte *Hercule Poirot* te permettra de réfléchir sur ton comportement lorsque tu lis ce genre de récit.

POURQUOI lire?

Tu comprendras le sens du texte d'Agatha Christie, au fil de la lecture, en réalisant les activités qui suivent dont certaines t'amèneront à réfléchir sur ta manière de lire et te permettront de réagir au texte. Ces activités sont reproduites en bleu.

COMMENT lire?

# Avant la lecture

**1** **A** Pour quelles raisons les gens lisent-ils des romans policiers ?

**B** À la page 133 de ton manuel *Anthologies*, lis le témoignage de David Nadeau qui accompagne le texte d'Agatha Christie. Pourquoi penses-tu que la lecture de ce roman a donné à David Nadeau l'impression d'être intelligent ?

**C** As-tu déjà lu des ouvrages qui t'ont donné la même impression ? Si oui, précise lesquels et explique pourquoi.

**2** Si tu recevais une lettre anonyme, quelle serait ta réaction ?

**3** Lis la lettre anonyme au début du texte (page 133).

**A** À qui cette lettre est-elle adressée ?

**B** Qui est le signataire de cette lettre ?

**C** Relève l'indice de temps contenu dans cette lettre.

**4** Si tu avais en main le roman d'où est tiré ce texte, chercherais-tu à savoir tout de suite qui a écrit la lettre anonyme en lisant la fin de l'histoire ?

**A** Trouve une raison pour laquelle tu devrais lire tout de suite la fin de l'histoire.

**B** Trouve trois raisons pour lesquelles tu ne devrais pas lire tout de suite la fin de l'histoire.

Je suis un peu étonné d'avoir pris cette photo, que je trouve bien banale finalement. Impossible de me rappeler ce que cette scène a pu m'inspirer !

## Lis les lignes 12 à 23 (page 134).

**5** Dans ce roman, l'énigme à résoudre, c'est de trouver l'identité de la personne qui a écrit la lettre anonyme. Dès le début de l'extrait, l'auteure nous présente des personnages qui pourraient l'avoir écrite.

**A** Nomme les trois personnages qui sont mentionnés dans cette partie du texte.

**B** Qui prononce les paroles qui sont rapportées de la ligne 20 à la ligne 23 ?

**C** Qui est l'*ami belge* (ligne 16) ?

**D** De quel personnage est-il l'ami ?

**6** Agatha Christie s'est amusée à cacher l'identité du narrateur.

**A** Qui est le narrateur du texte ?

**B** Quels indices te permettent de l'affirmer ?

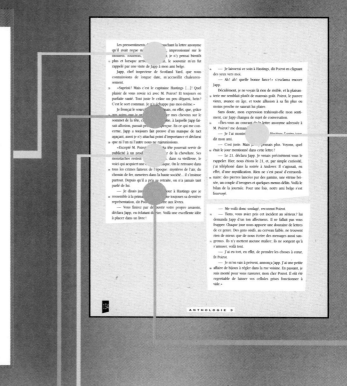

## Lis les lignes 24 à 30 (page 134).

**7** **A** Dans ces lignes, l'auteure fournit des renseignements supplémentaires sur deux des personnages. Qui les pronoms de la première personne remplacent-ils ?

**B** Dans le paragraphe précédent (lignes 20 à 23), relève une phrase qui fait allusion à la *calvitie* (ligne 26).

**C** Quel personnage souffre d'une légère calvitie ?

**8** **A** Relève un passage qui révèle le point de vue d'un personnage sur un autre personnage.

**B** Ce point de vue est-il positif ou négatif ?

**C** Rédige une phrase qui répondra à la question *Qui pense quoi de qui ?*.

## Lis les lignes 31 à 38 (page 134).

**9** **A** Dans ces lignes, quel personnage mentionné dans la lettre anonyme est évoqué pour la deuxième fois ?

**B** Ce paragraphe commence par les mots *Excepté M. Poirot*. À quoi M. Poirot échappe-t-il ?

**C** À quel personnage les déterminants *sa* (lignes 31 et 33) et *ses* (ligne 32) renvoient-ils ?

**D** Relève les deux phrases qui te permettent de te représenter ce personnage. Précise à quelles lignes elles se trouvent.

**E** Dans ces phrases, relève les groupes du verbe qui servent à introduire des caractéristiques.

**F** Récris la phrase de la ligne 34 qui commence par *On le retrouve...* en remplaçant le pronom *le* par le nom auquel il réfère.

**G** Analyse le contexte et relève trois passages qui expliquent le sens de l'expression *célébrité unique* (ligne 34).

**H** Quel personnage de l'histoire a acquis cette célébrité unique ?

**10** Cette séquence dialoguée contribue à nous faire mieux connaître un des personnages de l'histoire.

**A** Cherche dans ton dictionnaire le sens de l'expression *prima donna* (ligne 40).

**B** Quels personnages dialoguent dans cet extrait ?

**C** Relève les verbes introducteurs qui le révèlent.

**D** Ces verbes sont-ils neutres ou expressifs ?

**E** Relève les ensembles de mots qui constituent des commentaires sur la manière dont les paroles sont prononcées.

**11** **A** Jusqu'ici, le texte t'a-t-il fourni des indices sur l'identité de la personne qui a écrit la lettre anonyme ou sur ce qui aurait pu se passer à Andover ?

**B** L'analyse des indices accumulés te permet-elle de dire quel personnage de l'histoire pourra résoudre l'énigme ? Si oui, lequel ? Explique pourquoi.

**12** **A** Relève un passage qui révèle le point de vue de Hastings sur Hercule Poirot.

**B** Donne le sens des mots *sympathie* et *antipathie* à l'aide de leur formation.

**C** Ce passage révèle-t-il que Hastings éprouve de la sympathie ou de l'antipathie pour Hercule Poirot ?

**13** Jusqu'ici, quel personnage te paraît le plus sympathique et lequel te paraît le plus antipathique ? Explique brièvement pourquoi.

**14** Dans ce passage, l'auteure relance l'énigme en parlant de nouveau de la lettre anonyme. Toutefois, il faut lire le dialogue attentivement pour ne pas confondre les interlocuteurs. L'auteure sollicite ton intelligence par la longueur et le contenu de la séquence dialoguée. Voyons si tu as suivi le fil de l'histoire.

**A** À la ligne 53, à qui les déterminants *mon* renvoient-ils ?

**B** À la ligne 56, qui le pronom *il* remplace-t-il ?

**C** À la ligne 58, quel nom propre pourrais-tu substituer au groupe du nom *mon ami* ?

**D** Dans cette séquence dialoguée, quelles personnes prononcent les paroles ?

**E** Récris les lignes 55 à 58 en remplaçant par des noms propres le pronom *il* (ligne 56) et le groupe du nom *mon ami* (ligne 58).

**F** Quel est le rôle de cette séquence dialoguée ? Choisis ta réponse parmi les énoncés de l'encadré et justifie ton choix en quelques mots.

① Faire connaître un ou des personnages.

② Faire connaître les sentiments ressentis par un ou des personnages.

③ Faire progresser le récit.

④ Créer du suspense, retarder l'action.

## Lis les lignes 61 à 68 (page 134).

**15** Les personnes qui écrivent des romans policiers ont souvent recours à la mystification pour te déjouer lorsque tu penses déjà avoir trouvé la clé de l'énigme.

**A** Trouve un synonyme du mot *mystification* (ligne 64).

**B** Relève un passage qui explique pourquoi la lettre anonyme n'était qu'une *mystification.*

**C** À quelle date se déroulent les événements racontés dans ces lignes? Quel indice donné dans les lignes 61 à 68 te permet de l'affirmer?

**D** Quel procédé stylistique (répétition, énumération, ellipse, etc.) l'auteure utilise-t-elle pour résumer ce qui s'est passé à Andover? Cite le passage qui le prouve.

**E** Quel mot utilise-t-elle pour résumer ces événements?

**16** Même s'il n'est rien arrivé à Andover, cela signifie-t-il qu'il n'y a plus d'énigme à résoudre? Justifie ta réponse.

## Lis les lignes 69 à 85 (pages 134 et 135).

**17** Dans cette séquence dialoguée, un des personnages annonce qu'il doit se retirer.

**A** Qui est ce personnage?

**B** Pourquoi ce personnage peut-il et doit-il se retirer?

**C** Pourquoi Hercule Poirot dit-il qu'il est soulagé?

**D** À la ligne 72, le verbe *frapper* est utilisé dans un sens inhabituel. Cherche ce sens dans le dictionnaire et remplace-le par un synonyme.

**18** As-tu plus d'indices maintenant sur l'auteur ou l'auteure de la lettre anonyme? Commence ta réponse de la manière suivante:

• *(J'ai / Je n'ai pas) plus d'indices parce que...*

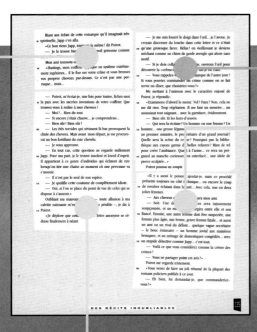

DES RÉCITS INOUBLIABLES

Lis les lignes 113 à 122 (page 135).

**20** [A] Relève le passage qui explique pourquoi Hastings est de mauvaise humeur.

[B] Relève une comparaison qui révèle le point de vue de Hercule Poirot sur lui-même.

[C] Quel est le rôle de cette séquence dialoguée ?

Lis les lignes 86 à 112 (page 135).

**19** [A] Quel nom propre le pronom *Je* (ligne 87) remplace-t-il ?

[B] Quel nom propre pourrais-tu utiliser à la place de *Mon ami* (ligne 89) ?

[C] Quelles personnes échangent des paroles dans cette séquence dialoguée ?

[D] Relève un passage de ce dialogue qui révèle le point de vue d'un personnage sur un autre.

[E] Rédige une phrase qui répondra à la question *Qui pense quoi de qui ?*.

[F] Cette séquence dialoguée ne joue pas un rôle important dans le déroulement de l'histoire : elle ne rapporte aucune action importante. Quel rôle joue-t-elle alors ? Choisis ta réponse parmi les énoncés de l'encadré.

① Faire connaître un ou des personnages.

② Faire connaître les sentiments ressentis par un ou des personnages.

③ Faire progresser le récit.

④ Produire un effet (surprise, doute, insistance).

⑤ Retarder le dénouement de l'intrigue.

Lis les lignes 123 à 133 (page 135).

**21** Dans cet extrait, Hercule Poirot et Hastings essaient de découvrir ce que serait la *«crème» des crimes.*

Trouve la signification de l'expression *la crème de* dans le dictionnaire.

**22** Hercule Poirot dit à son ami : *«Si vous pouviez commander un crime comme on se fait servir un dîner, que choisiriez-vous ?»*

Dans les lignes 126 à 133, relève sept mots qui pourraient faire partie d'un champ lexical lié à un repas servi au restaurant.

## Lis les lignes 134 à 163 (page 135).

**23** **A** Dans les lignes 134 à 141, quels sont les trois principaux ingrédients d'un crime selon Hastings?

**B** Reproduis et complète l'organisateur graphique suivant pour faire ressortir les suggestions de Hastings. Trouve un moyen de le rendre plus original, plus visuel.

**Premier ingrédient:** ✎

**Possibilités:** ✎

**Deuxième ingrédient:** ✎

**Possibilités:** ✎

**Ingrédients d'un crime**

**Troisième ingrédient:** ✎

**Possibilités:** ✎

**C** Que pense Poirot des suggestions de Hastings? Quels mots du texte le révèlent?

**24** En considérant les lignes 134 à 163, rédige un mode d'emploi pour l'écriture d'un roman policier. Inspire-toi des *Modes d'emploi* de ton manuel.

## Lis les lignes 164 à 188 (page 136).

**25** **A** Au numéro 23A), tu as relevé les trois principaux ingrédients d'un crime. Retrouve deux de ces ingrédients dans la description de *la crème des crimes* selon Hercule Poirot (lignes 169 à 175).

**B** Imagine ce que pourrait être l'ingrédient manquant.

**C** Que pense Hastings du crime décrit par Poirot?

**D** Dans la dernière réplique de cette séquence dialoguée, quel procédé utilisé par les auteurs et les auteures de romans policiers pour maintenir l'intérêt des lecteurs et des lectrices évoque-t-on?

**26** Maintenant que tu connais la définition que donne Hercule Poirot à *la crème des crimes*, modifie le mode d'emploi que tu as conçu à la question 24, en tentant de lui plaire.

**27** Ce passage se termine sur une sonnerie de téléphone.

Rédige deux phrases dans lesquelles tu essaieras de prévoir ce que ce coup de téléphone annoncera à Hastings et à Poirot.

**28** Combien de temps ont duré les événements relatés dans le texte? Explique ta réponse.

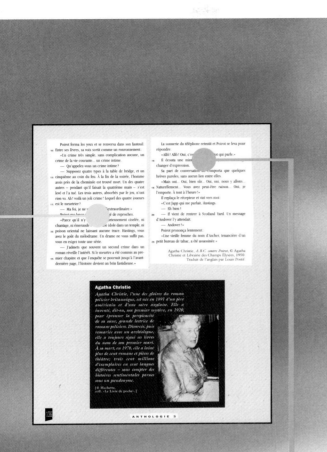

<br />

### Lis les lignes 189 à 205 (page 136).

**29** **A** La fin du texte te fournit-elle la réponse à la question formulée au point de départ : *Qui a écrit la lettre anonyme ?*

**B** Quel procédé l'auteure a-t-elle utilisé pour que les lecteurs ou les lectrices aient envie de poursuivre la lecture de son roman ?

**C** Quelle sera l'énigme dans la suite du roman ?

## Réagir au texte

**1** Résume le texte à l'aide de la formule suivante :

C'est l'histoire de ➜ Au début ➜ Puis ➜ Alors ➜ Enfin

**2** Rédige un court texte dans lequel tu feras part de tes réactions à la fin de ta lecture. Dis si l'auteure a su capter ton intérêt et le maintenir jusqu'à la fin, et si elle a réussi à te donner envie de lire la suite du roman ou ses autres romans.

## Évaluer ma démarche de lecture

Rédige un court texte pour évaluer ta démarche de lecture.

**Dans la première phrase,** tu pourrais dire si tu as trouvé le texte facile ou difficile à comprendre et expliquer pourquoi.

**Dans la deuxième phrase,** tu pourrais énumérer les mots que tu as appris et qui permettent de parler d'un roman policier.

**Dans la troisième phrase,** tu pourrais citer un passage que tu as trouvé particulièrement difficile et préciser ce qui le rend difficile.

**Dans la quatrième phrase,** tu pourrais dire si la lecture de ce texte t'incite à lire ce genre de roman et expliquer pourquoi.

# LIRE UN TEXTE NARRATIF

| CE QU'IL FAUT FAIRE... | COMMENT LE FAIRE |
|---|---|
| **1 Planifier** la lecture du texte. | **1** – S'il s'agit d'un texte narratif courant, préciser ce que l'on désire savoir sur la ou les personnes ou sur les faits dont il sera question dans le texte.<br>– S'il s'agit d'un texte narratif littéraire, rassembler divers éléments susceptibles d'influencer la lecture du texte:<br>• renseignements sur l'auteur ou l'auteure du texte;<br>• le titre et ce qu'il évoque;<br>• les autres textes du même auteur ou de la même auteure déjà lus. |

**En lisant le texte**

| **2** | **2** |
|---|---|
| **a)** Trouver le **sens des mots** qu'on ne connaît pas. | **a)** Observer les éléments de formation du mot, remplacer le mot par un synonyme, étudier le contexte ou utiliser un dictionnaire. |
| **b)** S'assurer de bien comprendre le **sens** de toutes les **phrases**. | **b)** Lorsqu'une phrase est difficile à comprendre, trouver DE QUI ou DE QUOI on parle dans la phrase, découvrir les RENSEIGNEMENTS, relever les passages qui parlent des circonstances et qui donnent des précisions. |
| **c)** Déterminer **QUI raconte** l'histoire (narrateur ou narratrice). | **c)** Relever dans les premiers paragraphes les groupes du nom et les pronoms personnels qui révèlent l'identité du narrateur ou de la narratrice. |
| **d)** Déterminer si le narrateur ou la narratrice **joue un rôle ou non** dans l'histoire. | **d)** – Dans les premiers paragraphes, la présence de pronoms personnels de la première personne et de déterminants comme *mon, ma, mes, nos,* etc. révèle que le narrateur ou la narratrice joue un rôle dans l'histoire;<br>– Dans les premiers paragraphes, la présence de pronoms personnels de la troisième personne et de déterminants comme *son, sa, ses, leur,* etc. révèle que le narrateur ou la narratrice ne joue aucun rôle dans l'histoire. |
| **e)** Déterminer si le récit est au **présent** ou au **passé**. | **e)** Dans les trois premiers paragraphes, relever tous les verbes et vérifier s'ils sont surtout au présent ou au passé. |
| **f)** Déterminer comment un même **personnage** est désigné tout au long du texte. | **f)** Relever tous les mots (*noms, pronoms* ou *noms propres*) que la personne qui écrit a utilisés pour nommer les personnages. |

| | |
|---|---|
| **g)** Identifier le **personnage principal**. | **g)** Dès le début du récit, identifier tous les personnages et déterminer le rôle de chacun dans le récit. Le personnage principal est celui qui agit beaucoup, qui accomplit des actions importantes. |
| **h)** Repérer les **séquences descriptives** et observer comment les personnages, les lieux et les objets sont désignés et caractérisés. | **h)** Trouver des séquences descriptives et préciser les ressources grammaticales qui servent à caractériser (groupe de l'adjectif, groupe prépositionnel, groupe du nom, subordonnée relative, attribut du sujet, complément direct, etc.). |
| **i)** Déterminer dans quel(s) **lieu(x)** se déroule l'histoire. | **i)** Souligner les mots et les expressions qui désignent des lieux. |
| **j)** Repérer les **séquences dialoguées** et préciser **QUI parle** dans chacune. | **j)** Repérer les passages qui contiennent des guillemets ou des tirets et vérifier si les passages qui précèdent ou qui suivent contiennent des verbes introducteurs. |
| **k)** Situer le **temps** du récit. | **k)** Relever les mots ou les expressions qui déterminent:<br>  – l'époque à laquelle se déroule l'histoire;<br>  – la durée de l'histoire;<br>  – l'ordre dans lequel se déroulent les événements. |
| **l)** Relever les passages qui révèlent le **point de vue**:<br>– du narrateur ou de la narratrice;<br>– des personnes ou des personnages dont il est question dans le récit. | **l)** – Trouver les passages qui contiennent des adverbes et des adjectifs reflétant un jugement positif ou négatif sur une personne, un lieu, un objet, un fait ou un phénomène.<br>  – Déterminer: • qui porte le jugement;<br>    • si le point de vue est positif ou négatif. |
| **m)** Trouver les différentes composantes du **schéma narratif**:<br>– la situation initiale;<br><br>– l'élément déclencheur;<br><br>– l'action;<br><br>– le dénouement (s'il y a lieu) et la situation finale. | **m)**<br><br>  – Chercher, au début du récit, un passage qui présente une situation d'équilibre.<br>  – Chercher, au début du récit, un fait ou un événement qui brise l'équilibre et qui est à l'origine des péripéties.<br>  – Relever dans le texte les actions importantes de l'histoire.<br>  – Chercher, à la fin du récit, un passage qui représente la dernière péripétie (s'il y a lieu) et le passage qui révèle un nouvel équilibre. |

| | |
|---|---|
| **n)** **Résumer** l'histoire. | **n)** Relever les actions importantes et utiliser la formule<br>**C'est l'histoire de → Au début → Puis → Alors → Enfin** |
| **3** **Réagir** au texte. | **3** — S'il s'agit d'un texte narratif courant:<br>• évaluer si le récit fournit suffisamment de renseignements sur les personnes, les objets et les faits;<br>• préciser, s'il y a lieu, les besoins de renseignements supplémentaires.<br>— S'il s'agit d'un texte narratif littéraire:<br>• évaluer dans quelle mesure le récit a satisfait son besoin d'imaginaire;<br>• comparer ce récit à d'autres récits déjà lus;<br>• déterminer quel aspect du texte a été le plus apprécié (l'histoire elle-même, un personnage, l'écriture, etc.). |

*Au petit matin, dans la montagne, une chèvre a été trouvée morte, à moitié dévorée. Qui est responsable de sa mort? Est-ce M. Seguin ou un loup? Qui est M. Seguin?*

L'intérêt qu'on a à lire des romans policiers repose sur la résolution d'une énigme. Pourquoi, lorsque dès le début d'une histoire on en connaît déjà la fin, la lit-on quand même?

La lecture du texte *La chèvre de monsieur Seguin* te révélera toutes les péripéties qui ont conduit à la mort de cette pauvre chèvre et te feront découvrir les raisons pour lesquelles on lit un texte même si on en connaît la fin.

De plus, les activités qui accompagnent ce texte te permettront de mettre en pratique les stratégies du *Mode d'emploi* «Lire un texte narratif» (page 218).

# La chèvre de monsieur Seguin

(*Anthologies,* page 120)

PAGE 218

## 1

À la page 120 de ton manuel *Anthologies*, lis le témoignage qui accompagne le texte *La chèvre de monsieur Seguin*. Ce témoignage révèle que c'est le loup qui a tué et mangé la chèvre. Donne trois raisons que tu pourrais invoquer pour convaincre quelqu'un de lire quand même le texte.

## Le lexique

Cette histoire se déroule dans une région de la France nommée la Provence et a été publiée dans le recueil *Lettres de mon moulin* d'Alphonse Daudet, publié en 1869.

Il se peut donc que tu ne connaisses pas le sens de certains mots et de certaines expressions que cet auteur a utilisés dans son récit. Les activités qui suivent te permettront de mettre en pratique des stratégies que tu connais pour découvrir le sens de ces mots et de ces expressions avant même de lire le texte.

## 2 Recours au dictionnaire et à la synonymie

Récris les passages suivants en remplaçant par un synonyme les mots écrits en caractères gras.

**A** [...] *qui lui faisaient une **houppelande**!* (ligne 20)

**B** [...] *le **cabri** d'Esméralda* [...] (ligne 21)

**C** [...] *l'herbe du clos lui parut **fade*** [...] (ligne 39)

**D** [...] *lui dit dans son **patois*** [...] (ligne 47)

**E** [...] *je **me languis** chez vous* [...] (ligne 48)

**F** *Il m'a mangé des **biques*** [...] (ligne 68)

**G** ***Pécaïre!** Pauvre Renaude!* (ligne 73)

## 3 Analyser le contexte

**A** Lis les lignes 24 à 38 et, en tenant compte du sens de cet extrait, trouve un mot qui pourrait remplacer le mot *longe* (ligne 36).

**B** Trouve dans les lignes 85 et 86 un mot que tu connais bien et qui pourrait te fournir un indice sur le sens des mots *châtaigniers* (ligne 87) et *genêts* (ligne 88).

**C** Dans les lignes 95 à 99, quel mot placé avant *campanules* et *digitales* (ligne 97), puis répété à leur suite, peut t'aider à comprendre le sens de ces mots ?

**D** Dans la phrase où est employé le mot *gerfaut* (ligne 140), quels mots te permettent de dire ce qu'est un gerfaut ?

APRÈS

Lis le texte aux pages 120 à 123 de ton manuel *Anthologies,* puis fais les activités qui suivent.

## Les personnages   MODE D'EMPLOI numéros 2c), d), f), g) et h)

## 4 **A** Qui sont les trois personnages de cette histoire ?

**B** Dans les banques de mots des numéros 3 et 4 (page 188), choisis deux adjectifs qui pourraient caractériser chacun de ces personnages et rédige une phrase selon le modèle suivant:

• (Nom du personnage) ✎ *est* (adjectif choisi) ✎ *parce que* ✎ .

*Il (elle) est aussi* (adjectif choisi) ✎ *parce que* ✎ .

## 5 **A** Quel est le nom de la chèvre de M. Seguin ?

**B** Dans les lignes 17 à 30, relève tous les mots et les ensembles de mots substituts que l'auteur a utilisés pour désigner la chèvre.

**C** Pour chaque partie du texte où tu as relevé des mots ou des ensembles de mots substituts utilisés pour désigner la chèvre, dis ce que te révèle le choix de mots que l'auteur a fait par rapport à ce qui se passe dans l'histoire.

## 6 **A** L'histoire est-elle racontée par un de ses personnages ?

**B** Dans les lignes 1 à 10, relève les pronoms personnels et les noms propres qui te permettent de l'affirmer.

## Les lieux et le temps   MODE D'EMPLOI numéros 2h) et 2k)

## 7 **A** L'histoire de la chèvre se déroule dans trois lieux. Relève les mots qui désignent ces lieux.

**B** Complète l'énoncé suivant.

• *Au début, quand M. Seguin ramène sa nouvelle chèvre à la maison, il la laisse dans* ✎ .

*Puis, lorsqu'il sent qu'elle s'ennuie et qu'elle pourrait se sauver, il la place dans* ✎ .

*Finalement, la chèvre réussit à s'enfuir et à gagner la* ✎ .

**8** À partir de la ligne 33 jusqu'à la fin du texte, relève des marqueurs et des indices qui révèlent combien de temps ont duré les événements racontés dans le récit.

## Le point de vue *MODE D'EMPLOI* numéro 2l)

**9** **A** Dans les premiers paragraphes du texte (lignes 1 à 32), relève deux groupes du nom utilisés par l'auteur pour désigner M. Seguin.

**B** Ces groupes du nom éveillent-ils ta sympathie ou ton antipathie à l'égard de M. Seguin ? Explique ta réponse.

**10** **A** Dans les lignes 108 à 132 et dans les lignes 176 à 191, relève les mots, les groupes et les ensembles de mots qui désignent la chèvre.

**B** Ces mots ou ces ensembles de mots éveillent-ils ta sympathie ou ton antipathie à l'égard de la chèvre ? Explique ta réponse.

**11** Tu te souviens de la frayeur ressentie par la personne qui a écrit le témoignage à la page 120 de ton manuel *Anthologies*. Dans les lignes 158 à 164, relève les mots et les ensembles de mots qui caractérisent le loup et le rendent si effrayant aux yeux de Blanquette.

## L'insertion de séquences

*MODE D'EMPLOI* numéros 2h) et 2j)

Le texte d'Alphonse Daudet peut être découpé de manière à faire ressortir les séquences descriptives et les séquences dialoguées importantes insérées par l'auteur pour susciter et maintenir ton intérêt.

**12** Reproduis le tableau suivant et remplis-le en répondant aux questions qui sont posées.

| QUELQUES SÉQUENCES IMPORTANTES | CONTENU | TEMPS DES VERBES |
|---|---|---|
| **Lignes 1 à 12**<br>**Séquence descriptive** | Relève la phrase qui dit clairement ce qui est décrit. | Temps de la majorité des verbes : ✎ |
| **Lignes 17 à 23**<br>**Séquence descriptive** | Sujet de la description : ✎<br>Aspects décrits : ✎ | Temps de la majorité des verbes : ✎ |
| **Lignes 33 à 40** | Relève le verbe qui sera précisé à l'aide des autres phrases de cette séquence. | Temps des verbes qui relatent des faits qui ont une influence sur le déroulement de l'histoire : ✎ |
| **Lignes 45 à 79**<br>**Séquence dialoguée** | Interlocuteurs : ✎<br>Indices qui le révèlent : ✎ | Temps des verbes introducteurs : ✎ |
| **Lignes 85 à 112**<br>**Séquence descriptive** | – La chèvre découvre la flore de la montagne.<br>– La chèvre invente des jeux (lignes ✎ à ✎ ) | Temps de la majorité des verbes : ✎ |
| **Lignes 165 à 191** | Dans ce passage, relève les verbes qui désignent les actions importantes de la lutte entre Blanquette et le loup. | Temps de la majorité des verbes : ✎ |

### Faire un organisateur graphique

**13** Les activités suivantes te permettront d'accumuler des matériaux dans le but de faire un organisateur graphique semblable au suivant pour rendre compte de ta compréhension des paragraphes 14 à 20. Ton organisateur graphique pourrait s'intituler *Blanquette dans la montagne*.

Lis toutes les consignes avant de tracer ton organisateur graphique.

**Blanquette dans la montagne**

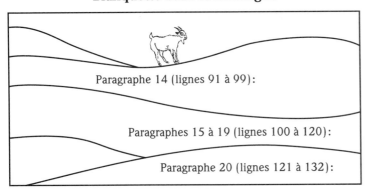

Paragraphe 14 (lignes 91 à 99):

Paragraphes 15 à 19 (lignes 100 à 120):

Paragraphe 20 (lignes 121 à 132):

**A** Dans ton organisateur graphique, insère d'abord les renseignements de l'encadré ci-dessous dans l'ordre selon lequel ils apparaissent dans le texte.

- La chèvre fait une rencontre intéressante.
- La chèvre invente des jeux.
- La chèvre découvre la flore de la montagne.

Les activités suivantes vont te permettre de relever dans chaque partie du texte des mots qui pourront t'aider à *décorer* ton organisateur graphique tout en le rendant plus précis.

**B** Dans la partie du texte *La chèvre fait une rencontre intéressante,* relève tous les mots et les ensembles de mots qui pourraient faire partie du champ lexical de cette rencontre. Choisis ceux que tu préfères et insère-les au bon endroit dans ton organisateur graphique.

**C** Dans la partie du texte *La chèvre invente des jeux,* relève les verbes qui pourraient préciser de quels jeux il s'agit. Choisis ceux que tu préfères et insère-les au bon endroit dans ton organisateur graphique.

**D** Dans la partie du texte *La chèvre découvre la flore de la montagne,* relève tous les mots et les ensembles de mots qui pourraient faire partie d'un champ lexical lié à la flore. Insères-en le plus possible dans ton organisateur graphique.

### Le schéma narratif  numéro 2m)

**14** Reproduis le schéma narratif suivant et complète-le.

**ATTENTION !** Dans le texte, la situation finale n'est pas décrite; il faut donc que tu rédiges une phrase pour la décrire.

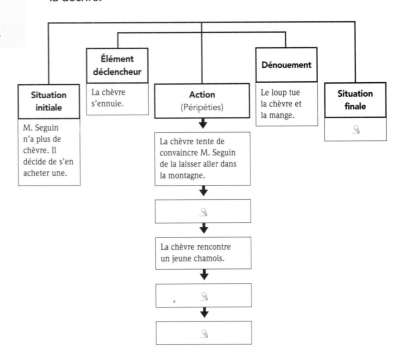

## Réagir au texte  **numéro 3**

**15** Connais-tu d'autres textes qui abordent le thème de la liberté comme *La chèvre de monsieur Seguin*? Si oui, lesquels?

 **16** *ON EN DISCUTE !*

Pour réaliser cette activité, tu dois avoir en main les paroles de la chanson *La complainte du phoque en Alaska* du groupe Beau Dommage.

L'activité qui suit permettra d'établir des liens entre cette chanson et le texte *La chèvre de monsieur Seguin*.

Tu connais sûrement la chanson *La complainte du phoque en Alaska*, popularisée par le groupe Beau Dommage.

*Ça ne vaut pas la peine*
*De quitter ceux qu'on aime*
*Pour aller faire tourner*
*Des ballons sur son nez...*

En équipes de deux ou trois élèves, répondez aux questions suivantes. Désignez d'abord un membre de l'équipe pour écrire les réponses.

**A** Qui est le personnage principal dans *La chèvre de monsieur Seguin*? dans *La complainte du phoque en Alaska*?

**B** Quelles ressemblances y a-t-il entre ces deux personnages?

**C** Les deux histoires finissent-elles de la même manière?

**Tu devras trouver et lire des textes narratifs littéraires pour réaliser le projet de cette séquence.**

**1.** Les activités de cette étape t'ont-elles permis de développer ta compétence à lire des textes narratifs littéraires?

Oui ✎     Non ✎

**2.** Le *Mode d'emploi* de la page 218 t'a-t-il été utile?

Oui ✎     Non ✎     Pourquoi? ✎

**3.** Si tu juges que tu dois améliorer ta compétence à lire des textes narratifs littéraires, quelles stratégies du *Mode d'emploi* de la page 218 pourrais-tu appliquer chaque fois que l'occasion se présente?

# COMMENT FAIRE...

## POUR ÉCRIRE UN TEXTE NARRATIF LITTÉRAIRE

AVANT

 **PLANIFIER L'ÉCRITURE DE MON TEXTE**

L'activité qui t'est proposée maintenant t'amènera à récrire un des textes de ton manuel *Anthologies*.

### Préciser le sujet du texte

Tu devras récrire le texte *La créature* (*Anthologies*, page 132) en y apportant des modifications liées aux connaissances acquises dans cette séquence. La démarche suivante t'aidera à y parvenir.

En rédigeant ton texte, tu devras porter une attention particulière aux notions grammaticales apprises dans l'atelier 7 (*La subordonnée circonstancielle*).

**1**

À FAIRE !

### ON EN DISCUTE !

**Lire** le texte *La créature* (*Anthologies*, page 132).

**A** En équipes de trois, **lisez** le texte et **résumez**-le à l'aide de la formule suivante :

**C'est l'histoire de → Au début → Puis → Alors → Enfin**

**B** Trouvez les meilleures réponses possibles aux questions suivantes. Les réponses vous seront utiles lorsque vous devrez récrire le texte de Jacques Sternberg.

① Quel **nom** pourriez-vous donner à la planète dont il est question dans le texte ?

② Imaginez les **villages** que les pionniers ont construits : trouvez-leur des noms et attribuez-leur quelques caractéristiques.

③ Imaginez deux **personnages**, un homme et une femme, qui pourraient avoir visité cette planète comme des estivants : donnez-leur un nom et précisez des caractéristiques physiques qui pourraient les décrire.

④ Imaginez et décrivez brièvement l'**événement** dont il est question dans le troisième paragraphe du texte.

⑤ Trouvez cinq à dix verbes qui pourraient désigner des **actions** faites par les personnages au cours de l'événement décrit en ④.

### Déterminer l'organisation du texte

Le texte que tu écriras doit être organisé comme le texte *La créature* : il contiendra quatre paragraphes auxquels tu ajouteras des séquences descriptives et des séquences dialoguées.

◀ ■ ▶  **ÉCRIRE MON TEXTE**

À FAIRE !

**2** Récris le texte *La créature* en respectant les consignes d'écriture suivantes :

– Rédige le texte comme si c'était la planète qui racontait sa propre histoire : utilise le pronom personnel *je*.

– Écris le récit au passé simple.

– Reprends le plus de mots possible du texte original.

– Au fil de l'écriture, assure-toi d'apporter toutes les modifications nécessaires pour rendre ton texte cohérent.

– Récris maintenant le texte en respectant les consignes ① à ⑨.

① Trouve un titre qui conviendrait mieux au nouveau texte.

### LA CRÉATURE

② Récris le premier paragraphe reproduit ci-dessous en insérant le nom propre qui pourrait désigner la planète. N'oublie pas d'utiliser le pronom personnel *je*. Tu pourrais commencer ainsi : *Je suis la planète XXX. Comme je suis...*

Comme c'était une planète de sable fin, de falaises dorées, d'eau verte et de ressources naturelles complètement inexistantes, les hommes avaient décidé d'en faire un monde de tourisme enchanteur, sans chercher à exploiter ou à creuser un sol, d'ailleurs stérile.

③ Transcris le dernier paragraphe du texte, qui est reproduit ci-dessous. Apporte les modifications qui s'imposent compte tenu que c'est la planète qui raconte sa propre histoire.

La planète, en effet, ne recelait pas d'autre forme de vie que la sienne : elle était la seule créature de ce monde. Et elle aimait beaucoup les êtres vivants, les humains en particulier. Mais elle les aimait bronzés, polis par l'eau et le vent, chauds et bien cuits.

④ Transcris ensuite le paragraphe suivant en faisant les modifications qui s'imposent et en insérant deux séquences descriptives :

a) la première décrira les villages à l'aide d'expressions comme *à l'extérieur, à l'intérieur, autour de*, etc. Tu pourrais donc commencer ce passage par *Sur mon sable fin, ils avaient construit des villages...*

b) la deuxième décrira les deux estivants imaginés à l'activité ③ de la discussion (page 226).

Les premiers pionniers y débarquèrent en automne. Ils y construisirent quelques stations balnéaires faites de cabanes pour milliardaires style Club Méditerranée et, quand l'été arriva, ces villages de fortune pouvaient déjà recevoir des milliers d'estivants.

⑤ Transcris ensuite la phrase ci-dessous.

Il en arriva deux mille, cet été-là.

⑥ Insère une séquence descriptive dans laquelle la planète décrira les estivants de façon ironique ou humoristique. Utilise des groupes prépositionnels et des adjectifs compléments du nom.

⑦ Transcris ensuite le passage ci-dessous en faisant les modifications qui s'imposent. Prête une attention spéciale aux déterminants.

Ils passèrent plusieurs semaines de charme à se dorer aux trois petits soleils de ce monde, à s'extasier devant ses paysages, son calme, son climat et le fait reposant que cette planète ne recelait ni insectes, ni carnivores, ni poissons redoutables, ni aucune forme de vie animale.

⑧ Transcris la phrase suivante.

Puis, le 25 août, à l'aube arriva l'événement.

⑨ Écris la fin du texte en t'inspirant des idées trouvées avec tes camarades lors de l'activité **On en discute!** (page 226).

Remplace tout le passage qui suit de la manière suivante :

a) Raconte ce qui s'est alors réellement passé. Utilise les constructions suivantes au moins une fois chacune :
   – une phrase qui contient une **succession d'actions qui se déroulent dans l'ordre;**
   – une phrase qui contient une **succession d'actions de type action/réaction;**
   – une phrase qui commence par un **groupe complément de phrase.**

b) Dans le récit de l'événement, insère une séquence dialoguée (discours direct) qui rapporte les paroles de tes deux personnages pendant l'événement, avant d'être avalés par la planète;

c) Termine le texte en insérant un passage qui cite les pensées de la planète en employant un groupe de mots qui décrit comment elle se sent à la fin de ces événements.

En une seule goulée, en quelques secondes, la planète avala tous les estivants en même temps.

Jacques Sternberg, *Entre deux mondes incertains*, © Éditions Denoël, coll. «Présence du futur», 1957.

APRÈS

◀ ■ ▶ **RÉVISER MON TEXTE**

À FAIRE!

**3** Relis ton texte et vérifie les points suivants dans l'ordre.

[A] Est-ce toujours la planète qui raconte?

[B] As-tu apporté toutes les modifications demandées et respecté les consignes d'écriture?

[C] Ton texte est-il cohérent? Les phrases s'enchaînent-elles bien?

[D] Les verbes qui relatent les actions sont-ils au passé simple?

[E] Tes phrases sont-elles construites selon les règles de la syntaxe?

[F] Les séquences dialoguées sont-elles rédigées et ponctuées selon les règles d'écriture du discours rapporté?

[G] Les mots sont-ils bien orthographiés?

Au besoin, utilise les stratégies de révision de texte que tu connais et particulièrement celles apprises sur la construction des subordonnées dans les ateliers de grammaire 5, 6 et 7.

# ÉCRIRE UN TEXTE NARRATIF LITTÉRAIRE

**STRATÉGIES**

| CE QU'IL FAUT FAIRE... | COMMENT LE FAIRE |
|---|---|
| **Planifier l'écriture du texte**<br>**1** Créer un **univers narratif**. | **1** Répondre aux questions :<br>– *Qui ?* (personnage principal);<br>– *Quoi ?* (intrigue);<br>– *Où ?* (lieu où se déroule l'action);<br>– *Quand ?* (époque à laquelle se déroule l'action);<br>– *Comment ?* (principales péripéties de l'histoire). |
| **2** Déterminer **qui racontera l'histoire**. | **2** – Décider si le narrateur ou la narratrice jouera un rôle dans l'histoire.<br>– Selon la décision, choisir de raconter l'histoire à la première personne (*je, j'*) ou à la troisième personne (*il, elle*). |
| **3** Décider si le récit sera au **passé** ou au **présent de l'indicatif**. | **3** Décider si le narrateur ou la narratrice racontera l'histoire comme si elle se déroule au moment où elle est racontée ou comme si elle est terminée au moment où elle est racontée. |
| **4** Construire une **banque de mots** pour présenter les objets, les personnages et les lieux où ils évoluent. | **4** – Trouver des mots substituts pour désigner les objets, les personnages et les lieux où ils évoluent.<br>– Dresser une liste des caractéristiques des personnages, des objets et des lieux. |
| **5** Prévoir le **déroulement** du récit. | **5** – Rédiger une phrase qui décrit la situation initiale.<br>– Rédiger une phrase qui décrit l'élément déclencheur.<br>– Résumer l'histoire à l'aide de la formule<br>**C'est l'histoire de → Au début → Puis → Alors → Enfin**<br>– Rédiger une phrase qui décrit le dénouement de l'histoire (s'il y a lieu) et la situation finale. |
| **6** Déterminer la quantité, la place et le rôle des **séquences descriptives**. | **6** – Décider quel personnage, quel lieu ou quel objet on décrira.<br>– Préciser si la séquence descriptive servira:<br>• à situer un lieu, un objet ou un personnage;<br>• à mieux faire «voir» un lieu, un personnage ou un objet;<br>• à créer une certaine atmosphère (calme, tumultueuse, etc.);<br>• à révéler l'état psychologique d'un personnage.<br>– Préciser à quel endroit du récit les séquences descriptives seront insérées. |

| CE QU'IL FAUT FAIRE... | COMMENT LE FAIRE |
|---|---|
| **7** Déterminer la quantité, la place et le rôle des **séquences dialoguées**. | **7** – Décider quels personnages prendront la parole.<br>– Préciser le rôle de la séquence dialoguée dans le déroulement de l'histoire:<br>• faire connaître un ou des personnages;<br>• faire connaître les sentiments ressentis par un ou des personnages devant les événements vécus;<br>• faire progresser le récit ou le retarder.<br>– Préciser à quel endroit les séquences dialoguées seront insérées dans le récit. |
| **Écrire le texte**<br>**8** S'assurer que les **mots** utilisés respectent le sens qu'on leur attribue généralement. | **8** En cas de doute, consulter un dictionnaire. |
| **9** S'assurer que les phrases permettent de **situer** le récit dans le **temps**. | **9** En cas de doute, s'assurer que la phrase contient au moins les groupes obligatoires de la PHRASE DE BASE et que les groupes se succèdent dans le bon ordre. |
| **Réviser le texte en vue de l'améliorer**<br>**10** S'assurer que les **phrases** sont **grammaticalement correctes**. | **10** Utiliser des mots et des expressions qui déterminent:<br>– l'époque à laquelle se déroule l'histoire;<br>– la durée de l'histoire;<br>– l'ordre dans lequel se déroulent les événements. |
| **11** S'assurer que les **règles d'orthographe et de syntaxe** sont respectées. | **11** Appliquer les stratégies de révision de texte pour les erreurs les plus fréquentes. |
| **Évaluer la démarche d'écriture**<br>**12** **Évaluer** la démarche d'écriture. | **12** Préciser les difficultés éprouvées et les moyens utilisés pour les surmonter, et vérifier si ces moyens étaient les bons. |

# SUR LE TERRAIN

Dans cette dernière étape, tu dois réaliser un **projet** qui te permettra de mettre en pratique les compétences suivantes:

– lire un **texte narratif littéraire**;

– écrire un **texte narratif littéraire**.

## Mes nouveaux voisins

**A**s-tu déjà essayé d'imaginer la vie d'une personne rencontrée au hasard d'une promenade?

As-tu déjà essayé d'imaginer la vie personnelle d'un enseignant ou d'une enseignante que tu vois tous les jours?

Dans ce projet, tu devras imaginer la vie de personnages qui pourraient être tes nouveaux voisins et inventer une histoire dans laquelle ils joueront le rôle principal.

# Écrire un texte narratif littéraire

Le projet consiste à écrire un texte d'environ 350 mots (35 lignes) qui aura les caractéristiques d'un texte narratif littéraire dans lequel tu raconteras un événement qui a forcé tes nouveaux voisins à quitter leur maison. Tes personnages seront dominés par des sentiments (peur, amour, haine, amitié, etc.) et les événements que tu raconteras pourront être vraisemblables ou invraisemblables. Tu devras recourir aux connaissances et aux stratégies apprises dans cette étape.

Enfin, tu devras présenter la genèse de ton projet, c'est-à-dire les étapes du projet et les matériaux utilisés (album de famille, documentation, plan, brouillon, etc.). Pour ce faire, tu utiliseras un cahier, un album ou un dossier de ta fabrication.

| **Me documenter** | **Écrire mon texte** | **Préparer le dossier de la genèse de mon texte** | **Évaluer ma démarche** |
|---|---|---|---|
| – Imaginer un album de famille<br>– Inventer une histoire originale<br>– Trouver des textes inspirants | – Planifier l'écriture de mon texte<br>– Écrire une première version de mon texte<br>– Écrire la version finale de mon texte | – Préparer un dossier qui présentera la genèse de mon texte, auquel je joindrai sa version finale | |

## ■ *IMAGINER UN ALBUM DE FAMILLE* ■

**À FAIRE!**

**1** Imagine l'arrivée des nouveaux voisins.

**A** Combien y a-t-il de membres dans la famille ?

**B** Ont-ils un animal domestique ?

**C** Amuse-toi à imaginer une foule de détails sur les membres de cette famille. Invente des renseignements biographiques sur chacun et inscris-les sur une fiche qui contiendra les renseignements énumérés dans l'encadré qui suit. Cet exercice te sera utile à la condition que tu laisses aller ton imagination et que tu inclues beaucoup de renseignements.

**ATTENTION !**

– Ces éléments ne feront pas nécessairement tous partie de ton récit ; ils servent simplement à t'inspirer et à donner vie à tes personnages.

– Conserve ces fiches, car elles font partie de la genèse du récit que tu remettras à ton enseignant ou à ton enseignante.

## NOM DU PERSONNAGE

☐ **Son âge, son sexe**

☐ **Ses traits physiques**

Note dans les moindres détails les traits physiques qui le caractérisent: sa taille, son poids, la couleur de ses yeux et de ses cheveux, ses vêtements, etc.

☐ **Son environnement**

– Imagine dans les moindres détails la maison où le personnage vit, les pièces qu'il affectionne, les objets qu'il aime ou qu'il utilise régulièrement, etc.

– Précise les autres lieux où il aime se retrouver et dis pourquoi.

☐ **Son occupation**

– Si la personne travaille, précise le genre d'emploi qu'elle occupe. Imagine les autres emplois qu'elle a occupés depuis qu'elle travaille et détermine pourquoi elle a changé d'emploi.

– Si la personne étudie encore, précise en quelle année elle est rendue. Explique pourquoi ses résultats sont excellents, passables ou médiocres. Si elle occupe un emploi en même temps qu'elle étudie, précise lequel et explique comment les choses se passent au travail.

☐ **Ses loisirs**

Précise comment ton personnage occupe ses loisirs. Est-il très occupé ou s'ennuie-t-il souvent?

☐ **Son statut**

Le personnage est-il marié? Est-il divorcé? Est-il enfant unique? Est-il Québécois?

☐ **Les aspects psychologiques du personnage**

Note certains traits de caractère qui le distinguent et qui pourraient expliquer ses réactions dans certaines situations (timidité, violence, ruse, agressivité, etc.).

☐ **Son histoire**

Invente-lui un passé dont il pourrait se souvenir à un moment de ton récit (souvenirs d'enfance ou d'adolescence, moments importants de sa vie, événements heureux ou malheureux, etc.).

☐ **Sa photo**

Joins une photo ou un dessin de ton personnage. Au besoin, consulte des magazines pour t'inspirer.

**À FAIRE!**

**2** Les membres de cette famille seront les personnages de ton histoire.

Détermine lequel sera le personnage principal.

# ■ INVENTER UNE HISTOIRE ORIGINALE ■

**3** Tu dois maintenant préciser le schéma narratif de ton récit. Réalise d'abord les activités suivantes, puis reproduis un schéma narratif semblable au modèle proposé ci-dessous et complète-le.

**A** Imagine une situation à laquelle le personnage principal sera mêlé et qui constituera l'élément déclencheur de l'histoire que tu raconteras (rencontre, coup de téléphone, parole d'un membre de la famille, arrivée d'un étranger, catastrophe naturelle, etc.).

**B** Résume les événements qui feront évoluer ton personnage principal, qui le changeront. Décris ton personnage au début de l'histoire et à la fin de l'histoire.

**C** Détermine quels personnages seront les alliés du personnage principal.

**D** Détermine, s'il y a lieu, quels personnages seront les ennemis du personnage principal.

**E** Imagine le déroulement de l'histoire de sorte qu'à la fin, tes nouveaux voisins devront quitter leur maison.

**ATTENTION!** Conserve ce schéma, car il fera aussi partie de la genèse de ton projet.

## Schéma narratif
### *Mes nouveaux voisins*

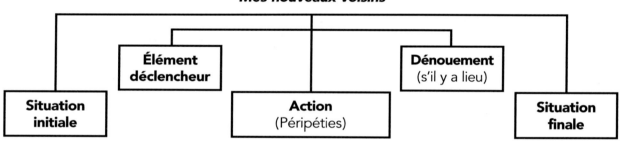

Situation initiale — Élément déclencheur — Action (Péripéties) — Dénouement (s'il y a lieu) — Situation finale

## ■ *TROUVER DES TEXTES INSPIRANTS* ■

**4** À la bibliothèque de l'école ou à la maison, trouve des textes narratifs qui te plaisent et qui se rapprochent de celui que tu dois écrire. Dans ces textes, relève des éléments qui pourraient t'aider à décrire des lieux, des personnes et des événements.

Si tu le peux, photocopie ces textes et annote-les en suivant les consignes présentées dans l'encadré qui suit. Cela te permettra de mettre en pratique ce que tu as appris sur la lecture des textes narratifs.

### ATTENTION !

– Tu peux utiliser un seul texte ou plusieurs. Ce ou ces textes feront partie de la genèse de ton récit.
– Si tu as de la difficulté à appliquer les consignes d'annotation, consulte le *Mode d'emploi* de la page 218.

### CONSIGNES D'ANNOTATION
### Texte narratif littéraire

**1.** En lisant le texte, **inscris** un point d'interrogation au-dessus des mots dont tu ne connais pas le sens. Vérifie ensuite si tu ne peux pas trouver le sens de chacun à l'aide de sa formation, d'éléments du contexte, en le remplaçant par un synonyme ou en ayant recours à ton dictionnaire.

**2. Encercle** les mots et les groupes de mots qui répondent à la question *QUI ?* et :

a) **inscris** les lettres P.P. au-dessus de ceux qui désignent le personnage principal;

b) **inscris** les lettres P.S.A. au-dessus de ceux qui désignent un personnage secondaire allié du personnage principal;

c) s'il y a lieu, **inscris** les lettres P.S.E. au-dessus de ceux qui désignent un personnage secondaire ennemi du personnage principal.

**3.** Dans les premiers paragraphes, **encercle** les pronoms qui révèlent QUI raconte l'histoire.

**4. Souligne** les verbes dans les phrases qui font progresser le récit et inscris **présent, passé simple** ou **passé composé** sous le titre du texte.

**5. Encadre** les mots et les ensembles de mots qui désignent ou qui caractérisent le ou les lieux où se déroule l'histoire.

**6. Surligne** les séquences descriptives que tu trouves particulièrement réussies et que tu aimerais imiter dans ton texte. **Souligne** le mot ou le groupe de mots qui désigne ce qui est décrit (personnage, lieu, objet, etc.).

**7. Trouve** les séquences dialoguées et inscris *Séq. dial.* dans la marge de droite. Dans ces séquences, **surligne** le verbe introducteur et les signes de ponctuation qui sont utilisés.

**8. Mets entre parenthèses** et **inscris** P.V. au-dessus des passages qui révèlent le point de vue du narrateur ou de la narratrice, ou des personnages dont il est question dans le récit.

**9.** À gauche, dans la marge, annote le texte de manière à déterminer les parties du texte qui constituent :

– la situation initiale;     – le dénouement (s'il y a lieu);

– l'élément déclencheur;     – la situation finale.

– l'action (les péripéties);

Tu as sûrement beaucoup d'éléments qui te permettraient d'écrire ton texte tout de suite, mais il serait peut-être prudent de participer à une discussion dans le but d'améliorer ton projet.

Tu pourras ensuite écrire ton texte en consultant le ***Mode d'emploi*** «Écrire un texte narratif littéraire» (page 229). Au fil de l'écriture, tu devras porter une attention particulière aux notions grammaticales apprises dans les ateliers de grammaire suivants:

– *La subordonnée relative* (atelier 5);

– *La subordonnée complétive* (atelier 6);

– *La subordonnée circonstancielle* (atelier 7).

## ■ PLANIFIER L'ÉCRITURE DE MON TEXTE ■

### ON EN DISCUTE !

### PARLER D'UN TEXTE QU'ON SE PROPOSE D'ÉCRIRE

**Objectif**
Planifier l'écriture d'un texte narratif littéraire dont le titre serait *Mes nouveaux voisins*.

**Fonctionnement**
En équipes de deux ou trois élèves.

**Durée suggérée**
De 15 à 20 minutes.

**Déroulement de l'activité**
1. Reproduire la fiche ***Planifier l'écriture de mon texte*** et la remplir.
2. Prendre connaissance du schéma narratif du récit que chaque élève désire écrire et l'améliorer.
3. Faire le plan du texte *Mes nouveaux voisins* que chaque élève se propose d'écrire.

**Matériel à votre disposition**
1. Les fiches ***Planifier l'écriture de mon texte*** et ***Plan de mon texte*** (page 238).
2. Le ***schéma narratif*** élaboré au numéro 3.

**Pistes d'observation**
Vérifier:
1. si le schéma narratif a été amélioré;
2. si le plan du texte a été élaboré;
3. si les élèves ont tenu compte des commentaires des interlocuteurs et des interlocutrices;
4. la qualité de la langue utilisée au cours des échanges.

## Planifier l'écriture de mon texte

1. *Pourquoi écrirai-je ce texte?* ✎

2. *À quelle catégorie et à quel type de texte celui que je dois écrire appartiendra-t-il?* ✎

3. *Combien de péripéties y aura-t-il dans mon récit?* ✎

4. *À quelles notions grammaticales faudra-t-il surtout porter attention?* ✎

## Plan de mon texte

**1. *Introduction***

*Situation initiale:* ✎

*Élément déclencheur:* ✎

**2. *Développement: l'action***

*Péripétie 1:* ✎

*Péripétie 2:* ✎

*Péripétie 3:* ✎ *etc.*

**3. *Conclusion***

*Dénouement (s'il y a lieu):* ✎

*Situation finale:* ✎

**ATTENTION!** Conserve le plan de ton texte pour l'inclure dans la genèse de ton projet.

**À FAIRE!**

**5** Tu peux maintenant écrire ton texte.

 **A** Précise qui racontera l'histoire.

 **B** Quels pronoms personnels utiliseras-tu pour révéler qui est le narrateur ou la narratrice: *je, il* ou *elle*?

**6** À quel temps écriras-tu ton récit: au passé ou au présent?

## ■ ÉCRIRE UNE PREMIÈRE VERSION DE MON TEXTE ■

**À FAIRE!**

**7** Au fil de l'écriture, prévois des arrêts pour relire et corriger ton texte. Pour t'aider, utilise la fiche ***Réviser le contenu et la langue de mon texte***.

Applique les stratégies de révision de texte apprises dans les ateliers de grammaire 5, 6 et 7.

**1.** *Ai-je effectué correctement la tâche demandée ?*

**2.** *Les personnages, les lieux, les objets, les faits et les événements*

*de mon récit sont-ils bien décrits ?*

**3.** *Ai-je maintenu mes décisions :*

*a) quant au narrateur ou à la narratrice ?*

*b) quant au temps du récit ?*

**4.** *Ai-je utilisé des constructions de phrases variées ?*

**5.** *Mes phrases sont-elles construites correctement ? Sont-elles bien ponctuées ?*

**6.** *Les mots que j'ai utilisés sont-ils bien choisis et bien orthographiés ?*

## ■ ÉCRIRE LA VERSION FINALE DE MON TEXTE ■

**À FAIRE !**

**8** Transcris ton texte au propre et remets-le à ton enseignant ou à ton enseignante, qui le corrigera à l'aide des critères décrits ci-dessous. Ces critères pourraient aussi te guider dans une dernière relecture.

**ATTENTION !** Conserve ta première version, car elle fait partie de la genèse de ton récit.

## ☑ Critères d'évaluation

**1.** L'élève a créé un univers narratif complet et cohérent :
– les personnages sont clairement désignés et bien caractérisés ;
– les lieux sont clairement désignés et bien caractérisés ;
– le récit est bien situé dans le temps et dans l'espace ;
– l'intrigue est bien développée.

**2.** L'élève a assuré la cohérence de son texte :
– en conservant le même pronom pour désigner le narrateur ou la narratrice ;
– en reprenant l'information par des mots, des groupes et des ensembles de mots substituts ;
– en marquant l'organisation du texte.

**3.** L'élève a bien choisi et bien orthographié les mots utilisés.

**4.** L'élève a varié la construction de ses phrases.

**5.** Les phrases sont construites correctement et elles sont bien ponctuées.

**6.** L'élève a respecté les règles de syntaxe et d'orthographe.

## Préparer le dossier de la genèse de mon texte

Toutes les écrivaines et tous les écrivains, aussi célèbres soient-ils, amassent des matériaux avant d'écrire leurs textes : des documents divers, des plans provisoires, des premiers jets et souvent plusieurs autres versions avant que ces textes ne prennent la forme qu'on leur connaît. Tu dois maintenant préparer un dossier que tu remettras à ton enseignant ou à ton enseignante dans lequel tu présentes de façon originale et intéressante la genèse de ton projet.

Le dossier (cahier, album, chemise, etc.) doit contenir :

- les fiches que tu as élaborées pour chacun de tes personnages;
- le ou les textes annotés dont tu t'es servi;
- le schéma narratif de ton récit;

- le plan de ton texte;
- la première version de ton texte;
- la version finale.

Qui sait ? Peut-être un jour les critiques littéraires scruteront-ils ton dossier à la loupe ?

## Évaluer ma démarche

 **À FAIRE !**

**9** Rédige un court texte qui rendra compte de la démarche que tu as suivie pour réaliser ce projet.

### ☑ J'évalue ma démarche

**Titre du projet :**                           **Date de réalisation :**

**Dans la première phrase,** tu pourrais dire si tu as trouvé ce projet intéressant et expliquer pourquoi.

**Dans la deuxième phrase,** tu pourrais dire si les activités proposées pour te documenter (pages 233 à 236) t'ont été utiles pour réaliser le projet et expliquer pourquoi.

**Dans la troisième phrase,** tu pourrais dire si tu es satisfait ou satisfaite du texte que tu as écrit et préciser pourquoi.

**Dans la quatrième phrase,** tu pourrais décrire les difficultés que tu as éprouvées et mentionner les moyens que tu as utilisés pour les surmonter.

**Dans la cinquième phrase,** tu pourrais dire ce que tu ferais autrement la prochaine fois.

## Qui habite cette ville ?

**L**ire un roman, c'est aller à la rencontre de personnages imaginaires qui nous font rêver et auxquels on voudrait parfois ressembler.

L'itinéraire qui suit te permettra d'apprendre comment lire les personnages d'un roman et comment suivre leur évolution psychologique.

# VILLE IMAGINAIRE 3

Le temps est venu d'entreprendre la visite d'une troisième ville imaginaire, celle qui est habitée par des personnages qui, parfois, nous ressemblent.

# Itinéraire

# Quelles sont les qualités nécessaires pour devenir le héros ou l'héroïne d'un roman psychologique ?

Dans cette ville imaginaire, il sera question de personnages de romans psychologiques.

Avant d'entreprendre ce troisième itinéraire, il serait intéressant que tu lises deux textes où il est question des personnages de romans. Le premier traite de la création d'un personnage; le second porte sur la façon de découvrir les personnages en lisant un roman.

**Une discussion sur divers aspects liés aux personnages de romans** t'amènera ensuite à réfléchir sur les caractéristiques de ces êtres imaginaires.

**TEXTE 1**

## La genèse d'un personnage

Je travaillais au laboratoire lorsque j'eus l'idée d'écrire un roman policier. Cette pensée était ancrée dans mon esprit depuis le défi de Madge. Mon travail, à ce moment-là, m'en offrit l'occasion. À l'encontre des soins prodigués dans les salles où il y a toujours quelque chose à faire, la préparation des médicaments consistait en des périodes d'intense activité et d'autres où je restais seule tout l'après-midi à faire acte de présence.

Je commençai à réfléchir sur le genre d'intrigue que j'aimerais écrire. Comme j'étais entourée de poisons, il était assez naturel que la mort par empoisonnement me vînt à l'esprit. Je m'arrêtai sur un fait qui semblait offrir des possibilités. Je jouai avec l'idée, la trouvai bonne et finalement l'acceptai. Puis, j'en vins aux personnages. Qui serait empoisonné? Qui empoisonnerait? Quand? Où? Comment? Pourquoi? Il fallait que ce fût un drame *intimiste,* étant donné la façon particulière dont il aurait lieu. Naturellement, il y aurait un détective.

À cette époque, j'étais nourrie de la tradition de Sherlock Holmes, aussi j'envisageai un détective sur le même modèle, que je devrais inventer moi-même, bien entendu, et qui aurait, lui aussi, un ami pour lui servir de faire-valoir. Ce ne serait pas très difficile.

Je tournai mes pensées vers les autres personnages. Qui serait assassiné? Un mari pouvait tuer sa femme. C'était le meurtre le plus fréquent. Je pouvais aussi imaginer un meurtre commis pour un mobile très rare, mais ce serait moins bon sur le plan artistique. L'essentiel d'une bonne intrigue policière est que le coupable soit aisément soupçonné, mais que pour certaines raisons, son innocence soit également évidente, afin que sa culpabilité devienne finalement une surprise.

Arrivée à ce point de mon récit, je m'embrouillai et me levai pour préparer deux fioles supplémentaires de lotion d'hypoclorure, afin de me sentir plus disponible le lendemain.

Je continuai à jouer avec mon idée pendant quelque temps. Des fragments de dialogues commençaient à se former. Je voyais le meurtrier. Il aurait un air sinistre. Il porterait une barbe noire – ce qui me paraissait, alors, fort sinistre. Parmi nos voisins récemment installés, se trouvait un homme avec une barbe noire. Il avait une épouse riche, plus âgée que lui. Oui, pensai-je, cela pourrait servir de base. J'y réfléchis davantage. Ce n'était pas entièrement satisfaisant. L'homme en question, j'en étais sûre, ne tuerait jamais personne. Je l'abandonnai

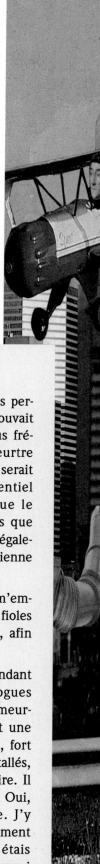

et décidai, une fois pour toutes, qu'il n'était pas bon de penser à des gens réels. Vous devez créer vos personnages vous-même. À la rigueur, quelqu'un rencontré dans un tramway, un train ou un restaurant, peut servir de point de départ, parce que vous pouvez imaginer ce que vous voulez à son sujet.

Et, précisément, le lendemain, alors que j'étais assise dans le tramway, je vis le personnage que je cherchais : un homme avec une barbe noire, assis à côté d'une dame âgée qui bavardait comme une pie. Je ne pensais rien pouvoir tirer d'*elle,* mais *lui* convenait admirablement. Assise un peu plus loin, se trouvait une grosse femme qui parlait à haute voix des bulbes de printemps. Son apparence me plut. Peut-être pourrais-je l'utiliser ? Je les emmenai tous les trois du tramway avec moi pour travailler sur eux et je remontai Barton Road, en marmonnant pour moi-même [...]

Bientôt, j'eus une vision nette de certains personnages. D'abord la grosse femme. Je connaissais même son nom : Evelyn. Elle pourrait être une parente pauvre, la femme du jardinier, une dame de compagnie ou une gouvernante. De toute façon, j'allais l'utiliser. Puis, il y avait l'homme à la barbe noire dont je ne savais pas grand-chose, sauf qu'il avait une barbe... ce qui était peu..., ou bien était-ce suffisant ? Oui, peut-être, parce que l'on verrait cet homme de *l'extérieur.* Dans ce cas, vous ne verrez que ce qu'il voudra bien vous montrer et non ce qu'il est réellement. Ce serait même déjà un indice en soi. L'épouse âgée serait assassinée,

plus pour son argent que pour son caractère, aussi n'avait-elle pas beaucoup d'importance. Je commençai, alors, à ajouter d'autres personnages. Un fils ? Une fille ? Peut-être un neveu ? Il fallait beaucoup de suspects. La famille se dessinait bien. Je la laissai se développer et tournai mon attention sur le détective.

Qui pouvais-je avoir comme détective ? Je passai en revue ceux que j'avais rencontrés et admirés dans les livres. Sherlock Holmes, le seul, l'unique ! Jamais je ne saurais rivaliser avec lui. Arsène Lupin ? Était-il un criminel ou un détective ? De toute façon, il n'était pas pour moi. Restait le jeune journaliste du *Mystère de la chambre jaune,* Rouletabille. C'était le genre de personnage que j'aurais aimé inventer. Quelqu'un qui n'avait pas encore été utilisé. Qui pourrais-je prendre ? Un collégien ? Trop jeune. Un savant ? Que connaissais-je des savants ?

Je me souvins, alors, de nos réfugiés belges. Nous avions une véritable colonie de réfugiés belges qui vivaient dans la paroisse de Tor. [...]

Pourquoi ne pas faire de mon détective un Belge ? pensai-je. Il y avait toutes sortes de types de réfugiés. Pourquoi pas un officier de police en retraite ? Pas un jeune. Quelle faute ai-je commise ce jour-là ! Le résultat est que mon détective devrait avoir plus de cent ans, aujourd'hui !

Bref, je me décidai donc pour un détective belge. Je le laissai lentement prendre sa place. Il aurait été inspecteur, afin d'avoir certaines connaissances en matière criminelle. Il serait méticuleux, très ordonné, rangeant sans cesse sa chambre. Oui, ce serait un petit homme rangé. Je le voyais nettement comme un petit homme au visage rouge, aimant les choses par paire, carrées plutôt que rondes.

Il serait très intelligent. Il ferait travailler ses petites cellules grises – c'était là une bonne phrase, il faudrait m'en souvenir. Oui, il devrait faire travailler ses petites cellules grises. Il aurait un nom qui sonnerait bien, dans le genre de celui de Sherlock Holmes et de sa famille. Comment s'était appelé son frère ? Mycroft Holmes. Pourquoi ne pas appeler mon petit homme Hercules (à l'anglaise, avec un s à la fin). Ce serait un petit homme et il s'appellerait Hercules. Ce serait un bon prénom. Son patronyme fut plus difficile à trouver. Je ne sais pas pourquoi je me décidai pour le nom de Poirot. Je ne sais plus s'il me vint spontanément à l'esprit ou si je l'ai lu dans un journal ou ailleurs.

En tout cas, c'est ainsi qu'il devint, non pas Hercules, mais Hercule Poirot. C'était déjà une bonne chose de faite.

Il me fallait maintenant des noms pour les autres personnages. Alfred Inglethorpe, voilà qui irait bien avec la barbe noire. J'ajoutai quelques autres caractères. Un mari et sa femme – charmante – étrangers l'un à l'autre. Il fallait maintenant trouver des ramifications, de fausses pistes. Comme tous les jeunes auteurs, je compliquai beaucoup trop mon intrigue. Je mis trop de fausses pistes. L'histoire devint si embrouillée que non seulement l'énigme devenait difficile à résoudre, mais surtout trop compliquée à suivre.

À mes moments de loisirs, des passages de mon roman policier s'agitaient dans mon esprit. J'avais le début bien établi et la fin s'arrangeait, mais, au milieu, il y avait des trous difficiles à combler. Hercule Poirot était mêlé à l'affaire de façon plausible et naturelle, mais il me fallait trouver des raisons pour y mêler d'autres personnages. L'histoire était encore très embrouillée.

La composition de mon roman me rendait distraite à la maison. Ma mère me demandait continuellement pourquoi je ne répondais pas aux questions ou y répondais de travers. Je tricotais le modèle de Grannie en me trompant plusieurs fois. J'oubliais de faire un tas de choses et j'expédiais plusieurs lettres à de mauvaises adresses.

Cependant le moment arriva où je sentis que je pouvais commencer à écrire. Je mis ma mère au courant. Elle ne fut pas surprise, ayant toujours eu la conviction que ses filles pouvaient entreprendre n'importe quoi.

— Oh ! dit-elle, un roman policier ? Ce sera une agréable diversion pour toi. Quand vas-tu commencer ?

Agatha Christie, *Autobiographie*,
© Agatha Christie Limited, 1977.
Librairie des Champs-Élysées, 1980.
Traduit par Marie-Louise Navarro.

**TEXTE 2**

Les personnages de romans sont des êtres de papier qui existent grâce aux mots qu'on a utilisés pour les décrire.

Lire un roman, c'est construire chacun des personnages à l'aide des mots du texte. C'est assembler les pièces d'un casse-tête en les modifiant au fil de sa lecture, car à la fin du roman, le personnage ne ressemble plus à celui qu'il était au début.

## *LES PERSONNAGES DE ROMANS*

### Objectif

Se familiariser avec la notion de personnage de roman.

### Fonctionnement

1. La discussion peut se faire à deux ou en équipes de trois à cinq élèves.
2. Chaque équipe choisit un sujet de discussion.
3. Une personne de l'équipe est chargée de noter les observations, de tirer les conclusions et de faire le compte rendu.

### Durée suggérée

Environ 20 minutes.

### Sujets de discussion

1. Pourquoi les personnages de romans nous intéressent-ils : parce qu'ils nous ressemblent ou parce qu'ils sont différents de nous ?
2. Les personnages de romans ressemblent-ils toujours aux auteurs ou aux auteures qui les ont créés ?
3. Les personnages de romans nous rendent-ils meilleurs ?
4. Quels personnages de romans sont les plus attachants : ceux qui ont des défauts, des faiblesses ou les héros et les héroïnes sans peur et sans reproche ?
5. Existe-t-il un mode d'emploi pour créer un personnage de roman inoubliable ?

### Pistes d'observation

Vérifier :

1. si, au cours de la discussion, les élèves ont abordé divers aspects du sujet et cité des exemples ;
2. si les élèves ont apporté des points de vue personnels ;
3. si les élèves ont utilisé un registre de langue approprié ;
4. si les élèves ont utilisé des phrases construites correctement ;
5. le degré de participation de chacun et de chacune (commentaires, demandes d'éclaircissement, échanges verbaux et non verbaux, etc.).

# À la découverte des personnages d'un roman psychologique

**1** **A** Nomme dix personnages de romans que tu as déjà lus : cinq personnages sympathiques et cinq personnages antipathiques.

**B** Dans chaque cas, précise ce qui rend le personnage sympathique ou antipathique.

**2** Lorsque tu lis un roman où il y a de nombreux personnages, quel moyen utilises-tu pour t'y retrouver ? Si tu n'as recours à aucun moyen, imagines-en un qui pourrait aider un lecteur ou une lectrice novice.

**3** Les mots de l'encadré suivant sont souvent utilisés pour parler des personnages de romans.

> caractère – sentiment – goût – personnalité – impression – manie –
> comportement – sensation – obsession – tempérament – défaut – rôle – attitude –
> qualité – allié – émotion – habitude – ennemi

Parmi ces mots, lesquels sont liés :

**A** à l'aspect psychologique du personnage ?

**B** à l'aspect affectif du personnage ?

**C** au mode de vie du personnage ?

**D** à ce que fait le personnage dans le roman ?

**4** **A** As-tu déjà vu un film inspiré d'un roman ? Les comédiens et les comédiennes qui incarnaient les personnages principaux ressemblaient-ils à l'image que tu t'en faisais ? Cite des exemples et développe ta réponse en quelques phrases.

**B** Quels comédiens ou quelles comédiennes choisirais-tu pour interpréter les personnages suivants ?

a) Gilliatt dans *Gilliatt et la Pieuvre* (*Anthologies,* page 113)

b) Écho et Narcisse dans *Écho et Narcisse* (*Anthologies,* page 108)

c) Hercule Poirot dans *Hercule Poirot* (*Anthologies,* page 133)

d) Hastings dans *Hercule Poirot* (*Anthologies,* page 133)

e) M. Seguin dans *La chèvre de monsieur Seguin* (*Anthologies,* page 120)

VILLE IMAGINAIRE

**5** D'après toi, qu'est-il important de savoir sur un personnage de roman pour bien le connaître ? Place les renseignements énumérés dans l'encadré par ordre d'importance.

> le nom du personnage – l'endroit où il vit – son aspect physique – ses qualités – ses défauts – ses aspirations – ses goûts – ses comportements – ce qu'il pense des grands sujets comme la vie, la mort, l'amour, l'amitié, les injustices sociales – ce que les autres personnages pensent de lui – ses secrets – ses goûts culinaires – ses émissions de télévision préférées – son sport préféré – ses problèmes

## LIRE DES TEXTES POUR DÉCOUVRIR DES PERSONNAGES DE ROMANS PSYCHOLOGIQUES

On peut lire des romans pour plusieurs raisons :

– se divertir ;

– faire une analyse littéraire ;

– développer son habileté à lire des romans.

Dans les deux derniers cas, les personnes qui lisent surlignent habituellement des extraits au fil de la lecture. De plus, elles prennent des notes et élaborent des schémas afin d'accumuler le matériel nécessaire pour effectuer la tâche demandée.

Les activités qui suivent ont pour but de développer ton habileté à lire des romans. À ces activités s'ajoutent des exercices qui te permettront de t'initier au surlignement, à la prise de notes et à l'élaboration de schémas.

### *Des personnages qui agissent*

Tous les personnages de romans peuvent être définis à partir de ce qu'ils SONT (leurs caractéristiques physiques et psychologiques) et de ce qu'ils FONT.

| TEXTE DE RÉFÉRENCE | ACTIVITÉS 6 À 10 |
|---|---|

**Jay-jay**
(*Anthologies,* page 156)

**6** **La prise de notes**

Lis le texte *Jay-jay* une première fois et, au fil de ta lecture, note sur une feuille :

– les renseignements fournis par le narrateur ou la narratrice qui te permettent de te représenter les caractéristiques physiques de Jay-jay ;

– les renseignements qui te permettent de décrire ses caractéristiques psychologiques ;

– le passage qui précise le projet de Jay-jay.

## 7 Le surlignement

Si tu le pouvais, quels passages surlignerais-tu pour mettre en évidence les actions accomplies par Jay-jay pour réaliser son projet ?

## 8 En résumé

Résume l'extrait que tu as lu à l'aide de la formule suivante :

**C'est l'histoire de → Au début → Puis → Alors → Enfin**

## 9 Remplis la fiche qui suit.

PERSONNAGE DE ROMAN

### Un personnage QUI AGIT

Nom du personnage : *Jay-jay*

Caractéristiques physiques :

Caractéristiques psychologiques :

Son projet :

Les actions accomplies pour réaliser son projet :

Résultat :

## 10 Maintenant que tu connais Jay-jay, réponds aux questions suivantes :

**A** Quel mot clé définirait le mieux ce personnage et son projet ?

**B** À quelle couleur et à quel animal associerais-tu Jay-jay pour rendre compte de l'effet qu'il a produit chez toi ? Justifie tes choix en quelques phrases.

**C** Si tu devais tourner un film dont Jay-jay serait le héros, quel élève de la classe choisirais-tu pour interpréter le rôle de Jay-jay ? Pourquoi ?

On peut lire un roman pour le plaisir. On peut aussi le faire pour acquérir des connaissances et découvrir des manières de lire. Dans un cas comme dans l'autre, bien comprendre ce qu'on lit ajoute certainement à notre plaisir.

Les activités qui te seront proposées t'aideront à comprendre le roman *Salut Max !* en t'amenant à mettre en pratique les connaissances acquises sur les personnages de roman dans cette ville imaginaire. Elles te permettront de ressentir le plaisir de lire un roman que l'on comprend.

### Carnet de lecture

Au fil de ta lecture, tu devras relever des extraits, noter tes impressions et faire des schémas. Il serait donc utile que tu te procures un carnet dans lequel tu pourras consigner toutes tes observations. Tu pourras ensuite t'y référer pour réaliser certaines activités synthèses.

AVANT

 **Avant la lecture**

### **1** Carnet de lecture

**A** Avant de lire le roman *Salut Max !,* note dans ton carnet les premières impressions suscitées par la présentation matérielle du roman : l'illustration sur la couverture, le texte de la quatrième de couverture, le début du roman. Classe tes impressions selon qu'elles t'incitent ou non à lire le roman.

| POUR | CONTRE |
|------|--------|
|      |        |

**B** Complète ensuite l'énoncé suivant :

• *Si j'étais à la librairie à la recherche d'un roman,* (j'aurais choisi / je n'aurais pas choisi) Salut Max ! *parce que* ✎ .

PENDANT

 **En lisant le texte**

**QUOI lire ?** → *Salut Max !,* chapitre I (pages 3 à 12)

### **2** Carnet de lecture – La prise de notes

Lis le premier chapitre du roman. Note le nom de tous les personnages dans ton carnet et inscris un plus (+) ou un moins (–) devant chacun selon que le personnage te paraît sympathique ou non.

### **3** À la lumière des renseignements que tu as recueillis sur David dans le premier chapitre, remplis une fiche semblable à celle de la page suivante.

**ATTENTION !** Il est possible que tu ne puisses compléter certains éléments de la fiche. Écris alors *Ne s'applique pas.*

## Un personnage QUI AGIT

Nom du personnage : *David*

Caractéristiques physiques :

Caractéristiques psychologiques :

Son projet :

Les actions accomplies pour réaliser son projet :

Résultat :

---

**QUOI lire ?** → *Salut Max !,* chapitres II à VI (pages 13 à 46)

**4** Si tu devais faire une nouvelle fiche sur David à la lumière des renseignements recueillis au fil de ta lecture, quels changements apporterais-tu à la fiche initiale ?

Remplis une nouvelle fiche en apportant les changements nécessaires.

**ATTENTION !** Tu devras *au moins* modifier le projet de David.

**5** **Carnet de lecture – En prévision du résumé**
Souvent, à l'école, lorsqu'on te demande de lire un roman, tu dois en faire le résumé. Cette activité peut être plus facile à réaliser si, au fil de ta lecture, tu accumules des matériaux pour rédiger ton résumé. Relève trois événements importants relatés dans les quatre premiers chapitres du roman *Salut Max !* Note-les dans une section de ton carnet que tu pourrais intituler *Mon résumé.*

APRÈS
  **Après la lecture : réagir au texte**

Tu as lu la lettre que Jay-jay a adressée à David (*Salut Max !,* pages 18 à 20). Tu connais déjà certaines choses sur Jay-jay.

**6** Comment aurais-tu réagi si tu avais reçu une lettre semblable ?

**7** Qu'as-tu appris de nouveau sur Jay-jay dans cette lettre ?

**8** La lettre de Jay-jay et la réaction de David à la lecture du roman *Le prince de Central Park* t'incitent-elles à lire ce roman ? Explique pourquoi.

## Des personnages qui réfléchissent

Les personnages de romans agissent, mais ils réfléchissent aussi et, par la magie de l'écriture, on peut apprendre ce qu'ils pensent des autres personnages et d'eux-mêmes. On peut même, parfois, découvrir leurs pensées les plus intimes.

**TEXTE DE RÉFÉRENCE** ACTIVITÉS 11 À 15

### *Galla*
(*Anthologies,* page 150)

## 11  Le surlignement

**A** Lis le texte *Galla* une première fois. Au fil de la lecture, relève les passages que, si tu le pouvais, tu surlignerais pour mettre en évidence l'état psychologique dans lequel se trouve Galla au début de l'histoire.

**B**  Quels passages surlignerais-tu pour isoler les commentaires, les jugements et les réflexions de Galla sur:

a) sa bicyclette?

b) son enseignante?

c) les autres élèves de sa classe?

d) le sujet de composition?

## 12  La prise de notes

Transcris sur une feuille les renseignements qui te permettent de mieux cerner les pensées de Galla en ne retenant que l'essentiel.

## 13  Reproduis un schéma semblable à celui qui est représenté sur la fiche suivante et complète-le. Dans la colonne appropriée, inscris un plus (+) ou un moins (–) de manière à rendre compte de la perception positive ou négative de Galla à l'égard des éléments énumérés dans la fiche.

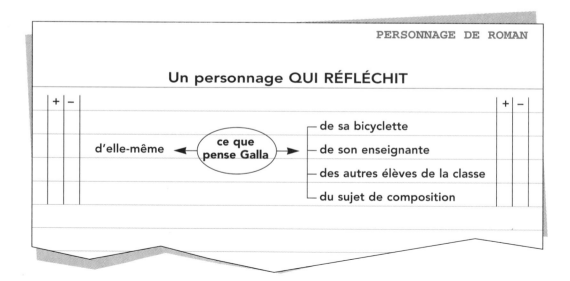

PERSONNAGE DE ROMAN

### Un personnage QUI RÉFLÉCHIT

| + | – | d'elle-même ◄── ce que pense Galla ──► | | + | – |
| de sa bicyclette |
| de son enseignante |
| des autres élèves de la classe |
| du sujet de composition |

## 14 En résumé

Montre maintenant la transformation qui s'est effectuée chez Galla. Complète les phrases de l'encadré ci-dessous de manière à illustrer son attitude envers le sujet de composition.

> • *Au début, Galla trouvait le sujet*
>
> • *Son premier choix:* 
>
> • *Son deuxième choix:* 
>
> • *Son troisième choix:* 
>
> • *Son quatrième choix:* 
>
> • *Elle est arrivée à ce dernier choix parce que* 

## 15

**A** Maintenant que tu connais le personnage de Galla, quel mot clé la définirait le mieux?

**B** À quelle couleur et à quel animal associerais-tu Galla?

**C** Si tu devais tourner un film à partir de cette histoire, à quelle élève de la classe confierais-tu le rôle de Galla? Pourquoi?

## Avant la lecture

Avant de commencer ta lecture, lis les consignes 1, 2, 3 et 4. Tu y trouveras des précisions sur les notes que tu dois prendre en lisant les chapitres VII à IX.

## En lisant le texte

**QUOI lire ?** → *Salut Max !,* chapitres VII à IX (pages 47 à 72)

### 1 Carnet de lecture – La prise de notes

Lis les chapitres VII à IX du roman *Salut Max !* Au fil de ta lecture, note le nom de tous les nouveaux personnages dans ton carnet et fais connaître ton appréciation de chacun à l'aide des signes plus (+) ou moins (–).

### 2 Carnet de lecture – La prise de notes

Afin de compléter une fiche semblable à celle que tu as reproduite à la suite de la lecture du texte *Galla* (page 252), au fil de ta lecture, note sur une feuille les extraits qui révèlent ce que pense David des sujets et des personnages suivants :

**A** la lecture ;

**B** Max ;

**C** Galla, le personnage du roman *Le Jour de congé* ;

**D** Galla, la jeune fille qu'il a rencontrée à la bibliothèque ;

**E** Janice ;

**F** sa mère ;

**G** Fred.

### 3 À la lumière des renseignements que tu as recueillis, reproduis et complète une fiche semblable à celle qui suit.

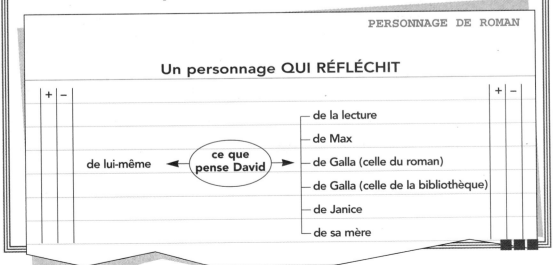

**4** **Carnet de lecture – En prévision du résumé**

Relève les trois événements importants que tu retiendrais pour résumer les chapitres V à IX et inscris-les dans ton carnet.

APRÈS

◀ ■ ▶ **Après la lecture : réagir au texte**

Tu as lu la lettre que Galla a adressée à David et, dans ton manuel *Anthologies,* tu as lu un extrait du roman *Le Jour de congé.*

**5** Qu'as-tu appris de nouveau sur Galla dans la lettre que David a reçue ? Pour répondre à cette question, reprends la fiche que tu as remplie au numéro 13 (page 252) et ajoute les nouveaux sujets sur lesquels Galla émet des jugements ou des opinions. Inscris un plus (+) ou un moins (–) aux endroits appropriés.

**6** Ce que tu connais maintenant du personnage de Galla t'incite-t-il à lire le roman *Le Jour de congé* ? Explique pourquoi.

**7** **Carnet de lecture – David et la lecture**

Dans le roman que tu es en train de lire, tu as appris que David a déjà lu deux romans qui ont suscité des réactions chez lui. Tu as probablement compris qu'il en lira d'autres avant la fin de l'histoire. Le rapport que David entretient avec la lecture est l'un des thèmes importants du roman *Salut Max !*

Pour rendre compte de l'évolution psychologique de David et de son attitude à l'égard de la lecture, reproduis dans ton carnet le tableau ci-dessous et, après chaque épisode où David lira un roman, ajoute les renseignements demandés. Pour t'aider, suis le modèle élaboré à partir du roman *Le prince de Central Park.*

| Titre du roman lu par David | Comment David s'est procuré le roman | Réaction de David en lisant l'histoire | Réaction de David après avoir lu le roman | Évolution de David par rapport à la lecture | Ce qu'il fait du roman après l'avoir lu |
|---|---|---|---|---|---|
| *Le prince de Central Park* *Les misérables* | Son ami Fred le lui a apporté à l'hôpital. *Il l'a pris à la librairie du père d'Alex* | David s'intéresse à l'histoire ; il aime le personnage de Jay-jay. *David accroche le livre et s'intéresse passionnément* | Il en parle. Il le fait lire à Stéphanie. *Il en parle avec Alexandra* | David est surpris d'avoir lu un roman au complet et il croit qu'il s'agit d'une exception. | Il le prête à Stéphanie et l'offre à sa mère pour son anniversaire. *Il l'achète à la librairie* |
| *Le Jour de congé* | | | | *Il* | |
| etc. | | | | | |

## Des personnages qu'on aime

Il existe un lien très étroit entre les romanciers et les romancières et leurs personnages. En lisant un roman, il est donc intéressant de découvrir si les personnages sont présentés d'un point de vue favorable, défavorable, affectueux, agressif ou neutre. Notre appréciation des personnages dépend souvent de ce point de vue.

**TEXTE DE RÉFÉRENCE** ACTIVITÉS 16 À 19

### Cosette
(*Anthologies*, page 144)

## 16 Le surlignement

Ⓐ Lis le texte une première fois. Au fil de ta lecture, si tu le pouvais, quels noms, pronoms et expressions surlignerais-tu pour mettre en évidence comment l'auteur désigne :

a) Cosette ?  b) la Thénardier ?  c) l'inconnu ?

Ⓑ Dans les lignes 1 à 60, quelles expressions surlignerais-tu :

a) pour rendre compte de l'environnement menaçant où se trouve Cosette ?

b) pour rendre compte des sentiments et des émotions de Cosette ?

## 17 La prise de notes

En te référant aux observations que tu as faites au fil de ta lecture, relève les mots et les ensembles de mots qui révèlent le point de vue du narrateur à l'égard :

Ⓐ de Cosette;  Ⓑ de la Thénardier.

## 18 Reproduis le schéma représenté sur la fiche suivante et complète-le en inscrivant aux endroits appropriés les extraits que tu as relevés à l'étape de la prise de notes.

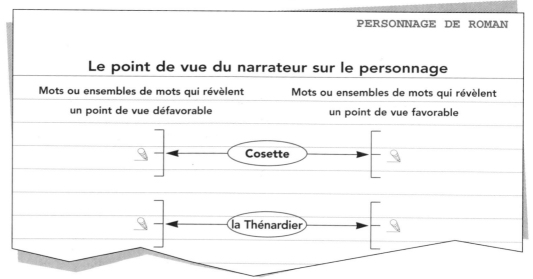

PERSONNAGE DE ROMAN

### Le point de vue du narrateur sur le personnage

| Mots ou ensembles de mots qui révèlent un point de vue défavorable | Mots ou ensembles de mots qui révèlent un point de vue favorable |
| --- | --- |
| ✎ ← **Cosette** → ✎ | |
| ✎ ← **la Thénardier** → ✎ | |

## 19 Comment perçois-tu Cosette maintenant ? La trouves-tu touchante, attachante ? Crois-tu qu'elle est à plaindre ? Comment perçois-tu la Thénardier ? À quelle couleur et à quel animal associerais-tu chacun de ces personnages ?

# UNE LECTURE ACCOMPAGNÉE

## Salut Max !, chapitres X à XV (pages 73 à 115)

*Dès son entrée à l'école secondaire, deux ans auparavant, Alexandra [...] avait remarqué David et, depuis, il était devenu l'objet de ses rêves. Selon elle, «il» était le plus beau garçon du monde.*

*Salut Max !*, page 8.

AVANT

### Avant la lecture

Avant de lire la suite du roman, lis les consignes du numéro 1. Elles fournissent des précisions sur les notes que tu devras prendre au fil de ta lecture.

PENDANT

### En lisant le texte

**QUOI lire ?** → *Salut Max !*, chapitres X à XV (pages 73 à 115)

**1 Carnet de lecture – La prise de notes**

**A** Dès le début du roman, on apprend qu'Alexandra est secrètement amoureuse de David. Dans le chapitre XI, relève des passages qui révèlent les sentiments et les émotions de David et d'Alexandra.

**B** Dans le chapitre XI, relève des ensembles de mots qui révèlent les réactions d'Alexandra lorsque David lui parle de Galla.

**C** Dans le chapitre XIV, relève des passages qui révèlent comment David perçoit Alexandra.

**D** Dans le chapitre XV, relève des passages qui révèlent le point de vue de David et celui d'Alexandra sur le roman *Les Misérables.*

**E** Dans le même chapitre, relève des extraits qui révèlent que David commence à voir Alexandra différemment.

**2** Pour rendre compte de l'évolution des sentiments de David envers Alexandra, reproduis un schéma semblable à celui qui suit et complète-le.

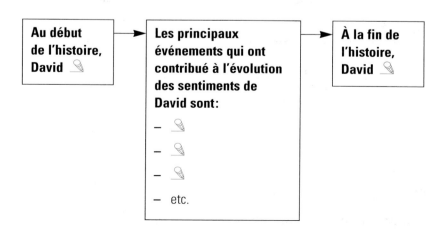

## Après la lecture

**3** **Carnet de lecture – En prévision du résumé**
Relève trois ou quatre événements importants à retenir pour résumer ces chapitres de *Salut Max!*

**4** **Carnet de lecture – David et la lecture**
David à lu de nouveaux romans. Cela a provoqué des changements chez lui. Rends compte de son évolution dans ton carnet de lecture en ajoutant les renseignements dans le tableau commencé au numéro 7 de la page 255.

## *Des personnages qui ont des problèmes*

Les personnages principaux de romans psychologiques doivent habituellement affronter des problèmes liés à leur environnement (le milieu où ils vivent, les autres personnages) ou à eux-mêmes. Ils doivent résoudre ces problèmes seuls ou avec l'aide de quelqu'un. La situation de déséquilibre dans laquelle se trouve le personnage au début de l'histoire évolue habituellement vers une situation d'équilibre à la fin de l'histoire.

**TEXTE DE RÉFÉRENCE** **ACTIVITÉS 20 À 26**

### *Carmen*
(*Anthologies*, page 153)

**20** **A** Imagine trois scénarios de roman en respectant les étapes suivantes:

– invente trois personnages de romans et donne-leur un nom;

– décris en quelques phrases la situation de déséquilibre dans laquelle se trouve chacun des personnages au début de chaque histoire;

– précise les moyens pris par chacun pour résoudre son problème;

– décris la situation dans laquelle chacun se trouve à la fin de chaque histoire.

**B** Présente le scénario que tu trouves le plus réussi aux autres élèves de la classe.

**21** Lis l'intertitre qui introduit le texte et précise à quoi il te fait penser.

**22** **A** Relève le problème de Carmen, qui est exposé dans les premières lignes du texte (lignes 1 à 17).

**B** Quel mot l'auteure emploie-t-elle pour faire comprendre qu'il s'agit d'un énorme problème pour Carmen?

**C** Quelles réactions ce premier problème provoque-t-il chez Carmen?

**D** Quel moyen Carmen prend-elle pour tenter de contrôler ses émotions?

**23** Lis la suite du texte.

**A** La plupart du temps, les problèmes des personnages de romans psychologiques sont plus sérieux que la peur de faire un exposé oral. Ils sont souvent liés à un secret intime. Quel est le secret de Carmen ?

**B** Que révèle ce secret sur la personnalité de Carmen ?

**C** Dans les lignes 38 à 50, relève l'extrait qui révèle comment Carmen se perçoit.

**D** Pour décrire Carmen d'un point de vue psychologique, quels mots ou quelles expressions de l'encadré choisirais-tu ?

instable – déterminée – capricieuse – égocentrique – mystérieuse – secrète – frivole – manque de confiance en elle-même – cherche l'inaccessible – vaniteuse – angoissée

**24** Tu as déjà lu le texte *Galla*. Quels rapports peux-tu établir entre Galla et Carmen ?

**25** **A** Carmen est-elle présentée de façon sympathique ou antipathique ? Explique ta réponse.

**B** À quelle couleur et à quel animal associerais-tu Carmen ?

**C** Si tu devais tourner un film à partir du texte *Carmen,* à quelle élève de la classe confierais-tu le rôle de Carmen ? Pourquoi ?

**26** Pour rendre compte de ta compréhension du personnage, reproduis un schéma semblable à celui représenté dans la fiche ci-dessous et complète-le.

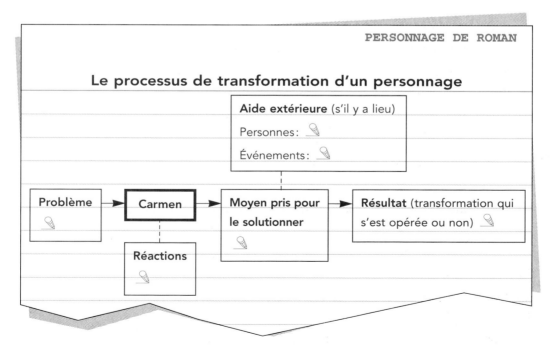

PERSONNAGE DE ROMAN

**Le processus de transformation d'un personnage**

**Aide extérieure** (s'il y a lieu)

Personnes :

Événements :

| Problème | Carmen | Moyen pris pour le solutionner | Résultat (transformation qui s'est opérée ou non) |

Réactions

PENDANT

## En lisant le texte

**QUOI lire ?** → *Salut Max !*, chapitres XVI et XVII (pages 115 à 135)

### 1 Carnet de lecture – La prise de notes

Tous les personnages importants des romans psychologiques doivent résoudre des problèmes. L'intrigue de ces romans repose sur les divers moyens qu'ils prennent pour les résoudre ou pour les contourner. Les deux derniers chapitres du roman *Salut Max !* révèlent le secret que David taisait depuis le début de l'histoire. Ce secret est lié au principal problème de David. Au fil de ta lecture des derniers chapitres, note les passages qui fournissent des indices sur ce secret.

APRÈS

## Après la lecture

**2** Dans ces chapitres, tu as découvert qui écrivait les lettres à David. L'avais-tu deviné ?

**3** Si tu l'avais deviné,

**A** quels indices te l'avaient révélé ?

**B** cette découverte a-t-elle rendu la lecture de la suite du roman moins intéressante ? Explique ta réponse.

**4** À l'aide d'un schéma semblable à celui qui suit, rends compte de ce que tu as découvert à la lecture de ces deux chapitres. Remplace les questions du schéma par tes réponses.

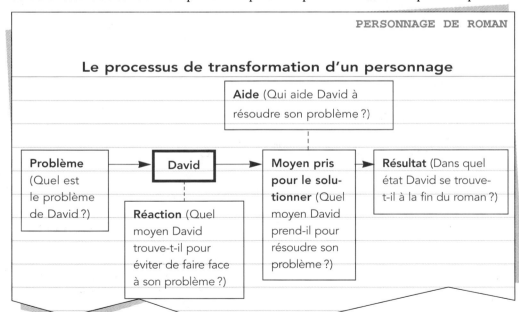

PERSONNAGE DE ROMAN

**Le processus de transformation d'un personnage**

**Aide** (Qui aide David à résoudre son problème ?)

**Problème** (Quel est le problème de David ?) → **David** → **Moyen pris pour le solutionner** (Quel moyen David prend-il pour résoudre son problème ?) → **Résultat** (Dans quel état David se trouve-t-il à la fin du roman ?)

**Réaction** (Quel moyen David trouve-t-il pour éviter de faire face à son problème ?)

### 5 Carnet de lecture – En prévision du résumé

Quels événements importants retiendrais-tu pour résumer les chapitres XVI et XVII ?

# DES CONNAISSANCES SUR LES PERSONNAGES DE ROMANS

| CONNAISSANCES | EXEMPLES |
|---|---|
| **QU'EST-CE QU'UN PERSONNAGE DE ROMAN ?**<br>Les personnages de romans sont des êtres imaginaires qui habitent une histoire. | *David, Max, Alexandra, Galla, Roger, M. Trottier, Janice, Fred, Stéphanie, l'inspecteur Mongrain, etc.* |
| Les personnages de romans possèdent les mêmes **caractéristiques** que les personnes réelles, sauf s'il s'agit de romans de science-fiction ou de récits fantastiques. Ils ont un nom, ils vivent à une époque précise, ils évoluent dans un contexte social et des lieux déterminés. | *«Je, soussigné David Nadeau, né le 3 avril 1982 à Longueuil, province de Québec...»* (*Salut Max !*, page 75.) |
| **QUELLES SONT LES CARACTÉRISTIQUES DES PERSONNAGES DE ROMANS ?**<br>Les personnages de romans n'existent que par les mots que les auteurs ou les auteures utilisent pour les décrire. On ne sait donc d'eux que ce qui est écrit dans le texte. | |
| Divers **indices** permettent, au fil de la lecture, de **reconstruire les personnages** de l'histoire, de découvrir leurs caractéristiques physiques et psychologiques. On trouve des renseignements sur les personnages dans : | |
| – les séquences descriptives ; | **Alexandra :**<br>*Une fille d'environ **quatorze ans** était penchée au-dessus de lui ! Elle était **blonde et portait des lunettes**. David la trouva **pâle et trop maigre**.* (*Salut Max !*, page 6.) |
| – les commentaires qui révèlent le point de vue du narrateur ou de la narratrice ; | **Commentaire du narrateur ou de la narratrice sur David :**<br>*Faire des confidences à une fille, **jamais le David d'avant l'accident ne s'y serait risqué**, et pourtant quelques secondes plus tôt, il avait même presque avoué ses larmes !* (*Salut Max !*, page 113.)<br><br>**Commentaire du narrateur ou de la narratrice sur Alexandra :**<br>*Quant à la jeune fille, elle était **paralysée par une forte émotion**, tellement **intimidée** qu'elle n'osait rompre le silence.* (*Salut Max !*, page 7.) |

VILLE IMAGINAIRE

| CONNAISSANCES | EXEMPLES |
|---|---|
| – les commentaires des autres personnages; | **Commentaire de David à Max sur Alexandra:** *En plus, imagine-toi, tout ce qu'on m'a trouvé comme garde du corps, c'est une **fille moche avec des boutons sur le nez**, qui doit être en **première secondaire**.* (Salut Max!, page 9.) |
| – les paroles qu'ils disent; | **Dans une séquence dialoguée entre David et Alexandra, on apprend qui est Max:** *Alexandra n'avait jamais vu de magnétophone aussi petit.* *— C'est mon oncle Roger qui m'a offert cette merveille pour mon anniversaire. Et, le même jour, il a donné le même à mon frère.* *Il se tut une seconde, puis:* *— Tu ne trouves pas ça bizarre que l'anniversaire de mon frère soit le même jour que le mien?* *— Oui, fit Alexandra. Alors, vous êtes jumeaux?* *— **De vrais jumeaux**, précisa David fièrement. **Max est champion de tennis.** Le futur numéro un du Canada... Moi aussi, un jour, je serai le meilleur... Mais pas au tennis...* (Salut Max!, page 10.) |
| – ce qu'ils font; | **Gestes de David:** *Il **éteignit** l'appareil et **s'assit** sur le lit, les jambes pendantes. À la maison, il lui **aurait suffi d'appeler** pour qu'un bol de céréales et des rôties apparaissent comme par enchantement... Malgré ses quinze ans, **sa mère le dorlotait** encore comme un enfant. Mais ici, dans cet endroit désagréable, que pouvait-il faire? Il **frissonna** et **replongea** sous les couvertures.* (Salut Max!, page 14.) |
| – les réflexions qu'ils se font intérieurement (leurs craintes, leurs émotions, leurs sentiments, etc.); | **Réflexion d'Alexandra sur David:** *Tandis qu'elle ouvrait et refermait son carnet d'un geste mécanique, **les questions se bousculaient dans sa tête**. Pourquoi s'intéressait-elle à ce **garçon si différent d'elle**? Il le lui avait clairement affirmé: **pour lui, seules trois choses comptaient: son frère, son vélo et son magnétophone**.* (Salut Max!, page 12.) |

– **les commentaires qu'ils font sur eux-mêmes.**

**Réflexion de David sur lui-même :**
— *Eh bien, avant qu'une phrase réussisse à me faire lire tout un roman !* (Salut Max !, page 16.)

## COMMENT ÉVOLUENT LES PERSONNAGES ?

Les personnages vivent des expériences qui, surtout dans le cas des personnages importants, provoquent une **transformation**.

– *David ne put s'empêcher d'interrompre Stéphanie pour conclure : «Lire, c'est perdre son temps.»* (Salut Max !, page 15.)

– *David ouvrit Le prince de Central Park. Le récit commençait à la page cinq par les mots «Au voleur ! Arrêtez-le ! Arrêtez-le !» et aucune description ne suivait. Il se mit à lire.* (Salut Max !, page 34.)

– *À deux heures du matin, David lisait encore.*

*À deux heures trente-sept, sa lecture s'acheva.* (Salut Max !, page 35.)

## COMMENT PEUT-ON ANALYSER LES PERSONNAGES DE ROMANS ?

Les personnages de romans peuvent être analysés selon le **rôle** qu'ils jouent dans l'histoire. Ils peuvent alors être classés en deux catégories :

– **les personnages importants ;**

– **les personnages secondaires.**

*David, Alexandra, Max.*

*M. Trottier, M. Gingras, l'oncle Roger, Fred, Stéphanie, Janice, etc.*

Dans certains récits, les personnages secondaires peuvent être des **alliés** qui aident le héros ou l'héroïne à résoudre son problème ou des **ennemis** qui cherchent à lui nuire.

**Alliés :**
*M. Gingras, l'oncle Roger, Fred, Stéphanie, Alexandra.*

**Ennemi :**
*M. Trottier.*

Découvrir les personnages d'un roman, c'est enregistrer, au fil de sa lecture, des renseignements sur ce qu'ils **SONT** et ce qu'ils **FONT**. C'est aussi les suivre dans leur **processus de transformation**.

# Destination

Tu as lu le roman *Salut Max!* en plusieurs étapes et tu en as découvert les princi-paux personnages. Au cours de la discussion prévue dans cette ville imaginaire, tu devras démontrer, en plus de ce que tu as découvert sur les personnages, que tu peux reconstituer le schéma narratif de l'histoire racontée dans ce roman et en faire le résumé.

Tu mettras à profit toutes les découvertes que tu as faites en lisant ce roman et en réalisant les activités des rubriques ***Une lecture accompagnée*** (pages 250, 254, 257 et 260).

# Itinéraire

**1** Tu as lu le roman *Salut Max!* Au fil de ta lecture, tu as fait des activités qui t'ont permis de comprendre les personnages et, dans ton carnet de lecture, tu as noté les événements importants de l'histoire. À l'aide de ces notes, élabore le schéma narratif du roman selon le modèle suivant:

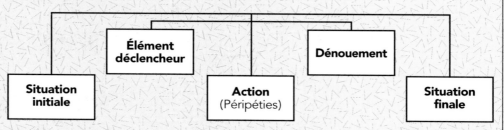

| Élément déclencheur | | Dénouement | |
| --- | --- | --- | --- |
| **Situation initiale** | **Action** (Péripéties) | | **Situation finale** |

**2** Résume le roman *Salut Max!* à l'aide de la formule suivante:

**C'est l'histoire de → Au début → Puis → Alors → Enfin**

### PROCHAINEMENT SUR VOTRE ÉCRAN

**Sujet de discussion**

Concevoir une affiche pour faire la promotion d'un film inspiré du roman *Salut Max !*

**Objectifs**

Participer à une discussion dans le but :
– de préciser le scénario du film inspiré du roman *Salut Max !* ;
– de concevoir une affiche pour faire la promotion du film.

**Fonctionnement**

En équipe de trois ou de quatre élèves.

**Durée suggérée**

Deux sessions de 30 minutes.

**Déroulement de l'activité**

1. Les élèves déterminent la personne qui jouera le rôle de modérateur ou de modératrice et celle qui prendra des notes.

2. Chaque participant et chaque participante présente le schéma narratif déjà élaboré. L'équipe choisit les éléments des schémas narratifs qui pourraient être retenus pour le scénario d'un film adapté du roman *Salut Max !*

3. Après avoir élaboré le scénario, les élèves dressent la liste des personnages et des comédiens et comédiennes qui pourraient les interpréter dans le film.

4. Les participants et les participantes trouvent un titre pour le film. Ce titre peut être différent de celui du roman.

5. Les participants et les participantes conçoivent une affiche publicitaire sur laquelle on trouvera des illustrations, le titre du film, le nom des principaux comédiens et comédiennes, ainsi qu'un texte publicitaire sur l'action, les personnages ou les thèmes du film.

6. Les participants et les participantes désignent un ou plusieurs membres de l'équipe pour réaliser l'affiche publicitaire à la maison.

7. Chaque équipe présente son travail à l'ensemble de la classe.

 Critères d'évaluation

Au cours de la discussion,

1. les élèves ont élaboré un scénario de film inspiré de *Salut Max !* ;

2. les élèves ont conçu une affiche publicitaire en respectant les consignes ;

3. tous les élèves ont participé à la discussion et ont parlé à tour de rôle ;

4. les élèves ont tenu compte des propos des interlocuteurs et des interlocutrices (commentaires, questions et réponses, demandes d'éclaircissement, échanges verbaux et non verbaux, etc.).

# Savoir où aller

Times Square à New York, place Tiananmen à Beijing,

place Saint-Marc à Venise, place d'Youville à Québec...

Se retrouver tout à coup à un carrefour inconnu

et se demander *où l'on est, où aller.*

Voilà l'impression qu'on éprouve parfois

devant un texte qu'on doit lire ou écrire.

Dans cette étape, tu auras l'occasion de te rappeler les apprentissages liés aux paragraphes que tu as faits depuis le début de l'année et en première secondaire.

**Tu vérifieras si tu sais déjà:**

- trouver le **sujet** d'un paragraphe;

- trouver l'**aspect du sujet** traité dans un paragraphe;

- trouver l'**information importante** dans un paragraphe;

- reconnaître l'**organisation des renseignements** dans un paragraphe.

**À FAIRE**

**1** Lis le *Mode d'emploi* ci-dessous et le texte annoté (pages 270 et 271), puis complète le **TEXTE SUR TEXTE** (page 272).

*MODE D'EMPLOI*

## COMPRENDRE LE SENS D'UN PARAGRAPHE

STRATÉGIES

| CE QU'IL FAUT FAIRE... | COMMENT LE FAIRE |
|---|---|
| **1** Trouver le **sujet** du paragraphe. | **1** – Répondre à la question *DE QUI ou DE QUOI parle-t-on dans la première phrase du paragraphe?* <br> – Si la première phrase n'annonce pas le sujet du paragraphe, trouver DE QUI ou DE QUOI on parle dans la plupart des phrases du paragraphe. |
| **2** Trouver l'**aspect du sujet** traité dans le paragraphe. | **2** – Donner un titre au paragraphe en fonction du sujet du texte à l'aide de la formule suivante: <br> **aspect** → **du** → **sujet** <br> *L'habitation* → *du* → *moineau* <br> *L'alimentation* → *du* → *moineau* <br> – Repérer les intertitres dans un texte long. |

**3** Reconnaître l'**information importante** dans le paragraphe.

**3** – Trouver la phrase qu'il est impossible de supprimer sans détruire le sens du paragraphe:
- vérifier d'abord si on peut retrancher la première phrase du paragraphe;
- si tel n'est pas le cas, repérer celle qui ne peut être retranchée.
– Si on ne parvient pas à repérer cette phrase, imaginer une phrase synthèse qui résume ce qui a été dit dans le paragraphe.

**4** Reconnaître l'**organisation des renseignements** dans le paragraphe.

**4** Examiner les marqueurs de relation:
– Si on trouve des mots comme *ce matin, plus tard, en 1933, ce jour-là, à 21 h...*, c'est que les RENSEIGNEMENTS sont organisés selon le temps.
– Si on trouve des mots comme *à gauche, à droite, sur la tête, près de lui, à 20 m...*, c'est que les RENSEIGNEMENTS sont organisés selon le regard (l'espace).
– Si on trouve des mots comme *premièrement, deuxièmement, d'autre part, par exemple, aussi*, c'est que les RENSEIGNEMENTS sont organisés selon la logique.

Sa mère lui avait dit: «En sortant du terminus, passé les grands édifices, tu tournes à gauche.» Le problème, c'est que des grands édifices, il y en avait partout autour de lui!

T= indices de temps

# Une longue histoire

→ sujet

(Au fil de milliards d'années,) la Terre est devenue une planète de vie dont l'évolution a donné naissance à l'Homme. Son histoire se divise en cinq grandes périodes.

## Le précambrien et l'apparition de la vie

C'est dans les océans, véritable *soupe*① primitive, que la vie est apparue, il y a de cela (un peu plus de 3,5 milliards d'années,) sous la forme de microscopiques ❷ organismes. (Quelques millions d'années plus tard), apparaissent les algues bleues qui sont à l'origine de toutes les plantes de la Terre.

## L'ère primaire : la vie s'organise et gagne la terre ferme

C'est (durant cette période) (il y a de 530 millions à 250 millions d'années,) que la vie se multiplie et prend de multiples formes : les invertébrés se développent considérablement tandis qu'apparaissent les premiers vertébrés, sous la forme d'agnathes ❸, sortes de poissons sans mâchoire. Les vrais poissons n'apparaissent que (vers 480 millions d'années avant notre époque.) L'atmosphère évolue, la croûte terrestre aussi : la vie végétale gagne la terre ferme, d'abord sous la forme de mousses, puis de fougères, et enfin sous la forme de plantes à graines nues. Ces sources de nourriture permettent à la vie animale, à son tour, de se répandre sur la terre ferme : les amphibiens④ (d'abord, puis) les reptiles.

## L'ère secondaire : les dinosaures

Dans les mers, c'est l'épanouissement des mollusques⑤ à deux valves ou à tentacules. Mais l'ère ❻ secondaire ((de 250 millions à 65 millions d'années avant notre époque)) est surtout marquée par l'extraordinaire

---

**ATTENTION !**
Au fil de la lecture du texte annoté, tu rencontreras peut-être des mots dont tu ne connais pas le sens. Les interventions en marge du texte devraient t'aider à le découvrir.

①
Mélange.

❷
– Trouve un nom de la même famille que *microscopique*.
– Trouve un antonyme de *microscopique*.

❸
À l'aide du contexte, trouve le sens du mot *agnathes*.

④
Animaux vertébrés munis de branchies.

⑤
Animaux invertébrés au corps mou recouvert d'une coquille.

❻
Dans le texte, trouve un synonyme du mot *ère*.

développement des reptiles : (durant 130 millions d'années), les reptiles géants (les dinosaures) vont dominer la terre, l'eau et les airs, (avant de) disparaître brusquement, (il y a de cela 65 millions d'années). (En même temps) apparaissent les premiers mammifères : ce ne sont encore que des animaux de très petite taille, des rongeurs, des insectivores et des marsupiaux, comparables à de petits kangourous.

4e aspect :

## L'ère tertiaire : les mammifères

(Il y a 65 millions d'années), débute l'ère tertiaire, caractérisée par la multiplication et le développement des mammifères. (À cette époque) apparaissent les ancêtres de nos lions, lièvres, gazelles et chevaux, encore de petite taille. La végétation fournit une abondante nourriture qui entraîne le développement des mammifères, dont certains, comme le *dinothérium*❼ (ancêtre du mammouth et de l'éléphant), sont de véritables géants ! Cerfs, girafes, hippopotames et rhinocéros se multiplient, tandis que diverses variétés de singes font leur apparition...

❼ Cherche le sens du mot *dinothérium* dans ton dictionnaire.

5e aspect :

## L'ère quaternaire : le froid et... l'Homme !

(Il y a un peu plus d'un million et demi d'années), notre planète connaît un important refroidissement : des périodes glaciaires alternent avec des périodes plus douces, modifiant chacune la végétation et la faune ; rennes, mammouths et ours apparaissent. Mais l'ère quaternaire est avant tout marquée par l'évolution et le développement d'une nouvelle forme de vie annoncée par les petits singes de l'ère tertiaire : les hominidés❽, ancêtres de l'être humain...

❽ Dans le dictionnaire, trouve des mots de la même famille que *hominidés*.

Extraits adaptés de « La vie sur Terre, avant l'Homme »,
*Le Master junior, l'Encyclopédie de la réussite*, Hachette Éducation, 1992.

Le texte *Une longue histoire* est un texte de type descriptif dont le sujet est

 . On divise l'histoire de la vie sur Terre en cinq grandes périodes : ✎ .

Je peux résumer cette longue histoire à l'aide de l'information importante

contenue dans chaque paragraphe. Ainsi, ✎ .

Des expressions comme ✎ révèlent que dans ce texte les renseignements

sont organisés selon ✎ .

Je peux rendre compte de ma compréhension de l'évolution de la vie sur Terre

en énumérant, dans l'ordre chronologique, les animaux qui sont apparus : ✎ .

Je peux aussi rendre compte de ma compréhension à l'aide d'un organisateur

graphique qui montre l'évolution de la vie animale sur une échelle de temps : ✎ .

**Tu devrais avoir réussi au moins les numéros 3, 5 et 6.**
**Si tel n'est pas le cas, repère les stratégies du *Mode d'emploi* (page 268) qui auraient pu t'aider à le faire.**

# JE ME DOCUMENTE

Dans cette étape, tu acquerras des connaissances et des stratégies sur la **grammaire du texte**. Tu découvriras les réponses aux questions suivantes:

Qu'est-ce qu'un texte?

— **Par qui** les textes sont-ils écrits?

— Que révèle la **présentation** d'un texte?

— Qu'est-ce qui assure la **cohérence** d'un texte?

## QU'EST-CE QU'UN TEXTE?

Un texte est une suite de mots, de phrases et de paragraphes organisés dans le but de décrire une réalité, de raconter une histoire, de convaincre quelqu'un ou d'expliquer quelque chose.

Un texte n'est pas une suite de mots alignés au hasard. Un texte doit respecter des règles bien définies qu'on appelle la *grammaire du texte*. La personne qui écrit doit donc faire une multitude de choix et respecter des règles pour transmettre son message efficacement. Pour bien lire un texte, il faut aussi savoir reconnaître les choix de la personne qui l'a écrit.

## Par qui les textes sont-ils écrits?

*Les ordinateurs, aussi intelligents soient-ils, n'écrivent pas encore de textes.*

Si tu t'installes devant ton ordinateur pour écrire, tu pourras faire ton plan, choisir la largeur des marges, décider si tu écriras à double ou à simple interligne. Cependant, tu ne trouveras pas de fonction permettant à la machine d'écrire le texte pendant que tu iras te chercher un jus. Derrière un texte, il y a inévitablement un auteur ou une auteure.

**À FAIRE!**

1 Nomme des gens dont le travail consiste à écrire des textes et précise s'il s'agit de journalistes, de secrétaires, d'écrivains ou d'écrivaines, etc.

2 Parmi les personnes que tu as nommées au numéro 1, lesquelles as-tu déjà rencontrées? Lesquelles aimerais-tu rencontrer? Quelles questions leur poserais-tu?

3 Aimerais-tu gagner ta vie en écrivant des textes? Crois-tu qu'il s'agit d'un travail facile ou difficile? Quelles sont les aptitudes nécessaires pour gagner sa vie en écrivant?

## LE POINT DE VUE DE LA PERSONNE QUI ÉCRIT

Certaines personnes font preuve d'une grande discrétion lorsqu'elles écrivent : elles adoptent un point de vue neutre. Parfois, leurs textes ne sont même pas signés. Ces personnes veulent seulement être comprises ; elles ne veulent pas se faire connaître.

Dans d'autres cas, les personnes qui écrivent se révèlent dans leurs textes. Elles cherchent à se faire connaître en nous faisant rire, en soignant particulièrement leur style ou en disant clairement qu'elles aiment ou qu'elles n'aiment pas ce dont elles parlent.

**4** Parmi les textes proposés dans l'encadré, choisis ceux où il est généralement impossible de connaître le point de vue de la personne qui écrit.

① un article de dictionnaire ② le mode d'emploi d'une généra-trice ③ une chronique sur les livres ④ un livre de grammaire ⑤ un journal intime ⑥ un éditorial ⑦ un rapport médical

**5** Si la personne qui écrit adopte un point de vue neutre, aura-t-elle tendance à utiliser un vocabulaire dénotatif ou connotatif ?

**6** Certains journalistes ont acquis un statut de vedette. Leur point de vue est omniprésent dans leurs textes ou dans leurs propos. Ils ou elles emploient souvent le pronom *je*. Nomme quelques journalistes «vedettes».

**7** Une exploratrice revient du Groenland et elle a beaucoup apprécié cette région du monde. Trouve cinq mots qu'elle pourrait employer pour caractériser les paysages qu'elle a vus.

**8** Après avoir assisté à un spectacle, un chroniqueur est amèrement déçu. Trouve cinq mots qu'il pourrait employer pour caractériser sa soirée.

Dans son désarroi, il se rappela soudain qu'il avait le ventre vide. Une bonne pointe de tarte aux pommes lui redonnerait sans doute la force de continuer sa route.

# Que révèle la présentation d'un texte ?

La présentation d'un texte est très importante. Elle constitue une invitation à la lecture. Une mise en pages soignée est évidemment plus attirante que des feuilles chiffonnées, noircies d'une écriture brouillonne. La présentation du texte permet aussi d'anticiper le contenu et la structure du texte. Ainsi, d'un simple survol, les lecteurs et les lectrices peuvent déterminer si le texte convient à leur besoin de lecture.

## LE TITRE

Le titre est la porte d'entrée du texte. Il est toujours choisi avec soin par la personne qui écrit. Il incite les lectrices et les lecteurs à lire le texte et révèle souvent le sujet traité.

9 Classe les titres présentés dans l'encadré en deux catégories:

**A** ceux qui te donnent envie de lire le texte;

**B** ceux qui révèlent le sujet du texte.

Un même titre peut être classé dans les deux catégories.

   ① *Cataclysme en Ouganda*

   ② *L'avenir de l'astrophysique*

   ③ *Jean-Luc Brassard perd son titre de champion du monde*

   ④ *Un grand jour !*

   ⑤ *À cœur ouvert sur les livres ouverts*

   ⑥ *Le souffle coupé !*

   ⑦ *Les jeunes et l'environnement*

   ⑧ *Rien à signaler...*

   ⑨ *La chasse, la pêche: pas si bête*

   ⑩ *Wayne Gretzky: le joueur de la décennie*

## LES DIVISIONS D'UN TEXTE

Au premier coup d'œil, sans même lire le texte, il est généralement possible d'avoir une idée de son organisation générale. Certains textes sont divisés par des intertitres qui annoncent les grandes parties du texte. Un intertitre annonce aussi l'aspect du sujet qui sera développé dans le ou les paragraphes suivants. Les textes littéraires comprennent rarement des intertitres; on les trouve plutôt dans les textes courants. Si le texte est très long, il est divisé en chapitres.

**À FAIRE**

**10** T'arrive-t-il d'avoir à diviser les textes que tu écris en chapitres? Justifie ta réponse.

**11** Si tu écrivais ton autobiographie, quel titre lui donnerais-tu? Combien de chapitres écrirais-tu? Quel titre donnerais-tu à chacun? Réponds à ces trois questions en créant la table des matières qui accompagnerait ton autobiographie.

**12** Les pages 12 et 13 de ton manuel *Modes d'emploi* sont représentées ci-dessous. Les titres et les intertitres donnent une idée de l'organisation générale du texte. Représente les pages 73, 74 et 75 de ton manuel *Modes d'emploi* selon le même modèle.

Quelles sont les grandes catégories de textes?
xxxxxxxxxxxxxxxxxxxxxxxxxxxxxxxxxxxxxxx
xxxxxxxxxxxxxxxxxxxxxxxxxxxxxxxxxxx
1
2  Activités
3

Les textes courants
xxxxxxxxxxxxxxxxxxxxxxxxxxxxxxxxxxxxxxxx
xxxxxxxxxxxxxxxxxxxxxxxxxxxxx
4
5  Activités
6

Les textes littéraires
xxxxxxxxxxxxxxxxxxxxxxxxxxxxxxxxxxxxxxxx
xxxxxxxxxxxxxxxxxxxxxxxxxxxxx

12 xxxxxx xxxxx

xxxxxxxxxxxxxxxxxxxxxxxxxxxxxxxxxxxxxxxxxxxx
xxxxxxxxxxxxxxxxx
7  Activité

xxxxxxxxxxxxxxxxxxxxxx
xxxxxxxxxxxxxxxxxxxxxx
xxxxxxxxxx

Quels sont les principaux types de textes?
xxxxxxxxxxxxxxxxxxxxxxxxxxxxxxxxxxxxxxxxxxxx
xxxxxxxxxxxxxxxxxxxxxxxxxxxxxxxxxxxxxxxxxxxx
xxxxxxxxxxxxxxxxxxxxxxxxxxxxxxxxxxxxxxxxxx

xxxxxxx xxxxx 13

Quelles sont les grandes catégories de textes?

Intro    – Classement des livres
         – 2 grandes catégories + activités

Catégorie 1    Les textes courants
         – Connaissances
         – Information + activités

Catégorie 2    Les textes littéraires
         – Pour s'évader
         – Les textes littéraires + activité

Conclusion de cette partie
         – Possibilité de classer ainsi
           bibliothèque + illustration
         – Mais on pourrait l'améliorer

**13** **A** Le plan ci-contre montre le niveau des titres et des intertitres de la section «Quelles sont les grandes catégories de textes?» aux pages 12 et 13 de ton manuel. Élabore un plan semblable pour les pages 73, 74 et 75.

**B** Quels indices t'ont permis de construire le plan des pages 73, 74 et 75?

## LES PARAGRAPHES

Le paragraphe constitue une marque importante d'organisation du texte. Pour la personne qui lit un texte descriptif, l'alinéa (le renfoncement de la première ligne d'un paragraphe) ainsi que l'espace laissé entre deux paragraphes annoncent un changement d'aspect ou de sous-aspect. Dans un texte narratif, un nouveau paragraphe peut signaler une nouvelle action importante, un changement de lieu ou un saut important dans le temps.

À FAIRE!

**14** Dans les deux textes ci-dessous, les paragraphes ont été regroupés pour n'en former qu'un seul.

**A** Divise la séquence descriptive suivante en trois paragraphes de manière à faire ressortir les aspects du sujet qui y sont traités. Réponds en donnant le numéro des phrases qui constituent chaque paragraphe.

### LES MARÉES

① Sur le rivage, la mer monte avec la marée haute et descend avec la marée basse. ② Les marées sont dues aux attractions exercées par la Lune (satellite de la Terre) et par le Soleil. ③ Chaque jour, il y a des marées plus ou moins importantes. ④ Au port de Grandville, sur la Manche, l'amplitude des marées est très forte. ⑤ La différence du niveau de la mer entre la marée haute et la marée basse atteint 14,6 mètres. ⑥ Ce record est battu par les marées de l'océan Atlantique au Canada. ⑦ En effet, dans la baie de Fundy, la différence est de 16,7 mètres !

*Le Master junior, l'Encyclopédie de la réussite,*
Hachette Éducation, 1992.

**B** Divise le texte narratif suivant en deux paragraphes de manière à faire ressortir les actions importantes de l'histoire. Réponds en donnant le numéro des phrases qui constituent chaque paragraphe.

### L'HOMME ET LE TIGRE

① Un homme, un jour, traversant un champ, se trouve face à face avec un tigre. ② Il s'enfuit, poursuivi par le tigre. ③ Arrivé au bord d'un précipice, l'homme saute et s'accroche à une vigne sauvage, restant suspendu dans le vide. ④ Le tigre renifle au-dessus de lui. ⑤ Tout tremblant, l'homme regarde sous lui et voit qu'un autre le guette tout en bas. ⑥ Deux souris surgissent, l'une blanche, l'autre noire, et se mettent à ronger la vigne. ⑦ Alors que celle-ci menace de rompre, l'homme voit, non loin de lui, une superbe fraise. ⑧ Il lâche la vigne d'une main pour pouvoir cueillir la fraise, et la mange. ⑨ Quelle saveur ! ⑩ Quel délice !

*Extrait de Présence zen, Éditions Le Dernier Terrain vague,*
*dans 365 contes pour tous les âges de Muriel Bloch,*
Gallimard Jeunesse / Giboulées, 1995.

## LA MISE EN PAGES

Avant de publier un texte, il faut le corriger et le mettre en pages. La mise en pages, c'est un peu l'habillement du texte. On choisit la typographie, on détermine la disposition du texte et, s'il y a lieu, on utilise des éléments iconographiques (schémas, tableaux, illustrations, photos, etc.) pour en faciliter la lecture.

15 Dans ton manuel *Modes d'emploi*, cherche :

A des mots en *italique* et détermine pourquoi ces mots sont ainsi traités;

B des mots en caractères **gras** et détermine pourquoi ces mots sont ainsi traités.

C Cite deux exemples qui prouvent que la mise en pages permet de mieux comprendre ce qu'on lit.

16 Dans tes propres textes, que fais-tu lorsque tu veux mettre certains éléments en évidence?

17 Trouve un vieux livre sur les animaux et compare-le à un ouvrage portant sur le même sujet, mais publié récemment. La mise en pages des livres a-t-elle beaucoup changé avec les années? Justifie ta réponse en notant des ressemblances et des différences.

# Qu'est-ce qui assure la cohérence d'un texte?

En écrivant un texte, l'auteur ou l'auteure veut communiquer un message contenu dans un ensemble de phrases et de paragraphes. L'auteur ou l'auteure doit tisser des liens entre les phrases et les paragraphes afin de faciliter la lecture.

En lisant, la lectrice ou le lecteur doit établir ces liens à l'aide des indices qui se trouvent dans le texte.

Le texte respecte donc certaines règles qui le rendent cohérent et qui permettent à la lectrice ou au lecteur de s'y retrouver et d'en comprendre le sens.

## LES MOTS QUI ORGANISENT LE TEXTE

Dans un texte, certains mots sont employés pour établir des liens entre les renseignements. Souvent placés au début des phrases, ces mots révèlent l'organisation du texte. Ils permettent à la lectrice ou au lecteur de se situer dans le temps ou dans l'espace et de comprendre la logique du texte.

**18** Parmi les mots de l'encadré, lesquels peuvent être utilisés pour établir des liens entre les phrases d'un texte ?

| ① néanmoins | ④ poisson | ⑦ afin de | ⑩ succédané |
|---|---|---|---|
| ② peur | ⑤ mais | ⑧ ou | ⑪ serrer |
| ③ serrement | ⑥ ici | ⑨ après | ⑫ à l'opposé |

**19** Parmi les mots que tu as relevés au numéro 18, lesquels utilise-t-on surtout à l'écrit ?

**20** Rédige 10 courts textes (2 ou 3 phrases chacun) organisés selon les modèles suivants. Au besoin, consulte le dictionnaire.

- **A** Texte 1 : ✎ . *En outre,* ✎ .
- **B** Texte 2 : ✎ . *Nonobstant* ✎ .
- **C** Texte 3 : ✎ . *À proximité,* ✎ .
- **D** Texte 4 : ✎ . *Par conséquent,* ✎ .
- **E** Texte 5 : ✎ . *Néanmoins,* ✎ .
- **F** Texte 6 : ✎ , *de manière à* ✎ .
- **G** Texte 7 : *En deçà de* ✎ .
- **H** Texte 8 : *Étant donné* ✎ , ✎ .
- **I** Texte 9 : ✎ . *Quant à* ✎ .
- **J** Texte 10 : *Au début,* ✎ . *Puis,* ✎ . *Alors,* ✎ . *Enfin,* ✎ .

**21** Parmi les courts textes que tu as rédigés dans l'activité précédente, lesquels sont structurés :

- **A** selon le temps ?
- **B** selon le regard (l'espace) ?
- **C** selon la logique ?

**22** Transcris le texte de l'encadré en ajoutant des mots qui contribueront à l'organisation du texte.

---

✎① , ✎② , Françoise se lève pour aller travailler à la boulangerie. ✎③ , elle rejoint Ricardo, son collègue de travail. Ils pétrissent la pâte à la main, ✎④ ils considèrent que le pain fait à la machine est mauvais.

✎⑤ , ils offrent du pain à leur clientèle, ✎⑥ ils mettent quelques baguettes de côté pour le restaurant d'en face. ✎⑦ , ils approvisionnaient une quinzaine de restaurants du quartier, ✎⑧ ✎⑨ , la boulangerie commerciale leur a volé la presque totalité de cette clientèle.

✎⑩ , Ricardo et Françoise continuent ✎⑪ à satisfaire les passants qui arrêtent à la boulangerie sise au 2431 rue Miroc.

## LA REPRISE DE L'INFORMATION

Dans un texte, une phrase peut reprendre une information présentée dans une phrase précédente. Cependant, les mots employés peuvent être différents même s'ils font référence à la même information.

**23** Lis le texte suivant:

> Jean-Paul Riopelle est un peintre et un sculpteur. Jean-Paul Riopelle fut l'un des signataires du *Refus Global.* Jean-Paul Riopelle a d'ailleurs orné le texte du *Refus Global* d'un de ses dessins. Jean-Paul Riopelle est parti s'établir à Paris en 1947. C'est à Paris que Jean-Paul Riopelle peaufine le style de Jean-Paul Riopelle.

**A** Quelle note (sur 10) attribuerais-tu à la personne qui a écrit ce texte? Pourquoi?

**B** Quel conseil donnerais-tu à la personne qui a écrit ce texte pour rendre la lecture plus agréable?

**C** Récris le texte en l'améliorant le plus possible.

**24** **A** Reproduis le tableau ci-dessous et complète les phrases à l'aide des mots de l'encadré.

> une comédienne – ces solutions – il – son intelligence – lui –
> un animal – cette opération – l'animatrice – ces problèmes –
> dans un coin de pays – le meilleur ami de l'humain – elle – là

| Une phrase du texte... → | Une autre phrase plus loin dans le texte |
|---|---|
| **1. Le chien** aime bien la viande. → | ✎ est donc un carnivore. |
| **2. Patricia Paquin** est bien connue. → | ✎ a su charmer tout le monde avec son sourire communicatif. |
| **3.** Nous aimons beaucoup **la musique de Bach.** → | ✎ est à la fois complexe et chaleureuse. |
| **4.** Patrick aime **la Gaspésie.** → | C'est ✎ que Patrick veut s'installer. |
| **5.** Des bénévoles **ont rempli des sacs de sable.** → | ✎ vise à endiguer la rivière Blanche. |
| **6. Wayne Gretzky** a marqué le hockey. → | ✎ lui a permis d'exceller en avantage numérique. |
| **7.** L'ingénieure a refait son travail. **Elle suggère** → **de renforcer les poutres et d'alléger le toit en dégageant la neige qui s'y est accumulée.** | ✎ ont pour but d'éviter un effondrement de la structure. |

**B** Observe les déterminants dans tes réponses et précise ce qu'ils ont en commun.

**25** Reproduis le tableau suivant et rédige des phrases pour illustrer la reprise de l'information.

| Une phrase du texte... → | Une autre phrase plus loin dans le texte |
|---|---|
| 1. ✎ . → | **Cet écrivain** m'a beaucoup impressionné. |
| 2. ✎ . → | **Cet animal dépourvu de pattes** a le sang froid. |
| 3. Tout le monde connaît **Cléopâtre**. → | ✎ . |
| 4. Je rêve de visiter **New York**. → | ✎ . |
| 5. **L'Université du Québec à Chicoutimi** offre un bon programme d'études littéraires. → | ✎ . |
| 6. ✎ . → | **Cette nomination** survient au moment où la banque enregistre des profits sans précédent. |
| 7. **Le Cirque du Soleil** a fait le tour du monde. → | ✎ . |
| 8. **Hitler** est un sombre personnage de l'histoire. → | ✎ . |

## LE SYSTÈME DES TEMPS VERBAUX

Le système des temps verbaux contribue grandement à la cohérence d'un texte.

**26** Relève la phrase qui a été modifiée dans chacun des extraits suivants et explique pourquoi elle nuit à la cohérence du texte.

**EXTRAIT 1**

Malheureusement pour lui, je n'ai pas la tête à me préoccuper de ses angoisses artistiques. Il peut bien se nommer Ciment, Desgroseillers, Gros-Tas ou même Béton-Armé si ça lui chante. Moi, ça m'est parfaitement égal. Pendant qu'il me parlait, il accapare mon attention. Je risque alors d'être moins vigilant et de ne pas voir passer ma mystérieuse étrangère.

Bertrand Gauthier, *Une chanson pour Gabriella,* Les éditions de la courte échelle, 1990.

**EXTRAIT 2**

La mathématique repose sur l'étude des propriétés de certains objets, nommés *objets mathématiques*: les *nombres* (pour l'arithmétique) ou les *figures* (pour la géométrie). Plus de 3 000 disciplines mathématiques différentes furent actuellement enseignées dans le monde. Aucun savant, même le plus éminent, n'est capable de toutes les maîtriser parfaitement.

D'après *Le Master junior, l'Encyclopédie de la réussite,* Hachette Éducation, 1992.

## LE TEXTE

Un texte est une **suite de mots, de phrases et de paragraphes** organisés dans le but de décrire une réalité, de raconter une histoire, de convaincre quelqu'un ou d'expliquer quelque chose.

**Lire un texte**, c'est **comprendre** cette suite de mots, de phrases et de paragraphes.

**Écrire un texte**, c'est **choisir des mots, construire des phrases** et **organiser des paragraphes** dans le but de décrire, de raconter, de convaincre ou d'expliquer.

*LA FEMME DONT LA LAMPE ÉTAIT ÉTEINTE*

*On raconte qu'un homme, le plus beau de tous et de la figure la plus splendide à voir, était assis dans la cour de sa maison lorsqu'une femme vint à passer. Elle s'arrêta pour le regarder. Il lui dit: «Pourquoi t'arrêtes-tu ?» Elle répondit: «Notre lampe s'était éteinte et je venais la rallumer à ton visage.»*

Extrait de *1001 Contes, Récits et Légendes arabes*, Éditions Maisonneuve et Larose, dans *365 contes pour tous les âges* de Muriel Bloch, Gallimard Jeunesse / Giboulées, 1995.

## LE POINT DE VUE

### Le point de vue neutre

Dans certains textes, il est impossible de découvrir le point de vue de la personne qui écrit. On dit alors que le **point de vue est neutre**.

Lorsque le point de vue est neutre, les mots employés ont un **sens dénotatif**. L'accent est mis sur le message à transmettre; **la personne qui écrit s'efface** derrière son message.

*La tempête de pluie verglaçante qui s'est abattue sur le sud-ouest du Québec a duré quatre jours. On a rapporté une vingtaine de décès et plus de trois cents hospitalisations.*

### Le point de vue expressif

Dans d'autres textes, la personne qui écrit révèle son point de vue. On dit alors que le **point de vue est expressif**. Ces textes comprennent de nombreux **pronoms** et **déterminants de la première personne** (*je, me, moi, mon, mes, nos, notre,* etc.) ainsi que des **mots** et des **ensembles de mots qui révèlent le point de vue** de la personne qui écrit.

Certains de ces mots révèlent si le point de vue est **favorable** ou **défavorable** à l'égard des objets, des lieux, des gens, des faits ou de toute autre réalité dont il est question dans le texte.

*Quand j'ai su qu'une tempête allait s'abattre sur ma région, je ne me suis pas inquiétée. Ce n'est que le lendemain matin, quand j'ai ouvert ma porte, que j'ai constaté, éberluée, l'ampleur de la catastrophe.*

**Point de vue défavorable**
*L'état misérable de cette maison est consternant. Ses pauvres murs ne tiennent plus debout, et la toiture est dans un état lamentable.*

**Point de vue favorable**
*En revanche, ma maison est confortable et solide. Les planchers brillent parfaitement. L'aménagement extérieur est magnifique. C'est un vrai château !*

## LA PRÉSENTATION D'UN TEXTE

**Survoler le texte** permet d'en anticiper le contenu et d'en dégager l'organisation.

### Le titre

Le titre permet d'**anticiper le contenu** du texte et, dans le cas d'un texte descriptif, de **découvrir le sujet** du texte. Il est souvent choisi dans le but d'inciter à lire le texte.

| Titre | Ce qu'il révèle |
|---|---|
| *Le chacal* | Le sujet: le texte parlera sans doute du chacal. |
| *Un oiseau adorable* | Le sujet: le texte parlera sans doute d'un oiseau. |
| *Voyage au bout de l'enfer* | Le titre donne envie de lire le texte. |

### Les divisions d'un texte

Les textes très longs sont divisés en **chapitres**.

**Les intertitres** servent à diviser certains **textes courants**. L'intertitre chapeaute un ou plusieurs paragraphes portant sur le même aspect du sujet.

### Les paragraphes

Dans un **texte descriptif**, les paragraphes marquent un changement **d'aspect** ou de **sous-aspect**.

Dans un **texte narratif**, les paragraphes signalent une nouvelle action importante, un changement de lieu ou un saut important dans le temps.

### LE PORC-ÉPIC D'AMÉRIQUE

*On trouve cet herbivore bien connu dans la majeure partie de l'Amérique du Nord.*

**Description** ◄——————— 1ᵉʳ aspect

*Membre de l'ordre des rongeurs, cet herbivore est bien connu de la population canadienne. Son armure de piquants tient la plupart de ses ennemis à distance respectable. [...]*

**Alimentation**◄——————— 2ᵉ aspect

***En saison estivale**, le porc-épic se nourrit des bourgeons et des chatons de saules, d'aulnes ou de peupliers, des feuilles et des tiges d'arbustes et de plantes diverses, y compris les nénuphars.*

***En hiver**, il s'attaque à l'écorce interne de nombreux arbres dont la pruche, le mélèze, le sapin, l'épinette et l'érable.*

Jardin zoologique du Québec/MLCP, «Le porc-épic d'Amérique», *Vidéo-Presse*, vol. XIX, n° 5, janvier 1990.

### L'ACTION DU SAGE

*Il y avait une fois, en Chine, un royaume en proie à la guerre civile et à la guerre extérieure. **Le roi fit venir un sage et lui demanda de ramener l'harmonie et la paix.***

***Le sage ne répondit rien et retourna dans son ermitage** au sommet de la montagne. Devant cette inaction, le roi fut très inquiet. Mais, peu à peu, la guerre civile s'apaisa et les envahisseurs se retirèrent. L'harmonie et la paix revinrent dans le royaume.*

*Le roi se rendit au sommet de la montagne*, dans l'ermitage du sage, et dit : «Tu es resté inactif, comment se fait-il que la paix soit revenue ?»

*Le sage répondit* : «J'ai fait la paix en moi et attendu qu'elle s'étende à tout le pays.»

Muriel Bloch, *365 contes pour tous les âges,* Gallimard Jeunesse/Giboulées, 1995.

### La mise en pages

Avant d'être publié, le texte est mis en pages. On détermine la **disposition du texte** et on choisit la **typographie** ainsi que les **éléments iconographiques** (schémas, photographies, illustrations, etc.) qui faciliteront la compréhension du texte.

**La typographie**, c'est la **présentation graphique** d'un texte imprimé. Les règles de typographie sont nombreuses et peuvent varier d'une publication à l'autre, mais, de façon générale :

L'**italique** est employé :

– pour **citer** un extrait ou le titre d'un ouvrage ;

J'ai lu le roman *Une chanson pour Gabriella* en première secondaire. L'extrait suivant m'avait incité à lire tout le roman : *J'entre et je me dirige aussitôt vers le guichet. Tel que promis, il y a une enveloppe à mon nom. C'est la première fois que je me fais inviter ainsi à un spectacle par une fille de mon âge. C'est drôlement excitant*[1].

1. Bertrand Gauthier, *Une chanson pour Gabriella,* Les éditions de la courte échelle, 1990.

– pour signifier que l'**usage** d'un mot est **inhabituel** ;

– C'est dans les océans, véritable *soupe* primitive, que la vie est apparue.

– pour signaler qu'on utilise sciemment un mot qui appartient à la **langue anglaise**.

– On fait tous du *show-business*.

**NOTE :** Si on écrit avec un crayon, on peut remplacer l'italique par les guillemets.

Les **caractères gras** sont employés pour mettre des mots en évidence.

– Un **triangle rectangle** est un triangle dont l'un des angles est de 90°.

– Un mot **polysémique** est un mot qui peut prendre **plusieurs sens**.

## LA COHÉRENCE D'UN TEXTE

Les phrases d'un texte s'enchaînent en respectant des règles qui facilitent la lecture.

### Les mots qui organisent le texte

Certains mots servent à marquer l'organisation du texte :

- les **prépositions** de formes simple ou complexe;

- les **conjonctions** de formes simple ou complexe;

- les **adverbes** de formes simple ou complexe.

| Exemples de mots qui organisent le texte selon... | le temps | le regard (l'espace) | la logique |
|---|---|---|---|
| **Prépositions** de formes **simple** ou **complexe** suivies d'un ensemble de mots | pendant... <br> depuis... <br> durant... <br> dès... <br> avant... <br> après... | devant... <br> derrière... <br> sous... <br> dans... <br> vers... | selon... <br> sauf... <br> avec... <br> en... <br> en outre... <br> par... <br> afin de... |
| **Adverbes** de formes **simple** ou **complexe** placés au début d'une phrase et suivis d'une virgule | hier, <br> demain, <br> désormais, <br> naguère, <br> précédemment, <br> tout à coup, | derrière, <br> devant, <br> ici, <br> là-bas, <br> au-dessus, | enfin, <br> toutefois, <br> cependant, <br> premièrement, <br> deuxièmement, <br> de plus, |
| **Conjonctions** de formes **simple** ou **complexe** qui introduisent des subordonnées de temps, de but, de cause ou de conséquence | quand... <br> lorsque... <br> pendant que... <br> après que... | | parce que... <br> étant donné que... <br> bien que... |

Ces mots sont souvent placés au début des phrases ou des paragraphes. Ces mots révèlent que le texte est organisé :

- selon le **temps**;

*Pendant des années, Clara avait pensé que le voisin était de bonne foi. **Hier**, elle a radicalement changé d'avis. **Lorsqu**'elle l'a vu apparaître avec les matériaux pour ériger une clôture atroce, elle a tout compris.*

| CONNAISSANCES | EXEMPLES |
|---|---|

- selon le **regard (l'espace)**;

*Derrière sa maison se trouvait un passage pour les animaux sauvages. **Un peu plus loin** coulait le ruisseau essentiel à leur survie. La clôture allait les empêcher de boire.*

- selon la **logique**.

*Devant ce fait, Clara décide d'engager une procédure contre son voisin. **Toutefois**, elle devra consulter une bonne avocate, **étant donné que** la situation est délicate et explosive.*

### La reprise de l'information

Dans un texte, une phrase peut **reprendre une information** présentée dans une phrase précédente. Cependant, les mots employés peuvent être différents même s'ils font référence à la même information.

Les schémas suivants illustrent les moyens utilisés le plus couramment pour reprendre une information présentée dans le texte.

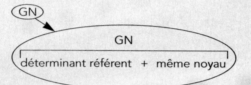

*J'ai reçu **un cadeau**.*

***Ce + cadeau** représente beaucoup pour moi.*

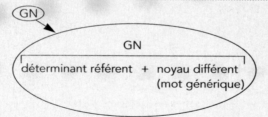

***Abraham Lincoln** discutait du problème.*

***Le + président** crut qu'il n'y arriverait pas.*

***La fondation Jeanne-Leclerc** survit difficilement.*

***La fondation** compte trente membres.*

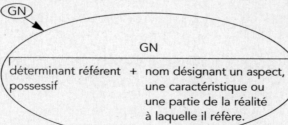

***Le modem de Teresa** est très rapide.*

***Sa forme** est aussi très particulière.*

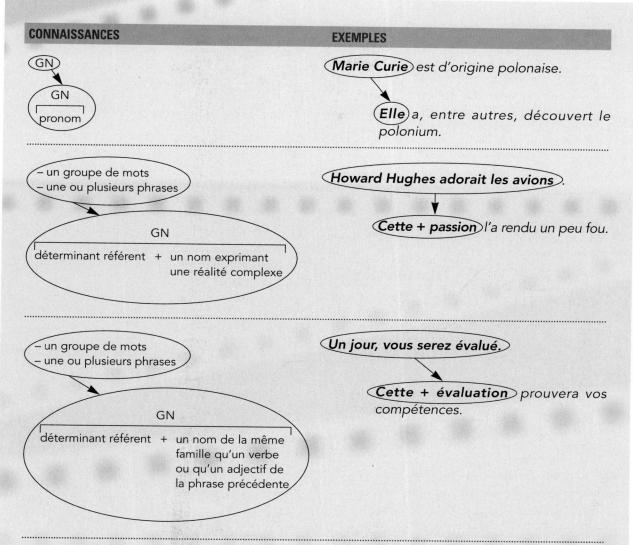

**Le système des temps verbaux**

Le temps des verbes assure la **cohérence** du texte **en situant les uns par rapport aux autres les faits décrits.**

Cette décision **souleva** l'indignation générale et le gouvernement **vota** la loi «du chat et de la souris», qui l'**autorisait** à libérer les grévistes de la faim, pour les arrêter tout de suite après. À partir de 1912, les suffragettes **tentèrent** des opérations désespérées, incendiant des immeubles et coupant les fils du télégraphe.

«Emmeline Pankhurst», dans *Les grands hommes de l'histoire* (collectif), Éditions Chantecler, 1989. Traduit de l'anglais *People in History*, © Mitchell Beazley (une division de Reed Consumer Books Ltd), par N. Peterson. Traduction © ZNU.

# COMMENT FAIRE.........

## POUR découvrir le POINT DE VUE dans un texte

**1** **Ⓐ** Dresse une **liste de cinq textes** de l'anthologie *Le nez de Cléopâtre* (*Anthologies,* pages 160 à 207) **dont le nom de l'auteur ou de l'auteure est indiqué.** Connais-tu ces auteurs ou auteures ?

**Ⓑ** Est-il **important** de connaître le nom de l'auteur ou de l'auteure pour comprendre un texte ?

**Ⓒ** Était-il important de connaître **l'auteur du texte *Le cycle des bois et des champs*** que tu as analysé aux pages 102 à 106 ? Explique pourquoi.

**2** **Ⓐ** Dans l'anthologie *Le nez de Cléopâtre,* relève **cinq textes** dont le nom de l'auteur ou de l'auteure n'est pas donné.

**Ⓑ** S'agit-il de textes **courants** ou de textes **littéraires** ?

**Ⓒ** Au premier coup d'œil, **quel point de vue** semble avoir adopté l'auteur ou l'auteure de chaque texte anonyme ?

**3** Reproduis le thermomètre ci-dessous.

Lis les textes proposés dans l'encadré et place-les sur le thermomètre **d'après l'intensité du point de vue** des personnes qui les ont écrits.

– *Cléopâtre* (extrait de *Cléopâtre, reine du Nil*) (*Anthologies,* page 166)

– *Cléopâtre* (article de dictionnaire) (*Anthologies,* page 166)

– *Le siècle des plus grands crimes* (*Anthologies,* page 192)

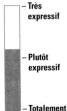

– Très expressif

– Plutôt expressif

– Totalement neutre

**4** Consulte la table des matières de l'anthologie *Le nez de Cléopâtre* (*Anthologies,* pages VI et VII) et relève un **titre** qui laisse croire que le point de vue de l'auteur ou de l'auteure sera présent tout au long du texte.

**5** Lis le texte *Hiroshima, ville martyre* (*Anthologies,* page 193).

**Ⓐ** Qui a écrit ce texte ?

**Ⓑ** Le point de vue de la personne qui a écrit ce texte est-il neutre ou expressif ?

**Ⓒ** À la page 194, **à qui réfèrent** les pronoms *Nous* (lignes 49 et 50) ?

**Ⓓ** Le point de vue exprimé dans les lignes 49 à 52 est-il neutre ou expressif ?

**Ⓔ** À la page 193, une citation est reproduite dans l'image du nuage atomique. Dans cette citation, **à qui réfère** le pronom *nous* ?

**6** Lis le texte *L'enfant d'Hiroshima* (*Anthologies,* page 195).

**Ⓐ** Dans ce texte, on trouve souvent le pronom *je.* **De qui** ce pronom révèle-t-il le point de vue ?

**Ⓑ** Le point de vue de cette personne est-il plutôt neutre ou plutôt expressif ?

**Ⓒ** À la ligne 14, **à qui réfère** le pronom *nous* ?

**Ⓓ** À la ligne 19, **à qui ou à quoi réfère** le pronom *le nôtre* ?

**7** Dans les deux citations de Paul McCartney (*Anthologies,* encadrés, page 203), le pronom *nous* ne réfère pas aux mêmes personnes. Explique **à qui réfère** chacun des pronoms.

**8** *Récris* le premier paragraphe du texte *De la Terre à la Lune* (*Anthologies*, page 198, lignes 1 à 35) **comme si l'auteur du texte était Neil Armstrong.**

---

**STRATÉGIES**

*Quelles stratégies peut-on utiliser pour découvrir le point de vue dans un texte ?*

## POUR **trouver ce que révèle le TITRE d'un texte**

**9** Consulte la table des matières de l'anthologie 4 (*Anthologies*, pages VI et VII) et relève :

**A** **quatre titres** qui évoquent des lieux ;

**B** **huit titres** qui évoquent des personnes ;

**C** **trois titres** qui évoquent des objets ;

**D** **deux titres** qui en disent long sur l'histoire racontée dans le texte ;

**E** **deux titres** plutôt vagues, qui ne révèlent pas clairement le sujet du texte.

**10** En consultant la table des matières de l'anthologie 4 (*Anthologies*, pages VI et VII), relève le **titre** d'un texte où il pourrait être question :

**A** d'agriculture ;

**B** d'une ville qui a été bombardée ;

**C** d'un peintre qui a représenté la guerre d'Espagne ;

**D** de la découverte d'une source d'énergie très importante ;

**E** de la mort d'un très grand personnage ;

**F** d'un navigateur.

---

**STRATÉGIES**

*Quelles stratégies peut-on utiliser pour trouver ce que révèle le titre d'un texte ?*

## POUR **trouver les grandes DIVISIONS d'un texte**

**11** *ON EN DISCUTE !*

En équipes de trois ou de quatre élèves, trouvez les réponses aux questions suivantes :

**A** Quelles sont les **grandes divisions** du manuel *Anthologies* ?

**B** Dans quel **ordre** les textes de l'anthologie 4 (*Anthologies*, pages 160 à 207) sont-ils présentés ?

**C** Propose une autre façon de les regrouper.

**D** Quelles sont les **quatre grandes divisions** de ton manuel *Modes d'emploi* ?

**E** Quelles sont les **quatre divisions** de chaque séquence de ton manuel *Modes d'emploi* ?

**F** Quelles sont les **grandes divisions** de ton manuel *La grammaire pour lire, pour écrire, pour parler* ?

**12** Lis le texte *Quelles ont été les toutes premières inventions ?* (*Anthologies*, page 162).

**A** **Combien de parties** ce texte compte-t-il ?

**B** Quel est l'**aspect** développé dans chacune des parties de ce texte ?

**C** À la page 163, la dernière partie du texte est divisée en deux paragraphes. Quels sont les **sous-aspects** traités dans chacun des paragraphes ?

**D** Choisis l'un des aspects développés dans le texte et trouve un **sous-aspect** qui aurait pu être développé dans un texte plus long.

**E** Ce texte ne contient pas de conclusion : imagine **de quoi** il pourrait y être question.

**13** Dans ton manuel *Anthologies*, trouve une page présentant un autre texte divisé à l'aide d'intertitres et **fais le schéma** de cette page selon le modèle du numéro 13 de la page 276 (***Je me documente***).

**14** **Lis** la bande dessinée sur la vie de Jean-Sébastien Bach (*Anthologies*, pages 174 et 175). Regroupe les cases en **trois parties** et donne un **titre** à chacune. Chaque regroupement doit représenter un aspect de la vie de Jean-Sébastien Bach et les titres choisis doivent pouvoir servir d'intertitres.

**15** Dans les paragraphes 4 et 5 du texte intitulé *L'Art des Beatles* (*Anthologies*, page 203, lignes 66 à 95), on trouve **deux énumérations** dont les éléments pourraient devenir des aspects traités dans un autre texte sur le même sujet.

**A** Repère ces **deux énumérations** et indique à quelles lignes elles se trouvent dans le texte.

**B** Élabore le **plan d'un nouveau texte** sur les Beatles en choisissant, dans ces énumérations, les aspects qui seront traités.

**STRATÉGIES**

*Quelles stratégies peut-on utiliser pour trouver les grandes divisions d'un texte ?*

## POUR comprendre ce que révèle la TYPOGRAPHIE

**16** Observe l'extrait du *Journal du Monde* reproduit à la page 176 de ton manuel *Anthologies*, puis dresse l'inventaire des **codes typographiques** utilisés (caractères gras, gros caractères, italique, etc.) et explique brièvement l'**utilité** de chacun.

**STRATÉGIES**

*Quelles stratégies peut-on utiliser pour dégager les éléments importants du texte révélés par la typographie ?*

## POUR reconnaître les MOTS QUI ORGANISENT un texte

**17** Les activités qui suivent portent sur la bande dessinée *Astérix et Cléopâtre* (*Anthologies*, page 167).

**A** **Pourquoi** crois-tu que la bande dessinée commence par les mots *Le lendemain matin...* ?

**B** **Au-dessus de quelles cases** insérerais-tu chacun des ensembles de mots de l'encadré ?

① Après avoir demandé son goûteur...

② Quelques minutes plus tard...

③ À la fin de l'entretien...

④ Au même instant...

**C** Après avoir fait ces insertions, quel serait le **mode d'organisation** du texte (selon le temps, le regard [l'espace], ou la logique) ?

**STRATÉGIES**

*Quelles stratégies peut-on utiliser pour reconnaître les mots qui organisent un texte ?*

## POUR découvrir comment L'INFORMATION EST REPRISE dans un texte

**18** **A** Dans la bande dessinée portant sur Jean-Sébastien Bach (*Anthologies*, pages 174 et 175), relève tous les **mots** et les **groupes de mots** utilisés par les auteurs :

a) pour désigner Bach lorsqu'il était jeune ;

b) pour désigner Bach à l'âge adulte ;

c) pour désigner tout *ce qui appartient* à Bach.

**B** Quels indices t'ont permis de trouver *ce qui appartient* à Bach ?

**19** Dans le texte *Mozart disparaît à 35 ans* (*Anthologies*, page 176), les auteurs utilisent plusieurs moyens pour reprendre l'information, particulièrement pour désigner Mozart. En considérant les exemples donnés aux pages 286 et 287, **reproduis le schéma** suivant et **complète-le** en indiquant la **construction** de chaque mot ou groupe de mots.

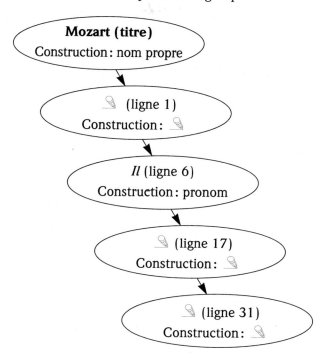

**20** **A** Dans le troisième paragraphe du texte *L'enfant d'Hiroshima* (*Anthologies*, page 195), **que reprend** le pronom *elles* (ligne 8) ?

**B** Dans ce texte, **à quoi fait référence** le déterminant employé dans le groupe du nom *son professeur* (paragraphe 4, ligne 12) ?

**C** **Qui** est *M. Aoyama* (paragraphe 4, ligne 12) ?

**21** Dans le texte *Quelles ont été les toutes premières inventions ?* (*Anthologies*, page 162), relève **tous les cas** de reprise de l'information dans le paragraphe «Le feu».

**STRATÉGIES**

*Quelles stratégies peut-on utiliser pour découvrir comment l'information est reprise dans un texte ?*

POUR **découvrir le PRINCIPAL TEMPS VERBAL d'un texte**

**22** Dans ton manuel *Anthologies*, lis le **premier paragraphe** de chacun des textes suivants :

**A** *La Découverte d'un nouveau monde* (*Anthologies*, page 171)

**B** *Louis Pasteur* (*Anthologies*, page 182)

**C** *L'enfant d'Hiroshima* (*Anthologies*, page 195)

**Associe** les phrases de l'encadré au texte qui convient. Justifie ta réponse en tenant compte du temps des verbes.

① Il meurt sans mesurer les conséquences de sa découverte. ② Il réfuta la théorie existante de la «génération spontanée [...]» ③ [...] mais il m'a répondu avec une terrible grimace [...] ④ Il décrit avec émerveillement un arbre nommé kapokier [...] ⑤ Il l'utilisa le 6 juillet 1885 sur Jacob Meister [...] ⑥ Les Soviets nous ont déclaré la guerre.

**STRATÉGIES**

*Quelles stratégies peut-on utiliser pour découvrir le principal temps verbal d'un texte ?*

# DE LA LECTURE À L'ÉCRITURE

## Jean-Sébastien Bach

**ÉCRIRE un texte descriptif
sur la vie d'un personnage historique**

### Pour :

— **réinvestir** les connaissances acquises sur le texte et les stratégies apprises à l'étape *Je me documente* (pages 273 à 291);

— **mettre en pratique** les règles de syntaxe apprises dans l'atelier de grammaire :

- *La juxtaposition et la coordination* (atelier 8).

### Consignes d'écriture

**1.** La bande dessinée qui se trouve aux pages 174 et 175 de ton manuel *Anthologies* présente trois aspects de la vie de Jean-Sébastien Bach :
- son enfance (cases 1, 2 et 3);
- sa vie adulte (cases 4 à 9);
- son succès (cases 10 à 12).
Choisis un de ces aspects que tu développeras dans un paragraphe.

**2.** Dresse une liste de **mots** et d'**ensembles de mots substituts** que tu pourrais utiliser pour **désigner** Jean-Sébastien Bach dans ton texte.

**3.** Dresse une liste de **mots de formes simple ou complexe** qui pourraient t'aider à **organiser les faits selon le temps**. Consulte le tableau de la page 285.

**4.** Écris un court **texte descriptif** d'environ 100 mots (10 lignes) dans lequel tu parleras de cet aspect de la vie de Bach. Mets tes verbes au **présent de l'indicatif**.

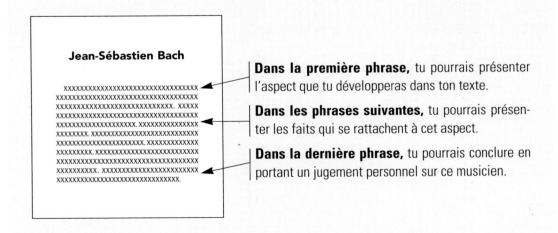

**Jean-Sébastien Bach**

**Dans la première phrase,** tu pourrais présenter l'aspect que tu développeras dans ton texte.

**Dans les phrases suivantes,** tu pourrais présenter les faits qui se rattachent à cet aspect.

**Dans la dernière phrase,** tu pourrais conclure en portant un jugement personnel sur ce musicien.

## MES CONNAISSANCES EN BREF

### Objectif

Rendre compte des connaissances les plus importantes acquises sur le texte à l'étape *Je me documente*.

### Fonctionnement

En équipes de deux, les participants et les participantes font leur présentation à tour de rôle.

### Durée suggérée

1. Préparation à la maison.
2. En classe, de 10 à 15 minutes.

### Contenu de la présentation

Pendant le déroulement de la discussion, chaque élève, à tour de rôle, présente :

1. son point de vue sur les connaissances acquises sur le texte : leur utilité, leur degré de difficulté et les difficultés à les comprendre ;
2. un compte rendu des moyens pris pour sélectionner et résumer les connaissances les plus importantes ;
3. un résumé personnel et original (schéma, tableau, illustrations, exemples, organisateur graphique, textes annotés, etc.) de ses nouvelles connaissances sur le texte.

**ATTENTION !** Pendant la discussion, chaque participant ou participante peut poser des questions d'éclaircissement, faire des commentaires, des observations, discuter de la pertinence des choix de l'élève qui intervient, faire part de son appréciation, etc.

### Pistes d'observation

Vérifier :

1. l'originalité de la présentation et faire des suggestions pour la prochaine fois ;
2. si le vocabulaire utilisé correspond à celui appris dans les activités de l'étape *Je me documente* ;
3. la pertinence du choix des connaissances présentées en fonction de leur importance ;
4. si l'élève a utilisé un registre de langue approprié ;
5. le degré de participation de chacun et de chacune (commentaires, questions et réponses, échanges verbaux et non verbaux, etc.).

# LA PASSION DES MOTS

LA PASSION DES MOTS LA **PASSION** DES MOTS LA PASSION DES **MOTS** LA PASSION DES MOTS **LA** PAS
LA PASSION DES MOTS LA **PASSION** DES MOTS LA PASSION **DES** MOTS LA PASSION DES MOTS LA PASSION DE
LA PASSION DES MOTS LA **PASSION** DES MOTS LA PASSION DES MOTS LA PASSION **DES** MOTS LA PASSION DE

# Le sens des mots

## C'est dans les dictionnaires...

Dans cette séquence, tu as lu et tu liras plusieurs textes à caractère historique. Les activités qui suivent te permettront de découvrir des mots que tu pourras utiliser lorsque tu écriras ce genre de textes ou lorsque tu participeras à des discussions sur des sujets liés à des événements historiques.

Ces activités portent sur l'extrait du *Thésaurus* présenté ci-contre.

### Entrée *192 ÉVÈNEMENT* [1]

Au numéro 1 de l'entrée *192 ÉVÈNEMENT*, on fournit une liste de mots pour désigner différentes réalités. Quel mot choisirais-tu pour désigner :

**A** une entreprise hasardeuse remplie d'événements imprévus, surprenants ?

**B** un ensemble de faits observables qui, reliés entre eux, créent une situation nouvelle ou exceptionnelle ?

**C** un ensemble de faits, souvent répréhensibles, qui peuvent causer des remous dans l'opinion publique ?

**D** ce qui arrive, ce qui existe vraiment ?

**A** À quel numéro de l'entrée *192 ÉVÈNEMENT* fait-on référence à des événements heureux ? Choisis trois mots et associe à chacun un événement de ta vie personnelle.

**B** À quel numéro fait-on référence à des événements malheureux ? Choisis trois mots et associe à chacun un événement de ta vie personnelle.

Aux numéros 2 et 13 de cette entrée, on fournit une série d'expressions pour dire qu'un événement est important.

Choisis-en cinq et rédige cinq phrases liées à un événement historique important que tu connais.

---

1. Les dictionnaires proposent deux façons d'orthographier ce mot : *événement* et *évènement*.

---

## 192 ÉVÈNEMENT

N. 1 **Évènement** (ou événement) affaire, aventure, **fait**, phénomène. – Litt. ou vx : accident 6, évent ; entrefaite. – Circonstance 8, occasion ; hasard ; éventualité 42. – Épisode, page [fig.], scène. – **Changement 193**, nouveauté ; bouleversement, révolution. – Anecdote [litt.], péripétie ; coup de théâtre.

2 Fait marquant, évènement du jour ; clou de la soirée [fig.]. – Grande date, **grand moment**, grand jour, moment inoubliable, temps fort ; première *(une première, une grande première).*

3 Chaîne des évènements, cours des évènements 190.

4 Actualité ; journalisme 766 ; **information(s)**, nouvelle(s) *(les nouvelles du jour).* – Histoire évènementielle (opposé notamm. à histoire causale) 241.

5 Accès, attaque, complication, **crise**. – Accident, calamité, cataclysme, **catastrophe**, drame, fléau, malheur. – Contretemps, incident. – Mauvaise nouvelle ; coup dur [fam.]. – Fig. : bombe, coup d'assommoir, coup de foudre [vx], coup de tonnerre.

6 Aubaine, bonheur, **chance** ; bonne nouvelle. – Heureux évènement. – Miracle, phénomène ; *deus ex machina* (lat., « dieu descendu au moyen d'une machine ») [fig.]. – Coup d'éclat, exploit 527, haut fait ; performance [anglic.]. – Fête 687. – Happening [anglic.].

7 Évènement [vx] ; effet, fin 58, résultat ; dénouement.

V. 8 Advenir, apparaître, **arriver, avoir lieu**, échoir [litt., vx], **être, exister 1**, surgir, survenir, venir ; éclore, naître.

9 **Créer l'évènement** ; faire évènement, faire sensation. – Défrayer la chronique, faire la une des journaux. – Dater, **faire date**, marquer ; marquer son époque, marquer son temps.

10 Être dépassé ou débordé par les évènements. – Couvrir un évènement ; traquer l'évènement.

11 S'élever, se déclarer, se dérouler, **se passer**, se présenter, se produire, se réaliser.

Adj. 12 Actuel [PHILOS.], advenant [didact.], **évènementiel**, existentiel [PHILOS.], factuel, phénoménique [didact.], **réel.**

13 Célèbre, digne de mémoire, mémorable. – **Exceptionnel**, merveilleux, rare, remarquable, retentissant, sans précédent, sensationnel, unique ; à marquer d'une pierre (aussi : d'une croix) blanche [fig.].

Adv. 14 En fait, factuellement. – Accidentellement, incidemment.

*Larousse Thésaurus «Des mots aux idées, des idées aux mots»,* coll. «Trésors du français», © Librairie Larousse, 1991.

# Banques de mots

## POUR DIRE QUE QUELQUE CHOSE EST IMPORTANT

Lis le texte *Deux inventions humaines capitales* à la page 164 de ton manuel *Anthologies* et relève tous les mots, les ensembles de mots ou les phrases qui révèlent que quelque chose d'important se produit.

## POUR PARLER DU MEILLEUR ET DU PIRE

Lis le texte *Florence Nightingale* (*Anthologies*, page 183) et relève les mots et les ensembles de mots que tu pourrais utiliser:

**A** pour parler de l'amélioration de la santé publique à cette époque;

**B** pour parler du mauvais état de la santé publique à cette époque.

Lis le texte *Le siècle des plus grands crimes* (*Anthologies*, page 192).

**A** Relève tous les mots et les ensembles de mots qui évoquent l'horreur de la guerre.

**B** Quels mots ou quels ensembles de mots retiendrais-tu si tu voulais parler d'un autre type de situation catastrophique?

## POUR PARLER DE LA VIE EN SOCIÉTÉ

Dans le texte *Emmeline Pankhurst* (*Anthologies*, page 188), il existe un champ lexical de termes qui peuvent être utilisés pour faire le compte rendu de *revendications sociales*.

**A** Relève ces mots et classe-les en deux champs lexicaux: celui des mots liés au pouvoir et celui des mots liés aux personnes qui contestent le pouvoir.

**B** Utilise un crayon d'une autre couleur et ajoute d'autres mots qui sont souvent employés pour parler des différents aspects de la vie en société.

**C** Parmi les mots trouvés en A), choisis-en cinq que tu n'as pas l'habitude d'utiliser à l'oral et utilise-les dans des phrases portant sur la vie en société au Québec.

# Des mots à la culture

*LE TABLEAU D'HONNEUR DE LA VIE CULTURELLE QUÉBÉCOISE*

**Plusieurs textes de l'anthologie** *Le nez de Cléopâtre* **évoquent des personnages célèbres qui ont marqué leur époque. C'est le cas des textes suivants:**

① *Pablo Picasso* (*Anthologies*, page 191)

② *Léonard de Vinci* (*Anthologies*, page 170)

③ Sergeant Pepper's, *meilleur album de tous les temps* (*Les Beatles*) (*Anthologies*, page 202)

Pour chacun de ces personnages (et pour le groupe, dans le cas du troisième texte), remplis une fiche semblable au modèle ci-contre. Pour trouver les renseignements dont tu as besoin, lis ou relis les textes qui traitent de ces personnages. Au besoin, consulte un dictionnaire des noms propres ou une encyclopédie.

**A** Nomme une personnalité qui a marqué la vie culturelle québécoise dans l'un des domaines suivants: peinture, chanson, littérature (poésie, roman, théâtre), sciences, sports ou histoire et qui mériterait de paraître au tableau d'honneur de la vie culturelle québécoise.

**B** Remplis une fiche semblable à celle du numéro 1 sur cette personne.

---

**Nom de la personne:** *Jean-Sébastien Bach*

**Période où elle a vécu:** *1685-1750*

■ Nationalité: *Allemand*

■ Domaine culturel dans lequel cette personne s'est illustrée: *Musique, composition*

■ Œuvres (titres de quelques œuvres):

– *Messe en «si»*

– *Concertos brandebourgeois*

– *Offrande musicale*

■ Célébrité (raisons pour lesquelles elle a marqué son temps): *La richesse de l'inspiration, l'audace du langage harmonique, la haute spiritualité de sa musique lui ont valu la célébrité.*

---

## ON EN DISCUTE !

En grand groupe,

- chaque élève présente le personnage retenu et fournit des arguments expliquant pourquoi cette personne doit faire partie du tableau d'honneur de la vie culturelle québécoise;

- le choix de chaque élève est débattu et la classe décide si le personnage doit être inscrit ou non au tableau;

- on dresse le tableau d'honneur des personnalités de la vie culturelle québécoise.

# Un personnage à inscrire au tableau d'honneur

**ÉCRIRE** un texte descriptif sur un personnage important de l'histoire du Québec

## Pour :

– **réinvestir** les expressions nouvelles et les mots nouveaux appris dans les activités de la rubrique *La passion des mots* (pages 294 à 296);

– **mettre en pratique** les règles de syntaxe apprises dans l'atelier de grammaire :

   • *La phrase II* (atelier 9).

## Consignes d'écriture

**1.** Choisis un personnage qui a joué un rôle important au Québec dans le domaine culturel, historique, scientifique ou sportif.

**2.** Sur une feuille, **note** tout ce que tu sais à propos de ce personnage.

**3.** S'il y a lieu, **lis** un texte pour compléter tes renseignements sur ce personnage.

**4.** Écris un **texte descriptif** d'environ 250 mots (25 lignes) qui parlera de ce personnage. Écris ton texte au **passé composé de l'indicatif**.

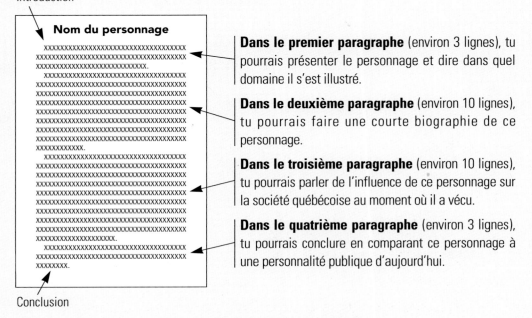

# JE FAIS DES ESSAIS

Dans cette étape, tu développeras ta compétence à lire et à écrire des **textes descriptifs où l'on fait le compte rendu de faits ou de phénomènes**.

**Tu apprendras:**

– ce qu'est un **texte descriptif où l'on fait le compte rendu de faits ou de phénomènes**;

– comment faire pour **lire** un **texte descriptif où l'on fait le compte rendu de faits ou de phénomènes**;

– comment faire pour **écrire** un **texte descriptif où l'on fait le compte rendu d'un fait ou d'un phénomène**.

# Qu'est-ce qu'un texte descriptif où l'on fait le compte rendu de faits ou de phénomènes ?

## LA SITUATION DE COMMUNICATION

**1** Ⓐ À partir de ce que tu sais déjà, formule une définition d'un texte descriptif en utilisant l'énoncé suivant:

• *Un texte descriptif est un texte dans lequel* 🎤 .

Ⓑ Dans quel but peut-on vouloir écrire un texte descriptif?

Ⓒ Dans quels genres d'ouvrages trouve-t-on des textes descriptifs?

**2** Ⓐ Décris deux occasions où tu as écrit un texte descriptif.

Ⓑ Quel était le sujet de chacun de ces textes?

Ⓒ Que faudrait-il faire pour bien se préparer à écrire un texte descriptif?

**3** Que faudrait-il faire avant de lire un texte descriptif très complexe sur l'abolition de l'apartheid?

**4** L'affirmation dans l'encadré est fausse: récris-la en modifiant les passages écrits en caractères gras.

**Dans certains recueils de contes,** on trouve des textes descriptifs où l'on fait le compte rendu de faits ou de phénomènes **imaginés par une auteure de textes littéraires**.

## LE SUJET DU TEXTE

**5** Les journaux contiennent de nombreux textes descriptifs. Cite des exemples de sujets traités dans les journaux.

**6** **A** Quelle différence y a-t-il entre les textes des journaux et ceux des revues?

**B** Quelle différence y a-t-il entre les articles d'encyclopédie et ceux des journaux et des revues?

**7** Quelle différence y a-t-il entre un article de journal portant sur le débarquement en Normandie et datant du lendemain de l'événement, et un texte publié dans un livre d'histoire datant de 1987?

**8** **A** Que signifie l'expression *rendre compte*?

**B** Cite trois exemples de sujets précis dont on peut rendre compte.

**9** Lis les quatre courts textes descriptifs qui suivent, puis réponds aux questions s'y rapportant.

**A** Dans quel texte présente-t-on un fait historique?

**B** Dans quel texte décrit-on un objet?

**C** Dans quel texte décrit-on un lieu?

**D** Quels textes sont des comptes rendus?

### TEXTE 1

La Polynésie française est un territoire qui couvre une superficie égale à l'Europe moins la Russie, et qui compte 125 îles environ dont la plus grosse, Tahiti, ne mesure pas plus de 200 km de circonférence.

Nicole Balvay-Haillot, «La Polynésie française»,
*Vidéo-Presse*, vol. XIX, n° 9, mai 1990.

### TEXTE 2

Au début du XIX<sup>e</sup> siècle, les citadins ne bénéficient pas encore de services publics. À Québec, par exemple, les «charrieurs d'eau», jusqu'à la construction des premiers aqueducs, approvisionnent les gens en eau potable.

Francine Lebœuf, «La vie en ville au XIX<sup>e</sup> siècle»,
*Vidéo-Presse*, vol. XIX, n° 8, avril 1990.

### TEXTE 3

Hier soir, un homme a perdu son oiseau domestique. Il est sorti de sa cage et est allé se percher sur un chêne en face de la maison. Le propriétaire de l'oiseau a pris plus d'une demi-heure pour trouver une échelle. L'oiseau n'avait pas bougé et s'est laissé capturer sans résistance.

### TEXTE 4

Sur un échiquier de 64 cases, chaque joueur dispose de 16 pièces (les blancs pour l'un, les noirs pour l'autre), soit 8 pions et 8 figures qui sont un roi, une reine, deux tours, deux fous et deux cavaliers.

*Le Master junior, l'Encyclopédie de la réussite,*
Hachette Éducation, 1992.

**10** À ton avis, est-il plus difficile de décrire un objet, un lieu ou une série de faits ? Justifie ta réponse.

**11** **A** Parmi les sujets proposés dans l'encadré, lesquels permettent d'écrire un compte rendu de faits ou de phénomènes ?

**B** Parmi ces sujets, lesquels nécessitent peu de préparation ? Justifie tes choix.

> ① Ma chambre          ④ L'ascension de l'Everest
>
> ② Mon école           ⑤ L'invention du velcro
>
> ③ La guerre du Golfe  ⑥ La fête de Noël au Québec

## LES ÉLÉMENTS DE LA DESCRIPTION

**12** *ON EN DISCUTE !*

En équipes de deux ou de trois élèves, imaginez que vous devez écrire un texte descriptif sur l'un des sujets suivants: la musique rock, la télévision, le sport, l'Internet, etc. Élaborez le schéma d'une séquence descriptive semblable à celui qui suit.

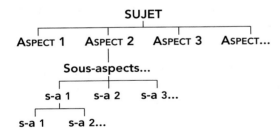

**13** Si tu ne devais écrire qu'une seule page sur le sujet retenu, quels aspects développerais-tu parmi ceux choisis au numéro 12 ?

**14** Les extraits suivants sont tirés de l'introduction de deux longs textes descriptifs. Ils révèlent les aspects qui sont abordés dans chacun des textes. Lis les extraits et réponds aux questions qui les suivent.

**EXTRAIT DE L'INTRODUCTION DU PREMIER TEXTE**

> La vie au Moyen Âge était très différente de celle que nous menons aujourd'hui. Les conditions d'hygiène étaient mauvaises, les maladies faisaient mourir les gens très jeunes, les moyens de transport étaient très rudimentaires. Malgré tout, les gens du Moyen Âge savaient s'amuser.

**EXTRAIT DE L'INTRODUCTION DU DEUXIÈME TEXTE**

> Le cougar est un félin qui n'est plus très répandu en Amérique du Nord; on dit même qu'il est une espèce en voie de disparition. Il se distingue des autres félins non seulement par son apparence, mais aussi par sa dextérité et sa puissance.

**A** Quels aspects du sujet seront abordés dans chacun des textes ? Réponds à l'aide de la formule suivante :

**aspect ➔ du ➔ sujet du texte**

Ex. :     *L'habitation ➔ du ➔ moineau*

**B** Si ces textes descriptifs sont bien structurés, combien de paragraphes chacun devrait-il contenir minimalement, en excluant l'introduction et la conclusion ?

**C** Ces textes pourraient-ils contenir plus de paragraphes ? Explique ta réponse.

**15** Rédige quelques phrases sur le modèle de celles du numéro 14 pour présenter de manière intéressante les aspects que tu as choisis au numéro 13.

## L'ORGANISATION DU TEXTE

**16** [A] Classe les aspects et les sous-aspects qui ont été retenus au numéro 12 selon l'ordre dans lequel tu les développerais. Justifie ton choix.

[B] Quel autre ordre pourrais-tu adopter? Justifie ton nouveau choix.

**17** Rédige deux courts paragraphes en suivant les consignes entre parenthèses.

[A] *Le 20 juillet 1969, pour la première fois, un homme met le pied sur la Lune.* (Dans la phrase suivante, il doit être question du décollage de la fusée, le 16 juillet.)

[B] *Le 6 avril 1896 marque l'ouverture des premiers Jeux olympiques de l'ère moderne à Athènes.* (Dans la phrase suivante, il doit être question de la victoire de Pierre de Coubertin qui, le 23 juin 1894, a officiellement convaincu les gens de rétablir les Jeux.)

**18** [A] Quels moyens as-tu pris pour faire des retours en arrière dans les phrases que tu as rédigées au numéro 17?

[B] Dans quel cas est-il utile de faire un retour en arrière dans un compte rendu?

**19** Reproduis le plan ci-dessous et complète-le en classant les aspects et les sous-aspects présentés dans l'encadré.

les nouvelles technologies à la maison – les nouvelles technologies à l'école – les loisirs – une nouvelle matière scolaire – utilisation pratique – de nouvelles manières d'enseigner

---

**L'APPARITION DES NOUVELLES TECHNOLOGIES DANS LA VIE QUOTIDIENNE QUÉBÉCOISE**

**INTRODUCTION** (paragraphe 1)
Les nouvelles technologies sont présentes partout, à la maison comme à l'école.

**DÉVELOPPEMENT**
1er ASPECT: ✎
   1er sous-aspect: ✎ (paragraphe 2)
   2e sous-aspect: ✎ (paragraphe 3)

2e ASPECT: ✎
   1er sous-aspect: ✎ (paragraphe 4)
   2e sous-aspect: ✎ (paragraphe 5)

**CONCLUSION**
Que nous réserve l'avenir? (paragraphe 6)

---

**20** Imagine le premier mot ou le premier ensemble de mots de chacun des paragraphes du texte que tu pourrais écrire à partir du plan élaboré au numéro 19.

**21** Imagine que tu enseignes le français. Quelles explications fournirais-tu si les élèves te demandaient:

[A] pourquoi il faut faire un plan après avoir lu un texte descriptif?

[B] pourquoi il faut faire un plan avant d'écrire un texte descriptif?

## LES INFORMATIONS IMPORTANTES

**22** **A** Parmi les phrases fictives de l'encadré, lesquelles pourraient constituer l'information importante dans un paragraphe ? Explique pourquoi.

① À 8 h 37, la fusée était prête.

② Le décollage eut lieu le 24 mars 1968.

③ Le capitaine O'Neil avait mal digéré son repas.

④ Le capitaine O'Neil avait, ce matin-là, vécu une série d'ennuis.

⑤ La combinaison d'O'Neil n'était pas prête.

⑥ Le retour fut un triomphe pour l'équipage.

⑦ Le parachute se déploya sans problème.

**B** Dans quel ordre ces phrases devraient-elles être placées ?

**23** Reproduis le tableau suivant et complète-le en rédigeant des phrases qui montrent le passage du général au particulier.

## LE SYSTÈME DES TEMPS VERBAUX

**24** **A** Les phrases de l'encadré sont extraites de textes descriptifs. Dans chacune des phrases, relève les verbes et indique à quel temps ils sont conjugués.

① Perry s'accroche à l'échelle et pousse de toutes ses forces sur ses jambes.

② Colomb s'adressa à eux en italien.

③ Colomb découvrit l'Amérique.

④ En 1608, Champlain fonde Québec.

⑤ Au début de sa carrière d'artiste, Picasso était très jeune.

**B** Quelles phrases pourraient être introduites dans un texte descriptif où les événements semblent se dérouler au moment même où on lit le texte ?

**C** Quelles phrases pourraient être introduites dans un texte descriptif où l'on fait le compte rendu d'événements qui ont déjà eu lieu au moment où on écrit le texte ?

| GÉNÉRAL | PARTICULIER |
|---|---|
| **A** L'eau est un liquide ayant de nombreuses propriétés. | a) ✎<br>b) ✎<br>c) ✎ |
| **B** Rares sont les animaux qui n'ont pas de prédateurs. | a) ✎<br>b) ✎<br>c) ✎ |
| **C** ✎ | a) En 1998, le film *Titanic* de James Cameron a remporté 11 oscars.<br>b) Des millions de personnes ont vu le film.<br>c) Les critiques ont acclamé le film.<br>d) Le film plaît tant aux cinéphiles sensibles à la romance qu'aux adeptes de scènes d'action. |
| **D** ✎ | a) La tornade a arraché les toitures des bâtiments de ferme.<br>b) Les fils arrachés ont privé 45 000 foyers d'électricité.<br>c) Les récoltes ont été complètement détruites.<br>d) On évalue les dégâts à plusieurs dizaines de millions de pesos. |

**D** Complète l'énoncé qui suit.

- *Dans un texte descriptif où l'on fait le compte rendu de faits ou de phénomènes, les verbes peuvent être conjugués au présent même si* ✎ *. Le lecteur ou la lectrice a ainsi l'impression que* ✎ *.*

## Compte rendu où le principal temps verbal est le passé simple

**TEXTE DE RÉFÉRENCE** ACTIVITÉ 25

> ### *Emmeline Pankhurst*
> (*Anthologies,* page 188)

**25** **A** Consulte la référence de ce texte (*Anthologies,* page 189) et précise en quelle année il a été écrit.

**B** Dans le premier paragraphe (page 188, lignes 1 à 31), repère le premier indice de temps qui révèle à quel moment se déroulent les événements dont il est question dans ce compte rendu.

**C** Pourquoi les verbes *obtinrent* (ligne 6), *concentrèrent* (ligne 19) et *durent* (ligne 27) sont-ils au passé simple ? Choisis la réponse qui convient dans l'encadré suivant :

① La personne qui écrit présente les faits comme s'ils se déroulaient au moment où elle en fait le compte rendu.

② La personne qui écrit présente des faits qui se déroulent dans le passé par rapport au moment où elle en fait le compte rendu.

**D** Pourquoi les verbes *étaient* (ligne 3), *touchaient* (ligne 14), *représentait* (ligne 16), *jouissaient* (ligne 25) et *faisaient* (ligne 30) sont-ils conjugués à l'imparfait ? Choisis ta réponse dans l'encadré suivant :

① La personne qui écrit présente les faits comme s'ils se déroulaient au moment où elle en fait le compte rendu.

② La personne qui écrit présente des faits qui se déroulent dans le passé par rapport au moment où elle en fait le compte rendu.

③ La personne qui écrit présente des faits qui introduisent des éléments descriptifs dans son compte rendu.

**E** Dans le deuxième paragraphe (lignes 32 à 47), relève les verbes qui pourraient servir d'exemples pour les énoncés 2 et 3 de l'encadré.

Fallait-il suivre cette flèche ? Quand une chose se présente à vous de manière aussi évidente, il est difficile de ne pas y voir un signe du destin. Mais si ce n'était qu'un leurre ? Si ce n'était que pour se retrouver ensuite encore plus égaré ?

## Compte rendu où le principal temps verbal est le passé composé

TEXTE DE RÉFÉRENCE ACTIVITÉ 26

### *Deux inventions humaines capitales*
(*Anthologies*, page 164)

**26** **A** Consulte la référence de ce texte (*Anthologies*, page 165) et précise en quelle année il a été écrit.

**B** Dès le début du texte (page 164, lignes 1 à 13), relève un indice de temps qui révèle à quel moment les faits présentés dans le texte ont eu lieu.

**C** Pourquoi les verbes *a commencé* (ligne 6) et *ont parlé* (ligne 8) sont-ils conjugués au passé composé? Choisis la réponse qui convient dans l'encadré suivant:

① La personne qui écrit présente les faits comme s'ils se déroulaient au moment où elle en fait le compte rendu.

② La personne qui écrit présente des faits qui se déroulent dans le passé par rapport au moment où elle en fait le compte rendu.

③ La personne qui écrit présente des éléments descriptifs reliés aux faits qui font l'objet de son compte rendu.

**D** Pourquoi les verbes *poussaient* (ligne 36), *récoltaient* (ligne 38), *possédaient* (ligne 40) et *savaient* (ligne 41) sont-ils conjugués à l'imparfait? Choisis la réponse qui convient dans l'encadré ci-dessus.

## Compte rendu où le principal temps verbal est le présent

TEXTE DE RÉFÉRENCE ACTIVITÉ 27

### *Le transistor et l'ère de l'information*
(*Anthologies*, pages 204 et 205)

**27** **A** Consulte la référence du texte *1940 à 2000* à la page 205 de ton manuel *Anthologies* et précise en quelle année il a été écrit.

**B** Dans le premier paragraphe (page 205), relève l'ensemble de mots qui constitue un indice de temps et qui révèle à quel moment se sont déroulés les faits dont il est question dans ce paragraphe.

**C** Lis le premier paragraphe du texte (lignes 1 à 10) à la page 205. Les quatre premiers verbes qui présentent des faits (*prend*, ligne 2; *découpe*, ligne 3; *applique*, ligne 5 et *soude*, ligne 6) sont conjugués au présent. Parmi les énoncés de l'encadré, choisis celui qui justifie l'emploi du présent.

① La personne qui écrit présente des faits qui ont eu lieu dans le passé par rapport au moment où elle en fait le compte rendu.

② La personne qui écrit présente les faits comme s'ils se déroulaient au moment où elle en fait le compte rendu.

③ La personne qui écrit présente des faits qui auront lieu dans le futur par rapport aux faits dont elle rend compte.

**D** Parmi les énoncés de l'encadré présenté en C), choisis celui qui justifie l'emploi du futur du verbe *expliquer* à la ligne 8.

**E** Dans le deuxième paragraphe (lignes 11 à 25), relève les verbes qui pourraient servir d'exemples pour les énoncés 2 et 3 de l'encadré.

**F** Tu connais la date à laquelle ce texte a été écrit. Tu sais aussi le rôle que peut jouer le temps futur dans les textes descriptifs où l'on fait le compte rendu de faits ou d'événements. Explique pourquoi l'auteur a utilisé le futur dans la phrase suivante:

- *Les progrès des «interfaces» [...] **vont** sans doute **apporter** de nouveaux moyens [....]*

# LA PRÉCISION DES RENSEIGNEMENTS

## Les mots

**28** **A** La précision du vocabulaire fait partie des qualités d'un bon texte descriptif. Récris le texte de l'encadré en remplaçant les mots vagues par des mots précis. Pour ce faire, imagine les détails que le texte ne fournit pas.

> **C'est** arrivé **quelque part, pas très loin d'un bâtiment. Un général connu mais dont le nom m'échappe** est arrivé avec une armée de **plusieurs** soldats dans le but de se battre contre **ses adversaires.** De gros camions les suivaient, remplis de **toutes sortes de choses. Quelques personnes** présentes sur les lieux éprouvaient **une sensation étrange.** Cette journée grise était le début **d'une guerre** qui allait durer **longtemps.**

**B** Dresse la liste des moyens que tu as utilisés pour préciser les renseignements du texte.

## Les phrases

**29** Laquelle des deux affirmations suivantes est la plus convaincante? Explique ta réponse.

① Les gens disent que les maladies du sommeil font de plus en plus de ravages.

② Selon Hubert T. du British Institute, les maladies du sommeil font de plus en plus de ravages.

**30** Une journaliste a interviewé le savant Hubert T. du British Institute pour publier un article dans une prestigieuse revue médicale. Au cours de l'entrevue, le savant a déclaré que l'âge moyen de plus en plus élevé de la population mondiale pouvait être la cause de l'augmentation des maladies du sommeil. La journaliste a décidé de rapporter les propos de Hubert T.

**A** Comment procédera-t-elle si elle utilise le discours direct?

**B** Comment procédera-t-elle si elle utilise le discours indirect?

**31** Une phrase dans un texte où l'on fait le compte rendu de faits ou de phénomènes peut contenir beaucoup de renseignements.

Regroupe chacun des blocs de renseignements suivants en une seule phrase.

**A** Roald Amundsen a été le premier à atteindre le pôle Sud. Le pôle Sud fut découvert en 1911. Roald Amundsen est Norvégien.

**B** Thérèse Casgrain fut nommée sénatrice en 1970. Thérèse Casgrain était féministe. Thérèse Casgrain lutta contre l'armement nucléaire et pour le vote des femmes au Canada et au Québec.

**C** L'Expo 67 a marqué les jeunes Québécois et Québécoises de l'époque. Les jeunes Québécois et Québécoises découvraient le monde durant l'Expo 67. L'Expo 67 se tenait sur les îles Notre-Dame et Sainte-Hélène.

## Les comparaisons

**32** [A] Les phrases de l'encadré sont extraites d'un texte qui décrit les antennes paraboliques.

Dans chaque phrase, relève une comparaison en complétant l'énoncé suivant:

- *Dans cette phrase, on compare* 🎤 *à* 🎤 *.*

> ① *Remarque un peu sur le toit des maisons toutes ces immenses «assiettes» de métal, les antennes paraboliques, qui regardent vers le ciel...*
>
> ② *En mathématique, la parabole représente une forme courbe qui ressemble à une assiette creuse ou à un bol.*
>
> ③ *L'assiette est en fait comme un grand gant de baseball. Plus il est volumineux, mieux on peut attraper les balles ou, comme dans notre cas ici, les ondes électromagnétiques.*
>
> Extraits de «Les antennes paraboliques» de Luc Dupont, *Vidéo-Presse*, vol. XIX, n° 1, septembre 1989.

[B] Explique comment ces comparaisons rendent la description des antennes paraboliques plus précise.

**33** Connais-tu Abebe Bikila, la ville de Dakar, le Bélize, l'univers narratif de Marcel Proust?

Comparer quelqu'un ou quelque chose de moins connu avec quelqu'un ou quelque chose de très connu est un procédé fréquemment utilisé dans les textes descriptifs. Ce procédé permet aux lecteurs et aux lectrices de continuer leur lecture même si l'information est totalement nouvelle pour eux.

a) Abebe Bikila a marqué son sport autant que Maurice Richard a marqué le hockey.

b) La ville de Dakar, en Afrique, est presque aussi peuplée que la ville de Montréal.

c) Le Bélize est un pays dont la langue officielle est la même qu'aux États-Unis.

d) L'univers narratif de Marcel Proust est totalement différent de celui de Stephen King.

Complète l'énoncé suivant pour chacune des comparaisons établies dans les phrases a), b), c) et d).

- *Je ne connaissais pas* 🎤 *, mais je connais* 🎤 *. La comparaison me permet donc de déduire que* 🎤 *.*

*Cet homme avait l'air de savoir où il allait! Pourquoi ne pas le suivre un moment? Après tout, n'importe quelle piste valait mieux que de rester là sans bouger, submergé par l'indécision.*

# LE TEXTE DESCRIPTIF OÙ L'ON FAIT LE COMPTE RENDU DE FAITS OU DE PHÉNOMÈNES

| CONNAISSANCES | EXEMPLES |
|---|---|

## LA SITUATION DE COMMUNICATION

Le texte descriptif où l'on fait le compte rendu de faits ou de phénomènes vise à **informer**. On le lit parce qu'on veut **savoir ce qui s'est passé dans la réalité**.

- Une journaliste écrit un article de journal pour rapporter un accident.
- Un sociologue rend compte du phénomène du décrochage scolaire.
- Des élèves font un travail de recherche sur la fondation de leur village.
- Gabriel aime bien lire les comptes rendus de matchs de hockey dans les journaux.

## LE SUJET D'UN TEXTE DESCRIPTIF

Le texte descriptif est utilisé pour décrire des **objets**, des **personnes**, des **animaux** ou des **lieux**; il est aussi utilisé pour rendre compte de **faits** ou de **phénomènes**.

Les comptes rendus de faits ou de phénomènes ont très souvent un caractère **historique**.

- La guerre du Golfe
- La fondation de Rome
- Les tornades dans le sud-ouest américain
- La découverte de la pénicilline
- L'élection du maire de Chicoutimi

## LES ÉLÉMENTS DE LA DESCRIPTION

Le sujet d'un texte descriptif est divisé en **aspects** et en **sous-aspects**.

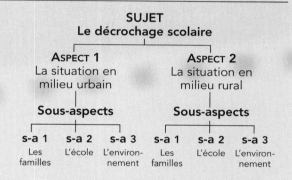

## L'ORGANISATION DU TEXTE

On peut représenter l'organisation d'un texte descriptif ou d'une séquence descriptive à l'aide d'un schéma qu'on appelle le **schéma d'une séquence descriptive**.

La division du texte en **paragraphes** permet d'organiser et de mettre en évidence les **aspects** et les **sous-aspects** qui sont développés dans le texte descriptif.

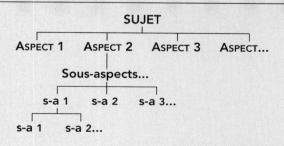

| CONNAISSANCES | EXEMPLES |
|---|---|

**L'organisation selon le temps**

Dans le texte descriptif où l'on fait le compte rendu de **faits**, les renseignements sont organisés **selon le temps**. Le passage d'un paragraphe à l'autre permet souvent de passer d'un moment à un autre.

Des mots ou des ensembles de mots souvent placés au début des phrases **situent** alors **les faits dans le temps** (voir le tableau de la page 285).

*LA VICTOIRE DES ALLIÉS*
### *(1943-1945)*

**À l'été 1943**, *l'armée soviétique déclenche une offensive qui ne va jamais s'arrêter.* [...]

**Le 6 juin 1944**, *Anglais et Américains débarquent en Normandie.* **Le 15 août**, *ils débarquent en Provence.* [...]

**Après janvier 1945**, *l'Allemagne est envahie; Hitler se suicide* **le 30 avril** *et l'Allemagne capitule* **le 8 mai 1945**.

*Le Master junior, l'Encyclopédie de la réussite,*
Hachette Éducation, 1992.

---

**L'organisation selon la logique**

Dans un texte descriptif où l'on fait le compte rendu de **phénomènes**, les renseignements sont habituellement organisés **selon la logique** même s'ils se réfèrent au temps.

On peut organiser les renseignements selon la logique :

– en passant d'**un aspect du sujet à un autre** ;

– *Pendant la tempête de verglas,* **de nombreux édifices** *ont été endommagés. Il faudra tout reconstruire avant l'hiver prochain.*

**Le réseau électrique,** *quant à lui, a été sévèrement touché. On prévoit des semaines de travail avant de tout réparer.*

– en faisant une **comparaison** ;

– *La question linguistique au Québec provoque des débats houleux depuis très longtemps.*

*En Belgique,* **la situation est semblable.** *Les Wallons et les Flamands tentent de s'entendre pour se partager le pouvoir politique.*

– etc.

## LES INFORMATIONS

### Les informations importantes et les informations secondaires

La plupart du temps, chaque paragraphe contient une **information importante**, c'est-à-dire une **information qui résume** à elle seule tout le paragraphe.

Les informations contenues dans les autres phrases sont des **informations secondaires** : elles complètent, expliquent ou développent les informations importantes.

### L'information principale

Souvent, l'information importante contenue dans le **premier paragraphe** constitue l'**information la plus importante de tout le texte** : c'est l'**information principale**.

La plupart du temps, l'information principale se trouve dans l'**introduction**.

Information principale

### MINES ET MÉTALLURGIE

*Depuis le temps des Amérindiens, des Forges du Saint-Maurice, le Québec extrait du cuivre, du fer, de l'or, du niobium... Mais aucun minerai n'est assuré d'un avenir immortel.*

*Longtemps considéré comme le royaume du fer, le Québec demeure un important producteur de fonte et d'acier. Mais aujourd'hui, dans plusieurs usages, il est remplacé par l'aluminium, les plastiques ou le béton armé.*

*Même l'or ne peut être assuré de demeurer toujours un pilier de l'industrie minière québécoise ! L'or domine actuellement : en valeur, il représente le cinquième de notre production minérale et 2 % de la production mondiale. Mais la plupart de nos mines ne sont plus rentables lorsque le prix de l'once tombe sous les 300 $ américains.*

*Pour l'avenir, on peut affirmer que le développement de la métallurgie québécoise n'est pas forcément lié à celui de ses mines.*

D'après Marie-Agnès Thellier, «Mines et métallurgie», *Vidéo-Presse*, vol. XIX, n° 3, novembre 1989.

Informations importantes

## LE PLAN

**Lorsqu'on lit**, faire le plan d'un texte descriptif permet de dégager les aspects et les sous-aspects traités, de relever les informations importantes et de découvrir l'organisation du texte.

**Lorsqu'on écrit**, faire un plan provisoire permet de planifier l'écriture de son texte :

– en précisant les aspects et les sous-aspects qui seront traités ;

– en choisissant les informations importantes ;

– en organisant le texte en paragraphes.

### Le décrochage scolaire

| | |
|---|---|
| **INTRODUCTION** | (paragraphe 1) |
| – Présentation du sujet | |
| – Présentation des aspects | |

**DÉVELOPPEMENT**

1er ASPECT : La situation en milieu urbain
| | | |
|---|---|---|
| Sous-aspect : | La famille éclatée | (paragraphe 2) |
| Sous-aspect : | L'école aux valeurs multiples | (paragraphe 3) |
| Sous-aspect : | L'environnement déstabilisant | (paragraphe 4) |

2e ASPECT : La situation en milieu rural
| | | |
|---|---|---|
| Sous-aspect : | La famille omniprésente | (paragraphe 5) |
| Sous-aspect : | L'école monolithique | (paragraphe 6) |
| Sous-aspect : | L'environnement restreint | (paragraphe 7) |

| | |
|---|---|
| **CONCLUSION** | (paragraphe 8) |
| Perspectives d'avenir | |

**CONNAISSANCES**

**EXEMPLES**

**Le plan d'un texte descriptif où l'on fait le compte rendu de faits ou de phénomènes** comprend trois grandes parties : l'introduction, le développement et la conclusion.

**L'introduction** annonce habituellement le sujet traité et les aspects qui seront développés.

**Le développement** constitue le corps du texte : il présente, *développe* les aspects et les sous-aspects.

**La conclusion** peut contenir des perspectives d'avenir ou annoncer un aspect du sujet qui n'est pas traité dans le texte.

Au fil de l'écriture, le plan provisoire peut être modifié et amélioré.

Parfois, pour susciter l'intérêt, la personne qui écrit ne **dévoile le sujet** de son texte qu'**à la fin de l'introduction**.

### *LA ROUGE*

#### Introduction
*L'hiver avait été exceptionnellement long. Même les bisons étaient partis, en quête de zones plus hospitalières. Puis le printemps explosa, d'un coup... La Rouge, ainsi nommée à cause des torrents de limon qu'elle charrie, s'enfla et couvrit le pays tout entier.*

#### Développement
- *Les inondations de 1948*
- *L'aide de l'armée*
- *Les dégâts*

#### Conclusion
*La Rouge n'a pas été vaincue mais, désormais, les Manitobains savent qu'ils peuvent l'affronter victorieusement, grâce à leur ingéniosité.*

Extraits adaptés de «La Rouge» de Greg Pindera,
*Géographica*, vol. 1, n° 1, sept.-oct. 1997.

*Si tu as déjà eu l'occasion d'observer la Terre du haut d'un avion, tu as pu voir défiler une grande variété de paysages : ici des montagnes, là une rivière au fond d'une vallée, plus loin un océan. Et si tu pouvais faire le tour de la Terre en avion, tu verrais que les humains habitent des milieux très différents les uns des autres : certains vivent dans des villes, des villages ou des campagnes qui ressemblent à ce qu'il y a autour de chez toi, d'autres vivent dans des déserts, d'autres encore en montagne ou dans des forêts tropicales.*

***La géographie*** *s'intéresse à tout cela. Elle étudie la Terre comme environnement des êtres humains.*

Gaston Côté, *La Terre, planète habitée*,
Les Éditions CEC inc., 1992.

## LE SYSTÈME DES TEMPS VERBAUX

Dans un texte descriptif où l'on fait le compte rendu de faits ou de phénomènes, le **temps des verbes** permet de **situer les faits les uns par rapport aux autres** et assure la **cohérence** du texte.

La personne qui écrit peut décider d'écrire son compte rendu au passé ou au présent.

---

### Le passé simple et le passé composé

Lorsque la personne qui écrit décide de **présenter les faits comme s'ils se déroulaient dans le passé par rapport au moment où elle écrit**, elle adopte le *passé simple* ou le *passé composé* comme principal temps verbal.

Dans ce genre de texte,

– si la personne qui écrit veut présenter un fait qui aura lieu dans le futur par rapport au fait décrit, elle utilise le **futur**;

– si elle veut introduire un élément descriptif, elle utilise l'**imparfait**.

*Florence Nightingale **naquit** au sein d'une famille aisée dans la ville de Florence, en Italie, qui lui **donna** son nom.*

Les grands hommes de l'histoire (collectif), Éditions Chantecler, 1989. Traduit de l'anglais *People in History*, © Mitchell Beazley (une division de Reed Consumer Books Ltd), par N. Peterson. Traduction © ZNU.

– *À partir de ce moment, Florence Nightingale **sera** une figure légendaire dans son pays.*

Ibid.

– *Elle **pouvait** rester huit heures d'affilée agenouillée près d'un lit, à panser des blessures. La ronde qu'elle **effectuait** chaque nuit lui valut le surnom célèbre de «la dame à la lampe».*

Ibid.

---

### Le présent

Lorsque la personne qui écrit décide de **présenter les faits comme s'ils se déroulaient sous ses yeux, au moment même où elle écrit**, elle adopte le *présent* comme principal temps verbal.

*Été 1946. Match après match, les Royaux de Montréal, une équipe de la Ligue internationale de baseball, **attirent** des foules de plus de 20 000 curieux [...]. Lors d'un match de juillet, un mécanicien de descendance afro-américaine de Saint-Henri **amène** son fils de 12 ans au stade de la rue de Lorimier [...]*

Mario Cloutier, «Le fier Jackie Robinson», Le Devoir, 25 mai 1996.

Dans ce genre de texte,

– si la personne qui écrit veut présenter un fait qui a eu lieu dans le passé, elle utilise le **passé composé** ou le **passé simple de l'indicatif**;

– *[...] Oliver Jones croit, comme plusieurs, que Montréal **a joué** un rôle important dans la reconnaissance des droits civiques des athlètes noirs en Amérique du Nord.*

Mario Cloutier, «Le fier Jackie Robinson», Le Devoir, 25 mai 1996.

| CONNAISSANCES | EXEMPLES |
|---|---|
| – si elle veut présenter un fait qui aura lieu dans le futur, elle utilise le **futur** ; | – À la fin du match, un spectateur francophone s'approche du père en posant la main sur la tête du fils.<br><br>«On **aura** peut-être un jour un autre Jackie Robinson à Montréal ?»<br><br>Mario Cloutier, «Le fier Jackie Robinson», *Le Devoir*, 25 mai 1996. |
| – si elle veut introduire un élément descriptif relié aux faits dont elle rend compte, elle utilise l'**imparfait**. | – «À 12 ans, se rappelle le réputé musicien de jazz, je ne **comprenais** rien à l'importance de la présence de Jackie Robinson dans une équipe de baseball professionnel. Je n'**étais** même pas certain que mon père **comprenait** quoi que ce soit à ce sport.»<br><br>*Ibid.* |
| La personne qui écrit peut toujours avoir recours au **présent** pour présenter un fait qui n'est pas situé dans le temps, un fait qui est toujours vrai. | Et, depuis, la «menace atomique» **pèse** sur l'avenir de l'humanité.<br><br>L'invention de l'agriculture et de l'élevage **est** un événement capital dans l'aventure des hommes sur la Terre.<br><br>Suzanne Citron, *L'Histoire des hommes*, Syros, 1996. |

## LA PRÉCISION DES RENSEIGNEMENTS

Pour tenir compte de leurs destinataires, les auteurs et les auteures de textes descriptifs où l'on fait le compte rendu de faits ou de phénomènes ont recours à divers moyens reliés aux mots et aux phrases.

### Les mots

| | |
|---|---|
| – Dans un texte descriptif portant sur des faits ou des phénomènes, les mots choisis doivent assurer la **clarté** et la **précision** des renseignements. | – La Seconde Guerre mondiale, voulue par un **Allemand**, a fait **plusieurs** morts dont un peu plus de la moitié en Europe, et **beaucoup** de blessés et de disparus.<br>↓<br>La Seconde Guerre mondiale, voulue par **Hitler**, a fait **plus de 50 millions de morts** dont un peu plus de la moitié en Europe, et peut-être **35 millions de blessés** et **3 millions de disparus**.<br><br>Suzanne Citron, *L'Histoire des hommes*, Syros, 1996. |

| CONNAISSANCES | EXEMPLES |
|---|---|

– Lorsqu'on présente des personnes pour la première fois, on les désigne habituellement par leur **nom**.

– *Le 20 juillet 1969, en fin d'après-midi, alors que les* **astronautes** *se rapprochent de la Lune...*

↓

*Le 20 juillet 1969, en fin d'après-midi, alors que les* **astronautes Neil Armstrong et Edwin Aldrin** *se rapprochent de la Lune...*

– Les **déterminants référents** et les **pronoms** permettent de savoir **à qui** ou **à quoi** l'on se réfère dans le texte.

– *Le 15 mars 1493, au terme de* **son** *premier voyage d'exploration,* **Christophe Colomb** *jette l'ancre dans le port espagnol de Palos.* **Ses** *commanditaires, le roi Ferdinand et la reine Isabelle d'Espagne,* **l'***accueillent en grande pompe [...]*

*Quand, où, comment, pourquoi est-ce arrivé ?*
© 1996, Sélection du Reader's Digest
(Canada) Ltée, Montréal.

### Les phrases
Dans les textes descriptifs, les phrases doivent **rendre compte** de façon **précise** du fait ou du phénomène dont on parle.

– Les phrases sont le plus souvent **déclaratives**, **affirmatives** ou **négatives**.

– *Léonard* **était** *aussi sculpteur, musicien, architecte, ingénieur.*

*Mais bien souvent, il* **ne réalisait pas** *ses projets...*

– Certaines phrases sont **complexes** et contiennent beaucoup de **renseignements**.

– *La question du suffrage des femmes, le droit de vote, se posa en 1867 et en 1884 en Angleterre, au moment où furent discutés les décrets du Parlement.*

*Les grands hommes de l'histoire* (collectif), Éditions Chantecler, 1989. Traduit de l'anglais *People in History*, © Mitchell Beazley (une division de Reed Consumer Books Ltd), par N. Peterson. Traduction © ZNU.

### Les paroles rapportées
Souvent, pour donner de la crédibilité à son compte rendu, la personne qui écrit rapporte des **témoignages** qui font autorité.

**Lister** *résuma la réussite de Pasteur en ces termes :* «*Il n'existe pas dans le monde entier un seul homme auquel la science médicale soit plus redevable qu'à vous.*»

*Ibid.*

### Les comparaisons
Dans un texte descriptif, on **compare** souvent un élément à un autre pour permettre au lecteur ou à la lectrice d'établir des **liens** avec ce qu'ils et elles savent déjà.

– *Le jaguar est aussi un félin, mais* **il est beaucoup plus rapide que le lion**.

– *La jambalaya est un plat aussi populaire en Louisiane* **que le pâté chinois au Québec**.

# COMMENT FAIRE...

POUR **LIRE un TEXTE DESCRIPTIF OÙ L'ON FAIT LE COMPTE RENDU DE FAITS OU DE PHÉNOMÈNES**

## PREMIER ESSAI

# LA VOITURE DE M. TOUT-LE-MONDE

*Anthologies*, page 184

QUOI lire?

Certaines personnes sont étonnantes: elles savent tout! Elles ont acquis un bagage de connaissances générales sur la musique, les sciences, les sports, la littérature québécoise, la cuisine, la mécanique automobile...

Toi aussi tu possèdes des connaissances sur des sujets très variés. Chaque jour, tu acquiers des connaissances qui t'aident à choisir des films, à converser avec des gens d'une autre culture, à adopter de meilleures habitudes alimentaires, à faire des achats judicieux, à comprendre tes cours d'histoire, à mieux lire le journal, à apprécier un roman, à préparer un voyage, à suivre une partie de baseball... Bref, ton bagage de connaissances générales te permet de mieux vivre.

POURQUOI lire?

La lecture de textes descriptifs où l'on fait le compte rendu de faits ou de phénomènes constitue un bon moyen d'acquérir des connaissances qui permettent de mieux comprendre le monde complexe dans lequel on vit.

Par exemple, en lisant le texte *La voiture de M. Tout-le-monde*, tu t'initieras à l'histoire de l'industrie automobile. Dorénavant, lorsque tu passeras devant une usine d'assemblage d'automobiles, tu la percevras différemment parce que tu auras acquis des connaissances sur le sujet.

Tu découvriras le texte *La voiture de M. Tout-le-monde* au fil des activités de lecture qui suivent. Les activités qui sont en bleu t'amèneront à réfléchir sur ta manière de lire et te permettront de réagir au texte.

COMMENT lire?

# Avant la lecture

**1** **A** Si tu voulais impressionner quelqu'un par tes connaissances, de quel sujet lui parlerais-tu ?

**B** Que connais-tu sur l'histoire de l'automobile ?

**2** Avant de lire le texte, jette un coup d'œil sur le titre et les illustrations (pages 184 et 185).

**A** Détermine à quelle époque se déroulent les faits dont il est question dans le texte.

**B** De qui sera-t-il question dans le texte ?

**C** Qu'évoque ce nom pour toi ?

**D** D'après toi, dans quelle région du monde ce personnage a-t-il vécu ?

**3** Lis le titre et le chapeau du texte (la partie en gros caractères qui suit le titre).

**A** Quelles sont les deux expansions du nom utilisées par l'auteur pour caractériser l'automobile ?

**B** Le chapeau laisse croire que le sujet est complexe. Reformule-le en utilisant le marqueur de relation *grâce à...*

*... Le problème, c'est que des grands édifices, il y en avait partout autour de lui !*

## LA VOITURE DE M. TOUT-LE-MONDE

Avec une voiture conçue pour le plus grand nombre,
l'industrie entre dans l'ère du travail à la chaîne.

### Lis le deuxième paragraphe
(lignes 22 à 49).

**9** **A** À quel temps le premier verbe de ce paragraphe est-il conjugué ?

**B** Pourquoi l'auteur a-t-il utilisé ce temps ?

**C** À quel temps la plupart des verbes de ce paragraphe sont-ils conjugués ? Quel effet l'utilisation de ce temps produit-il sur les lecteurs et les lectrices ?

**10** Le groupe du nom *son rêve* (ligne 23) reprend une information déjà présentée dans le texte. Résume cette information.

**11** Que signifie le mot *modeste* (ligne 27) ? Réponds à l'aide d'un synonyme que tu trouveras dans le paragraphe précédent.

**12** Dans le deuxième paragraphe, on décrit un objet.

**A** De quel objet s'agit-il ?

**B** Quels aspects particuliers décrit-on ?

**C** À la fin de ce paragraphe, l'auteur compare les qualités de l'objet à des éléments surprenants. Dis en un mot à quoi l'auteur compare ces qualités.

**D** Représente l'objet et ce que tu en sais à l'aide d'un organisateur graphique.

**13** **A** Que signifie le mot *contemporain* (ligne 46) ?

**B** D'après le texte, à quel moment précis ce mot se réfère-t-il ?

**C** À l'aide du contexte, précise quelle pourrait être la profession de ce *contemporain*.

### Lis le premier paragraphe
(lignes 1 à 21).

**4** **A** Si ce texte avait été écrit en 2056, par quels mots aurait-il pu commencer ?

**B** À quel moment ce texte a-t-il donc été écrit ?

**5** **A** Quel indice te permet de retracer des paroles rapportées dans le texte ?

**B** Qui parle dans ce passage ?

**6** Dans tout ce que tu as lu jusqu'à maintenant, relève trois expressions utilisées par l'auteur pour dire à qui était destinée la voiture dont Ford rêvait.

**7** Les renseignements fournis dans ce paragraphe t'aideraient-ils à parler du rôle de Ford dans l'histoire de l'automobile ou à parler de l'invention de l'automobile ?

**8** **A** Après avoir lu ce paragraphe, as-tu l'impression d'avoir appris quelque chose sur l'histoire de l'automobile ?

**B** As-tu envie de poursuivre ta lecture ? Pourquoi ?

**C** As-tu l'impression que ce texte t'apprendra encore quelque chose ? Si oui, sur quoi ?

## Lis le deuxième paragraphe *(suite)*
(lignes 22 à 49).

**14** **A** Que sais-tu de la ville de Detroit?

**B** Cherche cette ville dans un atlas ou dans un dictionnaire. Quels renseignements supplémentaires y as-tu trouvés?

**C** Explique pourquoi on ne met pas d'accent aigu sur le *e* dans *Detroit*.

**15** Dans ce paragraphe, qu'apprend-on sur le mode de fabrication des voitures de Ford?

**16** **A** Dans ce paragraphe, relève le mot qui te semble le plus étrange, le plus difficile à comprendre.

**B** Est-il nécessaire de connaître la signification de ce mot pour comprendre le texte?

**C** Que faut-il retenir de la transmission créée par Ford?

**17** Relève les deux phrases que tu retiendrais pour résumer les grands moments de la vie de Henry Ford. Résume ces deux phrases en quelques mots.

## Lis le troisième paragraphe
(lignes 50 à 69).

**18** **A** Combien coûte une voiture de série neuve aujourd'hui?

**B** Compare ce prix avec celui de la Ford T.

**C** Explique l'écart de prix en quelques phrases.

**19** **A** Si l'on demandait à Ford s'il est content de l'accueil réservé au modèle T, il répondrait sans doute: «Oui et non.» Explique cette réponse à l'aide d'indices contenus dans le troisième paragraphe.

**B** Remplace le marqueur *Pourtant* (ligne 64) par un autre marqueur dont le sens est équivalent.

## Lis le quatrième paragraphe
(lignes 70 à 83).

**20** Imagine qu'on ait placé l'intertitre *Un problème* avant le troisième paragraphe. Au début du quatrième paragraphe, trouve un groupe du nom qui pourrait lui servir d'intertitre.

**21** À quoi le groupe du nom *Ce procédé* (ligne 76) réfère-t-il?

**22** Qu'as-tu appris d'important à propos de Ford dans ce paragraphe?

**Lis la première phrase du neuvième paragraphe** (lignes 122 et 123).

**27** En un mot, résume de quoi il sera question dans ce paragraphe.

**Lis les cinquième et sixième paragraphes** (lignes 84 à 99).

**23** **A** Que décrit-on dans le cinquième paragraphe ? S'agit-il d'une information générale ou d'une information spécifique ?

**B** Que décrit-on dans le sixième paragraphe ? S'agit-il d'une information générale ou d'une information spécifique ?

**C** Lequel de ces deux paragraphes supprimerais-tu s'il fallait raccourcir le texte ? Justifie ta réponse.

**Lis le septième paragraphe** (lignes 100 à 110).

**24** Quelle phrase constitue l'information importante de ce paragraphe ?

**25** Peut-être as-tu déjà visité une usine où l'on travaille à la chaîne ou peut-être as-tu vu un documentaire sur le sujet. D'après ce que tu viens de lire et ce que tu as peut-être déjà vu, pourquoi le travail à la chaîne est-il si rapide ?

**Lis le huitième paragraphe** (lignes 111 à 121).

**26** **A** Relève le verbe à l'infinitif qui laisse croire que le procédé inventé par Ford est efficace.

**B** Explique le sens de ce verbe dans le contexte.

**Lis la suite du neuvième paragraphe** (lignes 123 à 142).

**28** La comparaison est un procédé souvent utilisé dans les textes descriptifs. Dans ce paragraphe, quels sont les éléments comparés ?

**29** Relève la phrase du paragraphe qui montre que Ford n'est pas entièrement satisfait des résultats.

**30** **A** En considérant toutes les informations recueillies jusqu'à maintenant, trace un graphique qui rend compte de l'évolution du prix du modèle T de Ford.

**B** Explique pourquoi le prix de la voiture a tant changé.

**31** **A** Trace un autre graphique représentant le nombre de modèles T produits depuis leur création jusqu'en 1922.

**B** Explique pourquoi le nombre de voitures produites a tellement augmenté.

**32** **A** Quel lien peux-tu établir entre tes réponses au numéro 30 et celles au numéro 31 ? Ton explication doit s'appliquer non seulement aux voitures mais à tous les produits de consommation.

**B** Quel(s) mot(s) as-tu employé(s) pour structurer ton explication ?

**Lis le dernier paragraphe**
(lignes 143 à 160).

**33** Ce paragraphe présente-t-il des réalisations particulières de Ford, ou plutôt ce qu'il a fait en général au cours de sa carrière ?

**34** Dans ce paragraphe, relève le mot inventé qui pourrait désigner le sujet du texte.

**35** Pour répondre aux questions suivantes, consulte le tableau de la page 308.

**A** Pourquoi les verbes *inventer* (lignes 144 et 145) et *perfectionner* (ligne 146) sont-ils conjugués au passé composé ?

**B** Pourquoi le verbe *augmenter* (ligne 150) est-il conjugué au présent ?

**C** Pourquoi les verbes *parler* (ligne 153) et *voir* (ligne 158) sont-ils conjugués au futur ?

**36** **A** Relève les paroles rapportées dans ce paragraphe. De qui sont ces paroles ? À ton avis, qui sont ces gens ?

**B** Dans ton manuel *Anthologies*, quel texte présente la *première* révolution industrielle ? Lis ce texte et donne des dates pour situer la première et la deuxième révolution industrielle.

**37** **A** Dans le dernier paragraphe, relève un terme qui révèle le point de vue de la personne qui écrit.

**B** Sur qui ou sur quoi la personne qui écrit exprime-t-elle son point de vue ?

## Réagir au texte

**1** Le texte présente un point de vue plutôt favorable sur le travail à la chaîne. Toutefois, ce genre de travail comporte certains inconvénients. Lesquels, selon toi ?

**2** Dans un an, qu'auras-tu retenu de ce texte ?

**3** Si tu as des enfants un jour, te semblera-t-il important de leur parler de Henry Ford ? Leur achèteras-tu un livre sur les grands développements de la technologie ? Crois-tu qu'il incombe aux parents de transmettre ce type de connaissances à leurs enfants ? Justifie tes réponses.

**4** Quels aspects de la vie professionnelle et personnelle de Ford n'ont pas été abordés mais auraient pu l'être ?

## Évaluer ma démarche de lecture

Écris quelques phrases pour résumer ce qu'a représenté pour toi la lecture de ce texte.

**Dans la première phrase**, tu pourrais dire si tu avais envie de lire le texte après avoir lu le titre.

**Dans la deuxième phrase**, tu pourrais dire si tu as trouvé le sujet du texte intéressant.

**Dans la troisième phrase**, tu pourrais dire si tu as trouvé le texte facile ou difficile à comprendre et expliquer pourquoi.

**Dans la quatrième phrase**, tu pourrais dire si les activités t'ont été utiles pour comprendre le texte et l'apprécier.

# **LIRE** UN TEXTE DESCRIPTIF OÙ L'ON FAIT LE COMPTE RENDU DE FAITS OU DE PHÉNOMÈNES

## STRATÉGIES

| **CE QU'IL FAUT FAIRE...** | **COMMENT LE FAIRE** |
|---|---|
| **1** **Planifier** la lecture du texte.<br>**a)** Déterminer **ce que l'on sait déjà** sur le sujet. | **1**<br>**a)** – Passer en revue tout ce que l'on sait sur le sujet.<br> – Formuler des questions auxquelles le texte pourrait répondre. |
| **b)** Prendre connaissance de la **tâche** à réaliser. | **b)** – Annoter la tâche de lecture.<br> – Prendre des notes au fil de la lecture. |
| **c)** Faire un **survol** du texte. | **c)** – Observer le titre, les intertitres, les illustrations et les photos.<br> – Lire l'introduction et la conclusion. |
| **d)** Trouver des **renseignements complémentaires** pour enrichir la lecture du texte. | **d)** – Utiliser une carte géographique pour situer les lieux dont il sera question dans le texte.<br> – Consulter un dictionnaire des noms propres au fil de la lecture. |
| **En lisant le texte**<br>**2**<br>**a)** Trouver le **sens des mots** qu'on ne connaît pas. | **2**<br>**a)** – Déterminer dans quelle mesure le mot dont on ignore le sens nuit à la compréhension du texte.<br> – Si le mot nuit à la compréhension, observer les éléments de formation de ce mot, remplacer le mot par un synonyme, étudier le contexte ou utiliser un dictionnaire. |
| **b)** S'assurer de bien comprendre le **sens de toutes les phrases.** | **b)** Lorsqu'une phrase est difficile à comprendre, trouver DE QUI ou DE QUOI on parle dans la phrase, découvrir les RENSEIGNEMENTS, relever les passages qui introduisent des circonstances et des précisions. |
| **c)** Déterminer le **sujet** de la description. | **c)** – Après avoir regardé les illustrations, les photos, le titre et les intertitres, s'il y a lieu, déterminer le sujet du texte.<br> – Lire le premier paragraphe et confirmer le sujet du texte. |
| **d)** Déterminer les **éléments de la description**. | **d)** – Chercher dans l'introduction une phrase qui présente les aspects du sujet.<br> – Repérer les intertitres.<br> – Lire les paragraphes, imaginer un titre pour chacun et déterminer les aspects et les sous-aspects traités. |

**CE QU'IL FAUT FAIRE...**

**COMMENT LE FAIRE**

| | |
|---|---|
| **e)** Dégager l'**organisation** du texte. | **e)** – Observer les premiers mots des paragraphes.<br> – Déterminer le mode d'organisation des renseignements à l'intérieur d'un paragraphe, et d'un paragraphe à l'autre :<br>   • selon le temps;<br>   • selon le regard (l'espace);<br>   • selon la logique. |
| **f)** Repérer les **informations importantes** du texte. | **f)** Dans chaque paragraphe, repérer une phrase présentant une information générale et qui englobe des informations plus spécifiques, plus précises. |
| **g)** Faire le **plan** du texte. | **g)** – Repérer les paragraphes qui constituent l'introduction et la conclusion.<br> – Utiliser les informations importantes pour donner un titre aux autres paragraphes.<br> – Regrouper les paragraphes selon les aspects abordés dans le texte. |
| **h)** Déterminer le **point de vue** de la personne qui écrit et, s'il y a lieu, celui des autres personnes mentionnées dans le texte. | **h)** – Chercher les mots que l'auteur ou l'auteure utilise pour exprimer son opinion sur les faits ou le phénomène.<br> – Repérer les discours rapportés et déterminer pourquoi la personne qui écrit les a choisis. |
| **3** **Réagir** au texte. | **3** – Relever les informations importantes pour la tâche à réaliser.<br> – Déterminer ce que le texte révèle de nouveau et d'intéressant.<br> – Déterminer son besoin d'information supplémentaire. |

### DEUXIÈME ESSAI

Que connais-tu sur le féminisme ? Sais-tu que dans l'histoire, des femmes se sont battues pour avoir droit aux mêmes avantages que les hommes ?

En plus de te permettre de mettre en pratique les stratégies du *Mode d'emploi* «Lire un texte descriptif où l'on fait le compte rendu de faits ou de phénomènes», la lecture du texte *Marie Curie* te permettra d'élargir tes connaissances générales. Tu apprendras qui est cette grande femme et tu découvriras un épisode important dans la lutte des femmes pour exercer des métiers traditionnellement réservés aux hommes.

Tu prendras aussi connaissance du calendrier *La vie de Marie Curie en quelques dates*. Au fil de ta lecture, tu prendras des notes à partir de consignes.

Enfin, tu formuleras des questions sur Marie Curie pour mettre les connaissances des autres élèves à l'épreuve.

# Marie Curie

*Anthologies*, page 189

AVANT

PAGE 320

**1** *MODE D'EMPLOI* **numéro** 1a)

Sur une feuille, note tout ce que tu sais de Marie Curie.

**2** *MODE D'EMPLOI* **numéros** 1a) et 2f)

Prends connaissance du calendrier *La vie de Marie Curie en quelques dates* (page 323). Quels faits retiendrais-tu :

**A** si tu devais rédiger un article de dictionnaire sur Marie Curie ?

**B** si tu devais écrire un texte sur la vie personnelle de Marie Curie ?

**C** si tu devais écrire un texte sur le contexte historique dans lequel vivait Marie Curie ?

**D** si tu devais rédiger un article très sérieux destiné à des chimistes ?

**3** *MODE D'EMPLOI* **numéros** 1a) et 2f)

**A** Qu'évoque le mot *féminisme* pour toi ?

**B** Lis le texte *Emmeline Pankhurst* (*Anthologies*, pages 188 et 189) et note sur une feuille les renseignements importants liés à la cause que cette femme a défendue.

## La prise de notes  numéro 2f)

**4** Lis le texte sur Marie Curie aux pages 189 et 190 de ton manuel *Anthologies*.

Sur une feuille, note tous les renseignements importants sur Marie Curie. Ils te permettront de remplir la fiche du numéro 5.

Sur une autre feuille, note tous les renseignements importants sur la situation des femmes à l'époque de Marie Curie. Ils te permettront de remplir la fiche du numéro 6.

Si l'information est trop longue, indique le numéro des lignes où elle se trouve.

**Si tu peux annoter le texte, surligne les renseignements sur Marie Curie d'une couleur et ceux sur la situation des femmes d'une autre couleur.**

APRÈS

Afin de dégager l'essentiel du texte, reproduis les fiches suivantes et remplis-les.

## 5 Fiche 1 – Le contenu du texte

**A** MODE D'EMPLOI numéro 2c)

Sujet du texte.

**B** MODE D'EMPLOI numéro 2d)

Deux aspects du sujet.

**C** MODE D'EMPLOI numéro 2f)

Quelques mots clés sur Marie Curie (ce qu'elle a fait, ses récompenses, ses découvertes, différentes façons de la désigner).

**D** MODE D'EMPLOI numéro 2g)

Point de vue de la personne qui écrit sur Marie Curie (un mot qui exprime son admiration ou d'autres indices).

**E** Note une information nouvelle que tu trouves particulièrement intéressante.

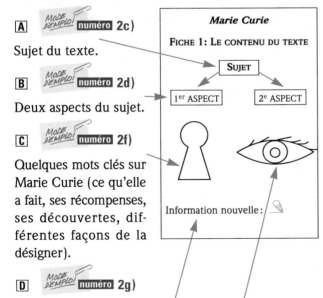

**Marie Curie**

FICHE 1: LE CONTENU DU TEXTE

SUJET

1er ASPECT    2e ASPECT

Information nouvelle :

# LA VIE DE MARIE CURIE
## EN QUELQUES DATES

**7 novembre 1867** — Naissance de Maria Sklodowska à Varsovie. La Pologne est alors sous domination russe.

[...]

**Novembre 1891** — Maria s'inscrit à la Sorbonne à la faculté des sciences. L'affaire Dreyfus est close depuis deux ans, mais elle reste présente dans tous les esprits.

**26 juillet 1895** — Elle épouse Pierre Curie à la mairie de Sceaux.

**12 septembre 1897** — Naissance d'Irène, première fille de Pierre et Marie.

**Décembre 1898** — Pierre et Marie Curie découvrent le radium.

**1903** — Le Prix Nobel de physique est attribué aux époux Curie pour la découverte du radium. «Je suis de ceux qui pensent, avec Nobel, que l'humanité tirera plus de bien que de mal des découvertes nouvelles», conclut Pierre dans son discours.

**6 décembre 1904** — Naissance d'Ève, deuxième fille de Marie et Pierre.

[...]

**Avril 1906** — Mort de Pierre Curie, écrasé par une voiture à cheval.

**1908** — Les suffragettes françaises manifestent pour la première fois pour l'égalité des femmes.

**1910** — L'Académie des sciences rejette la candidature de Marie.

**1911** — Marie reçoit le Prix Nobel de chimie pour avoir isolé un échantillon de radium.

**1914-1918** — Première Guerre mondiale. Pendant que les désertions se multiplient dans l'armée française, Marie Curie équipe les premières «voitures radiologiques» de guerre (1917).

**Février 1922** — Marie devient la première femme de l'Académie de médecine, qui désavoue ainsi l'Académie des sciences qui ne l'a jamais acceptée.

[...]

**4 juillet 1934** — Mort de Marie des suites d'une leucémie due aux radiations.

**1935** — Frédéric et Irène Jolliot-Curie se voient décerner le Prix Nobel de chimie pour leur découverte de la radioactivité artificielle.

Extrait de «Marie Curie» de Michèle Pedinielli, *L'Étudiant,* avril 1997.

**6** **Fiche 2 – La situation des femmes**

**A** *MODE D'EMPLOI* numéro 2f)

Rédige une phrase qui résume la situation générale des femmes à l'époque de Marie Curie.

**B** *MODE D'EMPLOI* numéro 2f)

Cite trois exemples qui illustrent la situation des femmes à cette époque.

**C** *MODE D'EMPLOI* numéro 3

Explique ta réaction au texte en citant des exemples pour illustrer la situation des femmes d'aujourd'hui, particulièrement dans le domaine scientifique.

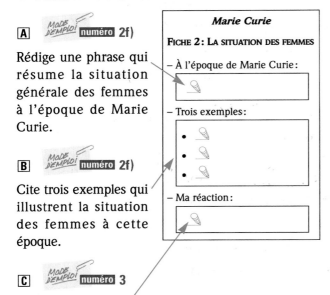

*Marie Curie*

FICHE 2 : LA SITUATION DES FEMMES

– À l'époque de Marie Curie :

– Trois exemples :

- •
- •
- •

– Ma réaction :

**7** Relis le texte et trace un organisateur graphique pour montrer les liens qu'entretient Marie Curie avec d'autres personnes. Fournis quelques détails sur ces personnes.

**8** *MODE D'EMPLOI* numéros 2d), e), f) et g)

Les activités suivantes te permettront de dégager la structure du texte *Marie Curie*.

**A** Le deuxième aspect du texte (paragraphes 4 à 8, lignes 61 à 149) est introduit par un intertitre. Remplace cet intertitre par un autre qui contiendra le nom de Marie Curie.

**B** Quel intertitre pourrais-tu donner à la première partie du texte (paragraphes 2 et 3, lignes 25 à 60) ?

**C** Donne un titre résumant l'information importante de chacun des paragraphes du texte. Tes titres doivent contenir le nom de Marie Curie.

**D** Reproduis le schéma suivant et complète-le à l'aide des réponses trouvées en A), B) et C).

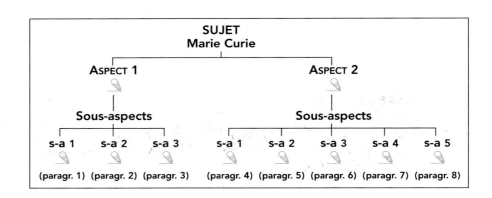

**A** Pour le savoir, élabore un jeu-questionnaire sur la vie de Marie Curie. Ton jeu-questionnaire devra comprendre une vingtaine de questions.

Voici quelques conseils pour t'aider à formuler les questions :

- Pose des questions seulement sur des éléments importants de la vie de Marie Curie.

- Évite de rédiger des questions qui demanderaient aux élèves d'apprendre par cœur des dates.

- Pose quelques questions de type *Vrai ou Faux.*

- Formule au moins une question à développement, c'est-à-dire une question où il faut fournir une explication en quelques lignes.

- Pose des questions de type *Qui suis-je ?*

| Ex. : | **Question** | ➔ | **Réponse** |
|---|---|---|---|
| | *La substance que Marie Curie a découverte et nommée en hommage à son pays d'origine* | ➔ | *le polonium* |

**B** Fais le corrigé de ton jeu-questionnaire.

**Si tu le peux, demande à des proches de répondre aux questions sans avoir lu le texte. Demande aussi à des élèves de ta classe de répondre aux questions. Attends quelques semaines pour voir ce que les personnes ont retenu et ce qu'elles ont oublié.**

**Tu devras lire des textes descriptifs où l'on fait le compte rendu de faits ou de phénomènes pour réaliser le projet de cette séquence.**

**1.** Les activités de cette étape t'ont-elles permis de développer ta compétence à lire un texte descriptif où l'on fait le compte rendu de faits ou de phénomènes ?

Oui ✎    Non ✎

**2.** Le *Mode d'emploi* de la page 320 t'a-t-il été utile ?

Oui ✎    Non ✎    Pourquoi ? ✎

**3.** Si tu juges que tu dois améliorer ta compétence à lire les textes descriptifs où l'on fait le compte rendu de faits ou de phénomènes, quelles stratégies du *Mode d'emploi* de la page 320 pourrais-tu appliquer chaque fois que l'occasion se présente ?

# COMMENT FAIRE...

## POUR ÉCRIRE UN TEXTE DESCRIPTIF OÙ L'ON FAIT LE COMPTE RENDU DE FAITS OU DE PHÉNOMÈNES

AVANT

 **PLANIFIER L'ÉCRITURE DE MON TEXTE**

Tu devras écrire un texte de six paragraphes sur le même sujet que celui du calendrier présenté au haut des pages 182 et 183 de ton manuel *Anthologies*.

Lorsque tu écriras ton texte, il faudra porter une attention particulière aux notions grammaticales apprises dans les ateliers suivants:

– *La juxtaposition et la coordination* (atelier 8);

– *La phrase impersonnelle, la phrase à présentatif, la phrase non verbale et la phrase infinitive* (atelier 9).

### Préciser le sujet du texte

**À FAIRE !**

**1**  **ON EN DISCUTE !**

**En équipes de deux ou trois, répondez aux questions suivantes:**

**A** Quel est le sujet du calendrier présenté au haut des pages 182 et 183 du manuel *Anthologies*?

**B** Les renseignements fournis dans ce calendrier sont-ils suffisants pour écrire un texte sur le même sujet ou faudrait-il lire d'autres textes? Justifiez votre réponse.

**C** Vous connaissez sûrement des personnes sur qui ces découvertes ont eu un impact direct. Témoignez de leur histoire.

**D** Imaginez que l'une de ces découvertes n'ait pas été faite. Quelle serait la situation aujourd'hui?

**E** Classez les découvertes mentionnées dans le calendrier dans les catégories suivantes:
   a) médicaments;
   b) traitements médicaux;
   c) découvertes importantes pour l'évolution de la science médicale.

**(seul ou seule)**

**2** Tu dois écrire un texte sur *Une grande découverte de la médecine*. Détermine de quelle découverte tu veux parler. Tu peux choisir une découverte dans le calendrier ou une autre que tu connais bien.

## Déterminer les aspects du sujet

Tu développeras deux aspects:

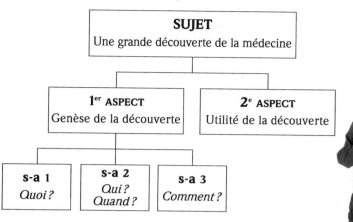

Ces aspects seront développés en plusieurs paragraphes. Voici le plan de ton texte.

---

**UNE GRANDE DÉCOUVERTE DE LA MÉDECINE**

**INTRODUCTION**
L'évolution de la médecine          (paragraphe 1)

**DÉVELOPPEMENT**
1er ASPECT: LA DÉCOUVERTE DE (celle que
          tu as choisie au numéro 2)

1er sous-aspect:          (paragraphe 2)
En quoi consiste la découverte?
(*Quoi?*)

2e sous-aspect:          (paragraphe 3)
*Qui* a fait la découverte?
*Qui* est cette personne?
*Quand* a-t-elle fait cette découverte?

3e sous-aspect: *Comment*          (paragraphe 4)
cette découverte a-t-elle
été faite? Quelques détails.

2e ASPECT: L'UTILITÉ de la découverte
                    (paragraphe 5)

**CONCLUSION**
La médecine dans le futur:          (paragraphe 6)
point de vue optimiste ou
pessimiste

---

## Lire des textes pour me préparer

Maintenant que tu connais bien le sujet de ton texte, tu dois te documenter pour trouver quoi écrire et t'inspirer sur la manière de faire un compte rendu sur ce sujet.

**À FAIRE !**

**3** Cherche des informations dans différents livres (dictionnaires, encyclopédies, revues, etc.). Prends des notes en tenant compte des aspects que tu dois développer et qui sont inscrits dans ton plan provisoire.

**ATTENTION !** Selon les renseignements que tu recueilleras, tu auras peut-être envie de modifier certains choix. Fais les changements nécessaires sur ton plan.

## Déterminer mon point de vue sur le sujet

**À FAIRE !**

**4** **A** Dans ta conclusion, tu devras adopter un point de vue optimiste ou pessimiste. Explique le sens des mots *optimiste* et *pessimiste* en citant des exemples.

**B** Comment présenteras-tu ton point de vue dans ta conclusion: de façon plutôt neutre ou plutôt expressive?

PENDANT

 **ÉCRIRE MON TEXTE**

## Écrire le développement du texte

**ATTENTION!** Présente des faits qui ont eu lieu dans le passé par rapport au moment où tu en fais le compte rendu.

Ton texte doit ressembler au texte sur Louis Pasteur à la page 182 de ton manuel *Anthologies*. Observe le temps des verbes, le ton, le lexique, la longueur des paragraphes, le point de vue, l'organisation des renseignements dans ce texte. Tous ces éléments t'aideront à rédiger le tien.

À FAIRE!

**5** Écris maintenant le développement de ton texte. Les consignes présentées dans la deuxième colonne du tableau suivant te rappelleront l'organisation et le contenu des paragraphes que tu dois écrire. Lis-les attentivement avant d'entreprendre la rédaction.

Dans la première colonne, tu trouveras des suggestions pour formuler tes phrases.

| **DÉVELOPPEMENT**<br>**1er ASPECT** (paragraphes 2, 3, 4)<br>**Sous-aspect: *Quoi?***<br>(paragraphe 2)<br>• *Parmi toutes les découvertes* 🖉<br>(parce que / étant donné que / vu le / car / etc.) 🖉<br>**Sous-aspect: *Qui?* et *Quand?***<br>(paragraphe 3)<br>• *C'est* 🖉 *qui* 🖉<br>**Sous-aspect: *Comment?***<br>(paragraphe 4) | **Dans les paragraphes qui développent le premier aspect,** tu dois choisir une découverte qui t'apparaît comme l'une des plus importantes. Tu dois décrire cette découverte et parler de son importance. Tu dois ensuite écrire quelques phrases pour faire l'historique de cette découverte en répondant aux questions *Quoi?*, *Qui?*, *Quand?* et *Comment?*<br><br>**Temps des verbes:** passé simple.<br><br>**Des mots pour t'aider:**<br>puis – donc – alors – avant – grâce à – pendant que – rechercha – découvrit – communiqua – améliora – trouva – scientifique – chercheur – laboratoire – expérience |
| **2e ASPECT** (paragraphe 5)<br>• *Grâce à cette découverte,* 🖉<br>• *Par exemple,* 🖉<br>• *Prenons le cas particulier de* 🖉 | **Dans le paragraphe sur le deuxième aspect,** tu dois dire en quoi cette découverte a été utile pour le bien-être des êtres humains et, si possible, donner des exemples puisés dans l'histoire ou dans ta vie.<br><br>**Temps des verbes:** passé composé.<br><br>**Des mots pour t'aider:**<br>découverte – santé – bien-être – conditions de vie – amélioration – médicaments – prévention – traitements – soins – a permis – a contribué – a fait que – a ouvert la voie – s'est développé |

## Écrire l'introduction et la conclusion

**6** Rédige le paragraphe d'introduction.

**ATTENTION !** Si tu ne sais pas comment écrire ton introduction ou si tu veux faire preuve d'originalité, lis l'introduction des textes de la page 162 (lignes 1 à 17) et de la page 164 (lignes 1 à 13) dans ton manuel *Anthologies.* Cela pourrait t'aider !

| **INTRODUCTION** (paragraphe 1) | **Dans ce paragraphe,** tu dois écrire une première phrase qui présentera le sujet de façon générale, suivie d'une ou deux phrases qui révéleront les deux aspects qui seront développés. |
|---|---|
| • *Depuis*  *, la médecine a*  *Une de ces découvertes,*  *Voici son histoire.* | **Temps des verbes :** passé composé. **Des mots pour t'aider :** découvertes – progrès – amélioration – siècles – histoire |

**7** Rédige le paragraphe de conclusion.

| **CONCLUSION** (paragraphe 6) | **Dans ce paragraphe,** il doit être question de la médecine de demain. |
|---|---|
| • *Mais il reste encore de nouveaux défis à relever. Par exemple,* | **Temps des verbes :** présent et futur. |
| • *Heureusement/ Malheureusement,* | **Des mots pour t'aider...** |
| | – **si tu as décidé d'adopter un point de vue optimiste** (*Heureusement, ...*) : recherche – défi – guérison – solution – enrayer – révolution – survie – espoir – soulagement – hygiène – éducation – progrès |
| | – **si tu as décidé d'adopter un point de vue pessimiste** (*Malheureusement, ...*) : mais – grave – empirer – dramatique – menace – mort – souffrance – terrible – épidémie – impasse – détérioration – famine – incurable |

## AMÉLIORER LE TEXTE

**À FAIRE**

**8** Échange ton texte avec un ou une camarade de ta classe. Lis le texte que tu as en main, révise-le comme s'il devait être publié le lendemain et, au besoin, récris certains passages. Porte une attention particulière aux points suivants :

➔ Vérifie les liens entre les paragraphes (change les mots qui sont les mêmes que dans les suggestions du tableau de la page 328 afin de rendre ton texte plus original).

➔ Trouve des synonymes pour que le lexique s'apparente à celui du texte sur Louis Pasteur (*Anthologies*, page 182).

➔ Détermine si le deuxième paragraphe est trop détaillé ou si, au contraire, il n'informe pas suffisamment. À la lumière de tes observations, apporte les corrections qui s'imposent.

➔ Assure-toi que les mots sont bien orthographiés. Relève les stratégies que l'auteur ou l'auteure du texte devrait mieux observer la prochaine fois.

**9** Lorsque tu remettras le texte à la personne qui l'a écrit, justifie les modifications que tu y as apportées. Pour faire part de tes commentaires, imite les formules suivantes.

- *J'ai changé 🖋 parce que 🖋 .*

- *Il manque une phrase pour faire le lien entre 🖋 et 🖋 . J'en ai ajouté une.*

- *Les verbes 🖋 étaient mal accordés. Attention la prochaine fois !*

- *Tu as mis -ent à la fin du mot 🖋 . Il ne s'agit pas d'un verbe, mais d'un nom. Tu as sans doute pensé que 🖋 .*

- *Tu répètes plusieurs fois le mot 🖋 dans le même paragraphe. Je l'ai remplacé par les mots 🖋 et 🖋 .*

- *Les lecteurs et les lectrices auraient peut-être voulu savoir 🖋 . J'ai donc ajouté le passage suivant : 🖋 .*

**10** Prends connaissance des changements suggérés et transcris ton texte au propre en retenant les suggestions qui te conviennent et en modifiant les autres. Dispose-le de manière à faciliter la lecture. Tu pourrais suivre le modèle d'une page d'encyclopédie et insérer des intertitres, des illustrations, des photos, etc.

## ÉVALUER MA DÉMARCHE D'ÉCRITURE

**À FAIRE**

**11** Rédige quelques phrases pour expliquer ce que cette activité t'a permis de découvrir sur tes forces et tes faiblesses en écriture.

**12** Quel paragraphe t'a paru le plus difficile à écrire ? Pourquoi ?

# ÉCRIRE UN TEXTE DESCRIPTIF OÙ L'ON FAIT LE COMPTE RENDU DE FAITS OU DE PHÉNOMÈNES

## CE QU'IL FAUT FAIRE...

## COMMENT LE FAIRE

**Planifier l'écriture du texte**

**1** Déterminer le **sujet** du texte.

**1** Lire la consigne d'écriture et répondre à la question *DE QUI ou DE QUOI dois-je parler dans mon texte ?*

**2** Préciser les **aspects** du sujet.

**2** – Vérifier si la consigne d'écriture précise les aspects du sujet.
– Si oui, les prendre en note comme si l'on élaborait le plan du texte.
– Sinon, dresser une liste de tous les aspects qui pourraient être traités et retenir ceux qu'on juge les plus intéressants ou les plus pertinents.

**3** **Se documenter** sur le sujet.

**3** – Consulter des dictionnaires, des encyclopédies, des atlas ou tout autre livre de la bibliothèque.
– Consulter Internet ou d'autres banques de données informatisées.
– Choisir de façon définitive les aspects qu'on veut développer dans le texte.

**4** Faire un **plan** détaillé du texte.

**4** Élaborer un plan semblable au modèle qui suit en apportant les modifications nécessaires.

| |
|---|
| **TITRE DU TEXTE :** ✎ |
| **INTRODUCTION** ✎ (paragraphe 1) |
| **DÉVELOPPEMENT** |
| 1$^{er}$ ASPECT: ✎ (paragraphe 2) |
| 2$^e$ ASPECT: ✎ (paragraphe 3) |
| 3$^e$ ASPECT: ✎ |
|    1$^{er}$ sous-aspect ✎ (paragraphe 4) |
|    2$^e$ sous-aspect ✎ (paragraphe 5) |
| **CONCLUSION** ✎ (paragraphe 6) |

**5** Déterminer le **point de vue**.

**5** – Écrire un énoncé pour exprimer son point de vue sur le sujet.
– Décider si l'on doit exprimer ce point de vue ou non.
– Selon la décision prise, choisir d'utiliser un vocabulaire neutre ou expressif.

| CE QU'IL FAUT FAIRE... | COMMENT LE FAIRE |
|---|---|
| **6** Choisir le **temps des verbes**. | **6** – Décider si l'on présentera:<br>• les faits comme s'ils se déroulaient au moment même où l'on en fait le compte rendu;<br>• des faits qui ont eu lieu dans le passé.<br>– Choisir le temps verbal approprié pour présenter les faits principaux. |
| **Écrire le texte**<br>**7** Décider du **mode d'organisation** des renseignements dans chacun des paragraphes. | **7** Selon les aspects abordés, décider si les renseignements du paragraphe seront organisés selon le temps, l'espace ou la logique et élaborer une banque de marqueurs de relation en conséquence. |
| **8** Écrire le **développement**. | **8** – Vérifier le plan provisoire et apporter les corrections nécessaires.<br>– Écrire chaque paragraphe et vérifier:<br>• s'il y a un lien avec le paragraphe précédent;<br>• si les mots sont bien choisis (précis, justes, etc.) et bien orthographiés;<br>• si les phrases sont bien construites et bien reliées entre elles. |
| **9** Écrire l'**introduction** et la **conclusion**. | **9** – S'assurer que l'on présente le sujet du texte et les aspects du sujet dans l'introduction.<br>– S'assurer que l'introduction contient une phrase qui donne envie de lire le texte.<br>– Terminer le texte par une conclusion qui peut:<br>• résumer le texte s'il est très long;<br>• faire une prédiction pour l'avenir. |
| **Réviser le texte en vue de l'améliorer**<br>**10** Vérifier le **contenu** du texte. | **10** Relire son texte et vérifier la pertinence et l'intérêt du contenu. |
| **11** Améliorer les **phrases**. | **11** – Récrire les phrases qui paraissent difficiles à lire.<br>– Essayer différentes formulations et vérifier laquelle est la meilleure en faisant une lecture à voix haute. |
| **12** Vérifier l'**orthographe**. | **12** Appliquer soigneusement les stratégies de révision de texte qui touchent les erreurs que l'on commet fréquemment. |
| **13** Transcrire le texte au propre. | **13** – Transcrire le texte en intégrant toutes les corrections.<br>– Faire une mise en pages intéressante. |
| **Évaluer la démarche d'écriture**<br>**14** Évaluer la **démarche d'écriture**. | **14** Préciser les difficultés éprouvées et les moyens utilisés pour les surmonter, et vérifier si ces moyens étaient les bons. |

Dans cette dernière étape, tu dois réaliser un **projet** qui te permettra de mettre en pratique les compétences suivantes:

— lire des **textes descriptifs où l'on fait le compte rendu de faits ou de phénomènes**;

— écrire un **texte descriptif où l'on fait le compte rendu d'un fait ou d'un phénomène**.

# C'est arrivé hier

**A**ujourd'hui, lorsqu'un fait important se produit, tout le monde en parle le lendemain. La télévision produit des émissions spéciales, les journalistes se rendent sur les lieux, l'événement fait la une des journaux. Tout le monde en parle partout: dans les écoles, dans les bureaux, au restaurant du coin, au salon de coiffure, partout.

Les faits et les phénomènes dont il est question dans l'anthologie *Le nez de Cléopâtre* ont eu lieu il y a bien longtemps. Évidemment, plusieurs de ces faits et de ces phénomènes n'ont pas été traités dans les médias. Si la télévision avait existé à l'époque, on aurait pu voir en direct des images spectaculaires de la découverte de l'Amérique ou des funérailles de Cléopâtre.

Nous venons tout juste d'apprendre de notre correspondant en Afrique qu'Hannibal, chef carthaginois, a réussi ce matin à traverser les Alpes. Il a pris quinze longs jours pour traverser la chaîne de montagnes.

Ses trente-huit éléphants refusaient d'avancer dans la neige et le froid. Aujourd'hui, ses vingt-six mille soldats sont épuisés. Depuis un an, ces gens d'Afrique ont accumulé de nombreuses victoires sur les troupes romaines. Nous verrons au cours des prochains jours s'ils pourront s'emparer du Forum et du Colisée.

# Écrire un texte descriptif où l'on fait le compte rendu d'un fait ou d'un phénomène

Le projet que tu réaliseras en classe consiste à choisir un fait ou un phénomène historique et, dans un texte de 250 mots, à en faire le compte rendu comme s'il s'était passé hier. Pour ce faire, tu devras recourir aux stratégies apprises dans la séquence 4, *Savoir où aller*.

Tu pourras présenter ton texte comme s'il s'agissait d'un article tiré de la première page d'un grand journal. Les articles de tous les élèves pourraient même servir à faire un journal. Le projet prendrait alors l'allure du *Journal du Monde*, ce livre publié en 1956 par les Éditions Denoël, qui donne l'amusante impression que les grands faits de l'histoire ont été relatés le lendemain dans un journal.

La démarche qui suit t'aidera à réaliser ton projet.

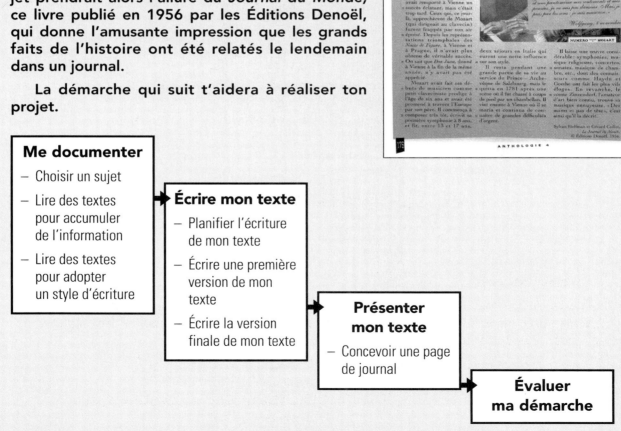

**Me documenter**

– Choisir un sujet

– Lire des textes pour accumuler de l'information

– Lire des textes pour adopter un style d'écriture

**Écrire mon texte**

– Planifier l'écriture de mon texte

– Écrire une première version de mon texte

– Écrire la version finale de mon texte

**Présenter mon texte**

– Concevoir une page de journal

**Évaluer ma démarche**

## Me documenter

### ■ CONSULTER DES DOCUMENTS POUR CHOISIR UN SUJET ■

MODE D'EMPLOI numéro 1

À FAIRE !

**1  La prise de notes**

Au fil des activités suivantes, note tous les sujets qui t'intéressent sur une feuille.

**A**  Parmi les domaines suivants, lequel t'intéresse le plus : les sciences, le sport, la politique, la littérature ou la peinture ?

**B**  Rappelle-toi les films d'époque que tu as vus. Lesquels as-tu aimés ?

À quelle époque l'histoire se déroulait-elle ?

**C**  Feuillette un livre d'histoire.

**D**  Lis le contenu de *C'est arrivé hier* aux pages 186 et 187 de ton manuel *Anthologies*.

**2  A**  Parmi les sujets que tu as notés, choisis celui qui t'intéresse le plus.

**B**  Cerne ton sujet en choisissant un fait précis qui servira de point de départ à ton compte rendu. Si tu as du mal à préciser le sujet, inspire-toi des formules suivantes :

*La mort de... – La naissance de... – Le triomphe de... – Le début de la guerre de... – La fin de la guerre de... – La remise du prix... à... – L'invention de... – La première... – Le jour où... – La découverte de... – L'exécution de... – L'inauguration de... – L'installation de... – Les débuts du chantier de...*

### ■ ACCUMULER DE L'INFORMATION SUR LE SUJET ■

MODE D'EMPLOI numéro 3

### La bibliographie

Tu devras rendre compte de tes recherches en rédigeant une bibliographie commentée. Une **bibliographie** est une liste détaillée de tous les ouvrages consultés au cours d'un travail de recherche. Elle doit fournir les renseignements suivants :

- le nom de l'auteur ou de l'auteure ;
- le titre de l'ouvrage ;
- la ville ;

- l'éditeur ;
- la date de publication ;
- le nombre de pages et le numéro des pages consultées.

Dans ta bibliographie, tu pourras aussi résumer l'information importante recueillie dans un ouvrage. Il s'agira donc d'une *bibliographie commentée*. Si c'est possible, photocopie les passages que tu as utilisés. Tu prouveras ainsi que tu t'es bien documenté ou documentée.

Ex.:

---

### Bibliographie commentée sur la création du transistor

Renseignements bibliographiques →

— PLATT, Richard, <u>Inventions - Une chronologie visuelle</u>, Paris, Éditions du Seuil, 1995, pages 132 à 200.

Résumé → 23 décembre 1947. Walter Brattain découpe un petit morceau de feuille d'or pour faire un ampli. Naissance du premier transistor.

Avant → tubes électroniques → fragiles.

— LE PETIT ROBERT, Paris, Dictionnaires Le Robert, 1997.

Définition: le transistor est un composant électronique actif associant en deux jonctions trois régions semi-conductrices différemment dopées...

Commentaires → L'article du *Petit Robert* est un peu compliqué pour mon travail.

---

## La prise de notes

Tout au long de tes recherches, tu accumuleras de l'information. Note les informations importantes et classe-les au fur et à mesure sur trois fiches ou trois feuilles qui t'aideront à développer les trois aspects du texte que dois écrire:

- 1<sup>er</sup> ASPECT: La description du fait (*Quoi?*, *Qui?*, *Quand?*, *Comment?*).

- 2<sup>e</sup> ASPECT: Un retour en arrière pour décrire ce qui s'est passé avant le fait décrit.

- 3<sup>e</sup> ASPECT: Les raisons pour lesquelles ce fait a marqué l'histoire.

**3** **Faire une recherche à la bibliothèque**

**ATTENTION!** Consulte le texte *Recherche en bibliothèque* que tu as lu dans la séquence 1 (*Anthologies*, page 26).

**A** Dans un dictionnaire des noms propres ou dans une encyclopédie, cherche des mots clés liés au sujet choisi et note-les sur une fiche ou une feuille.

**B** Trouve au moins deux livres qui traitent du sujet dont tu veux parler et note les informations importantes.

**4** **Consulter d'autres sources**

**A** Au vidéoclub, trouve un film qui traite du fait ou du phénomène que tu veux décrire, ou qui se passe à la même époque. Visionne-le et note les éléments intéressants que tu pourrais inclure dans ton compte rendu.

**B** Demande à ton enseignant ou à ton enseignante d'histoire de te suggérer des livres. Demande-lui aussi des conseils pour ton travail.

**C** Si tu le peux, explore Internet ou une autre banque de données informatisées et note l'information que tu y trouveras.

**5** **Préciser l'époque à laquelle se produit le fait ou le phénomène**

Élabore un calendrier illustrant les principales dates liées au sujet choisi afin de situer l'époque. Inspire-toi du calendrier *La vie de Marie Curie en quelques dates* (page 323).

## ■ *FAIRE LE PLAN DU TEXTE* ■

Tu as maintenant l'information suffisante pour faire le plan du texte descriptif que tu dois écrire.

**6** Élabore le plan de ton texte en t'inspirant du modèle présenté au numéro 4 du *Mode d'emploi* de la page 331.

**À FAIRE !**

**7** ON EN DISCUTE !

### UNE SIMULATION...

En équipes de deux élèves, imaginez que vous êtes attablés dans un restaurant ou que vous conversez au téléphone.

ÉLÈVE 1 — Il s'en passe des choses ! Hier, c'était une journée historique ! Savais-tu que (*présentation du fait choisi par l'élève*) ?

ÉLÈVE 2 — Non ! Qu'est-ce qui est arrivé ?

ÉLÈVE 1 — (*À l'aide de son plan provisoire, l'élève présente son compte rendu.*)

ÉLÈVE 2 — Mais dis-moi... (*L'élève pose deux questions pour en savoir plus sur le sujet: Pourquoi ?, Comment ?, Avec qui ?, etc.*).

ÉLÈVE 1 — (*L'élève répond aux questions. Il ou elle peut consulter ses notes.*)

**8** Si tu le désires, tu peux apporter des modifications à ton plan provisoire.

700 000 manuscrits détruits ! C'est le bilan actuel de l'incendie de la bibliothèque d'Alexandrie. C'est du moins ce qu'affirme un des scientifiques qui fréquentait ce monument de la culture gréco-romaine. Voyons ensemble ce qu'a préparé notre journaliste Aristote Égyptominos.

## ■ LIRE DES TEXTES POUR ADOPTER UN STYLE D'ÉCRITURE ■

**À FAIRE !**

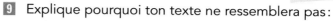

MODE D'EMPLOI **numéros** 7 à 9

**9** Explique pourquoi ton texte ne ressemblera pas :

**A** au premier texte sur Cléopâtre, à la page 166 de ton manuel *Anthologies*.

**B** à *Hiroshima, ville martyre* (*Anthologies*, page 193).

**C** à *L'Art des Beatles* (*Anthologies*, page 203).

**D** à *Jean-Sébastien Bach* (*Anthologies*, page 174).

**10** Lis attentivement le texte intitulé *Mozart disparaît à 35 ans*. Ce texte te servira de modèle pour l'écriture de ton compte rendu. Prends des notes sur une feuille ou annote le texte en suivant les pistes d'observation suivantes :

| Ce que tu devras faire | Pistes d'observation |
|---|---|
| **Dans l'introduction de ton texte**, tu devras présenter le sujet en mentionnant un fait précis qui s'est déroulé un jour donné dans un lieu déterminé. | **1** **A** Lis le premier paragraphe (lignes 1 à 11) du texte intitulé *Mozart disparaît à 35 ans* et relève le fait qui sert à introduire le sujet.<br>**B** À quel temps les verbes qui relatent ce fait sont-ils conjugués ? |
| **Dans le développement du deuxième aspect**, tu devras faire un retour en arrière pour décrire ce qui se passait avant les faits principaux dont tu fais le compte rendu. | **2** **A** Dans le texte intitulé *Mozart disparaît à 35 ans*, relève les paragraphes où l'on fait un retour en arrière.<br>**B** À quel temps les verbes qui relatent ces faits sont-ils conjugués ? |
| **Dans le développement du troisième aspect**, tu devras expliquer pourquoi le fait que tu décris a une importance capitale dans l'histoire du monde. | **3** **A** Dans le dernier paragraphe du texte (lignes 52 à 64), relève des indices qui laissent croire que Mozart est un très grand personnage de l'histoire de la musique.<br>**B** Lis les textes sur Louis Pasteur et Florence Nightingale (*Anthologies*, pages 182 et 183). Dans chacun, trouve le paragraphe qui décrit l'héritage qu'a laissé le personnage et relève les mots qui révèlent que le personnage est très important. |
| **Tu devras faire la mise en page** de ton texte comme s'il s'agissait d'une page de journal. | **4** **A** Observe la mise en page des textes tirés du *Journal du Monde* qui sont reproduits dans ton manuel *Anthologies*. Prends des notes sur la typographie, la présentation en colonnes, les illustrations, etc.<br>**B** Consulte un journal que tu connais et complète tes observations sur la mise en page d'un journal. |

## *Écrire mon texte*

### ■ PLANIFIER L'ÉCRITURE DE MON TEXTE ■

 **numéros 1 à 6**

Avant de passer à l'étape de la rédaction, il serait bon que tu fasses le point sur toutes les idées que tu as accumulées.

**11** Fais un plan détaillé de ton texte. Décide du nombre de paragraphes que tu veux écrire, de l'ordre des aspects et des sous-aspects que tu veux développer, et de l'information importante de chaque paragraphe.

**12** Détermine le point de vue que tu adopteras. Dresse une liste des mots qui révéleront ce point de vue.

### ■ ÉCRIRE UNE PREMIÈRE VERSION DE MON TEXTE ■

 **numéros 7, 8 et 9**

**13** Rédige ton texte.

Au fil de l'écriture, prévois des arrêts pour relire et corriger ton texte. Pour t'aider, consulte la fiche ***Réviser le contenu et la langue de mon texte***. Porte une attention particulière à la conjugaison des verbes et aux notions grammaticales étudiées dans cette séquence.

---

#### Réviser le contenu et la langue de mon texte

**1.** *Ai-je effectué correctement la tâche demandée (respect du sujet et des aspects) ?*

**2.** *Mon texte contient-il des éléments qui lui donnent un caractère de compte rendu*

*journalistique ?*

**3.** *Ai-je utilisé des mots ou des ensembles de mots substituts pour reprendre l'information ?*

**4.** *Mes phrases sont-elles construites correctement ? Sont-elles bien ponctuées ?*

**5.** *Les temps des verbes assurent-ils la cohérence du texte ?*

**6.** *Les mots que j'ai utilisés sont-ils bien choisis et bien orthographiés ?*

---

**À FAIRE !**

## ■ *ÉCRIRE LA VERSION FINALE DE MON TEXTE* ■

**15** Transcris ton texte au propre et remets-le à ton enseignant ou à ton enseignante, qui le corrigera à l'aide des critères décrits ci-dessous. Ces critères pourraient aussi te guider dans une dernière relecture.

**ATTENTION ! Tu dois présenter ton texte comme un article de journal. Choisis des illustrations, mets le titre en évidence, introduis des intertitres, reproduis l'en-tête d'un grand journal, etc. Si tu disposes d'un ordinateur, utilise un programme de traitement de textes et choisis différents caractères typographiques.**

## ☑ Critères d'évaluation

**1.** L'élève a présenté son sujet et énuméré les aspects traités dans l'introduction.

**2.** L'élève a écrit un texte descriptif où l'on fait le compte rendu d'un fait ou d'un phénomène.

**3.** L'élève a utilisé des mots ou des expressions qui révèlent son point de vue.

**4.** L'élève a utilisé des mots substituts pour désigner le fait (ou le phénomène) et les personnes.

**5.** L'élève a judicieusement employé des marqueurs de relation pour indiquer la progression dans le temps.

**6.** L'élève a bien structuré ses phrases et les a ponctuées correctement.

**7.** L'élève a respecté l'accord dans les groupes du nom.

**8.** L'élève a respecté l'accord dans les groupes du verbe.

**16** Sur une feuille annexée à ton texte, fournis une bibliographie commentée et, si c'est possible, des textes photocopiés afin que ton enseignant ou ton enseignante vérifie dans quelle mesure tu as su profiter des livres, des films, des articles d'encyclopédie ou des autres sources d'information qui sont à ta disposition.

## Présenter mon texte

© Éditions Denoël, 1956.

Les textes de tous les élèves pourraient être classés par ordre chronologique dans une reliure, un peu à la manière du *Journal du Monde*. Cet ensemble de textes relatera sans doute des événements qui se sont déroulés sur plusieurs siècles. Vous pourriez le présenter fièrement à votre enseignante ou à votre enseignant d'histoire et lui demander de commenter les comptes rendus.

## Évaluer ma démarche

**17** Rédige un court texte qui rendra compte de la démarche que tu as suivie pour réaliser ce projet.

### ☑ J'évalue ma démarche

**Titre du projet :** ✎                              **Date de réalisation :** ✎

**Dans la première phrase,** tu pourrais dire si tu as trouvé ce projet intéressant et expliquer pourquoi.

**Dans la deuxième phrase,** tu pourrais comparer ce projet à ceux que tu as réalisés dans les séquences 1, 2 et 3.

**Dans la troisième phrase,** tu pourrais dire si les activités proposées pour te documenter t'ont été utiles pour réaliser le projet et expliquer pourquoi.

**Dans la quatrième phrase,** tu pourrais dire si tu es satisfait ou satisfaite du texte que tu as écrit et préciser pourquoi.

**Dans la cinquième phrase,** tu pourrais décrire les difficultés que tu as éprouvées et mentionner les moyens que tu as utilisés pour les surmonter.

**Dans la sixième phrase,** tu pourrais dire ce que tu ferais autrement la prochaine fois.

## Photos de voyage

De retour d'un voyage, les images se bousculent dans ta tête. Les paysages que tu as admirés et les personnes que tu as rencontrées resurgissent pour te rappeler les bons moments que tu as passés. Puis, avec le temps, les images s'estompent, sauf si tu as rapporté des photos.

Il en est de même des romans que tu lis. Il existe des moyens pour conserver les impressions que tu as ressenties au cours de ta lecture.

L'itinéraire qui suit t'amènera à découvrir comment retenir l'essentiel d'un roman que tu as lu et comment rendre compte de ta lecture.

# VILLE IMAGINAIRE 4

C'est le moment d'entreprendre la visite de la dernière ville imaginaire de ton périple. Cette ville réunit les caractéristiques des trois premières que tu as visitées.

# Itinéraire

# Comment rendre compte de la lecture d'un roman?

T'est-il déjà arrivé de lire un roman qui t'a tellement plu que tu voulais le faire lire à quelqu'un d'autre?

Tu sais maintenant comment faire le compte rendu d'un fait ou d'un phénomène, mais est-il possible de faire le compte rendu de la lecture d'un roman? Est-il possible de faire le compte rendu de la lecture d'un roman de manière à donner à quelqu'un l'envie de le lire?

Dans la bande dessinée qui suit, il est question d'un compte rendu. **Lis-la** et **participe à une discussion** afin de préciser ce que signifie l'expression «compte rendu de lecture».

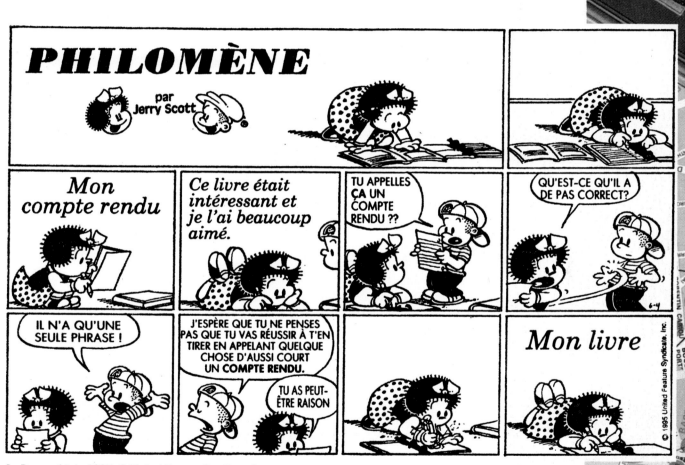

*La Presse*, 4 juin 1995. © United Feature Syndicate Inc.

## *LE COMPTE RENDU DE LECTURE*

### Objectif
Se familiariser avec le compte rendu de lecture d'un roman.

### Fonctionnement
1. La discussion peut se faire à deux ou en équipes de trois à cinq élèves.
2. Les élèves doivent répondre aux quatre questions posées.
3. Une personne de l'équipe est chargée de diriger la discussion.
4. Une personne de l'équipe est chargée de prendre des notes.

### Durée suggérée
Environ 20 minutes.

### Sujets de discussion
1. Peut-on faire le compte rendu de la lecture d'un roman ?
2. Si oui, à quoi ce compte rendu peut-il ressembler ?
3. Lorsqu'il faut faire un compte rendu de lecture, la lecture d'un roman devient-elle plus intéressante ou moins intéressante ?
4. Dans quelles circonstances autres qu'un travail scolaire peut-on faire des comptes rendus de lecture ?

### Pistes d'observation
Vérifier :
1. si les élèves ont répondu aux quatre questions ;
2. si les élèves ont apporté des points de vue personnels appuyés sur des arguments valables ;
3. si les élèves ont utilisé un registre de langue approprié ;
4. si les élèves ont utilisé des phrases construites correctement ;
5. le degré de participation de chacun et de chacune (commentaires, questions et réponses, échanges verbaux et non verbaux, etc.).

# DES CONNAISSANCES SUR LE COMPTE RENDU DE LECTURE D'UN ROMAN

## CONNAISSANCES

### LA SITUATION DE COMMUNICATION

Le compte rendu de lecture d'un roman est un moyen :
- de rendre compte des **principales caractéristiques** du roman lu ;
- de faire connaître son **appréciation** de ce roman.

Le compte rendu peut être produit dans un contexte scolaire pour apprendre à lire un roman.

Il peut aussi être produit pour soi-même, de manière à se rappeler un roman qu'on a lu et qu'on a aimé.

### LE CONTENU

**Renseignements**

Qu'il s'agisse d'un travail scolaire ou non, le compte rendu de lecture d'un roman contient habituellement des **renseignements bibliographiques** et des **renseignements liés à l'expérience de la personne** qui a **lu le roman** et au **contexte** dans lequel elle l'a lu.

## MODE D'EMPLOI

**1** Répondre aux questions :
- Pourquoi faire un compte rendu de lecture ?
- S'agit-il d'un travail scolaire ou est-ce un compte rendu personnel ?
- Quand le compte rendu de lecture doit-il être remis ? À qui doit-il être remis ?

**2** **Au fil de la lecture**, noter les passages dont on veut se rappeler.

**3** Remplir la **fiche bibliographique** du roman dont on doit faire le compte rendu.

| TITRE DU ROMAN |
| --- |
| • Auteur ou auteure : |
| • Maison d'édition et collection : |
| • Lieu de publication et année : |
| • Nombre de pages : |
| • S'il y a lieu, type de lectrices et de lecteurs auxquels le roman est destiné : |

**4** Remplir une fiche liée à l'**expérience personnelle** et au contexte de lecture.

| TITRE DU ROMAN |
| --- |
| • Raisons du choix : |
| • Premières impressions suscitées par l'observation de la couverture : |
| • Anticipation du contenu du roman : |
| • Renseignements sur l'auteur ou l'auteure : |
| • Temps de lecture : moment , durée |
| • Manière de lire : |
| • Mots clés : |

## CONNAISSANCES

### Le résumé

Il est toujours intéressant de pouvoir se rappeler une histoire qu'on a lue. Le compte rendu contient donc habituellement un résumé de l'**histoire** qui peut être long ou court, neutre ou expressif.

Dans le cas d'un roman psychologique, on ajoute habituellement une brève description du **personnage principal** ainsi qu'une évocation des étapes qui marquent son **évolution**.

### Les commentaires personnels

Le compte rendu se termine habituellement par des **commentaires personnels** sur divers aspects du roman :
– l'histoire ;
– l'écriture ;
– les personnages ;
– le degré de satisfaction par rapport aux attentes ;
– etc.

## MODE D'EMPLOI

**5** Décider de la **forme** du résumé : sera-t-il long ou court, neutre ou expressif ?

**6**
a) S'assurer que le lecteur ou la lectrice obtiendra des réponses aux questions *Qui ?* (personnages), *Quoi ?* (intrigue), *Où ?* (lieux) et *Quand ?* (temps).

b) En traitant de l'intrigue (*Quoi ?*), s'assurer que le lecteur ou la lectrice :
– pourra suivre le déroulement des actions importantes ;
– pourra repérer les composantes du schéma narratif.

c) Insérer des passages expressifs dans le résumé.

d) Avoir recours à la formule suivante :
**C'est l'histoire de ➔ Au début ➔ Puis ➔ Alors ➔ Enfin**

**7** Remplir une **fiche d'appréciation** du roman.

| | | + | – | Pages ou mots clés à retenir |
|---|---|---|---|---|
| | **TITRE DU ROMAN** | | | |
| • **L'histoire** | | | | 🖊 |
| • **L'écriture** | | | | 🖊 |
| • **Les personnages** | | | | 🖊 |
| • **Le degré de satisfaction par rapport aux attentes** | | | | 🖊 |

**8** Préciser à quoi nous fait penser ce roman (autres romans, films, chansons, expériences personnelles heureuses ou malheureuses, etc.).

**9** Trouver une manière personnelle et originale de présenter le compte rendu.

**10** Élaborer le plan du compte rendu, le rédiger et le relire.

# Passeport

**lecture**

## Destination vacances

Le moment est venu de mettre en pratique ce que tu as appris sur le roman cette année. Pour ce faire, tu feras équipe avec un ou une camarade. Chacun de vous lira le même roman et vous conviendrez ensemble d'une manière de faire connaître ce roman pour donner aux autres élèves l'envie de le lire pendant les vacances. Vous pouvez faire un compte rendu de lecture à la manière du tableau des pages 347 et 348, ou écrire une lettre que le personnage principal du roman enverrait à David Nadeau, le héros de *Salut Max!*

## Itinéraire

**1** À deux, choisir un roman à lire.

**2** Choisir la forme que prendra le compte rendu.

**3** Les deux élèves doivent:

– lire le roman;

– au fil de la lecture, noter les passages qui pourront servir à rédiger le compte rendu ou la lettre;

– élaborer le schéma narratif de l'histoire à l'aide du modèle de la page 156;

– faire un bref résumé;

– construire un schéma illustrant l'évolution du personnage principal à l'aide du modèle de la page 259;

– rédiger le compte rendu de lecture ou la lettre.

## À *LIRE ABSOLUMENT !*

**Sujet de discussion**

Le compte rendu de lecture d'un roman.

**Objectifs**

1. Faire le compte rendu d'un roman pour donner envie de le lire.
2. Faire des suggestions de lecture pour les vacances.

**Fonctionnement**

En équipes de deux élèves.

**Durée suggérée**

Trois sessions de 30 minutes.

**Déroulement de l'activité**

*Première session*

1. Les élèves prennent connaissance du schéma narratif et du schéma de l'évolution du personnage principal élaborés par chaque participant ou participante.
2. Les élèves modifient certains éléments des schémas et en élaborent un qui pourra servir à la rédaction du compte rendu de lecture.
3. Les élèves décident:
   – de la forme que prendra leur compte rendu;
   – des passages qui serviront à illustrer leurs propos;
   – des moyens qu'ils et elles prendront pour convaincre;
   – du plan du texte du compte rendu.
4. Les élèves se partagent la tâche d'écriture et rédigent le compte rendu à la maison.

*Deuxième session*

5. Les élèves lisent les parties du compte rendu, les améliorent et rédigent une version finale.
6. Les élèves décident comment présenter leur compte rendu à la classe.

*Troisième session*

7. À tour de rôle, les équipes présentent leur compte rendu et les autres élèves leur attribuent une note de 1 à 10 (10 étant la meilleure note) selon que le compte rendu leur a donné envie de lire le roman ou non pendant les vacances.

 ## Critères d'évaluation

Au cours de la discussion,

1. les élèves ont structuré le compte rendu de lecture d'un roman;

2. les élèves ont proposé un compte rendu convaincant;

3. les élèves ont utilisé un registre de langue approprié;

4. les élèves ont utilisé des phrases construites correctement;

5. les élèves ont tenu compte des propos des interlocuteurs ou des interlocutrices (commentaires, questions et réponses, demandes d'éclaircissement, échanges verbaux et non verbaux, etc.).

\* Les numéros de page en **couleur** renvoient aux tableaux des connaissances.

\*\* Les numéros de page en caractères **gras** renvoient aux *Modes d'emploi*.

1. Les éléments de l'univers narratif sont surtout exploités dans les _Villes imaginaires_.

## LA COMMUNICATION ORALE

# POUR RÉVISER, CORRIGER ET AMÉLIORER TES TEXTES

## LA PHRASE

**COMPARE** la construction de chacune de tes phrases à celle de la PHRASE DE BASE : GNs + GV + (Gcompl. P).

**1** **IDENTIFIE** les groupes constituants de la phrase :
- **SOULIGNE** le ou les verbes conjugués ;
- **ENCERCLE** le ou les groupes du nom sujets (GNs) ;
- **METS** entre parenthèses le ou les groupes compléments de phrase (Gcompl. P) ;
- **SURLIGNE** le ou les groupes du verbe (GV).

**2** Si la phrase contient plus d'une construction que l'on peut comparer à celle de la PHRASE DE BASE, **ASSURE**-toi que ces constructions sont rattachées entre elles par un marqueur de relation ou par un signe de ponctuation.

EXEMPLE : (Paule) aime l'hiver *alors que* (Laurie) préfère l'été (parce qu'elle va en voyage).

**3** Si la construction comparée à la PHRASE DE BASE contient un Gcompl. P qui n'est pas placé à la suite du GV, **ASSURE**-toi que le déplacement du Gcompl. P est marqué par la virgule.

EXEMPLE : (Paule) aime l'hiver alors que (Laurie), (parce qu'elle va en voyage), préfère l'été.

**4** Si la phrase contient un ou des mots qui ne font partie d'aucun groupe constituant de la phrase, **INTERROGE**-toi sur le sens de ces mots et **ASSURE**-toi que tu peux les employer dans la phrase.

EXEMPLE : (Paule) aime l'hiver *alors que* ~~pendant que~~ (Laurie) préfère l'été (parce qu'elle va en voyage).

Si la construction comparée à la PHRASE DE BASE est de type impératif, interrogatif ou exclamatif, ou de forme négative, passive ou emphatique, **VÉRIFIE** sa construction en te référant à l'atelier 1 de *La grammaire pour lire, pour écrire, pour parler*.

## LE GROUPE DU VERBE (GV)

**1** **SOULIGNE** le verbe conjugué (ou qui doit être conjugué).

**2** Sous chaque verbe non attributif souligné, **INSCRIS** la ou les constructions possibles d'un GV dont il peut être le noyau (**CONSULTE** le dictionnaire au besoin).

EXEMPLE : *Quand Jean a quitté, sa sœur cherchait encore après la revue qu'il avait cachée.*
QUITTER QQN/QQCH.   CHERCHER QQN/QQCH.          CACHER QQCH.

**3** **ENCERCLE** le ou les groupes du nom sujets (GNs), puis, s'il y a lieu, **METS** un point au-dessus du noyau de chaque GNs.

**4** **METS** entre parenthèses le ou les groupes compléments de phrase (Gcompl. P) s'il y a lieu.

**5** **SURLIGNE** le GV.
Si un GV est contenu dans un autre GV, **SURLIGNE**-le d'une couleur différente.

**6** **COMPARE** la construction du GV surligné à celle que tu as inscrite sous le verbe :
- s'il manque une expansion du verbe dans le GV, **AJOUTES**-en une ;
- s'il y a une expansion du verbe en trop dans le GV, **SUPPRIME**-la ;
- **VÉRIFIE** le choix de la préposition placée au début de l'expansion et, s'il y a lieu, **REMPLACE**-la ou **SUPPRIME**-la.

EXEMPLE : (Quand (Jean) a quitté), (sa sœur) cherchait encore ~~après~~ *la maison* la revue qu'(il) avait cachée.
QUITTER QQN/QQCH.   CHERCHER QQN/QQCH.          CACHER QQCH.